公共行政与公共管理
经　典　译　丛

组织领导学

—— 第九版 ——

[美] 加里·A. 尤克尔（Gary A. Yukl）
威廉·L. 加德纳三世（William L. Gardner, III） —著—

祝莉丽 —译—

Leadership in Organizations
Ninth Edition

中国人民大学出版社
·北京·

　　在当今社会，政府行政体系与市场体系成为控制社会、影响社会最大的两股力量。理论研究和实践经验表明，政府公共行政与公共管理体系在创造和提升国家竞争优势方面具有不可替代的作用。一个民主的、负责任的、有能力的、高效率的、透明的政府行政管理体系，无论是对经济的发展还是对整个社会的可持续发展都是不可或缺的。

　　公共行政与公共管理作为一门学科，诞生于 20 世纪初发达的资本主义国家，现已有上百年的历史。在中国，公共行政与公共管理仍是一个正在发展的新兴学科，公共行政与公共管理的教育也处在探索和发展阶段。我国公共行政与公共管理教育和学科的发展与繁荣，固然取决于多方面的努力，但一个重要的方面在于，我们要以开放的态度，了解、研究、学习和借鉴国外发达国家研究和实践的成果。另一方面，我国正在进行大规模的政府行政改革，致力于建立与社会主义市场经济相适应的公共行政与公共管理体制，这同样需要了解、研究、学习和借鉴发达国家在公共行政与公共管理方面的经验和教训。因此，无论是从我国公共行政与公共管理教育发展和学科建设的需要来看，还是从我国政府改革实践层面的需要来看，全面系统地引进公共行政与公共管理经典著作都是时代赋予我们的职责。

　　出于上述几方面的考虑，我们于世纪之交开启了大型丛书"公共行政与公共管理经典译丛"的翻译出版工作。自 2001 年 9 月本译丛首部著作《公共管理导论》出版以来，出版著作逾百种，影响了国内公共行政与公共管理领域无数的学习者和研究者，也得到了学界的广泛认可，先后被评为"十五""十一五""十二五""十三五"国家重点图书出版规划项目，成为国内公共行政与公共管理出版领域的知名品牌。

　　本译丛主要选取国际公共行政与公共管理学界代表性人物的代表性作品，并持续介绍学科发展的最新研究成果。总的来看，本译丛体现了三个特点：第一，系统性，基本涵盖了公共行政与公共管理学科的主要研究领域。第二，权威性，所选著作均是国外公共行政与公共管理大师或极具影响力的学者的代表作。第三，前沿性，反映了公共行政与公共管理研究领域最新的理论和学术主张。

　　在半个多世纪以前，公共行政大师罗伯特·达尔（Robert Dahl）在《公共行政学的三个问题》中曾这样讲道："从某一个国家的行政环境归纳出来的概论，不能立刻予以普遍化，或应用到另一个不同环境的行政管理上去。一个理论是否适用于另一个不同的场合，必须先把那个特殊场合加以研究之后才可以判定。"的确，在公共行政与公共管理领域，事实上并不存在放之四海而皆准的行政准则。立足于对中国特殊行政生态的了解，以开放的思想对待国际的经验，通过比较、鉴别和有选择的吸收，来发展中国自己的公共行政与公共管理理论，并积极致力于实践，探索具有中国特色的公共行政体制与公共管理模式，是中国公共行政与公共管理学科发展的现实选择。

本译丛的组织策划工作始于 1999 年底，我们成立了由国内外数十位知名专家学者组成的编辑委员会。当年 10 月，美国公共行政学会时任会长，同时也是本译丛编委的马克·霍哲教授访问中国行政管理学会，两国学会签署了交流合作协议，其中一项协议就是美国公共行政与公共管理领域著作在中国的翻译出版。2001 年，中国行政管理学会时任会长郭济先生率团参加美国公共行政学会第 61 届年会，其间，两国学会签署了新的合作协议，并再次提及已经启动的美国公共行政与公共管理领域知名学者代表作品在中国的翻译出版。可以说，本译丛是中美两国行政管理（公共行政）学会与公共管理学术界的交流合作在新阶段的重要成果。

在译丛的组织策划和翻译出版过程中，中国人民大学政府管理与改革研究中心、国务院发展研究中心东方公共管理综合研究所给予了大力的支持和帮助。我国的一些留美学者和国内外有关方面的专家学者参与了外文原著的推荐工作。中国人民大学、北京大学、清华大学、中山大学、复旦大学、厦门大学、武汉大学等高校许多该领域的专家学者参与了本译丛的翻译工作。在此，谨向他们表示敬意和衷心的感谢。

"公共行政与公共管理经典译丛"编辑委员会

本书旨在介绍组织领导学的相关内容。在认真整理组织领导学理论文献，以及广泛开展实践调研的基础上，作者重点探讨了领导效能的决定因素和提升领导力的有效方法。作为本书的第二作者，威廉·L. 加德纳三世也提供了有益的理论研究与实践经验。

本书可作为本科生或研究生组织领导学课程的重点教材，可供商学、心理学、社会学、教育管理学、公共管理学和医疗管理学等各类专业的院系使用。作为领导学、管理学和工业与组织心理学专业博士研究生的必读或推荐读物，本书旨在提高组织中的领导效能，适用于以成为经理人或管理者为目标的学生、领导力培训人员，以及领导学课程教学人员。在摒弃模糊理论和肤浅实践的基础上，本书对从事管理和顾问工作的人员也极为实用，目前已被翻译为汉语、韩语、印度尼西亚语、西班牙语、希腊语、克罗地亚语和瑞典语，并在很多国家广泛使用。

本书内容兼顾理论与实践，尝试从不同角度满足两种读者需求。研究者多乐于接受介绍重要理论及其相关实证研究的书籍，对研究的过程和结果、相关的理论支撑，以及后续研究的兴趣较高，往往对对策与行为指南之类的内容持怀疑态度，认为缺乏进一步的研究会使书籍内容不可信。相比之下，多数实践者则希望从书籍中得到即时答案，希望直接获知提高领导效能的有效方法。面对工作中的挑战，实践者不可能用几十年的时间等待研究者解决理论争议并得出明确的答案。他们更关注有效的措施和方法，而不是对相关理论追根溯源。鉴于这种情况，本版内容将更好地满足读者在提高领导效能方面的需求。

基于不同的需求，管理学和工业与组织心理学领域的研究者和实践者存在认知鸿沟。我们认为，实践者有必要了解领导效能的复杂性和局限性，而研究者也应进一步思考如何基于理论研究改进管理实践。领导学研究领域不乏对狭隘且深奥问题的过度研究，但这只会令少数在期刊发表相关文章的研究者感兴趣。

研究者会欣喜地发现，本书解释和评估了领导学的重要理论，总结了领导学实证研究的各类成果，为读者提供了大量参考资料，以助读者利用其他信息源获得感兴趣的内容。鉴于领导学研究仍处于进行阶段，其概念和方法等方面争议不断，本书并未呈现过于全面的文献综述，也没有像多数领导学手册那样详尽介绍烦冗而低效的理论和研究，而是着重介绍领导效能相关成果及实践应用。

希望提高管理效能的实践者和在校学生应该更好地了解领导学的复杂性，其理论知识的重要性，以及灵活应用相关知识的必要性。本书为实践者提高管理效能提供了指南与建议，但这并不意味着本书是让读者掌握简单技巧和秘方就能即时成功的"从业人员制胜法宝"。书中内容旨在帮助读者理解领导学理论与研究的实际意义，而非制定领导者的行事规则。当然，多数指南是基于有限的研究，并非绝对正确也并非普适。灵活且适应性强的领导者应具备基于特定情境选择指南的能力。

本书各章多以两个简短案例结尾，旨在帮助读者更好地理解该章介绍的理论、概念和指南。案例多来自真实事件，为便于读者对相关理论和实践的学习，我们对某些案例进行了改编，以使其不受时限束缚。例如，我们修改了案例中某些组织和个人的名字，以便读者专注于案例分析，识别有效或无效领导行为，并提出高效的应对方法。

在本版（第九版）内容中，多数章节保持了原有的基本结构，但章节顺序发生了变化，其内容和主题也有一些改动和增减。鉴于本书的重点并非介绍组织领导学的发展历史，我们将不再详尽描述早期研究项目和陈旧理论，以加大对当前领导效能的介绍篇幅。

本版内容调整情况

为提高本书的适读性，更好地服务多数读者，我们对内容做了如下调整：

● 将内容由16章缩为15章，改善内容结构。

● 调整各章顺序，以便更好地阐释相关主题。

● 更新并修订各章内容，使其更为清晰易懂。

● 为多数章节添加新案例，以便更清晰地展示有效和无效领导行为。

● 为多数章节添加个人反思，帮助读者基于领导学理论进行批判性思考。

● 增加案例数量，使每章都包含两个案例，第一章和第十五章除外。

● 新增500多条新研究成果的引用。

各章内容调整情况

● 第一章"领导力的本质"增加了对领导学研究方法的探讨，包括社交网络、生物传感器和行为遗传学等新方法，并扩充了对领导学研究方法的介绍。

● 第二章"领导行为"更新了对不同类型领导行为的介绍，增加了相关的新知识、新理论和新案例。

● 第三章"领导情境与适应型领导行为"扩展了对领导者受情境影响的情况介绍，增加了对医院急诊室、特警队和出警行动等特殊情况下领导力的讨论；将第八版"管理工作"一章中的部分内容移入此章,并增加了情境决定因素和适应型领导的相关理论。

● 第四章"领导者的决策与授权"增加了对参与型领导和门槛效应的讨论;阐释了参与型领导对员工表现的积极影响;扩展了对心理授权和授权型领导行为的讨论。

● 第五章"引领变革与创新"增加了对发展性变革、过渡性变革和转型性变革差异的讨论;介绍了组织犬儒主义对变革的影响;讨论了战略完善流程,旨在通过九个步骤打击组织效能的"无声杀手";增加了关于引领变革的新案例。

● 第六章"权力与影响策略"扩展了对领导者有效使用权力的介绍;分析了各类影响策略;增加了与权力和影响策略相关的新案例。

● 第七章"领导者的特质和技能"新增了领导者对个人价值、效能和能力的自我评估;详细地介绍了政治技能及其相关研究和实践意义。

● 第八章"魅力型领导与变革型领导"扩充了对魅力型领导策略的介绍,以帮助领导者加深管理印象;介绍了领导者有效使用策略的方法;基于归因模糊,讨论了发挥魅力型领导作用的背景因素。

● 第九章"价值观型领导与伦理型领导"增加了对伦理问题和道德强度的讨论,以阐释道德强度对伦理型领导的影响;讨论了伦理文化和伦理氛围的结构与差异,以及它们对组织中领导者和追随者行为的影响;介绍了诚信型领导的四个要素——自我意识、信息平衡处理能力、关系透明和道德内省,以完善对诚信型领导的介绍。

● 第十章"二元关系与追随者理论"新增了领导者利用相互关系情感暗示引发追随者情感反应的方法介绍;阐明了领导者和追随者将绩效归因于相互关系,而不是内部或外部因素的原因,以及双方如何基于工作改善相互关系、提高工作绩效。

● 第十一章"团队与决策团体的领导"新增了对亚群体的介绍;讨论了团队成员的身份、资源和知识对亚群体的影响;增加了新案例。

● 第十二章"组织的战略领导"新增了对人力资源战略管理的详尽讨论;呼吁在组织层面上调整和协调公司人力资源,以确保战略性地部署人力资本,提高竞争力。

● 第十三章"跨文化领导与多元化"介绍了全球领导力概念;就跨国组织领导者面临的实际挑战,提出了有效的全球领导力指南;讨论了"玻璃悬崖"现象,即女性更有可能担任高风险的领导职位;研究了董事会性别构成与机构主要业绩之间的关系;增加了新案例。

● 第十四章"发展领导技能"新增了对投资回报率的讨论,并将此作为评估领导力开发项目最终结果的标准;扩展了促进领导者自身发展的方法介绍;介绍了发展性准备概念,以描述领导者的能力和发展动力;增加了新案例。

● 第十五章"概览与整合"更新了对领导效能重要研究成果的总结；提出了改进领导学研究的方法；简要介绍了提高领导效能的通用指南。

加里·A. 尤克尔

威廉·L. 加德纳三世

目　录

第十一章 团队与决策团体的领导   **297**

第十二章 组织的战略领导   **330**

第十三章 跨文化领导与多元化 **367**

第一章　领导力的本质

导　言

　　人们对领导学的兴趣亘古不衰。传奇故事中不乏果敢睿智的领导者，他们神采奕奕、壮举不断，或指挥着庞大的军队所向披靡，或指挥着企业帝国滚滚向前，或影响着整个国家的发展进程。领导者果敢睿智的惊人壮举是创造众多神话传奇的精髓所在。虽然我们还不是很了解一些历史事件为什么会发生，也不知道领导者在其中到底产生了多大影响，但是，我们描述的历史大多是军事、政治、宗教和社会领域中领导者们的传奇故事。领导学的魅力无所不在，也许是因为领导过程的神秘性，也许是因为它触及每个人的生活。为什么一些领导者（比如甘地、穆罕默德、马丁·路德·金和毛泽东）能够唤起人们强烈的斗志和奉献精神？一些领导者（比如恺撒大帝和亚历山大大帝）是如何缔造伟大的帝国的？为什么一些早先名不见经传的人（比如阿道夫·希特勒和克劳迪厄斯·恺撒）能够达到权力的巅峰？为什么一些领导者（比如温斯顿·丘吉尔和英迪拉·甘地）在权势如日中天之际突然下台？为什么一些领导者拥有一批甘愿牺牲生命的忠诚追随者，而另一些领导者却受人诟病，以致其下属共谋除之而后快？

尽管领导力是人们长期以来探索的主题，但领导学的相关科学研究直到 20 世纪才初现端倪，且多数研究聚焦于领导效能的决定因素。社会学家试图从领导特质、能力、行为、权力来源和环境等方面发现领导者影响追随者并促使追随者完成任务目标的因素。领导力在团队或组织中无处不在，人们想了解为什么有的领导行为有效，而有的却无效。此外，领导者特质以及领导行为的决定因素也是重要的研究课题，但领导效能研究仍是重中之重。

尽管人们在领导学研究上已经取得了一定进展，但仍对很多问题倍感困惑。本书回顾了领导效能的主流理论和研究成果，尤其重点关注诸如商业公司、政府机构、医院、大学等正式组织中的管理型领导（managerial leadership）。本章旨在介绍领导力的定义、领导效能的评价标准，以及领导效能的研究方法，并阐释本书的框架。

一、领导力的定义

"领导力"这个术语源于一个普通词语，这个词没有经过重新精确定义就被吸收为学科的专业词汇，结果导致其承载了很多含糊不清的无关含义（Calder，1977；Janda，1960）。此外，在讨论领导力时，人们常用权力、权威、管理、行政、控制、监督等不准确的词来描述同一现象，导致领导力的定义更为混乱。本尼斯（Bennis，1959，p. 259）多年前对此做过评论，目前看来依然正确：

> 领导力这一概念既复杂又难懂，长期以来，它要么让我们捉摸不透，要么就变换形式来捉弄我们。因此，我们创造了无数术语来描述它……但我们仍然无法充分界定这一概念。

研究者往往基于个人视角和兴趣界定"领导力"这一概念。基于对领导学相关文献的全面回顾，斯托格蒂尔（Stogdill，1974，p. 259）得出以下结论："有多少人想给领导力下定义，就有多少种领导力的定义。"在斯托格蒂尔做出这样的评论之后，新定义的数量依然有增无减。人们从领导特质、行为、影响、互动模式、角色关系、行政职位等角度来定义领导力。表 1-1 列出了过去 50 年间出现的具有代表性的定义。

表 1-1 领导力的定义

• 领导力是指"个人指挥群体行动以实现共同目标的行为"（Hemphill & Coons，1957，p. 7）。
• 领导力是指"在机械服从组织日常指令外施加的额外影响力"（Katz & Kahn，1978，p. 528）。
• 领导力是指"为了特定目标对组织群体施加影响的能力"（Rauch & Behling，1984，p. 46）。
• 领导力是指"阐明愿景、赋予价值，创造环境以实现既定目标的能力"（Richards & Engle，1986，p. 206）。
• 领导力是指"为集体行动指明目的（提供有意义的指导），并激发自愿积极实现目的的过程"（Jacobs & Jaques，1990，p. 281）。

续表

● 领导力是指"跳出某种文化……发起更具适应性变革过程的能力"(Schein, 1992, p. 2)。
● 领导力是指"为共同从事的工作赋予意义,从而使人们理解并承担这些工作的能力"(Drath & Palus, 1994, p. 4)。
● 领导力是指"影响并激励他人,使之为组织的效能和成功贡献力量的个人能力"(House et al., 1999, p. 184)。
● 领导力是指贯穿"领导者与追随者或组织之间,基于特定背景对目标施加影响的正式或非正式过程"的能力(Antonakis & Day, 2018, p. 5)。

在多数领导力的定义中,领导者都会有意识地对他人施加影响,以指导、塑造和提高组织内的行为效能。这么多的领导力定义几乎没有共通之处,它们在很多方面存在差异,包括谁施加影响、影响的预期目的、施加影响的方式以及影响的结果。这些差异并不是学术上的吹毛求疵,而是反映了学者们在领导者及领导过程的界定上存在深度分歧,他们在调查研究中选择了不同的方式和对象得出了不同的结论。从狭义角度界定领导力的学者很难摆脱其最初对领导效能的假设。

鉴于领导力的定义过于多元化,某些理论学者曾质疑"领导力"作为科学概念的意义(Alvesson & Sveningsson, 2003; Calder, 1977; Miner, 1975)。然而,多数行为学者和管理者坚信,领导力是一种真实存在的现象,它的作用不容小觑,它对提高组织效能至关重要。当前,领导力已成为学者关注的重要课题,领导学相关书籍和文章也在学术界层出不穷。

(一) 是角色分化还是共同影响过程?

领导力源于角色分化还是共同影响过程?学者们对此争论不休。一种观点认为,鉴于各类群体都存在角色分化,过分扩大领导角色的责任和职能必然会损害群体的效能。"领导者"的主要职责是履行专业领导角色(specialized leadership role),其他成员则为"追随者"。某些成员可协助领导者行使职能,这意味着一个人可以同时担任两种角色。比如,部门经理既是部门员工的领导者,也是上级经理的追随者。认为领导力源于角色分化的研究者更关注领导者的个人特质、行为及其对组织其他成员的影响。

另一种观点认为,领导力源自组织成员在社交体系中的共同影响。持这种观点的学者认为,领导力源自社交过程或关系模式,而不是角色分化的作用。因此,各类领导职能可由不同的人承担,他们的行为共同影响着组织的行为和方式。组织中每个人都可以履行领导职能。相关研究者更关注组织成员间的复杂影响过程及其背景与条件,以及这些过程对组织产生的影响。

（二） 影响过程的类型

对领导力定义争论的焦点包括谁施加影响、影响的类型和结果。某些学者将领导力定义为施加影响使追随者积极付出而不是消极服从的能力。他们认为利用奖惩机制操纵或强迫追随者并不是真正的"领导"，而是不道德地使用权力。

也有学者持相反观点，他们认为这种定义过于狭隘，未考虑某些情境影响，在特定情境下，领导者的领导效能可能受到决定性的影响。领导力的定义不应局限于描述如何成为高效的领导者。在不同情境下，不同的影响方式可能产生相同的结果，而相同的影响方式可能产生截然不同的结果。若被强迫或被操纵的成员认识到自身行为对组织有利，可能会由不情愿变为自愿。领导学的研究者们应更多地关注权力使用的道德规范，即使这并不能影响领导力的定义。

（三） 施加影响的目的

施加领导力影响应以目的和结果为导向。有学者认为，领导力就是影响他人，使他人做合乎道德且对组织和自身有益的事情的能力。当然，此类影响不能对追随者不利，比如领导者试图牺牲追随者的利益换取个人利益。

也有学者持相反观点，他们认为在组织中，影响追随者态度和行为的所有影响都属于领导力范畴，无关其主观目的或实际受益者。领导行为通常具有多重目的，很难界定这些目的是无私的还是自利的。领导行为往往存在多元动机，人们无法确定其无私或自私的程度。领导者的行为会产生不同的结果，人们很难推断其利弊。有时领导者出于好意的行为却让追随者感到弊大于利，有时领导者出于个人需要的行为却会为追随者和组织带来意想不到的好处。因此，学者对领导过程的研究不应局限于领导者的主观目的。

（四） 基于理性的影响与基于感性的影响

领导力定义多强调理性的影响过程。一直以来，领导力被视为领导者对追随者产生影响，使之相信合作实现共同目标可获得最佳利益的能力。20 世纪 80 年代以前，在讨论领导力概念时，人们一直忽略情感基础的重要性。

相比而言，目前对领导力概念的讨论更强调感性方面的影响。有学者认为基于情感和价值观的影响能够让组织获得非凡成就。领导者会激励追随者为了更高的事业而牺牲其个人利益。比如，指挥官会激励士兵冒生命危险执行重大任务或保护战友。基于理性和基于感性的影响往往同时存在，相辅相成，二者的相互关系是研究领导力的重要课题。

（五）　直接领导力与间接领导力

在大多数关于领导效能的理论中，领导者对下属产生直接影响的行为都是研究的重点。然而，领导者也能影响到组织内的其他人员，包括平级同事、上司以及不归自己管辖的下级人员。某些学者提出将领导力区分为直接领导力与间接领导力，以更好地解释领导力如何影响与领导者没有直接互动的人（Hunt，1991；Lord & Maher，1991；Yammarino，1994）。

首席执行官（CEO）可以利用多种手段影响组织中的下级人员。发挥直接领导力可以通过互动或通信媒介发送信息来实现，例如，发送备忘录、报告、电子邮件、短信，或在电视上发表演讲、与部分下属举行面对面或视频会议，以及参与员工活动等（如参加入职培训或公司聚餐等活动）。

间接领导力是指领导者影响组织中与之没有直接互动的下级员工的能力（Bass，Waldman，Avolio，& Bebb，1987；Hunter et al.，2013；Mayer，Kuenzi，Greenbaum，Bardes，& Salvador，2009；Park & Hassan，2018；Waldman & Yammarino，1999；Yammarino，1994）。第一种发挥间接领导力的形式是"逐级传导"（cascading），是指按照层级关系将首席执行官的直接影响层层下传，从首席执行官到中层管理者，再到基层管理者，最后到普通员工，从而影响员工的态度、信念、价值观或行为。例如，若首席执行官用行为树立了良好的道德榜样，组织内的下级员工就会效仿。

第二种发挥间接领导力的形式是利用项目管理机制和组织结构体系（Hunt，1991；Lord & Maher，1991；Yukl & Lepsinger，2004）。很多大型组织都制定了项目管理机制，以影响员工的态度、技能、行为和绩效，如员工的录用、选拔和晋升机制等。而改革组织结构体系可以增强控制、促进协调、提高效率和推动创新，例如，设立专业子部门和分布式产品部门、制定设施标准化流程、建设自我管理型团队等。在大多数组织中，只有顶层领导才有权改变项目管理机制和组织结构体系（参见第十二章）。

第三种发挥间接领导力的形式是领导对组织文化的影响。这里的组织文化是指员工共同的信念和价值观（Day，Griffin，& Louw，2014；Schein，1992；Trice & Beyer，1991）。领导可以强化现有的文化信念和价值观，也可以改变它们。领导影响组织文化的方式有很多。有些属于直接影响，如描绘令人信服的前景或以身作则；有些则属于间接影响，如改变组织结构、奖惩制度和项目管理机制（参见第十二章）。首席执行官可以推动相关项目以招募、选拔和提升具备共同价值观的员工（Giberson，Resick，& Dickson，2005）。

学者们应更多地关注间接领导力，不要将领导力的影响局限于可观察到的行为。而且，学者们应谨记，简单的二分法无法反映这些影响过程的复杂性，因为有些影响无法简单地被归为直接影响或间接影响。此外，直接影响和间接影响可以共存，将二者结合使用可能会产生更好的效果（参见第十二章）。

（六） 领导力与管理能力

领导力和管理能力之间的差异一直备受争议（Gardner & Schermerhorn，1992；Kotter，1990；Zaleznik，1977）。显然，有些领导者并不是管理者（如非正式领导者），而有些人空有"管理者"头衔却没有任何下属。尽管无人认为管理能力和领导力是对等的，但二者的功能却严重重合。有学者认为可将领导力视为某种管理角色的能力（Mintzberg，1973）。

如果用不同的角色、过程、关系或简单的领导效能理论阐释管理能力和领导力的区别，可能会令人费解。多数学者认为在现代组织中，成功的管理者必须具备强大的领导力。然而，如何将管理能力和领导力有机融合已经成为组织领导学复杂而重要的课题（Yukl & Lepsinger，2005）。人们无法通过辩论得到答案，也不能先入为主地进行主观判断，必须通过实证研究来探索领导过程的要素。在研究领导力定义的过程中，学者们应尽量获取大量相关信息，以便在研究中多方比较不同概念的效能，从而在某种程度上达成共识。

（七） 本书对领导力的定义

基于组织成员能否通过集体努力完成有意义任务的诸多决定因素，本书对领导力进行了广义定义：

> 领导力是对他人施加影响，从而使他人理解任务内容及完成步骤，推动个人和集体努力实现共同目标的过程。

该定义提到的"努力"，不仅包含影响和促成员工完成当前组织内工作的努力，也包含使员工做好应对未来挑战的努力。这一定义涵盖了直接影响力和间接影响力，且影响可能来自一位或多位领导者。表1-2列出了领导者对组织效能产生影响的多种方式。

表1-2 领导者能影响什么？

• 追求的目标和战略
• 成员达成目标的动机
• 成员间的相互信任与合作
• 工作的组织与协调
• 资源分配的活动与目标
• 成员技能和信心的培养
• 成员对新知识的学习和分享
• 外界支持与合作
• 组织结构、项目、体系的设计
• 成员共同的信念与价值观

本书认为领导力既体现为专业角色的影响，也体现为社交共同影响。基于理性和基于感性的影响过程同时存在，相辅相成。鉴于影响过程的实际结果很难评价，本书没有对此进行假设。因此，领导力的定义不应局限于创造"成功"的过程。很显然，这里关注的是过程而不是人，二者并不是等同的。

在本书中，"领导者"（leader）、"管理者"（manager）和"上司"（boss）三个词可以互换，用来表示扮演领导角色的人，但并不对他们的实际行为或成功与否做出假设。"下属"（subordinate）和"下级"（direct report）这两个词也可以互换，表示那些主要工作由上级领导者指挥和评价的人。

有些作者将"职员"（staff）作为"下属"的替代词，这样会造成不必要的混乱。在某种程度上，"职员"兼顾咨询角色，然而多数下属并非顾问类员工。此外，"职员"一词既可作单数名词，也可作复数名词，也会造成许多不必要的混淆。商业组织中越来越多地用"部属"（associate）替代"下属"，因为"部属"一词表明了一种员工应受到重视和授权的关系。但是，这个模糊的术语无法区分直接领导关系和其他类型关系（如同事和合作伙伴等）。为使表达更加清晰，本书继续使用"下属"一词来表示正式的权力关系。

"追随者"（follower）是指将上级领导者作为其工作主要指导者的人，不论是否受上级领导者直接管辖。"追随者"通常指下属，有时也指非直接下属（如同事、团队成员、合作伙伴和局外人等）。但是，"追随者"不能用来指代组织中抗拒或试图摆脱领导者的人，这样的人被称为"反叛者"（rebel）或"反对者"（insurgent）更合适。

二、领导效能的评价标准

与领导力的定义一样，各位学者对领导效能的定义也各不相同。学者们基于对领导力的显性或隐性认识支持不同的领导效能评价标准。多数学者基于领导者对个人、团队或组织施加影响产生的结果来评价领导效能。

领导效能多以组织业绩和目标实现情况为评价标准（Bass，2008；Kaiser，Hogan，& Craig，2008）。业绩客观衡量标准包括销售额、净利润、利润率、市场份额、投资回报率、资产回报率、生产率、单位产出成本、实际支出与预算的差额，以及公司股票价值的变化等。业绩主观衡量标准包括上级领导者、同级或下属给出的评价。

追随者对领导者的态度和看法也是领导效能的评价标准，通常通过问卷或访谈获得。领导者是否满足了追随者的需求和期望？追随者喜欢、尊重或钦佩领导者吗？领导者是否正直且值得信任？追随者是否能坚定执行领导者的指令，还是对此持抵制或忽视的态度？领导是否有助于改善工作氛围，坚定追随者信心，提高其工作技能，促进其个人发展？追随者的态度和看法也可以间接反映他对领导者的不满和敌意，这类标准包括缺勤、自愿离职、抱怨、向上级管理层投诉、请求调任、工作迟缓以及故意破坏设施或设备等。

有时候也可以由追随者或局外人根据领导者对团队活动质量的贡献来衡量领导者的效能。领导者是否增强了团队的凝聚力、增强了成员合作、加强了成员任务投入，是否增强了成员完成目标的信心，是否提升了团队的问题解决与决策能力，是否建设性地推动了分歧和冲突的解决，是否提高了角色分化效率，是否推动了活动组织和资源积累，是否让团队做好了应对变化和危机的准备？

领导效能的评价标准还包括个人领导生涯的成功度。此人是否迅速晋升到更高职位？此人是干满了领导任期，还是中途被免职或被迫辞职？对于组织中需要竞选的职位，领导者是否成功连任？如果标准太多，就很难对领导者的效能进行评价，也难以弄清楚哪种评价标准最有效。研究者试图将多个标准整合为一种综合标准，但是这种方法必须主观判断各标准的比重分配。过多的标准会影响评价结果，特别是当各种指标相互平衡时，就会出现此消彼长的现象。例如，增加销售额和市场份额（降低价格和增加广告投入）可能会导致利润降低。同样，增加产量（让人们提高工作效率）可能会降低产品质量或员工满意度。

（一）即时结果与延时结果

某些结果更具即时性。比如，通过施加影响让追随者乐于遵循领导者的指令。而延时效果则体现在追随者任务完成的实际质量。领导者的影响可以看作各种变量的因果链，"中介变量"体现出前一变量对后一变量的影响。如图1-1所示，领导者对追随者的训练和指导可以提高追随者的任务技能，鼓舞人心的愿景会增强追随者的任务动力。这些变量共同作用，可提高追随者的工作表现。因果链越长，产生结果的时间就越长。如果某个结果位于长因果链的末端，那领导行为对追随者、团队或部门的影响可能要延迟很久才能显现。最终的结果也可能受其他变量的影响。如果延迟时间过长，且外部变量对最终指标造成较大"污染"，那么这些延时结果指标对领导效能的评价效度就会低于即时结果。

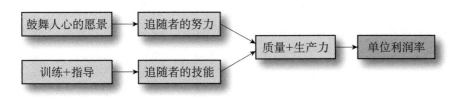

图 1 - 1　两种领导行为的影响因果链

在很多情况下，领导者对同一标准既有即时影响，也有延时影响。两种影响可能一致，也可能不一致。如果不一致，即时结果与延时结果可能会截然不同。例如，某些高成本活动对利润有延时影响，包括设备维护、研发、新技术投资和员工技能培训等。削减这些活动可以在短期内增加利润，但从长远来看，这种做法可能会降低利润，因为负面影响会慢慢增加，最终超过正面影响。反之亦然，即增加对这些活动的投资可能会减少即时利润，但会增加长期利润。

（二）使用什么评价标准

领导效能的评价标准并不统一，评价者会基于自身目标和价值观选择合适的标准，而人们的价值观各不相同。例如，顶层管理者选择的标准可能与员工、客户或利益相关方选择的标准不同。为解决标准不兼容、影响延迟、不同股东偏好等问题，我们最好在研究领导效能时采用多个标准，并延长其检验时间。正如领导力的概念一样，领导效能也应被多角度解读，这将有助于我们拓宽视野，扩大研究范围。

三、领导效能的研究方法

在领导学的研究中，出现了大量领导效能的研究方法（Antonakis et al.，2004），第一类研究方法是调查法，即由领导者、下属或与领导者有互动的人（如领导者的上司或其他管理者）填写问卷，以衡量领导者的各类领导行为，供研究者研究其行为模式与领导影响（如下属满意度、任务投入度和绩效等）之间的关系。

第二类研究方法是描述法，即通过观察、日志、重要事件回顾、与领导者及其下属或追随者进行访谈等方式，了解领导者的行为和决策情况。这些描述被分为不同类别，作为领导效能的衡量标准。此外，研究者还可以通过研究著名领导的案例和传记，分析并识别有效领导行为和无效领导行为。

第三类研究方法是实验法，即研究者利用实验评估领导者的行为模式对团队的影响。有时此类研究（实验室实验法）需要临时找一组学生体会某些领导行为。有时研究者采用情景法（scenario method），让参与者通过阅读文章或观看视频的方式了解领导者的不同行为模式，并做出回应。实地实验法（field experiment）将实验组（experimental group）的领导者随机分配至不同情境中，并要求他们做出特定的领导行为，然后将他们的领导效能与对照组（control group）的领导者的领导效能进行比较。通常在干预前（预前测量）和干预后（预后测量）分别对领导者的行为和效能进行测量，以验证其是否发生了预期变化。由于人的态度和行为会因受到干预而变化，对照组的领导者有时会接受与结果没有直接关系的训练。如果没有条件设置对照组，有些准实验性实地研究只测试一组领导者，并对比这组领导者在干预前后的效能。

近年来，领导学的研究者开始使用更多新方法来研究领导者施加影响的情况（Jacquart, Cole, Gabriel, Koopman, & Rosen, 2018; Schyns, Hall, & Neves, 2017），其中，有的通过检查组织内的社交关系网，来确定发挥影响和领导作用的人员，有的通过采取某些隐性措施来研究人在无意识情况下的自动认知过程，并将领导者进行宽泛分类，如魅力型（charismatic）、真诚型（authentic）、伦理型（ethical）和授权型（empowering）等。此外，生物传感器法（biosensor method）也是一种主流研究方法，它将生物学（如 DNA 的遗传评估）、化学（如抽血化验结果）和技术（如利用核磁共振进行神经成像）相结合，以确定领导者的特质与行为、追随者对领导者的反应、领导者与追随者关系发展等背后的生理和心理机制。还有一项前沿研究采用了行为遗传学方法（behavioral genetics approach），比如，将同卵双胞胎分开抚养或将异卵双胞胎一起抚养，然后对比其特点，以确定基因（天性）与环境（培养）对领导力和领导效能的相对影响。当前，领导者面部表情研究成为一个新兴研究领域。

每种领导学研究方法都有其优点和局限性，研究者应基于研究问题进行取舍。我们强烈建议多种方法并用，以便将单一方法的局限性降至最低。然而，多法并用的研究并不多见，研究者通常乐于选择熟悉、通用且简便的方法，而非针对研究问题确定方法。

四、领导学理论研究的主要观点

领导学相关理论一直是学术界的研究焦点。领导力的概念非常宽泛，所以出现了大量令人困惑的文献。很多研究者曾尝试根据主要方法或观点对文献进行梳理，但收效甚微。变量是领导学理论研究分类的重要依据，与领导效能相关的三类变量包括：（1）领导者特征；（2）追随者特征；（3）情境特征。表1-3列举了每种类别的关键变量。图1-2描述了各变量之间可能出现的因果关系。

表1-3　领导学理论研究的关键变量

领导者特征：
• 特质（动机、个性）
• 价值观、诚信、道德水平
• 自信且乐观
• 技能与专业能力
• 领导行为
• 影响策略
• 对追随者的评判
• 情感表现（如情绪和心情）
• 心智模型（信念和设想）
追随者特征：
• 特质（需求、价值观、自我感知）
• 自信且乐观
• 技能与专业能力
• 对领导者的评判
• 对领导者的认可
• 情感表现（如情绪和心情）
• 任务投入与努力程度
• 对工作和领导者的满意度
• 合作及相互信任
情境特征：
• 部门类型
• 部门规模
• 领导者的地位与权力
• 任务结构和复杂性
• 组织文化
• 不确定的环境因素
• 外部依赖和约束
• 国家文化价值观
• 时间因素

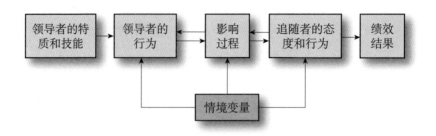

图 1-2 领导学各类关键变量的因果关系

多数领导学理论都会重点强调某类与领导效能相关的变量。在过去的半个世纪里，领导者特征是被强调最多的一类变量。研究者通常将领导者特征，即特质、行为或权力作为研究重心。尽管某些理论与研究不只涉及一种方法，但为了与多数领导学文献保持一致，本书将基于以下五种方法回顾领导学的理论与实证研究：（1）特质研究法（trait approach）；（2）行为研究法（behavior approach）；（3）权力-影响研究法（power-influence approach）；（4）情境研究法（situational approach）；（5）价值观研究法（values-based approach）。

（一）特质研究法

特质研究法是领导学最早的研究方法之一，它强调领导者的个性、动机、价值观和技能等特质。特质研究法假设某些人是天生的领导者，具有他人不具备的某些特质。早期的领导学理论将成功归因于某些卓越的能力，如不懈的精力、敏锐的直觉、非凡的远见和强大的说服力等。20世纪三四十年代，研究者进行了数百项特质研究，试图了解那些令人难以捉摸的特质。他们致力于寻找领导者人格特质与成功标准之间的显著关联，却没有发现任何能确保领导成功的特质。然而，随着研究方法的改进和成果的不断积累，研究者逐渐发现了领导者特质与领导行为及领导效能之间的关系。

（二）行为研究法

行为研究法始于20世纪50年代初，当时很多研究者对特质研究法感到失望，开始关注管理者在工作中的实际表现。在确定了可观察的领导者行为类型后，研究者将这些行为与测量结果（如领导者所在团队或部门的业绩）关联起来。由于多数行为研究只关注一两类领导行为，无法获得有效的结果，研究者对特定类型的领导行为进行了更深入的研究。例如，研究者不再只研究笼统的任务导向型行为，而是进一步关注解释、规划、监控、解决问题等特定类型的任务导向型行为。

行为研究法中最常见的是现地调查法，即由领导者或其下属填写行为描述问卷，以考察领导行为与员工满意度、任务投入、绩效等领导效能标准之间的关系。此外，还有研究者利用实验室实验法、实地实验法或关键事件描述法来确定有效领导与无效领导在行为上的差异。

（三） 权力-影响研究法

此类研究方法基于领导者的权力与权力类型以及行使权力的方式研究领导效能。权力不仅可以影响下属，还可以影响同级、上级和他人（如客户和供应商）。常见的研究方法是通过调查问卷将领导者权力与领导效能的测量结果联系起来。

研究者通过研究影响行为确定领导者对其追随者及合作者的影响。影响策略研究是连接权力-影响研究法和行为研究法的桥梁。研究者基于相关人员对领导效果的期望，对比不同的影响策略。此类研究使用调查研究法、关键事件描述法、实验室实验法和实地实验法等几种研究方法。

（四） 情境研究法

情境研究法强调影响领导行为、下属满意度和绩效等的环境因素。主要的情境变量包括追随者的特征、领导者所在部门的工作性质、组织类型和外部环境的性质。情境研究法的研究方向之一是发现领导情境各要素对领导者行为的影响，即在不同情况下，对领导者进行比较研究并衡量领导者的行为。情境研究法的另一个研究方向是确定决定领导者特质、技能或行为的各类情境要素，以提高领导效能。此类研究假设领导者的最佳行为模式取决于各情境要素。描述这种关系的理论有时被称为领导学的"权变理论"（contingency theory）。多数权变理论是关于领导者行为的，只有少数权变理论是关于领导者特质和技能的。

（五） 价值观研究法

价值观研究法与前面提到的方法不同，它强调根植于领导者内心深处的、可以吸引和影响追随者的价值观的重要性。虽然伦理型领导、真诚型领导、服务型领导（servant leadership）和精神型领导（spiritual leadership）等理论强调的重点各不相同，但这些理论都认为，领导者的价值观是领导者的目标与行为的基础，也是对追随者造成影响的基础。也就是说，追随者之所以会被领导者吸引，常常是因为他们认同领导者表达出来的价值观，或敬佩领导者的为人并愿意效仿其行为与价值观。

有些领导方式既强调领导者和追随者的价值观，又强调领导者的行为，比如魅力型领导和变革型领导（transformational leadership）。这些理论的核心理念是，领导者鼓励追随者追求共同价值观的理想化愿景。

五、领导学理论的概念化层次

"概念化层次"（level of conceptualization）是领导学理论的另一种分类方式，研究者利用概念层描述领导者对他人的影响过程，具体可描述为：（1）领导者的个体内在过程；（2）领导者与下属互动的二元过程；（3）团体过程；（4）组织过程。这是一种层级结构，如图1-3所示。研究者可根据主要研究问题、评估领导效能的变量标准，以及解释领导影响的中介过程，确定需要强调的领导概念化层次。表1-4列出了每个层次的典型研究问题。接下来主要介绍四个概念化层次及其相对优劣势。

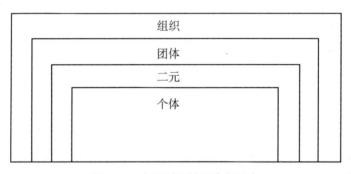

图1-3　领导过程的概念化层次

表1-4　各概念化层次的典型研究问题

个体内在层领导理论：
• 领导者特质和价值观对领导行为有何影响？
• 领导者技能与行为之间有何关系？
• 领导者如何决策？
• 领导者如何管理时间？
• 角色期望和角色限制对领导者有何影响？
• 领导者如何对待反馈？如何总结经验教训？
• 领导者如何体验和表现情感（如情绪和心情）？
• 领导者如何塑造领导身份？
• 领导者如何运用自我发展技巧？

续表

二元层领导理论：
● 领导者如何加大下属的动力和任务投入？
● 领导者如何改进下属的工作？
● 领导者如何解读下属的信息？
● 领导者如何培养下属的技能与信心？
● 领导者如何影响下属的忠诚与信任？
● 领导者如何对下属、同级或上司使用影响策略？
● 领导者和下属如何相互影响？
● 领导者如何与下属发展合作交流关系？
● 领导者如何影响追随者并获得认同感？
● 领导者和追随者如何相互激发和影响感情？
团体层领导理论：
● 领导者和成员关系对彼此和团队业绩有何影响？
● 如何在群体或团队中发挥领导力？
● 领导者如何组织和协调团队成员的活动？
● 领导者如何影响团队或部门的合作？如何解决分歧？
● 领导者如何影响团队或部门的集体效能和乐观情绪？
● 领导者如何影响团队或部门的集体学习与创新？
● 领导者如何影响团队或部门成员的集体认同？
● 领导者如何影响团队成员的共同心智模式？
● 部门领导如何从组织和其他部门获得资源和支持？
组织层领导理论：
● 顶层管理人员如何影响其他级别的成员？
● 各级领导者是如何被选拔的（以及该过程对公司的影响)？
● 领导者如何影响组织文化？
● 领导者如何影响内部运营的效率和成本？
● 领导者如何影响组织内的人际关系和人力资本？
● 领导者如何制定竞争战略和外部举措？
● 如何解决组织内领导者之间的冲突？
● 领导者如何影响组织的创新和重大变革？

（一）　个体内在层领导理论

很多学者利用人格、价值观、技能、动机、认知和心情等心理学理论解释领导者的
个人决策与行为。在不同类型领导岗位所需领导者特质的相关理论研究中可以找到相关

范例（参见第七章）。也有学者用人格与技能解释个人追求权力和领导职位的动力（参见第七章），用个人价值观解释伦理型领导和对权力的利他性使用行为（altruistic use of power）（参见第九章）。对领导者特质的研究对更好地发展有效领导理论大有裨益。然而，个体内在研究对领导学的潜在贡献是有限的，因为它不能明确描述和解释领导者如何影响下属、同级、上司和外部人员。

（二） 二元层领导理论

二元层领导理论关注领导者与其下属之间的关系。从首席执行官到部门经理和工作组主管，各级领导者都有影响直接下属的需求。领导者的影响力通常通过激励下属使其更有动力和能力完成任务来体现。该理论将领导行为看作下属个人态度、信仰、感受、动力和行为的影响来源，即使二者可能产生相互影响，但下属对领导者的影响通常远不如领导者对下属的影响来得重要。

本书第十章介绍的领导者-成员交换（LMX）理论就是二元层领导理论的典型范例，它描述了二元关系如何随着时间的推移而演变为不同的形式，从随意交换到拥有共同目标，再到相互信任的合作联盟。尽管领导者-成员交换理论认为领导者有多种二元关系，但其焦点仍是单个关系中的相互作用。多数关于权力与影响策略的研究（参见第六章）也被概念化为二元过程。

现实中，多数领导者不会只有一个下属，因此，研究者有必要进行一些假设，使二元法能够解释领导者对团队或工作组业绩的影响。其中一个假设就是下属的工作角色相似且独立，即使他们的技能和动机可能不同，但工作也类似。下属不太可能影响各自的工作表现，且团队业绩是个人绩效的总和。例如，地区销售部门之间的相互依赖性较低，销售代表在不同的地点或向不同的客户销售相同的产品。然而，如果团体成员之间的相互依赖性较高，那么用团体层理论可以更好地解释领导者对团队整体业绩的影响。

二元层领导理论不涉及某些提高团队或组织集体业绩所需的领导行为。此外，某些二元行为无法有效影响团队或组织的业绩。例如，领导者与某位下属建立更密切关系（如提供更多福利）的行为可能会让其他下属觉得不公平。为下属额外赋权可能会影响相互依赖的下属之间的协作。领导者与其在提升单个下属绩效上花时间，不如集中精力处理团队或工作群体问题（如获得必要的资源，促进合作与协调等）。

（三）团体层领导理论

从团体视角来看，领导者对团队的整体影响可以提高领导效能。这种解释性影响过程（explanatory influence process）是提高群体效能的决定因素，领导者的影响通常会涉及团队的所有成员，而不仅仅是某位下属。集体解释性影响过程（collective explanatory process）包括工作组织情况、人员和资源利用情况、成员有效履职尽责情况及对成功完成任务的信心，以及在完成任务的过程中成员间的互信和合作程度等。本书第十一章将介绍不同类型团队的领导行为理论，第十二章将讨论高管团队的领导方式。

尽管二元理论中的领导行为与团队领导密切相关，但其他行为也很重要。团体过程的重点是领导行为对群体的影响，其中虽然包括领导者对其工作部门以外人员的影响，但主要还是对本部门人员的影响，因为这些影响不一定都是积极的。例如，获得更多的资源可能会提高领导者所在部门的绩效，但会削弱其他部门的绩效。任何团体都处于更大的社会系统中，如果将研究的重点局限于团体内部的过程，那我们就无法理解团体效能。

（四）组织层领导理论

组织层次的分析认为领导行为发生在更大的开放系统中，而各团体都属于其子系统（Davison, Hollenbeck, Barnes, Sleesman, & Ilgen, 2012; Fleishman et al., 1991; Katz & Kahn, 1978; Mumford, 1986; Murase, Carter, DeChurch, & Marks, 2014）。组织的生存与发展取决于该组织是否能够适应环境并获取必要的资源。适应环境的领导行为包括收集和解读环境信息、识别威胁和机会、制定有效战略、为组织达成有利协议、让外部人员对组织及其产品产生良好印象并获得合作与支持等。组织的生存与发展也取决于产品的生产效率和服务的水平。提高效率的方法包括合理组织和开展工作，合理利用现有技术、资源和人力等。领导者担负的职责包括设计合理的组织结构、明确权力关系，以及协调组织各部门的运营等。这些都属于"战略型领导"（strategic leadership），我们将在第十二章进行讨论。

与二元层和团体层领导理论相比，组织层领导理论通常可以更好地解释财务绩效。分布式领导（distributed leadership）是组织过程中不可忽视的要素，因为组织内多位领导者的动作必须协调一致。二元层领导理论和团体层领导理论都忽略或淡化了管理实践和管理体系（人力资源管理、运营管理、战略管理等），但在组织层领导理论中，对领导与管理进行整合是十分必要的（Yukl & Lepsinger, 2004）。组织层领导理论更加关注组织结构、组织文化、组织变革、高管继任，以及首席执行官与最高管理团队或董事会之间的影响过程。

（五）多层领导理论

多层理论包含多层面变量（Klein，Dansereau，& Hall，1994；Rousseau，1985）。例如，自变量和因变量在同一概念层，而调节变量则处于不同的层面。多层领导理论还涉及更复杂的情形，即领导者对多个层面的解释性过程产生影响，且某些变量互为因果。多层领导理论可以克服单层次理论的局限性，但很难开发出简洁易用的理论模式。概念化层次有助于测试某种理论的变量和分析方法，但相对于单层理论，多层理论更难测试（Yammarino，Dionne，Chun，& Dansereau，2005；Yammarino & Gooty，2017）。尽管困难重重，研究者对开发和测试多层领导理论的兴趣仍与日俱增。本书第十五章将介绍多层领导理论的发展、不同层面的解释性过程，以及多层分析方法。

六、领导学理论比较研究的基础

领导学理论比较研究不只包括关键变量和概念化层次。相关文献中经常出现的其他分类依据分别为：（1）领导者中心论（leader-centered theory）与追随者中心论（follower-centered theory）；（2）描述性理论（descriptive theory）与规定性理论（prescriptive theory）；（3）通用理论（universal theory）与权变理论（contingency theory）。每种分类依据都可看作各种理论普适的连续统一体，而不是被绝对地一分为二。例如，某种理论可能既有描述性元素也有规定性元素，既有通用元素也有权变元素，既关注领导者也关注追随者。

（一）领导者中心论与追随者中心论

对领导者和追随者的关注程度可作为领导学理论分类的一项依据。多数领导学理论都强调领导者的特征与行为，而不太关注追随者的特征。在确认有助于提升领导效能的特质、技能或行为的理论和研究中，研究者更多地关注领导者。多数权变理论（参见第八章）也更重视领导者的特征，而非追随者的特征。

只有少量研究与理论强调追随者的特征。授权理论（empowerment theory）描述了追随者如何看待自己影响重要事件的能力（参见第四章）。归因理论（attribution theory）描述了追随者如何看待领导者对事件和结果的影响（参见第十章）。第十章还解释了追随者如何主动影响其工作角色和与领导者的关系，而非被动接受领导者的影响。领导替代理论（leader substitutes theory，参见第三章）描述了削弱领导者重要性的情境要素和追随者特点。魅力情绪感染理论（emotional contagion theory of charisma，参见第八章）描述了追随者如何相互影响。自我管理型团队理论（theories of self-managed groups）强调团队成员共享领导职能，在这种方法中，追随者也是领导者（参见第十一章）。

兼顾型理论优于单一关注领导者或追随者的理论。例如，多数关于领导者权力的理论（参见第六章）都强调，领导者对追随者的影响既取决于追随者的看法，也取决于客观条件和领导者的影响行为。

（二）　描述性理论与规定性理论

领导学理论的另一个重要分类依据是描述性程度或规定性程度。描述性理论解释领导过程，描述领导者的典型行为，并解释某些特定情况下的领导行为。规定性理论明确规定有效的领导行为，以及有效使用特定领导行为的必要条件。

这两种视角并不互相排斥，因为一种理论可以包含两类要素。例如，某种理论既能够解释为什么某种特定行为类型是领导者的典型行为（描述性理论），也能够解释哪些行为是最有效的（规定性理论）。然而，这两种视角并不总是一致的。例如，领导者的典型行为模式并不一定总是最佳行为。当领导者的习惯行为与有效行为之间存在巨大差异时，规定性理论将会发挥作用。

（三）　通用理论与权变理论

通用理论描述的是适用于各类情境的领导行为，通用理论既可以是描述性的也可以是规定性的。描述性通用理论描述的是所有类型的领导者在一定范围内履行的典型职能，而规定性通用理论则规定了有效领导者必须履行的职能。

权变理论描述的是适用于某些特定情境的领导行为，这种理论可以是描述性的也可以是规定性的。描述性权变理论可以解释领导者行为在不同情境下的变化，而规定性权变理论可以描述特定情况下的有效领导行为。

通用理论与权变理论之间的区别是程度问题，二者并不是尖锐对立的。有些理论二者兼顾。例如，规定性理论可能会指出某种特定的领导类型是有效的，且在某些情境下将会更有效。即使某种领导理论最初被作为通用理论提出，在随后的理论研究中，也通常会设定某些限制条件和便利条件。

七、本书框架

鉴于相关文献纷繁复杂，我们很难全面梳理领导学的相关知识。同样，也没有哪种文献分类方式能够涵盖领导学的所有重要内容。本书依据领导变量类型、领导背景，以及现有理论与研究设定各章节框架。某些章节关注被广泛研究的领导变量，比如，任务导向型行为和关系导向型行为（第二章），领导者的决策行为（第四章），变革导向型领导者行为（第五章），魅力型领导与变革型领导（第八章），领导者对权力和影响策略的使用（第六章），领导者的特质、技能和价值观（第七章和第九章）。有些章节讨论的是某些特殊的领导背景，比如领导者与追随者的二元关系（第十章）、团队和任务组的领导（第十一章）、组织中的战略型领导（第十二章）、不同文化下的领导（第十三章）。第十四章介绍了培养领导者的方法，第十五章概述了有效领导的相关研究发现，并就领导力本质陈述了结论性观点。

小　结

尽管"领导力"的定义繁多，但多数都基于一个共同的假设，即它是通过施加影响以提高团体任务绩效的过程。同样，领导力的研究方向也不尽相同，包括施加影响的人员、受到影响的人员、施加影响的方式以及施加影响的结果等。某些理论学者主张将领导和管理视为单独的角色或过程，但他们给出的定义并未解决各过程中的相互关系。事实上，任何"正确"的领导定义都无法涵盖各类情况，最重要的是判断这些定义是否有助于提高我们对领导效能的认识。

多数研究者根据领导者对追随者和组织其他利益相关者的影响来评估其领导效能，但研究者对结果变量的选择存在较大差异。他们在某些重要标准上很难达成一致，包括产生影响的速度以及是否存在主观或客观的衡量标准等。在评估领导效能时，学者们应采用多种标准，以减少其复杂性和不同利益相关者偏好的影响。

学者们可依据不同的研究方法理解领导力的定义。领导学的各类研究方法都存在局限性，因此运用多种方法有助于得出准确的结果。多数研究者只关注领导学的某一方面内容，且多数实证研究都采用了多种研究方法，如特质研究法、行为研究法、权力研究法、价值观研究法和情境研究法等。近年来，如何融合各类研究方法已成为研究者的重要关切。

概念化层次是领导理论与研究分类的依据。它包括个人内在层、二元层、团体层和组织层。每个层面都可以提供一些独特的见解。研究者需要对团体过程和组织过程进行更多的研究，并将各层面进行融合。

对领导者或追随者的相对关注程度也是领导学理论的分类依据。多年来，研究者一直将领导者作为研究重点，追随者只被当作领导者影响的对象。我们应平衡此类研究，在这个方向上取得进一步的进展。

根据强调重点是"应该怎么做"还是"发生了什么"，我们可以将领导学理论分为规定性理论和描述性理论。最后一个划分依据（通用理论和权变理论）强调描述的过程或关系是在所有情境下都类似，还是会随情境的变化而变化。因为有效领导高度依赖领导情境，为适应不断变化的情境，领导者必须调整其领导行为。因此，研究者需要对权变理论进行更多的开发和测试。

📖 回顾与讨论

1. 领导力的定义方式有哪些相同点和不同点？
2. 为什么领导效能很难衡量？
3. 研究者采用了哪些标准评价领导效能？
4. 研究者采用了哪些研究方法研究领导效能？
5. 比较领导学的描述性理论和规定性理论，并解释为何两种理论能发挥作用。
6. 比较通用理论和权变理论，说明是否存在兼备通用内容与权变内容的理论。

✍ 关键术语

行为研究法	behavior approach
权变理论	contingency theory
领导效能标准	criteria of leadership effectiveness
描述性理论	descriptive theory
二元过程	dyadic processes
追随者中心论	follower-centered theory
领导者中心论	leader-centered theory
概念化层次	level of conceptualization
中介变量	mediating variable
权力-影响研究法	power-influence approach

规定性理论	prescriptive theory
情境研究法	situational approach
特质研究法	trait approach
通用理论	universal theory
价值观研究法	values-based approach

第二章　领导行为

>> 学习目标

通过学习本章内容，读者能够：

● 了解并应用观察领导行为的不同方法。

● 了解领导学理论与研究中的主要领导行为类型。

● 了解任务型领导行为和关系型领导行为对领导过程的重要性。

● 有效运用特定类型的任务型领导行为和关系型领导行为。

导　言

　　领导者与下属及他人互动的行为类型是领导学研究的重要课题，对有意义的领导行为进行分类是领导行为的研究焦点。在过去的半个世纪里，研究者提出了多种领导行为的概念，令人眼花缭乱。有时，研究者用不同的术语指代同一类行为，有时，他们又为同一术语赋予不同的定义。有研究者认为某些领导行为可概括为同一类别，但也有研究者将这些领导行为分成两到三个不同的类别。甚至某种分类法中的关键行为在其他分类法中根本不被认同。面对如此纷繁的分类方法，人们很难在其中自由切换。

　　本章旨在介绍领导行为众多分类方法的成因，并重点介绍在过去的半个世纪里，领导学研究常用的几种广义领导行为类型。同时，本章还介绍了某些有助于提高领导效能的特定类型的任务行为和关系行为，并给出了这些行为的应用指南。本书后续章节将陆续介绍其他类型的领导行为。

一、领导行为众多分类方法的成因

　　领导行为众多分类方法的成因较为复杂。行为类别是抽象的概念，无法在现实世界中被感知。行为类别源于观察，人们描述对世界的感知并赋予其意义但它们并不存在于任何客观意义上。没有任何一种行为分类方法是绝对正确的。我们可以基于不同目的，选择不同的分类结构。例如，旨在促进领导效能的分类法肯定不同于描述管理角色、管理活动或管理岗位职责的分类法，而小型团队领导行为分类法与大型组织高管行为分类法也明显不同。

人们可以在不同层面对行为进行抽象概括，这导致各种分类方法存在差异，哪怕目的相同的分类方法也是如此。任务导向型领导行为是一个宽泛的概念，计划和阐释是特定类型的任务导向型领导行为。各种行为分类法的范围也有所不同，有些试图囊括领导者的所有相关行为，而有些则侧重行为的某个方面，如决策的具体程序等。

各种行为分类法的形成模式也是存在差异的原因之一。有些分类法研究调查问卷中各种领导行为间的关系模式（如因素分析），有些分类法依据评审专家对典型行为的相似性做出的判断（判断分类法），有些分类法依托某种领导理论的演绎（理论演绎法）。每种方法都有其偏向性和局限性，不同的方法会得出不同的分类。比较不同的分类法，我们会发现，它们在行为数量、行为范围和行为概念的抽象程度上都存在巨大差异。有些分类法只关注几种广义行为，有些分类法则只关注具体行为，有些分类法（层次分类法）关注两种以上广义行为，而每种广义行为又被分为多种具体行为。有些分类法旨在涵盖领导者的所有行为，而有的分类法只涵盖领导理论认定的某些行为。

二、主要领导行为类型

多数有效领导行为的相关理论与研究一般都涉及一两种广义行为。本部分旨在简要介绍在过去的半个世纪里，领导学研究常用的几种广义领导行为类型，包括任务导向型领导行为与关系导向型领导行为，变革导向型领导行为，授权型领导行为与参与型领导行为，变革型领导行为，外部领导行为，主动影响策略。本章后续内容和其他章节将对每种行为及其应用方法进行更为详细的介绍。

（一）任务导向型领导行为与关系导向型领导行为

任务导向型领导行为和关系导向型领导行为是有效领导行为早期理论与研究的重点。任务导向型领导行为旨在以高效可靠的方式完成任务。关系导向型领导行为旨在提高互信、合作、工作满意度以及团队或组织认同感。两种领导行为的描述如表 2-1 所示。

表 2－1　领导学早期研究中的广义领导行为

任务导向型领导行为	关系导向型领导行为	来源
定规	关怀	Fleishman（1953）；Halpin & Winer（1957）
关心生产	关心人员	Blake & Mouton（1964）
指导型领导	支持型领导	House（1971）
强调目标；工作	支持型领导	Bowers & Seashore（1966）
便利	互动便利	Taylor & Bowers（1972）
绩效行为	维护行为	Misumi & Peterson（1985）

任务导向型领导行为通常包括某些具体行为，如明确工作角色和任务目标、为下属分配具体任务、为工作团队规划活动与任务、监测下属工作绩效等。然而，不同学者为上述两种广义领导行为赋予了不同的定义，有时还会出现其他类型的具体行为。例如，任务导向型领导行为可能包括解决运营问题，关系导向型领导行为可能包括让下属参与涉及自身利益的决策。此外，某些特定行为有助于实现多重目标（如任务绩效和维护关系）。

在回顾和分析任务导向型领导行为和关系导向型领导行为大量研究成果的基础上（例如，Behrendt，Matz，& Göritz，2017；Gottfredson & Aguinis，2017；Judge，Piccolo，& Illies，2004），研究者发现各类研究在行为测量、标准类型和研究方法等方面存在较大差异，因此很难系统梳理总结这两种广义领导行为。多数研究发现，尽管接受领导行为与满意度调查的对象各不相同，但是下属普遍对体贴型和支持型领导更为满意。任务导向型领导行为与下属满意度的相关性并不稳定，在某些研究中，下属对定规型领导者更为满意，而在某些研究中，下属对定规型领导者并不满意或满意度没有显著变化。就这两种广义领导行为与领导有效性的关联研究的结果而言，多数领导者都需要使用某些任务导向型领导行为和关系导向型领导行为，但效果是否明显取决于领导情境和其识别行为的能力。本章后续将详细介绍具体的任务导向型领导行为和关系导向型领导行为及其应用方法。

（二）变革导向型领导行为

早期的领导学理论与研究很少关注鼓励和推动变革的相关领导行为。20 世纪 80 年代，某些变革导向型行为被归入魅力型领导理论和变革型领导理论（参见第八章），但引领变革的领导行为仍未被明确认定为不同于任务导向的行为类型和关系导向的行为类型。

后来的研究逐步明确了变革导向型领导行为的特质（Anzengruber，Goetz，Nold，& Woelfle，2017；Ekvall & Arvonen，1991；Yukl，1997，1999a；Yukl，Gordon，& Taber，2002）。四种主要的变革导向型领导行为包括：传达变革愿景、提出具体变革、实施变革举措、鼓励变革创新。本书第五章将进一步讨论变革导向型领导行为。

（三） 授权型领导行为与参与型领导行为

早期领导学研究曾涉及决策程序的领导行为，领导者可以依据决策程序让下属或团队成员参与决策。相关术语包括参与型领导、授权型领导、民主型领导等。授权决策程序包括咨询、联合决策和委派等。此类决策程序可反映出领导者对关系目标（下属的承诺与发展）和任务目标（决策质量）的强烈关切。此外，此类研究还包括对其他类型领导行为（如共享信息、提供资源）的研究。本书第四章将进一步讨论授权型领导行为和参与型领导行为。

（四） 变革型领导行为

20世纪80年代，研究者曾关注另一种广义领导行为，即变革型领导行为（Bass，1985），也称为远见型领导行为（visionary leadership）或激励型领导行为（inspirational leadership）。尽管各理论流派对其定义不尽相同，但具体行为常包括支持下属发展的关系导向型领导行为，提出诱人愿景、鼓励创新的变革导向型领导行为，以及其他某些行为（如以身作则、展现个人价值观、为团队或组织做出自我牺牲等）。某些行为在魅力型领导中也有描述。本书第八章将进一步介绍变革型领导和魅力型领导的相关理论与研究。

（五） 外部领导行为

多数领导行为相关理论与研究都只注重领导者与下属的互动，然而，领导者也必须与组织内其他人员（如上司或其他部门人员）以及组织外相关人员（如客户、供应商、分包商、政府官员、社会重要人士和其他组织的管理人员等）进行互动（Kotter，1982）。这些互动反映了对复杂且不确定事件的信息需求，而这些事件会影响组织各部门的运营，并依赖于直接指挥链之外众多人员的合作与协助。三类广义的外部领导行为包括联络、外部监测和代言（Hassan，Prussia，Mahsud，& Yukl，2018；Luthans & Lockwood，1984；Stogdill，Goode，& Day，1962；Yukl et al.，2002；Yukl & Van Fleet，1982；Yukl，Wall，& Lepsinger，1990）。

联络旨在与同级、上级和外部人员建立并保持良好联系，以获取所需信息、资源和政治支持。这一领导行为包括参加专业会议或仪式、加入社交网络、与外部人员进行非正式社交、为同级或外部人员提供帮助、使用逢迎等印象管理策略。

外部监测旨在收集相关事件或外部环境变化的信息、明确领导者所在群体或组织所面临的威胁与机遇、总结可供模仿或借鉴的实践经验。外部监测领导行为涉及利用联系网络、研究相关出版物和行业报告、开展市场调研、研究对手的决策与行动等。

代言旨在说服上级，使上级提供资源和帮助，以提升和维护领导者所在群体或组织的声誉，其中涉及与同级和外部人员（如客户和供应商）谈判协议，利用政治策略影响上级或政府机构的决策等。外部领导行为在很大程度上取决于领导情境，本书第十一章和第十二章将对此进行进一步的讨论。

（六） 主动影响策略

领导者可以采用几种影响策略来影响下属、同级、上司和外部人员（如客户和供应商等）。此类领导行为有助于使领导者提出的要求和提议得到赞同，尤其是那些非常规的要求和提议。领导者也可以采用相关影响策略来抵制或修正他人的影响。本书第六章将进一步讨论各类影响策略及其应用策略。

三、任务导向型领导行为概述

本部分旨在介绍有助于提高领导效能的几种任务导向型领导行为（Yukl，2012；Yukl et al.，2002），如规划、阐释、监测和解决问题等，同时基于领导学应用研究和实践者的建议，以及管理文献中相关理论与研究（如项目管理、运营管理、绩效管理和人力资源管理等），提出每类领导行为的应用策略指南。

（一） 规划工作活动

短期规划工作活动是指决定做什么，如何做，谁来做，以及何时做。其目的是确保工作组织有效、活动协调有序、资源利用合理。规划是一种广义领导行为，需要对下列问题进行决策：目标、优先级、战略、工作组织、责任分配、活动日常，以及根据活动重要性进行资源分配。有时各类细分规划会由某些专有词汇指代。例如，运营规划是指日常的工作安排，并确定第二天或下周的任务分配；行动规划是指为实施新政策或开展新项目而制订的详细的行动计划与日程安排；应急规划是指制定相关程序以应对潜在问题或避免灾难。此外，规划还包括基于不同职责和活动进行时间分配（时间管理）。

作为一种认知活动，规划主要是根据任务目标进行信息分析和最终决策。规划不是某种单一行为，而是持续数周或数月的漫长过程。鉴于规划的本质，它很少作为一个单独的事件发生，所以不易被观察（Snyder & Glueck，1980）。然而在某些方面，规划是可以被观察的，如制订规划、书面预算、书面日程，以及会面目标和战略等。在领导者传达规划、分配任务和落实计划时，我们可以观察到规划领导行为。

规划与组织的重要性早已在管理文献中得到认可（Carroll & Gillen，1987；Drucker，1974；Fayol，1949；Quinn，1980；Urwick，1952）。各类研究表明，规划与管理效能之间存在某种联系（例如，Boyatzis，1982；Carroll & Gillen，1987；Kim & Yukl，1995；Kotter，1982；Morse & Wagner，1978；Shipper & Wilson，1992；Yukl，2012；Yukl et al.，1990）。表2-2列出了制订行动规划的步骤。

表2-2　行动规划制订策略指南

● 确定必要的行动步骤
● 确定各行动步骤的最佳顺序
● 估算执行各行动步骤所需时间
● 确定各行动步骤的起止时间
● 估算各行动步骤的成本
● 确定各行动步骤的责任人
● 制定相关程序监控进度

（二）　阐释角色和目标

阐释是指传达规划、政策和角色期望，其细分类别包括：（1）明确工作职责和要求；（2）设定绩效目标；（3）分配具体任务。阐释领导行为旨在指导和协调工作活动，确保下属知道自己该做什么以及如何做。每名下属都应该了解工作职责、活动安排以及预期结果。如果不清楚职责和优先事项，即使是能干且积极的下属也无法获得高水平的绩效，同时，还可能导致努力方向是错误的、重要职责被忽视。工作越复杂多面，下属就越难确定需要做什么。

当组织成员间存在严重角色模糊或角色冲突时，阐释领导行为就会显得尤为重要。若组织已经制定了详细的能够使下属理解的规则和条例，或下属是训练有素的专业人员不需上级过多指导，那么领导者就无须进行太多阐释。本书第三章介绍的权变理论就描述了不同情境所需的阐释领导行为。

研究发现，阐释领导行为和管理效能之间存在正相关关系（Alexander，1985；Bauer & Green，1998；Kim & Yukl，1995；Van Fleet & Yukl，1986b；Yukl et al.，1990）。多数研究（包括某些现场实验）表明，设定具体的、富有挑战性的目标将有助于提高绩效（Locke & Latham，1990）。

表2-3列出了领导者有效分配任务，并明确角色和职责的阐释行为指南。

表2-3 角色与目标阐释策略指南

● 清楚阐释任务
● 阐释任务重要性
● 确保下属理解任务
● 就完成任务提供必要的指导
● 阐释不同目标或职责的优先顺序
● 明确重要任务的具体目标和截止时间

清楚阐释任务

分配任务时，要使用易于理解的清晰语言。如涉及多项任务，需逐项阐释以避免混淆。描述清楚任务内容、完成时间以及预期结果。阐释清楚执行此类任务的人员必须遵守的组织规定或标准程序。

阐释任务重要性

除非任务的重要性非常明显，或没有阐释时间，否则领导者一定要解释清楚该任务的必要性和重要性，以及你选择这个人来承担此项任务的原因。理解任务重要性有助于下属增强任务投入度和主动克服工作障碍。

确保下属理解任务

避免下属因不理解指示或不愿执行命令而影响任务进度（如表情困惑或回答犹豫等）。若承担任务的下属从未承担过复杂任务，领导者有必要试探其是否真正理解了任务内容。比如，领导者可询问其执行任务的方法。

就完成任务提供必要的指导

若下属需要就如何执行任务得到指导，领导者应以简单明了的语言逐步演示并解释相关流程，并指出正确和错误的程序。当任务的完成过程为短时间可观察流程，且执行人员缺乏相关经验时，领导者应演示该过程，并观察执行人员的练习过程，及时提出反馈和指导。

阐释不同目标或职责的优先顺序

某项任务可能具有多重目标，领导者应权衡各目标比重。例如，任务目标既涉及工作数量又涉及工作质量，若在一个目标上投入过多时间，其他目标就可能受到影响。确定优先顺序并非易事，应反映出任务对领导者所在部门和组织的重要性。因此，领导者有必要阐释不同目标的相对优先性，并就如何有效权衡这些目标提供相关指导。

◼◼ 明确重要任务的具体目标和截止时间

明确而具体的绩效目标有助于指导工作和提高任务动力。具体目标可能涉及下属的个人绩效，也可能涉及团队或工作部门的整体业绩。考虑到任务难度、下属技能和现有资源，目标的设置应既有挑战性又有现实可行性。领导者应为需在特定时间内完成的任务设置具体截止日期，有时还应为每个重要步骤设定具体的截止日期。

（三）监测运营和绩效

监测旨在收集领导者所在部门的运营信息，包括工作进度、个人绩效、产品或服务质量以及项目或计划的进展情况。监测可以采取多种形式，如观察工作进展、阅读书面报告、查看电脑数据、检查工作样本以及举行进度审查会议等。很多组织使用摄像头观察运营情况并确保安全，有时还利用电话和互联网监控来检查客服的质量。为评估零售部门和服务中心的业绩，有时领导者还可以扮演客户参观相关部门，观察员工对客户的服务情况。具体的监测手段多取决于任务的性质和情境因素。

监测可以为规划工作和解决问题提供大量必要信息，对提高管理效率尤为重要（Meredith & Mantel，1985）。监测收集的信息有助于领导者识别问题、把握机会，也有助于领导者制定和修改相关目标、战略、计划、政策和程序。监测可以为评估下属绩效、认定工作成绩、明确绩效缺陷、评估培训需求、提供指导帮助以及分配奖励（加薪或晋升等）提供必要的信息。若监测不足，领导者就无法及时发现问题（质量下降、生产率低下、成本超支、项目进度落后、员工不满、员工冲突等）。

监测的力度取决于下属的能力和工作性质。若下属缺乏经验，项目容错率低，任务高度互赖需要密切协调，又或者工作流程可能因设备故障、生产事故、材料短缺、人员短缺等情况而中断，那领导者最好加大监测频率。面对复杂且长期的任务，领导者很难进行绩效监测。例如，评估科学家或人力资源经理的绩效要比评估销售代表或生产经理的绩效更加困难。此外，监测过于严密或监测方式有损信任会削弱下属的信心，影响下属的内在动力。

综上所述，监测行为可以提高其他行为的有效性，从而间接影响领导者的绩效。尽管关于领导者监测效果的研究数据十分有限，但有些研究仍利用多种研究方法证明了监测与管理效能之间的相关性（例如，Amabile，Schatzel，Moneta，& Kramer，2004；

Jenster，1987；Kim & Yukl，1995；Komaki，1986；Komaki，Dessolles，& Bowman，1989；Komaki & Minnich，2002；Yukl et al.，1990）。

表2-4列出了监测运营与绩效的具体做法。

表2-4 运营与绩效监测策略指南

• 确定并衡量关键绩效指标
• 监测关键过程变量及结果
• 根据计划和预算衡量进展情况
• 开发绩效独立信息源
• 适时召开进度审查会议
• 直接查看运营情况
• 询问具体问题
• 鼓励上报问题和错误
• 基于监测信息调整领导行为

确定并衡量关键绩效指标

准确且及时地了解工作部门的运营与绩效是进行有效领导的关键。若绩效涉及多项指标，在评估时要兼顾并衡量所有指标。领导者常犯的错误是过分重视一两项易于衡量的指标，导致无法完整且准确地衡量部门绩效。

监测关键过程变量及结果

为更好地了解因果关系并发现问题，领导者应在衡量结果的同时关注过程变量。例如，明确生产过程或服务活动的关键环节，并对其进行持续监测，这有助于快速发现并解决质量问题。

根据计划和预算衡量进展情况

将运营信息与计划、预测和预算联系起来能够帮助领导者更好地解读任务情况。例如，在适当的时候（每月或每季度），比较实际支出与预算金额，并明确差额情况。若支出超过预算金额，领导者就应开展相关调查、明确原因并纠正问题。

开发绩效独立信息源

领导者应比对多个信息源，而非依赖单个信息源，从而降低重要信息丢失或被忽略的可能性。为此，领导者可向拥有相关信息的人员寻求帮助，如同事、客户或组织中级别低于直接下属的人员等。例如，某家公司的高管公开表示，他会定期定时在公司自助餐厅吃早餐，并邀请所有感兴趣的员工与他一起就公司运营情况进行非正式讨论。

适时召开进度审查会议

召开进度审查会议让领导者有机会审查和讨论项目或任务的进度，其召开频率和时机取决于任务的性质和下属的能力。若下属正在熟悉新工作或不太可靠，领导者应加大进度审查会议的召开频率。此外，其召开时机还取决于绩效数据的获取时间和关键步骤的完成时间。

⠿ 直接查看运营情况

报告和进度审查会议可提供相关运营信息，但这些方法无法替代直接查看运营情况。对于中层管理者或高管来说，查看运营情况并与员工交谈将大有裨益。在公司各部门了解情况也是一种检验运营报告结果准确与否的方式。领导者应独自前往，不事先通知，以防员工粉饰成果，给评估带来困难。如果带上几名参谋助理，领导者则很难听到员工真正的心声。

⠿ 询问具体问题

在召开进度审查会议或查看运营情况时，领导者应基于对工作流程和对下属的了解提出具体问题，以获取有关工作的重要信息。要用探究而非评判式的提问方式，要避免出现批评性语气，要提出开放性问题而不是只求是非的问题，以得到更有用的信息。由于领导者所提问题反映自身忧虑，所以在获取信息的同时也向对方传达了领导者自己的思考。

⠿ 鼓励上报问题和错误

监测成功与否取决于能否从不愿提供信息的人那里获得准确信息。下属往往畏惧向上司报告问题、错误或延误。如果领导者经常发火（"杀死信使"综合征），那么可能任何下属都不愿意报告问题。因此，领导者应以建设性、非惩罚性的方式对问题做出反应并对准确的信息表示赞赏。即使听到不利的信息，也要帮助下属从错误中吸取教训，而非惩罚他们。

⠿ 基于监测信息调整领导行为

若监测结果显示某位下属工作效率较高，领导者就应对他提出表扬。若发现绩效低于目标水平或项目未按计划进行，领导者也不应忽视问题，应采取行动立刻解决。修改不切实际的行动计划、为任务提供更多资源、对技能较弱的下属进行指导都是很有必要的做法。

（四）　解决运营问题

面对运营中断或员工违法、破坏或不安全行为，领导者应积极应对。在工作中，领导者常常面临层出不穷的运营问题，如严重事故、停电、设备故障、自然灾害、恐怖袭击、质量问题、供应短缺和罢工等。调查研究发现，解决问题的能力与领导效能息息相关（例如，Kim & Yukl, 1995; Morgeson, 2005; Yukl & Van Fleet, 1982; Yukl et al., 1990）。某些关键事件和比较案例的研究表明，高效领导者能够及时且适当地处理运营问题（例如，Amabile et al.，2004；Boyatzis，1982；Van Fleet & Yukl，1986；Yukl & Van Fleet，1982）。一些描述性研究还发现，无效的领导者往往会忽视严重问题出现的迹象，没有将问题扼杀在摇篮之中（成立委员会对问题进行研究并撰写详细报告等）。他们往往在没有确定问题原因之前就仓促应对，不听下属的意见，导致日后出现更严重的问题。

我们有必要进行以下评估：（1）能否在合理的时间内利用现有资源解决问题；（2）将时间、精力和资源集中用于解决这个问题是否值得（Isenberg，1984；McCall & Kaplan，1985）。领导有效性相关研究表明，有效的领导者会优先考虑亟待解决的重要问题，不会忽视这些问题，也不会试图转嫁问题逃避责任，或牵扯他人稀释决策责任（Peters & Austin，1985；Peters & Waterman，1982）。面对琐碎或棘手的问题，领导者通常会延迟解决，从而更有效地利用时间。当然，对于某些非常重要的问题，即使即时解决的概率很低，领导者也不宜延迟解决。

当工作中断时，员工会期望领导者分析问题或提出解决措施，否则就会谣言四起，员工也可能会感到气馁或害怕。领导者应出面表示正在解决问题，并坚定必然成功的信心，以避免出现不必要的压力或恐慌。有效的领导者能在处理问题的同时为团队提供坚定、自信的指导。

解决问题既可以主动，也可以被动，有效的领导者应主动识别可能出现的问题，并努力避免这些问题或将其负面影响降至最低。领导者应事先做好工作，以帮助组织有效应对事故、设备故障、自然灾害、突发卫生事件、供应短缺、黑客攻击、恐怖袭击等可预测的难题。

研究人员和实践者就运营问题提出了几类有效领导行为（例如，DeChurch et al.，2011；Heifetz，Grashow，& Linsky，2009；Mitroff，2004；Muffet-Willett & Kruse，2008）。尽管研究结果有限，但可以作为领导者解决运营问题的实用指南（详见表 2-5）。

表 2-5　运营问题解决策略指南

● 预测运营问题并为之做好准备
● 识别问题的早期预警信号
● 快速明确问题的原因和范围
● 寻找问题之间的联系
● 自信果敢地应对问题
● 及时通报问题及其解决情况
● 探索创新性解决方案

⇒ 预测运营问题并为之做好准备

有些问题并不常见，却具有巨大的破坏性，会使人付出高昂的代价，如事故、突发卫生事件、恐怖袭击、供应短缺、罢工、破坏和自然灾害等。在可能的情况下，领导者应提前规划，以避免这些问题的出现。面对无法避免的问题，领导者应制订应急计划，以便能够有效应对。基于对过往类似问题的分析，领导者能够有所借鉴。此外，针对不同类型的紧急情况进行员工培训也是十分必要的，如果条件允许，可以让团队演习紧急情况应对程序，并进行事后分析和评估，以促进员工学习、提高应对问题的能力。

识别问题的早期预警信号

某些问题会出现早期预警信号，领导者应该学会识别这些信号。面对即将出现的问题，人们通常会忽视其预警信号，希望问题自己消失。然而，识别工作中某些问题的早期预警信号有助于减少影响、降低成本，因此，领导者和员工都应具备识别问题的早期预警信号的能力，共同承担遏制潜在问题的责任。

快速明确问题的原因和范围

不明确问题的原因，就无法有效解决问题。错误的判断不仅不利于解决问题，还会浪费资源、引发新问题，导致问题因延误而恶化。领导者必须具备迅速而系统地分析形势的能力。形势分析不应肤浅草率，如果不明确问题的真正原因，就会浪费时间和资源。即使问题原因已经很明确了，也要了解问题涉及的范围，这是制定应对措施的决定性因素。

寻找问题之间的联系

面对各类难题、问题和机会，领导者应积极寻找它们之间的联系，因为它们并不是相互独立的（Isenberg，1984）。拥有更广阔的视角有助于领导者更好地理解问题。通过寻找问题间以及非正式战略目标间的联系，领导者可以同时解决多个相关问题。在寻找问题间联系的过程中，领导者应保持灵活开放的态度，积极思考各个问题的意义。

自信果敢地应对问题

为迅速应对严重危机或紧急情况，团队必须在严密的指挥下保持协调一致。领导者必须保持冷静，自信地指挥团队做出反应，系统果断地处理危机。此外，领导者应该接受追随者提供的相关信息和建议。

及时通报问题及其解决情况

领导者应及时准确地通报问题及其解决情况，否则很容易导致谣言四起，员工也可能会感到气馁或害怕。面对危机，管理者可以解释并强调其积极因素，使员工弱化消极因素，避免令员工感到不必要的压力。在可行的情况下，领导者应定期对危机处理情况进行简短通报。

⫶ 探索创新性解决方案

面对无法有效解决的非紧急情况，领导者可以先进行小规模实验，以获得更多关于问题及其解决方案的信息。有时，积极采取行动是了解问题的唯一途径（Isenberg，1984；Quinn，1980）。彼得斯（Peters）和沃特曼（Waterman）（1982，p. 13）发现，高效公司的领导者都对"先做，再修改，再尝试"的做法情有独钟。

四、关系导向型领导行为概述

本部分内容旨在介绍有助于提高领导效能的几种关系导向型领导行为（Yukl，2012；Yukl et al.，2002），如支持（supporting）、培养（developing）和认可（recognizing），并提出每类领导行为的应用策略指南。

（一）支持型领导行为

支持型领导行为（或称"支持型领导"）关注他人需求与感受，更易建立和维持有效的人际关系。体贴友好的领导者更有可能获得他人的友谊和忠诚。情感纽带可以帮助领导者获得员工的合作与支持。人们愿意与友好、合作、支持型的人共事，而不愿与冷漠、缺乏人情味、合作意识差，甚至充满敌意的人一起工作。较高的工作满意度可降低缺勤、人员更替、酗酒和吸毒的可能性（Brief，Schuler，& Van Sell，1981；Ganster，Fusilier，& Mayes，1986；Kessler，Price，& Wortman，1985）。下属对支持型领导的接受度和信任度较高，愿意为此类型领导付出额外努力。

某些支持型领导行为会增强下属的自信，缓解其工作压力，如表达赞赏之情、倾听问题与抱怨、在必要时提供帮助、表达对某人的信心、营造愉快的工作环境、减少他人的额外要求等。相反，某些行为会加大员工的压力，如提出不合理要求、迫使员工加快工作速度、过于挑剔，提出官僚要求等。尽管支持型领导行为的效度研究结果并不一致，但多数情况下，这种行为会提高下属的满意度和绩效。

表2-6列出了领导者有效应用支持型领导行为的策略指南。

表2-6 支持型领导行为策略指南

• 表达接受和尊重
• 展现对下属业绩的兴趣
• 安抚下属焦虑或不安的情绪
• 增强下属的自尊心和自信心
• 帮助下属解决问题

▦ 表达接受和尊重

多数领导者都拥有职权，下属对其接受和赞同（或拒绝和批评）的情绪会特别敏感。无论何时，大动肝火、严厉批评和人身侮辱等行为都会给人带来压力，尤其当这些行为来自拥有权力的领导者时。在日常工作中，领导者应通过多种方式表达对下属的接受和关心。支持型领导行为意味着礼貌、体贴和愉悦的性格，多花时间与下属相处，以更好地了解他们的兴趣、娱乐活动、家庭情况和爱好等。此外，还可以通过对话了解下属的家庭等详细情况。如有必要，可将每名下属的信息整理到一起。领导者应谨慎对待与下属的对话（不要散布与下属个人生活有关的流言蜚语）。

▦ 展现对下属业绩的兴趣

多数人都希望得到赞赏，也希望因自己对团队或组织部门的贡献而受到领导者重视。领导者应收集记录下属工作与生活中的重要细节，以展现对下属业绩的兴趣（例如，职业抱负、兴趣爱好、家庭成员、休闲活动）。约翰·马克斯韦尔（John C. Maxwell，2007，p.118）在《21条无可辩驳的领导力法则》（The 21 Irrefutable Laws of Leadership）中介绍了实现"联系法则"（Law of Connection）的关键策略：

> 假如我们一起上了电梯，在到达下一楼层之前，我就能给你讲清楚良好沟通的秘诀。你要关注他人，而不是你自己。这不仅是沟通新手最大的问题，也是无效领导的原因之一。将注意力从自己身上移开，你会更快地建立联系。

▦ 安抚下属焦虑或不安的情绪

当下属因工作压力和困难感到心烦意乱时，领导者应对他表示理解和同情，并认真倾听他的担忧，理解他焦虑或沮丧的原因，在适当的时候提供必要的指导、建议和帮助。例如，在工作量较大的情况下，领导者应帮助下属完成工作，使其远离各类琐碎抱怨和不切实际的要求，以减轻他们的工作压力。

▦ 增强下属的自尊心和自信心

肯定下属在组织中的价值。在分配困难任务时，领导者应表达对下属的信心。当下属因工作问题或困难任务而气馁时，支持型领导会利用言语使下属增强信心。当下属犯错误或出现绩效问题时，支持型领导应以建设性的方式面对，而不是大发雷霆或严厉批评。重要的是，要让下属感到领导者是真诚地希望能帮助他吸取教训、提高绩效的。

▦ 帮助下属解决问题

若下属明确提出需要帮助，或其绩效不佳时，领导者应帮助其解决个人问题（家庭、财务和药物滥用问题等）。领导者可表达担忧和感受，帮助下属找到问题的原因，并向他提供有用的信息。也可以将他介绍给其他专业人士，为他提供建议，帮助他确定解决方案等（Burke，Wier，& Duncan，1976；Kaplan & Cowen，1981）。

（二）培养型领导行为

培养型领导行为旨在提高下属技能，开展有利于工作调整和职业发展的管理实践，其主要行为包括辅导（mentoring）、指导（coaching）和提供发展机会。这里所说的培养型领导行为通常是指对下属的培养，但也可能是对同级、同事，甚至是没有经验的新上司的培养。领导者可以与组织中有能力或有经验的成员共同承担培养下属的责任。例如，某些培养型领导会指派经验丰富的下属培训新员工。

研究结果表明，高效的领导者会积极培养下属的技能，使下属充满信心（Bradford & Cohen，1984；McCauley，1986）。培养型领导行为通常被认为是一种关系导向型领导行为，它有助于实现任务的相关目标，如提高员工的绩效水平等，对领导者、下属及组织都大有裨益。它有利于促进相互合作，帮助下属更好地调整工作、学习更多的技能、拥有更强的自信心和更好的职业发展。领导者可以从帮助他人成长和发展中获得满足感，组织也可以拥有更高的员工投入度、更好的业绩以及更充分的人才储备。

表2-7列出了培养型领导培养下属技能与信心的策略指南。

表2-7 培养型领导行为策略指南

• 关心每名下属的发展
• 帮助下属提高绩效
• 耐心提供有益指导
• 提供实用的职业建议
• 鼓励下属参加培训活动
• 帮助下属获得学习经验
• 适时鼓励同级人员互学互助
• 提升下属个人声誉

⸬ 关心每名下属的发展

关心下属的个人进步和职业发展是培养型领导行为的基本原则。领导者应鼓励下属根据自身能力和个人兴趣制定兼顾当前与未来的职业目标，并热情地为下属提供建议或帮助，特别是为下属提供社交-情感和职业发展方面的支持。洛杉矶快船队（Los Angeles Clippers）主教练多克·里弗斯（Doc Rivers）曾谈到如何基于球员的需求促进其个人发展：

在与团队沟通的过程中，我不仅注重团队集体，还会重视每名队员。只有了解每个人的具体情况，我才能让他在适当的位置发挥应有的作用。在与他们的日常沟通中，我能够了解到谁在纠结个人问题、谁需要鼓励、谁需要加压（Gordon，2017，105）。

⊯ 帮助下属提高绩效

若想提高下属的绩效，领导者必须明确存在的问题。为此，领导者可以和下属一起核查任务流程，确定有无遗漏或增加的工作步骤，并验证工作步骤是否被正确执行。在讨论提高绩效的方法时，领导者应先让下属进行自我评估，而不是立刻对下属的表现进行点评。若下属已经意识到自己存在的问题，让他自己表达可以减少抵触情绪。然而，在某些情况下，下属可能找不到绩效不佳的原因，那么领导者就应该起到引领作用，毕竟在没有帮助的情况下，这样的下属很难提高当前的绩效水平。在适当的时候，领导者可就此对下属提出建议，以帮助他提高绩效水平。

⊯ 耐心提供有益指导

耐心是高效的领导者的基本品质。我们不能期望别人工作速成，或一次性做好所有事情。学习复杂的技能需要时间，而焦虑和沮丧的情绪会影响学习和进步。若领导者表现出挑剔或不耐烦的情绪，下属就会感到更加焦虑和不安。当下属因进度缓慢或反复出错而感到挫败和沮丧时，领导者要予以帮助和支持。例如，告诉下属你也曾受困于艰难的工作，并备受挫折。在下属缺乏自信时，领导者应进行鼓励，并表现出对他学习新技能的能力充满信心。

⊯ 提供实用的职业建议

领导者应为下属提供指导和建议，帮助他处理进步停滞、人际冲突、倦怠和职业危机等问题。多数下属需要上司为他制定实现职业目标的具体策略。领导者应具备阐释组织职业路径和晋升机会的能力，并能介绍各种工作任务或工作变动的优势和不足。此外，领导者还可以与下属分享类似经历的体会和感受。在适当的时候，领导者可以将下属介绍给组织中其他有能力的员工，帮助他获得良好的职业建议。为避免在提供职业建议时显得过于主观，领导者可以根据下属的提示进行职业规划。

⊯ 鼓励下属参加培训活动

鼓励下属参加研讨会和培训课程也是促进下属技能发展的方法。及时通知下属培训与发展机会，并解释这些机会与下属需求、兴趣和职业抱负的相关性。鼓励下属多参与评价中心（利用多种测评方法和技术的综合测评系统）的评价或参加多源反馈研讨会，以获得自身优势与劣势的有益反馈。在制定工作日程时，领导者要考虑给下属留出参加发展性活动的时间，为他们提供便利。在可能的情况下，组织可为员工支付课程经费，或邀请专家为员工进行特殊培训。

帮助下属获得学习经验

在布置需要新技能的特殊任务时，领导者可以给某些下属授权，使其承担部分管理职责（编制预算、召开会议、向管理层提交方案等）。有时，让下属承担富有挑战性的任务有助于提升员工的学习经验。领导者应帮助下属探索工作问题的有效解决方案，并提供必要的指导，帮助下属从成果或失败中学习。

适时鼓励同级人员互学互助

领导者可以与组织中有能力或有经验的成员共同承担培养下属的责任。同级人员互学互助是提高组织绩效的有效手段。领导者应该鼓励和促进同级人员互学互助，如指派组织内能力较强的人员担任新员工的导师或教练，或让在某些方面具有丰富经验的员工指导经验较少的员工。

提升下属个人声誉

领导者可以将下属介绍给组织中的重要人物，向上级和同级介绍某位下属的成就和专业知识，以提升下属的个人声誉。可以让下属参加相关的委员会或项目组的相关工作，使下属有机会接触组织中的重要人物，以提高下属的知名度，扩大下属的人脉，展示下属履行重要职责的能力。

（三） 认可型领导行为

认可型领导行为是指对他人的有效表现、重大成就和重要贡献给予表扬和赞赏。这种领导行为不仅存在于领导者与下属之间，也存在于平级、上级和外部人员之间。认可型领导行为是一种关系行为，旨在提高下属的任务投入度，有助于组织任务目标的实现。

认可型领导行为的三种主要形式是表扬、奖励和表彰仪式。表扬包括对他人成就或贡献的口头表扬、表情表扬和肢体表扬。这是最简单的认可形式，但很多领导者都没有充分利用。大多数赞美都是私下进行的，但也可以在公共场合使用。领导者在表彰仪式上没有太大的自由裁量权，因为组织对此类程序通常有明确的政策规定。但是，各级领导者都可以有创意地进行非正式奖励。

奖励可以体现在证书、表扬信、牌匾、奖杯、奖章或绶带等物品上，通过不同方式宣布，如在公司杂志刊发文章、在公告板或网站上发布通知、在显眼位置张贴照片（月最佳员工等）、通过公共广播系统播报、在定期会议上讲评、在特殊仪式上宣布等。奖励是一种象征性行为，它向组织传达了领导者的价值观和关注点。奖励必须基于有意义的标准，而不是偏袒或武断的判断，这一点很重要。奖励可以让获得者得到其他人的赞扬，因其对组织做出的贡献而得到其他人的感谢。就奖励而言，其依据比形式更为重要。

表彰仪式可以让个人成就不仅得到领导者的认可，而且得到组织内其他成员的认可。表彰仪式可以是为了庆祝团队或工作部门的成就，也可以是为了庆祝个人取得的业绩。高层领导者参加为特定员工或团队举行的特殊仪式具有特殊的意义，代表高层对相关行为或成绩的关注和认可。美利肯公司（Milliken & Company）（Peters & Austin，1985）曾举行过一种特殊的表彰仪式：

> 每季度举行一次"企业分享大会"，让各工作团队"吹嘘"自己的成绩和贡献。每一场"吹牛大会"都有特定主题，如更高的生产率、更好的产品质量或更低的成本等。活动是自愿参加的，但每次都会有数百名员工到场，各团队会在五分钟的演讲中介绍自己取得的进步。每位参与者都会得到一份精装证书，但最佳演讲团队（由同级人员评议决定）将获得特别奖励。这些仪式有助于在公司内传播创新性理念，分享成就，突出主流价值观。

研究表明，如果认可型领导行为能被巧妙运用，那么对组织和个人都将大有裨益（例如，Kim & Yukl，1995；Yukl et al.，1990）。相关研究还表明，高效的领导者会对下属的成绩和贡献给予更多的肯定（Kouzes & Posner，1987；Peters & Austin，1985）。威科夫、安德森和克罗韦尔（Wikoff，Anderson，& Crowell，1983）在关于表扬效果的实地实验中发现，领导者的表扬有助于提高员工的绩效。

结合相关文献和实践经验，表 2-8 列出了认可型领导行为的策略，其中涉及认可什么、何时认可、谁来认可，以及采取何种认可形式等内容。

表 2-8　认可型领导行为策略指南

• 认可各类贡献和成绩
• 积极发现需被认可的贡献
• 认可绩效的提升
• 认可值得肯定的无果努力
• 不要局限于成果卓越的工作
• 不要局限于表现最佳的员工
• 给予具体的认可
• 给予及时的认可
• 采取适当的认可形式

认可各类贡献和成绩

领导者往往认为认可型领导行为只适用于重大成就，从而限制了认可型领导行为在管理实践中的作用。员工在工作中做出的各类贡献和成绩都应得到认可，如执行任务时的主动性、额外付出的努力、达到具有挑战性的绩效目标、为完成任务而做出的个人牺牲、有助于提高效率和生产力的建议、有关部门产品与服务质量的创新性想法、为帮助他人（同事和客户等）解决问题而付出的努力，以及对他人或团队成功做出的重大贡献等。

积极发现需被认可的贡献

在对贡献和成绩给予认可之前，领导者有必要确定对组织成功很重要且符合其价值观和理念的行为。积极发现需被认可的贡献有助于提高领导效能。多数领导者往往关注并批评下属或同级人员的无效行为，却没有表扬其有效行为。设立定期奖励也是一种有效的做法，如设立"周最佳员工"奖可以让领导者定期寻找绩效优异的典型案例。库泽斯和波斯纳（Kouzes & Posner，1987）建议设定个人目标，要求领导者每天发现并表扬一名下属的行为或贡献。

认可绩效的提升

某些管理者认为，如果下属的绩效处于平均水平或低于标准，那么认可其绩效提升是不合适的。然而，认可绩效提升是鼓励员工进步的重要手段。在认可的同时，领导者可以向员工传递继续追求卓越的期望。对缺乏自信或刚开始新任务的员工而言，得到认可尤为重要。

认可值得肯定的无果努力

领导者往往受困于一个谬论，那就是只有成功才值得认可。当某项重要活动的成功概率很低时，即使未能成功，员工的努力也应被认可。例如，当科学家们终止某项即将失败的项目，从而避免耗费巨资时，奥丽达公司（Ore-Ida）发射了一枚炮弹来庆祝这次"完美失败"（Peters & Waterman，1982）。再比如，若有人提出不太可行的改进意见时，领导者应向他表示感谢，并解释为什么无法采纳并实施其想法，以保护并提高员工提建议的积极性。

不要局限于成果卓越的工作

每个人都渴望得到认可和欣赏，即使是对认可感到尴尬的人也渴望并珍视它。领导者往往倾向于对表现卓越或成就非凡的个人给予认可，却在很大程度上忽视了贡献不那么明显、表现难以衡量的人。领导者应对各岗位员工的贡献和成就给予认可，而无关其地位或知名度。在对生产和销售等业绩易于量化的一线部门人员表达认可的同时，领导者也不应忽视支持性职能部门人员的努力。只要稍加留意，领导者就不难在各个岗位中发现典型事例和优秀业绩。

⫶ 不要局限于表现最佳的员工

管理者应有理有据地对员工业绩表达认可。若只认可各岗位表现最佳的员工，就会导致员工间出现激烈的竞争。然而，彼得斯和奥斯汀（Peters & Austin，1985）发现，优秀组织往往认可大量优秀员工，而不是寥寥几人。例如，领导者应对前75％的销售代表给予奖励，而不是只奖励前10％。与其只认可表现最佳的员工，不如集体奖励达到挑战性绩效标准的人。极端形式的竞争会产生不良作用，如不愿意帮助竞争对手，或让稍逊于对手而得不到认可（常常因为运气不好）的人心生怨恨。将多数员工认可为"英雄"或"优胜者"是可行的，不同表现有不同的认可程度。表现最佳的员工理应得到更大的认可，以避免其成就打折，从而保证组织的预期利益。

⫶ 给予具体的认可

具体的表扬有助于员工在工作上获得成功。领导者不要笼统地称赞员工，而是要解释称赞的原因。如列出判断依据，点出其具体努力或有效行为，并解释其成就对组织的重要性。在认可有益建议时，要解释此建议将如何应用，对组织有何益处，对项目成功有何贡献等。具体的表扬比笼统的称赞更加可信，这表明领导者确实了解员工成绩，对其做出的积极评价并非空穴来风。此外，举例说明员工具体的有效行为，可以表明领导者重视的方向，能引导员工未来继续朝着这些方向努力。

⫶ 给予及时的认可

研究表明，领导者应在员工做出成绩之后及时给予认可。彼得斯和沃特曼（Peters & Waterman，1982）指出，"四处走动式管理"（management by walking around）的好处之一是能够发现好的行为，并立即给予表扬。然而，领导者不要对某人的成绩给予过分的认可，没必要每天为同一件事表扬同一个人，这种领导行为是无效的。

⫶ 采取适当的认可形式

认可形式的选择没有任何惯例或公式可依，这取决于被认可成就的类型和重要性、组织的规范和文化，以及领导者和接受者的特点。无论何种形式，认可都必须是真诚的。多数人都能察觉到，领导者是否利用表扬或奖励操纵员工。因此，领导者应避免过度使用某种特定的认可形式，过度使用会使其效果大打折扣。

小 结

　　本章介绍了领导学研究中不同类型的广义领导行为，如任务导向型领导行为和关系导向型领导行为等。为了发现这两种领导行为与领导效能衡量指标（例如下属满意度和绩效等）之间的关系，研究人员进行了数百项相关研究，有些研究仅对任务导向型领导行为和关系导向型领导行为进行了宽泛的探讨，并未得出令人信服的一致性结果。

　　在领导学领域，关于具体领导行为的研究较少。有研究者关注具体的任务导向型领导行为，其中包括规划、阐释、监测和解决运营问题等。也有研究者关注某些具体的关系导向型领导行为，其中包括支持、培养和认可等。总体结果表明，有效的领导者重视任务目标和人际关系，会根据领导情境选择具体的行为类型。除本章描述的具体领导行为之外，领导者还会采用其他类型的领导行为，以提高领导效能，本书后续章节将对此进行详细介绍。

📖 回顾与讨论

1. 任务导向型领导行为对下属的满意度和绩效有什么影响？
2. 关系导向型领导行为对下属的满意度和绩效有什么影响？
3. 阐释和监测等领导行为有什么策略指南？
4. 规划和解决问题等领导行为有什么策略指南？
5. 支持、培养和认可等领导行为有什么策略指南？

✍ 关键术语

阐释	clarifying
监测	monitoring
规划	planning
解决问题	problem solving
认可	recognizing
支持	supporting
培养	developing
关系导向型领导行为	relations-oriented behavior

任务导向型领导行为　　　　task-oriented behavior

个人反思

对某位领导者进行几个月的观察，该领导者可以是工作主管、体育教练、学生组织领导或临时项目团队领导，观察他采用了哪些任务导向型领导行为和关系导向型领导行为，以及领导效能如何。

案例 2-1

联合制品公司

联合制品公司（Consolidated Products）是一家生产消费品的中型制造商。本·塞缪尔斯（Ben Samuels）曾担任联合制品公司某工厂的经理十年，深受员工爱戴。他为员工修建了健身中心，每年发起公司野餐或节日聚会等社交活动，员工们很感激他。本知道大部分工人的名字，每天都会在工厂四处走动，看望工人并打听他们的家庭状况和爱好。

他认为，善待员工会使其保持对公司的忠诚。当生产需求减少时，也不要解雇工人，因为熟练工人具有无可替代性，其流失是公司的损失。工人们知道本会帮助他们解决棘手的问题。比如，当某位工人受伤而又不想丢掉工作时，本会为他在工厂里找到其他合适的岗位，哪怕这名工人变成了残疾人。他相信，如果公正对待工人，他们就会自觉工作，不需要严密的监督或督促。对工厂的主管们，本也采用同样的原则，常常放手让他们以自己的方式管理各个部门。他不为工厂设定目标和标准，也不要求主管制订提高生产效率和产品质量的计划。

在公司下设的五个工厂中，本管理的工厂人员流动率最低，成本控制和生产水平排倒数第二。公司被并购后，本被要求提前退休，菲尔·琼斯（Phil Jones）接替了他。

作为业务水平极高的经理，菲尔盛名在外。他迅速进行改革，削减大量活动以降低成本，如工厂的活动、野餐、聚会，以及主管的人际关系培训等。菲尔认为培训主管和员工是在浪费时间。他常说："如果员工不想干了，那就开除他，找想干的人来干。"

他要求主管设定很高的绩效标准，并要求各部门达到标准。工厂引入了监测系统，按照标准监测每名工人的工作产出。

菲尔让主管警告达不到绩效标准的工人，若其两周内不能提高绩效，就会被解雇。菲尔认为工人不会尊重软弱而被动的主管。如果他看到工人浪费时间或犯错误，就会当面将其作为典型进行批评。菲尔会仔细审查各位主管的工作，为各部门设定严苛的目标，而且每周与主管会面并审查部门绩效。此外，菲尔还要求主管向其报告计划或政策外的重大行动。

降低设备维护频率也是菲尔降低成本的举措之一，因为这可以增加生产设备的使用率。菲尔认为，既然机器设备操作记录良好，就没有必要进行过于频繁的设备维护，否则就会干扰生产。此外，若某条生产线业务欠佳，菲尔就会将工人解雇，不再为其安排其他岗位。

菲尔担任工厂经理一年后，生产成本降低了20%，产量提高了10%。但是，7位主管中有3位离职，机器操作员的离职率也很高，或被解雇，或主动辞职。他发现某些员工很难被替代，也听到了工人要求组建工会的呼声。

（作者：加里·尤克尔）

问题

1. 概述并比较本和菲尔的领导行为。两名经理采用了哪些具体的关系导向型领导行为（支持、培养、认可）和任务导向型领导行为（阐释、规划、监测）？

2. 比较本和菲尔的领导行为对员工态度、短期绩效和工厂长期业绩的影响，并解释产生差异的原因。

3. 如果你被选为这家工厂的经理，你会怎样实现员工满意度和工厂业绩双赢？

案例 2-2

一流人才公司

一流人才公司（Superior Staffing）是美国顶尖人才招聘与中介机构，其主要任务是为客户招聘高素质的正式或临时员工。该公司服务于不同类型的组织。各区域经理的主要职责是管理和监督负责招聘的员工，使其为所在区域的客户招聘。

杰基（Jackie）长期担任该公司东部地区的办事处经理，管理办事处负责招聘的10名员工。她很受员工爱戴，经常自费在街对面的酒吧与员工进行团建活动。她每年在家里为员工及其家人举办三四次派对，关心招聘人员的个人生活。当有人感到不安和遇到困难时，她会主动提供帮助。杰基对员工的真诚关心营造了一种非常和谐的工作环境，使每个人都愿意伸出援助之手。

她乐于为需要帮助的人提供辅导，手下的员工对她非常感激。有时，她会观察招聘人员与应聘人员的电话沟通或办公室会面，对优秀的表现提出表扬，并就如何提高效能提出建议。几年后，她手下某位优秀的招聘人员被提升为地区经理，在那里也工作得非常出色。他曾说，杰基的指导和辅导是他继续在公司工作的一个重要原因。

就每个月为客户成功招聘到的人员数量，杰基给每名招聘人员都设定了具有挑战性的目标。每月月底，她都会单独与他们召开进度审查会议，检查每个人的表现。如果招聘目标没有完成，她会帮助其制订下个月的改进计划。她还鼓励员工将他们无法迅速解决的问题告诉她，以便大家共同努力及时找到解决方案。她手下的员工曾多次创下公司商业部门最高营收纪录。

（作者：丹尼尔·格利弗　威廉·加德纳）

问题

1. 杰基采用了哪些具体的任务导向型领导行为？

2. 杰基采用了哪些具体的关系导向型领导行为？

3. 杰基还可以采用哪些具体的任务型或关系型领导行为？

第三章　领导情境与适应型领导行为

>> 学习目标

通过学习本章内容，读者能够：

● 了解情境各要素对领导行为的影响。

● 了解情境各要素对增强或减弱领导行为效能的影响。

● 了解如何根据情境采取相应的领导行为。

● 了解如何应对要求、减少约束和处理角色冲突。

导　言

关于有效领导的早期研究都反映出一种隐含假设，即领导者的某些特质（如智力和自信等）或广义行为（如任务导向型、关系导向型或参与型领导行为等）与下属的绩效或满意度呈正相关关系。然而，相关研究未能就有效领导形成统一概念。学者们期待进一步研究领导情境各要素对领导行为的影响，从而更好地了解领导行为对下属满意度和绩效的影响。

本章内容旨在介绍领导情境对领导行为和领导效能的影响。其中包括情境要素影响领导效能的三种方式，影响领导者根据情境选择领导行为的相关要素的研究，以及三种权变理论，以解释情境要素如何增强或减弱领导行为效能。同时，本章还提出了适应情境的领导行为策略指南。

一、情境要素对领导行为的影响

情境要素可以对领导行为造成不同的影响，同一情境变量也可能促使领导者采用不同的领导行为（Howell，Dorfman，& Kerr，1986；James & Brett，1984；Oc，2018；

Osborn，Uhl-Bien，& Milosevic，2014；Yukl，2009)。

（一） 情境对领导行为的直接影响

情境变量可以对领导行为产生直接影响，规则、政策、角色期望和组织价值观等情境要素可以鼓励或约束领导行为。除了对领导行为产生直接影响外，情境变量还可能对其因变量产生间接影响。例如，某家公司制定了一项新政策，要求销售经理向业绩达标的销售代表发放奖金，若销售经理按规定发放奖金，那么销售代表的业绩和满意度就会随之提升。

（二） 情境对领导行为的调节

如果某个情境变量可以增强领导行为对因变量的影响，但又不直接影响因变量，则称为增强变量。例如，领导者在任务方面的专业知识使领导者能够提供更好的指导，而下属也更有可能听从专家型领导的建议。如果某个情境变量可以降低领导行为对因变量的影响或使其不发生影响，则该情境变量称为中和变量。例如，领导者关于任务执行方式的指示对已经了解任务执行方式的员工几乎没有影响。

（三） 情境对结果或中介变量的直接影响

情境变量可以直接影响下属满意度或绩效等结果，也可以直接影响能部分决定结果的中介变量。如果某个情境变量可以使中介变量或结果更有利，则该情境变量有时可称为领导的替代变量。例如，若下属曾接受过丰富的培训或拥有丰富的经验，就不需要领导者为其提供大量说明和指导。若领导者发现某些行为是明显多余的或不必要的，那么替代变量就可以间接影响其领导行为。情境变量还可以影响中介变量对绩效等结果的决定作用。例如，相对于简单的重复性任务，复杂多变的任务中的员工技能对绩效的决定作用更强。同样，如果某些类型的领导行为明显更有利于提高团队或部门的业绩，那么情境变量就可以间接影响领导行为。

二、斯图尔特情境因素模型

关于情境对领导行为的影响，多数认知都来自观察、访谈和日志等描述性研究。研究结果表明，各类领导岗位都有其独特的角色要求。根据不同研究方法得出的数据，斯图尔特（Stewart，1967，1976，1982，2002）进行了广泛研究并制定出模型，以描述不同类型的领导岗位，以及领导者应有的工作方式。

（一）　要求

要求是指领导者应承担的职责或应组织的活动。其中包括必须达到的工作标准、需要实现的目标、截止日期，以及不能忽视或委派的操作程序，如编制预算和报告、参加会议、批准支出、签署文件和进行绩效评估等。

（二）　约束

约束是指限制领导者行为的组织及外部规则，包括必须遵守的操作程序和政策，以及劳动法、环境法、证券法、安全法等法律约束。此外，约束还包括可利用的资源，如设施、预算、物资、人员和保障服务等。技术手段会制约工作完成方式，设施的位置和人员分布会限制工作中面对面交流的机会。

（三）　选择

选择是指特定领导者有机会选择领导方式和领导行为。短期内，要求和约束会限制选择，但从长期来看，领导者有机会修改要求，消除或规避约束，从而扩大选择范围。选择包括领导者所在部门的目标、目标的优先顺序、选择的策略、工作内容、时间计划、职责委派，以及如何施加领导影响等。领导者也可以通过选择来影响要求。例如，在某个委员会任职会加强外界对任职者的要求。此外，由于对角色期望的理解不同，有些要求并不具备普适性。例如，某位运营经理认为必须严格遵守相关政策法规，而同一公司的另一位运营经理则认为做事可以更加灵活。

（四）　关系模式

上级、下级、同级和外部人员对领导者的要求会影响其时间安排和所需技能。如果必须频繁执行新任务、协调下属，或很难监测下属的表现，那领导者就需要多花时间与下属打交道。若在资源或任务上对上级高度依赖，或上级的要求不可预测，那领导者就需要多花时间与上级打交道。如果领导者在服务、供应、合作、产品试用等方面有求于同级人员，那就需要多花时间与同级人员打交道。如果对外部人员高度依赖并与之谈判协议，或需要开展公共关系活动以创造良好形象，那领导者就需要多花时间与外部人员（客户、顾客、供应商和分包商等）打交道。领导者必须在短时间内与很多人建立关系，而不是反复与同一个人打交道，这使领导者的工作变得更加复杂，尤其在需要迅速影响他人的时候。下属、同级和上级对领导者提出的要求的不兼容程度决定了领导者将经历多少角色冲突。

（五） 工作模式

斯图尔特发现，角色的需求模式和要求模式会影响领导行为，在某种程度上，不同类型的领导岗位有着不同的行为模式。以下因素有助于对领导岗位进行分类：（1）领导活动的自我生成程度，或回应他人要求、指示和问题的比例；（2）工作的重复程度或易变和特殊情况；（3）工作中出现不确定性的频率；（4）领导活动需要长期持续关注的程度；（5）在最后期限前完成任务的压力大小。例如，以应对为主的岗位要求领导者应对各种不可预测的问题和超出控制的工作负担（生产、服务经理等），与之相比，以自我生成为主的领导岗位（如产品经理、调研经理、培训主管）则需要更多的主动性和活动规划。斯图尔特认为，某些领导岗位的工作模式往往来源于习惯，长时间在同一个岗位工作，领导者可能会习惯特定的行事方式，而很难适应其他具有不同行为要求的领导岗位。

（六） 曝光度

领导者对错误决定所负的责任，以及发现错误的速度也是决定所需领导行为和技能的决定因素。若其决策和行动给组织带来了严重且明显的后果，或者其错误和误判导致资源损失、运营中断、人员健康和生命遭受危险，领导者就会承受更大的曝光度。若其决策没有立即产生后果，或者决策是由责任群体做出的，那么曝光度就会小一点。高曝光度的岗位包括：产品经理，他们必须推荐某些耗资巨大的营销计划和产品变更，有些可能很快就被证明是一场灾难；项目经理，他们可能无法在预算内按时完成项目；利润中心经理（仓储经理或服务设施经理等），他们要对自己部门的成本和利润负责。

（七） 领导者的裁量权

管理或行政岗位对履职人员有着各种要求，其行为受到法律、政策、法规、传统和权力范围的约束。要求和约束不完全取决于客观工作条件，还取决于领导者的目标和技能。工作侧重点、活动时间投入度和人员关注度都需要领导者进行衡量和选择。相关研究表明，从事类似工作的领导者，其行为也存在相当大的差异（Fondas & Stewart，1994；James & White，1983；Kotter，1982；Stewart，1976，1982，1991）。例如，斯图尔特（Stewart，1976，1982）发现，有些银行经理强调对员工的监督，而有些则将大部分内部管理工作委派给助理经理，将自身精力放在积极寻找新业务上。斯图尔特（Stewart，1991）的研究表明，公司首席执行官和公司董事会主席之间的关系因相关人员的个性和背景因素（组织结构等）不同而表现出较大差异。最近，莫雷斯、卡卡巴兹和卡卡巴兹（Morais，Kakabadse，& Kakabadse，2018）的一项采访研究显示，高效的沟通和良好的信任有助于首席执行官和董事长更有效地解决问题和冲突。

在某种程度上，绩效维度决定了同一岗位会出现不同的领导行为。在优先事项范围内，领导者可能会选择在某些目标上投入更多的精力。例如，涉及新产品开发的活动可能比降低成本、提高质量、开发新的出口市场或改进安全常规更受关注。与团队建设或提高当前工作绩效所需的技能培训相比，培养并提升下属能力可能会得到更多关注。

领导者对岗位各方面的权衡，以及是否拥有完成各项任务的时间，也会导致同一岗位出现不同的领导行为。对岗位的定义反映了领导者的兴趣、技能、价值观，以及他人对领导者的角色期望。领导者处理角色冲突和应对各类要求的能力各不相同，能力较强的领导者可以协调最初不兼容的角色要求。此外，经常决策正确且对组织忠诚的领导者，在重新定义自身角色和发挥创新意识方面也更为灵活。

三、决定领导行为的情境要素

与斯图尔特的广泛视角不同，多数关于情境影响的研究只关注一两个情境要素。这种狭隘的方法很难检测到未受测量的情境变量的影响，也很难比较不同的研究结果。尽管存在这些局限性，这些研究还是发现了某些可以影响领导行为的情境变量，如管理水平、部门规模、外部依赖性和极端环境等。

（一）管理水平

对组织中不同级别的领导者来说，岗位职责和履行职责所需的技能各不相同（Anzengruber et al.，2017；Chun，Yammarino，Dionne，Sosik，& Moon，2009；De-Church，Hiller，Murase，Doty，& Salas，2010；Jacobs & Jaques，1987；Jacobs & McGee，2001；Katz & Kahn，1978；Lucas & Markessini，1993；Mumford，Campion，& Morgeson，2007）。高层领导者通常更关心在制订长期计划、制定政策、调整组织结构和开创新的办事方式方面行使广泛权力。这一级别的决策通常具备长期视角，因为高层领导者应该考虑 10～20 年后会发生什么。中层领导者主要负责解释和执行相关的政策与项目，通常具备中长期视角（2～5 年）。低层领导者主要负责组织和协调各种工作活动，拥有更具体的目标、集中精力解决不复杂的问题，具备典型的短期视角（数周到 2 年）。

在一个组织的权力架构中，高层领导者通常对做出重要决策负有更多责任，包括确定组织目标、规划实现目标的战略、确定总体政策、设计组织结构和分配资源等。中层领导者拥有的裁量权和行动自由较少，因为他们必须在上级制定的正式规则和政策约束下活动。布兰肯希普和迈尔斯（Blankenship & Miles，1968）发现，低层领导者拥有的裁量权更少，在执行决策之前需要更频繁地与上级协商，对决策的最终选择权也最少。

不同层次的岗位要求和裁量权差异，导致了不同管理活动与管理角色重要性和时间投入量的不同（Allan，1981；Anzengruber et al.，2017；Korica, Nicolini, & Johnson，2017；Luthans, Rosenkrantz, & Hennessey，1985；McCall & Segrist，1980；Martinko & Gardner，1985；Mintzberg，1973；Mumford et al.，2007）。关于岗位职责说明的研究表明，相较于低层领导者，规划、战略决策和公共关系等活动对高层领导者来说更为重要（Hemphill，1959；Katzell, Barrett, Vann, & Hogan，1968；Mahoney, Jerdee, & Carroll，1965；Tornow & Pinto，1976）。关于管理角色的研究发现，相较于低层领导者，对内进行资源分配和对外担任组织代表等角色对高层领导者来说更为重要，而高层领导者通常也更依赖外部人员。关于管理活动和人际关系网的研究表明，与多数低层领导者相比，高层领导者会花更多的时间与外部人员互动（Korica et al.，2017；Luthans et al.，1985；Martinko & Gardner，1985；McCall, Morrison, & Hannan，1978；Michael & Yukl，1993）。关于社交关系网的研究发现，与重要人物的外部联系是高层领导者的宝贵资源，但在外部关系上花费太多时间可能会分散他们履行内部管理职责的精力，降低领导效能（Balkundi & Kilduff，2005）。低层领导者往往更关心技术、人员安排（人员选择和培训等）、工作安排和下属绩效监测问题（Anzengruber et al.，2017；Korica et al.，2017；Mumford et al.，2007）。对低层领导者来说，与在每项活动上花费的时间相比，开展的活动数量更为重要（Korica et al.，2017；Kurke & Aldrich，1983；Martinko & Gardner，1985；Mintzberg，1973；Thomason，1967）。

（二）部门规模

从研究少数群体到研究首席执行官，各类研究都调查了部门规模对领导行为的影响，也就是领导行为的影响范围对领导行为的影响。科特（Kotter，1982）致力于研究总经理工作，他得出的结论是，与较小部门的经理相比，对较大部门的经理的工作要求更高。在较大的部门中，由于大量的问题和活动，而且领导者可能缺乏细致的了解，因此总经理做出决策更加困难。较大部门的结构可能更官僚化，因此，领导者必须应对更多的约束（规则、标准程序和必要的授权等）。与这种分析相一致的是，组织中较大部门的总经理的确拥有更广的人际网络，需要定期参加更多的会议。

若领导者拥有很多下属，那就很难将下属召齐开会，或单独向下属咨询。这样的领导者往往较少采用参与型领导行为，或者只对"执行委员会"或少数值得信赖的"副手"使用参与型领导行为。赫勒和尤克尔（Heller & Yukl，1969）发现，随着控制范围的扩大，高层领导者的决策会更加专制，但同时也会将更多职责委派给下属。两种决策方式都可以使责任过重的领导者减少决策所需的时间。在这项研究中，随着控制范围的扩大，低层领导者也会做出更多专断决策，但不会更多地向下委派，这可能是因为可行性不高。布兰肯希普和迈尔斯发现，随着控制范围的扩大，领导者将更依赖下属对决策采取行动，这种趋势在高层领导者中比在下层管理者中更为明显。

随着工作部门规模的扩大，管理工作量也会逐渐增加。领导者应将更多的时间花在计划、协调、人员安排和预算等活动上（Cohen & March，1974；Hemphill，1950；Katzell et al.，1968）。马丁科和加德纳（Martinko & Gardner，1990）在一项关于校长的观察研究中发现，规模较大学校的校长会比规模较小学校的校长花费更多的时间来提供信息、安排计划、进行审查和制定策略。而规模较小学校的校长可能会花费更多的时间从事非管理性工作。这些发现与斯图尔特（Stewart，1967）和明茨伯格（Mintzberg，1973）的结论一致。斯图尔特发现，大型组织的领导者会将更多的时间用于正式沟通，明茨伯格发现大型组织的领导者拥有更广泛、更完善的联系网络，并在正式沟通（备忘录和既定会议等）上花费更多的时间。当下属有高度不确定并相互依赖的任务时，对协调的要求会大大增加。有时，领导者可以将增加的行政负担部分委派给二把手，或由下属组成的协调委员会，或擅长协调的参谋助理。但是，在很多情况下，领导者应承担指导和整合群体活动的责任。

关于小规模公司管理工作的研究表明，小规模公司的首席执行官将大部分时间花在下属身上（Floren，2006）。而较大规模公司的领导者却很少有机会与下属单独互动并与下属保持有效的人际关系（Ford，1981），他们处理下属问题的方式更加程式化、更不近人情（Kipnis & Cosentino，1969；Kipnis & Lane，1962）。当下属出现绩效问题时，他们不太可能提供个性化的指示和指导。

随着群体或工作部门的壮大，不同的亚群体或派系可能会不断涌现。这些亚群体经常争夺权力与资源、制造冲突，对群体凝聚力和团队合作构成威胁。因此，大型团队或工作部门的领导者需要投入更多的时间来建立群体认同、促进合作和减少冲突。然而，巨大的管理压力可能会导致领导者忽略群体维护工作，直到出现严重问题。

（三） 外部依赖性

领导者所在部门对组织中其他部门的依赖程度（横向依赖）或对外部人群的依赖程度在很大程度上会影响领导行为。随着与其他部门相互依赖程度的提高，相互协调将变得更加重要，计划、进度和活动的相互调整也变得必不可少（Galbraith，1973；Mintzberg，1979）。对各部门来说，横向依赖也是一种威胁，因为必须更频繁地修改日常活动以适应其他部门的需求，从而丢失部分自主性和稳定性（Hunt & Osborn，1982；Sayles，1979）。关于领导者活动模式的研究也发现了相同的结果。随着横向依赖的增加，外部活动变得更加重要，领导者要花更多的时间进行横向互动，与组织中其他部门的人员建立更大的联系网络（Hammer & Turk，1987；Kaplan，1984；Kotter，1982；Michael & Yukl，1993；Stewart，1976）。

领导在横向关系中的作用包括从其他部门收集信息、获得帮助与合作、谈判协议、达成协调部门活动的联合决策、维护部门利益、为部门树立良好形象、为部门提供支持与帮助、担任下属的发言人等。领导者对这些活动的重视程度取决于横向关系的性质。例如，若该部门被要求向其他部门提供服务，那么领导者首要的关注点是缓冲下属收到的外部需求（Sayles，1979）。

正如领导者会尽力调和来自上级和下属的要求一样，在寻求与其他部门达成协议时，领导者也有必要做出妥协。下属希望领导者代表他们的利益，但若领导者不响应其他部门的需求，就不可能与其保持有效的工作关系。萨兰西克、考尔德、罗兰、莱布莱比吉和康韦（Salancik，Calder，Rowland，Leblebici，& Conway，1975）曾对保险公司的经理进行过一项研究，以了解角色冲突。研究发现，为保持合作，工作具有相互依赖性的经理往往会对彼此的需求做出更积极的回应。经理需定期互动的同级人员越多，就越无法有效回应下属的期望。

依赖外部供应商、顾问和承包商在需要时及时提供物资、材料或服务的组织，也会增加外部依赖性。很多公司都采用"虚拟"或"网络化"的组织形式，将大部分活动外包给其他组织。与传统领导者相比，这些组织的领导者更像企业家，他们要具备更多信息技术知识和项目管理技能（Horner-Long & Schoenberg，2002）。这些领导者必须明确战略机遇，与其他组织的人员协商合作，建立战略联盟，并协调全球数十个地区相互依存的商业活动。

若领导者高度依赖组织中其他部门、上级管理层和外部力量（客户、顾客、材料供应商和政府监管机构等）的信息、资源和合作，那就需要采取更多的对外行为。对外部的依赖需要领导者进一步发展和维护联系网络和及时的信息源。内部和外部支持者的协作非常重要，尤其是领导者在进行改革的时候。

（四）极端环境

紧急危机或正常运营中断是对领导者的重大挑战，如致多人伤亡的恐怖袭击，严重事故或枪击事件，自然灾害（洪水、龙卷风和地震等），网络攻击，金融危机，对手收购，以及致病致死的突发卫生事件等（Hannah & Parry，2014；Hannah，Uhl-Bien，Avolio，& Cavarretta，2009）。这些极端事件可能发生在极端环境下，在极端环境中工作更不应该低估领导行为的重要性。例如，据估计，全世界有 8 900 多万人在服兵役（International Institute for Strategic Studies，2010）。国际消防员协会认定，美国和加拿大有近 30 万名全职消防员；联合国犯罪数据库的数据显示，全球最大的 10 个国家有近 400 万名警察（Hannah & Parry，2014）。

在极端环境下，尤其在发生极端事件时，人们对领导者的角色期望可能会发生变化，他们希望受此类危机影响的组织领导者更加自信、更具指挥性、更加果断（Mulder & Stemerding，1963）。彼得森和范弗利特（Peterson & Van Fleet，2008）发现，非营利组织的受访者更希望领导者在危机情况下能更多地解决问题和进行指挥。在军舰上进行的一项研究表明，在危机情况下，海军军官更具指挥性、专断性和目标性（Mulder，Ritsema van Eck，& de Jong，1970）。具有主动性、用权自信而果断的军官通常效能更佳。一项对银行经理的研究发现，当危机扰乱正常运营时，高效的领导者在行为上更加灵活（Mulder，de Jong，Koppelaar，& Verhage，1986）。

克莱尔和迪弗雷纳（Clair & Dufresne，2007）曾介绍过某些领导战略，这些战略可以使组织在面临危机时表现出超强韧性，促成积极转变。他们举了路透社美国分部（Reuters America）如何应对“9·11”的例子：

> 当天，这家著名通讯社的 1 200 多名员工陷入险境，8 人因袭击身亡。领导者与员工、员工家属、客户和附属公司进行了持续沟通，让大家感受到了人文关怀。“以前在大家看来刻板、没有价值观的工作场所瞬间变成了关怀中心。”（p.70）

汉娜等人（Hannah et al.，2009）将在极端环境下运作的组织分为四种类型：（1）天真型组织（naïve organization）；（2）创伤型组织（trauma organization）；（3）高度可靠型组织（high-reliability organization）；（4）关键行动型组织（critical action organization）。天真型组织是指碰巧遇到极端事件或偶然被推入极端环境的组织。例如，某些组织遇到一些意想不到的事件，如自然灾害（地震、龙卷风和飓风等）、抢劫、毁坏设施的火灾等。由于此类事件不常见且很难预测，天真型组织通常准备程度较低，应急响应体系较弱。事实上，天真型组织的领导者往往认为灾难"不会发生在我这里"，因此很难克服自满情绪，导致对极端事件缺乏准备（Pauchant & Mitroff，1992）。

创伤型组织包括灾难响应部门、医院急诊室、医疗急救技术人员和救护团队。这类组织通常高度专业化，反应迅速，因为它们必须"随叫随到"，而且几乎无法预测要在何时何地面临极端条件（Hannah & Parry，2014）。这是一种极端的工作环境，技能高超的专业人员要通过团队合作，执行紧急、相互依赖、不可预测、极为重要的任务，同时还要应对团队人员的变动，对新成员进行在职培训。为了使这些团队有效运作，领导者需要执行动态的委派制度。适当时，高级领导者可以迅速将关键领导角色委派给团队中的初级领导者，必要时也可以保留或收回授权。这种动态委派有利于增强"临时应急"团队的能力，以灵活地适应快速变化的紧急情况，同时训练团队新成员的技能。创伤型组织经常面对极端事件，成员视此类事件为"正常"情况，并逐渐适应其危险性和威胁性。此外，反复应对此类事件可以提高组织的学习水平，使各团队不断完善应对极端事件的流程和制度。克莱恩、齐格特、奈特和肖（Klein，Ziegert，Knight，& Xiao，2006）进行的一项定性研究揭示了动态委派在这种独特背景下的作用：

> 患者乘坐直升机或救护车抵达城市创伤中心（化名），该中心是世界上最好、最繁忙的创伤护理中心之一。遭遇枪击、刺伤、车祸等创伤性打击的受害者被送往该中心的创伤急救室（Trauma Resuscitation Unit，TRU），医生、护士和技术人员迅速展开救治。该团队肩负快速稳定、诊断和治疗患者的重任，任何错误或延迟都可能导致患者死亡，只有采取迅速且适当的治疗才有可能挽救病人的生命。该团队中某些成员从未共事过，而且有的医生相对来说还是新手。他们是几天前加入创伤急救室的当地居民，在这里接受培训，积累经验，且月底就会离开。接下来的日日夜夜，还会有更多的患者来到这里，波次不定，受到的伤害也不确定。从早到晚，创伤急救室的成员不断变化，有的到岗，有的下班，各类成员相互接替。在接下来的几个月里，将会有数百名创伤患者被送入创伤急救室，附近数十名居民也将加入团队进行锻炼。由医生、护士和技术人员组成的人员不断变化的团队为患者提供治疗，反复面对需要快速协调、表现稳定、不断适应、不断学习的任务。

高度可靠型组织（Weick & Sutcliffe，2001）的主要关注点是预防或遏制极端事件的发生（Hannah & Parry，2014）。此类组织包括航空公司、核电站和预防犯罪的警察部门。尽管高度可靠型组织及其成员肯定会面临极端事件，如日本福岛核反应堆事件，但他们的目标是避免此类事件的发生。领导者必须专注于创建、维护和完善管理与控制流程，以利用风险探测系统规避潜在危险。

关键行动型组织与高度可靠型组织各有特点。关键行动型组织是有目的且主动参与极端事件，而不是试图避免极端事件的发生（Hannah et al.，2009），如特警队突袭冰毒实验室或特种作战部队对敌人进行突袭等。尽管关键行动型组织面临极端事件的频率通常低于创伤型组织，但它们所面对事件的强度和潜在后果（死亡和破坏等）往往更大。这类组织的成员面临的个人风险更高，对能直接影响他们安全的领导决策尤其敏感（Hannah & Parry，2014）。

到目前为止，关于极端情况（严重危机或破坏行为）领导问题的研究十分有限，但其数量在逐年增加（Baur et al.，2018；DeChurch et al.，2011；Geier，2016；Hannah & Parry，2014；Hannah et al.，2009；Stewart，1967，1976）。工作在极端环境中的人员数量非常庞大，而且各类组织面对极端事件的频率也越来越高，因此，研究者应进行更多的研究。

四、应对要求和减少约束的行为策略指南

由于管理工作具有混乱性和艰巨性的特点，所以领导者应具备较强的时间管理技能。本部分旨在基于相关研究、实践经验和顾问建议，介绍有效管理时间、应对要求、减少约束和处理角色冲突的行为策略指南（见表 3-1）。

表 3-1　应对要求和减少约束的行为策略指南

● 了解要求和约束的原因
● 扩大选择范围
● 明确目标
● 分析时间利用方案
● 计划每日和每周例行活动
● 避免不必要的活动
● 克服拖延
● 利用反应性活动
● 进行反思性分析与规划
● 为极端事件做好计划和准备

▦ 了解要求和约束的原因

了解他人对领导者的看法和期望是至关重要的。主观判断不可避免地会影响人们对要求和约束的感知，但很多领导者并没有收集足够的信息，并基于这些信息进行判断。不要假设人人都同意你的愿景、优先事项或对有效管理的看法。在满足或修正他人对自己的期望之前，领导者有必要先了解他人真正的想法，应经常与他人进行面对面交流，提出问题，倾听他人，而不是一味地说教。此外，还应该关注负面反应（非语言暗示等），努力发现个人观点和偏好背后的价值观与需求。

▦ 扩大选择范围

领导者应具备更广阔的战略视角，在关注要求和约束的同时，充分分析并考虑岗位的不同情况。在定义岗位时，领导者可以主动与上级沟通，以获得更多的裁量权，尤其是在职责定义不明确或角色模糊的情况下。领导者可以通过一定的方式来应对要求、减少约束，从而扩大选择范围。领导者应有意识地分析某些要求和约束的有效性，并就此进行规划并安排议程，以减少、消除或规避这些要求和约束。例如，乔科·威林克和利夫·巴宾（Jocko Willink & Leif Babin，2017）是美国海军海豹突击队前队员，基于军事生涯中汲取的经验和教训，他们转投商海并打造了一个高效的团队。他们对下级领导者提供了以下领导建议：

> 要有策略地与直接上司（或军事方面的上级司令部）沟通，以获得必要的决策和支持，使你的团队能够完成任务并取得最终的胜利。要做到这一点，领导者必须要有态势感知。下级领导者必须使用……影响、经验、知识、沟通，并保持最高的专业水平。

▦ 明确目标

时间是一种稀缺资源。领导者只有有效利用时间，才能提高领导效能。有效时间管理的关键是明确目标。有明确目标和优先选项的领导者可以确定重要活动，并规划最佳的时间利用方式。如果没有明确的目标，再多的规划也无法提高时间管理效率。就像科特（Kotter，1982）的"精神议程"（mental agenda）一样，目标和优先选项的确定需要领导者有意识地进行思考。

▦ 分析时间利用方案

如果不了解时间的实际利用情况，就很难改进时间管理。多数领导者无法准确地估算花在不同活动上的时间。大多数时间管理系统都建议对各项活动进行一周或两周的日志记录，并以 15 分钟分段，注明每项活动的控制项（自己、上司、下属、他人和组织要求等），以及活动是基于提前计划还是应对请求和问题的直接反应，这是大有裨益的。浪费时间的典型行为也应记录在日志上（不必要的中断、时间过长的会议、东西放错了地方和网上社交过多等）。领导者应对时间日志进行分析，以确定每项活动的重要性和必要性，从而考虑哪些活动可以减少或取消，哪些活动可以合并。此外，领导者还要明确他人发起的活动数量，确保有足够的时间开展重要的非紧急活动。

⛭ 计划每日和每周例行活动

大量关于领导者时间管理的文献表明，规划每日和每周例行活动非常重要（例如，Webber，1980）。在规划日常活动时，领导者应制定当日待办事项清单，并对各项活动进行优先排序。排序后的列表可以与日历配合使用，以标明待参加的会议和预定的会谈。领导者应将自有时间分配给优先性高的活动，若没有足够时间完成紧急的重要任务，就要调整日程或把重要性不强的活动交给他人。有效安排各项活动是管理工作中困难但必不可少的任务。记住，完成系列任务要比切换不同种类任务更高效。有时，领导者可以在同一时间安排相似的活动（打电话或写信等）。此外，领导者还应考虑能量循环的自然周期和生物钟，对不同的人来说，警觉性和效率峰值时间是不一样的，应该把需要创造力的困难任务安排在峰值时间进行。

⛭ 避免不必要的活动

领导者如果被不必要的任务压得喘不过气，就可能忽视对实现重要目标而言非常重要的活动。由于害怕冒犯下属、同级或上司，或缺乏拒绝要求的自信与决断等，有时领导者不得不接受不必要的任务。为避免这种情况的出现，领导者应事先做好准备，并有策略地拒绝（说只能承担这项任务的部分工作，推荐其他可以更快或更好完成任务的人选，指出此项任务会耽误或危及某些重要任务等）。从节约资源或利于其他活动的角度出发可以取消一些不必要的任务，面对无法取消或无法委派给他人的非必要任务，领导者可以推迟。有时，当任务被推迟过久，任务下达者可能发现这项任务已无继续的必要。

⛭ 克服拖延

即使是极为重要的任务，某些领导者也会因其他活动而不断推迟。拖延可能是因为害怕失败，也可能是因为缺乏自信。在执行漫长而复杂的任务时，我们可以将其分成若干份，完成小份任务会更加容易，也不那么令人害怕。设置最后期限也有助于克服拖延。设定困难任务的最后期限时，最好留出一定的空余时间，使最后期限不晚于完成任务的绝对时间。但是，留出空余时间不应该成为拖延任务的借口。制定每日时间表，据此处理容易被拖延的艰巨任务。若能在日常事务开始之前完成既定任务，则更有助于完成全部任务。

⛭ 利用反应性活动

虽然在一定程度上把控时间是可取的，但对于领导者来说，提前计划好一天中的每一分钟是不可能的。环境具有不可预测性，偶遇之事、打岔之事和他人发起的计划外会议都会对既定活动造成干扰。领导者可将这些干扰视为获取重要信息、发现问题、影响他人，以及推进计划与非正式议程的机会。出席某些会议或活动看似在浪费时间，却可以帮助领导者提升个人的优势（Kotter，1982；Mintzberg，1973）。

▦ 进行反思性分析与规划

领导者无时无刻不面临着巨大的压力，既要处理眼前的问题，又要回应相关的帮助请求、指示或授权。其中一些问题需要被立即关注，但如果领导者过于专注日常问题，就没有时间进行反思性规划以回避更多问题，也没有时间进行应急规划以更好地应对不可避免的问题。因此，领导者最好定期留出时间进行反思性分析与规划，可以每周留出私人时间（至少1～2小时）用于个人计划，也可以与下属定期召开战略会议，讨论战略问题，还可以启动重大改进项目，将主要责任委派给下属或工作组，并定期安排与个人或团队的会谈，以审查相关的计划和进度。

▦ 为极端事件做好计划和准备

对处于极端环境中的组织而言，做好危机管理计划尤为重要。对不太可能遭遇自然灾害、恐怖袭击、爆炸和火灾等极端事件的组织的领导者来说，预测危机并做好应对计划也是非常重要的。制订危机应对计划和培训成员有助于避免或减轻危机对组织及其成员造成的可怕后果。

五、有效领导行为的早期权变理论

权变理论旨在描述情境相关要素，确定各类情境中的有效领导行为。路径-目标理论和领导替代理论是与有效领导行为相关的两个早期权变理论。在简要回顾上述两种理论的基础上，我们将介绍一种更广泛的权变理论——多重关联模型（multiple-linkage model）。本书后续章节还会介绍其他权变理论，如弗罗姆和耶顿（Vroom & Yetton）的规范决策理论（normative decision theory）等。此外，其他早期权变理论还包括情境领导理论（situational leadership theory）（Hersey & Blanchard，1977）和LPC权变模型（LPC contingency model）（Fiedler，1967），如需了解，可在其他出版物中查询（例如，Ayman & Lauritsen，2018；Yukl，1993）。

（一）路径-目标理论

路径-目标理论旨在描述领导者的任务导向型领导行为（指导型领导）和关系导向型领导行为（支持型领导）如何在不同情境下影响下属的满意度和绩效（Evans，1970；

House，1971)。后来，该理论又将参与型领导行为和成就导向型领导行为（achieve-ment-oriented leadership）纳入其中（例如，Evans，1974；House，1996；House & Mitchell，1974）。

正如激励预期理论一样，领导者可以通过影响下属对努力结果的认知来激励下属。如果下属有明确的角色期望，认为实现任务目标需要付出较大努力时，或者对实现任务目标持乐观态度，认为高绩效会带来有益的结果时，就会表现得更好。领导行为旨在对下属的认知和信念产生影响，进而提高下属对领导者的满意度。

领导行为对下属满意度和努力程度的影响取决于相关情境要素，包括任务特点和下属特点等。情境的调节变量既决定了能否提高下属的动力，也决定了领导者提高下属动力必须遵循的方式。情境变量还会影响下属对领导者特定行为模式的偏好，从而影响下属的满意度。

该理论的一个重要命题是情境变量对指导型领导的调节性影响。当遇到复杂且困难的任务时，下属常常不知道如何开展工作，此时，任务导向型领导行为就会对明确角色、自我效能感、努力程度和绩效产生更强烈的影响。该理论的另一个重要命题是，当任务非常乏味、危险和有压力时，支持型领导的作用更强。在这种情况下，支持型领导可以增强下属的信心，提高下属的努力程度和满意度。

（二）领导替代理论

克尔和杰米尔（Kerr & Jermier，1978）指出了一些可以使任务导向型领导行为（指导型领导）或关系导向型领导行为（支持型领导）无效的情境要素。该理论还涉及偶然奖励行为等其他情境变量（Howell，Bowen，Dorfman，Kerr，& Podsakoff，1990；Podsakoff，Niehoff，MacKenzie，& Williams，1993）。

该理论的情境变量包括下属、任务和组织特征，它们可以直接影响因变量并使领导行为无效，从而成为领导的替代变量。指导型领导的替代变量包括高度结构化的重复性任务、大量的规则和标准程序、下属丰富的经验。支持型领导的替代变量包括成员间相互支持的凝聚力和没有压力的任务等。

在存在大量替代变量的情境中，领导者的行为对下属动力和满意度的潜在影响可能会大大降低。例如，如果下属拥有丰富的经验，且具备相关的技能与知识，了解完成任务的方式方法，那就几乎不需要指导了。同样，领导者也不需要鼓励受自身价值观、需求和道德规范内在激励的专业人士从事高质量的工作。

有些情境变量（中和变量）会阻碍领导者使用某些能够提高下属满意度或部门业绩

的行为。例如，一个无权改革低效工作程序的领导者无法提高效率。豪厄尔等人（How-ell et al.，1990）认为，在有太多中和变量的情况下，领导者很难或不可能成功，其补救办法是消除中和变量，增加替代变量，从而改变情境，使情境对领导者更有利。

六、多重关联模型

多重关联模型（Yukl，1981，1989）旨在介绍特定类型的领导行为和情境变量共同影响下属绩效和团队业绩的情况。该模型用特定的领导行为替代多数早期权变理论中的广义行为。该模型包含大量中介变量，可以详细解释领导行为对组织层面的影响过程。但是，该模型并不直接参与组织层面的影响过程，如高层领导者对外部威胁与机遇的适应型领导等，本书第十二章将对此进行进一步探讨。多重关联模型中包括领导行为变量、解释性中介变量、结果变量和情境变量等四类变量。

（一） 中介变量

基于早期关于个人绩效与团队业绩决定因素的研究和理论，该模型提出了中介变量（例如，Hackman，Brousseau，＆Weiss，1976；Likert，1967；McGrath，1984；Por-ter＆Lawler，1968），其定义侧重团队层面，与组织领导力的相关理论相一致（参见第十一章）。

任务投入度：成员努力实现高水平绩效，并对部门的任务目标高度投入。

能力与角色定位：成员了解各自的工作职责和角色定位，具备相关技能。

工作的组织：采用有效绩效策略，确保人员、设备和设施得以有效利用。

合作与互信：成员相互信任、帮助，分享信息和想法，认同部门的工作。

资源与支持：拥有开展工作所需的预算资金、工具、设备、物资、人员、设施、信息和援助。

对外协调：与其他部门及组织（供应商和客户等）的相关活动同步。

各中介变量相互作用，决定团队或部门的有效性。某中介变量的缺失可能降低整个组织的效能。特定中介变量的相对重要性越大，其缺失对团队业绩的伤害就越大，其相对重要性取决于工作部门类型和其他情境要素。

（二） 情境变量

情境变量可直接影响中介变量，使其或多或少地发挥有利的作用。情境变量还可以影响中介变量对组织业绩的决定作用。领导者应优先纠正重要但存在缺陷的中介变量。使中介变量更有利的条件类似于领导力的"替代品"。在非常有利的情境中，某些中介变量可能已处于短期最佳水平，这会使领导者的工作更加容易。

奖励制度、激励举措等情境变量可以影响员工的任务投入度，这对复杂的任务来说尤为重要。完成复杂任务需要付出更多的努力和主动性，任何错误都会导致员工付出高昂的代价。如果组织有一个奖励制度，像许多销售工作一样，根据工作表现提供有吸引力的奖励，成员就会更有决心有效地完成任务。若某项工作需要员工具备各类技能，有趣且富有挑战性，还能获得绩效反馈，那么这项工作的内在激励性就会更高。

影响下属能力和角色定位的情境变量包括工作性质、下属先前的培训和经验，以及招聘和选拔过程的有效性。当任务复杂且难以执行时，员工需要具备较强的技能，否则就会为错误付出更大的代价，或导致工作中断。招聘流程清晰且薪水高的组织更能吸引拥有相关技能和经验的人员。如果任务简单且具有重复性，下属拥有丰富的经验，组织具备标准的规则和程序，那么角色定位就会容易得多，工作也更容易被执行。如果任务的绩效评价标准较多、优先性不明确、工作性质不断变化，或工作易受客户或高层频繁变更计划与优先性的影响，就很可能出现员工角色模糊的问题。

影响组织和个人任务分配的情境变量包括技术类型、领导者所在部门执行的任务种类、下属的不同技能，以及人事专员或工会合同确定的工作规则和标准程序。若部门执行基本任务且员工都非常熟练时，就可以很容易地高效组织相关活动和进行任务分配。若部门承担复杂且重要的任务，而员工在技能上存在差异，利用高绩效策略组织活动和分配任务就会变得尤为重要。对某些类型的项目而言，选择精通运营管理与项目管理软件的专家更有利于高效组织活动。

影响合作和团队协作的情境变量包括工作性质、组织规模、成员稳定性、成员在价值观和背景上的相似性以及奖励制度等。在执行相互依赖的专业任务的过程中或成员需共享设备和稀缺资源时，合作和团队协作会变得尤为重要。成员稳定且具有相似价值观和背景的小群体更易产生强大的凝聚力。此外，依据群体业绩而不是个人绩效进行奖励可以提高团队的合作效果。

工作性质、组织预算制度、采购制度、库存管控制度以及当时经济状况都会影响工作所需资源。当部门业绩高度依赖组织或外部的稀缺资源或者信息源不可靠时，资源的充足性就变得更为重要。组织在繁荣和发展时期会出现更严重的资源短缺，更需要相关部门提供充足的资源。

组织结构会影响对外协作需求。高度的横向依赖性会加大组织与其他部门的协作需求，领导者可利用整合机制协调相关岗位和某些跨部门委员会（Galbraith，1973；Lawrence & Lorsch，1969）。高度依赖客户或分包商会加大组织对外部力量的协作需求，领导者可以授权项目经理或联络专家来完成此项任务。

（三） 改善情境的短期行为

多重关联模型的基本命题是，领导行为可改进决定群体业绩的相关中介变量。若领导者无法抓住改进中介变量的机会，或没有采取有效行动，就无法实现最大效能。效能低下的领导者可能会加剧中介变量的不足，让事情变得更糟糕。例如，领导者如果喜欢操控和强迫他人，就会削减下属的努力程度。

表3-2总结了改进中介变量的方法。领导者可以通过特殊激励、鼓舞人心的宣讲、明确工作重要性或设定具有挑战性的目标，来促进群体成员更快或更好地工作。领导者可以通过明确目标或提供相关培训与指导，来提高成员的工作能力。领导者应通过减少延误、重复工作和精力浪费，更有效地进行任务匹配，更好地利用人力与资源等方法，来更高效地组织和协调相关活动。为了及时获得开展工作所需的信息、人员、设备、材料或物资等资源，领导者可以通过与外部人员会面来规划活动和应对工作冲突，从而改善外部协作。

表3-2　下属绩效决定性变量的改进措施

下属任务投入度低或缺乏自信：
• 设定具有挑战性的目标，并表达对他们能够实现目标的信心
• 提出群体可实现的诱人愿景
• 采取策略提高下属任务投入度
• 为实现目标提供更多的激励
下属知识与技能不足：
• 进行明确的任务分配
• 对相关流程进行更多的指导和说明
• 在必要时提供相应的说明与指导
• 委派技能熟练的下属执行困难任务
工作协调性差且低效：
• 更好地利用人员、资源和设备
• 删减无效或不必要的活动
• 做出清晰且果断的活动指示
• 制订更好的方案以实现任务目标

续表

工作所需资源不足：
● 寻找更可靠或可替代的资源来源
● 向组织申请更多资源
● 明确避免资源浪费的方法
● 设法更高效地利用资源
对外协调低效：
● 制订更好的方案解决外部协调问题
● 改善与相互依赖部门的关系
● 与相互依赖部门进行协商，以协调行动
● 严密监测并迅速发现外部协调问题

情境的某些要素会限制领导者应对问题时的自由裁量权，这与斯图尔特（Stewart，1976，1982）提出的"约束"行为和克尔与杰米尔（Kerr & Jermier，1978）提出的"中和变量"类似。领导者短期内采取行动改善中介变量的能力受职位权力、组织政策、所用技术和法律（劳管协议、供应商合同、政府相关机构的要求等）的约束。某些约束可能会阻碍领导者奖励或惩罚员工、修改工作或程序安排，以及采购相关物资与设备等行为。

该模型并不意味着管理行为在任何特定情境中只有一种最优模式。面对需要改进的中介变量，领导者通常都有自己的选择，可以通过不同的行为模式改进某一中介变量。领导者及其下属的总体行为模式比单一行动更有效。从这方面来说，该模型类似于斯图尔特（Stewart，1976，1982）提出的"选择"行为。然而，若领导者过于关注没有缺陷或不重要的中介变量，那就无法改善部门业绩。

（四）　改善情境的长期行为

如果拥有足够的时间，领导者可以改善情境，使其更加有利，从而更大程度地提高组织业绩。有效的领导者会采取行动减少约束、增加替代变量、弱化无法改善的中介变量。这些系列领导行为通常会持续较长一段时间。有关引领变革、制定战略决策和代表团队的文献为我们提供了一些有益的观点（参见第五、十一、十二章）。以下是领导者可以采取的改善情境的行为：

（1）维护与供应商的良好关系、寻找替代资源、减少对不可靠资源的依赖，以获得更多所需资源。

（2）寻找新客户、开拓新市场、投放新广告、改进产品或服务，更好地满足客户和消费者对部门产品和服务的需求。

（3）为部门策划利润率更高的活动，以更好地利用人力、设备和设施。

（4）启动长期改进项目，以升级部门的设备和设施（更换旧设备或采用新技术等）。

（5）改进选拔程序，以提高员工的技能水平和工作投入度。

（6）改革部门的固有结构，以解决某些长期问题，使领导者不被过多的短期问题困扰。

七、权变理论研究述评

某些综述文章和荟萃分析（meta-analyse）介绍了路径-目标理论（Ayman & Lauritsen，2018；Osborn et al.，2014；Podsakoff，MacKenzie，Ahearne，& Bommer，1995；Wofford & Liska，1993）和领导替代理论（Ayman & Lauritsen，2018；Dionne，Yammarino，Atwater，& James，2002；Osborn et al.，2014；Podsakoff，MacKenzie，& Bommer，1996a；Podsakoff et al.，1993；Podsakoff et al.，1995；Wu，2010；Xu，Zhong，& Wang，2013）的相关研究。目前已有多种研究方法用于测试多重关联模型，但尚未有研究直接测试该模型的所有要素（例如，Peterson & Van Fleet，2008；Yukl & Van Fleet，1982；Yukl，2012）。

支持有效领导权变理论的证据有限，而且这些发现不易被解读。该理论的复杂性和模糊性使其难以被测试。这可能是由于过度依赖某些薄弱的研究方法，如为了使调查研究更加方便，从同批受访者中获取所有变量的样本和数据（Dionne et al.，2002；Podsakoff et al.，1996a；Schriesheim & Kerr，1974；Wu，2010；Xu et al.，2013；Yukl，1989；Yukl，2012）。研究者应更多地利用其他研究方法，例如，在不同情境下对有效领导者和无效领导者进行比较性实地研究；对领导者随时间推移不断适应情境进行纵向研究；对领导者经过培训可准确判断情境并采取合适行为进行实地实验；在实验室观察领导者在为期数周的组织模拟中的表现；等等。研究者应该更频繁地使用某些衡量领导行为的方法（观察、日志、采访和关键事件等），在研究有效领导行为的同时还应对无效领导行为进行研究（例如，Amabile et al.，2004；Yukl & Van Fleet，1982）。

某些相关研究取得了一定进展，弥补了本书第2章相关领导行为研究的不足。多数研究只观察了领导者采用的广义领导行为（任务导向型领导行为和关系导向型领导行为），且只研究了广义领导行为和结果之间的简单线性关系。在对适应型领导行为的研究中，研究者有必要观察特定类型的领导行为在不同情境下对结果的影响（Uhl-Bien & Arena，2018；Yukl & Mahsud，2010）。此外，考虑各种情境下的最佳行为量和最佳行为时机也是十分必要的。

研究者还应更多关注领导行为的总体模式，而不是对各类领导行为进行单独研究。有效的领导者会采用相互补充和促进的领导行为（Kaplan，1988）。在同一情境下，各类领导行为模式可能同样有效。领导者必须在控制与授权、战略目标与运营目标、关注人员与任务绩效之间找到平衡点（Hooijberg，1996；Kaiser & Overfield，2010；Kaplan & Kaiser，2006；Quinn，Spreitzer，& Hart，1992；Yukl & Mahsud，2010）。本书第十二章将进一步讨论战略领导的竞争目标和灵活性的重要性，以及如何在项目的实施过程中，通过增强或减少领导行为使情境得到改善。

八、适应型领导行为策略指南

尽管很多权变理论的相关研究存在局限性，但基于各类研究，我们仍可以总结出适应型领导行为的某些灵活指南：

了解领导情境并努力使其更有利

明确要求、约束和选择，并设法增加替代变量，减少约束。寻找新的资源、建议和援助，选择与情境相适应的领导行为，以实现目标。

了解相关领导行为的使用策略

基于工作情境选择所需领导行为策略。首先明确需要使用的领导行为类型和技能，其次评估当前的优势和劣势。本书第十四章将进一步介绍评估和发展领导技能的方法。

以目标和情境为导向

要避免陷入常见的认识误区，即过去有效的行为在未来也是有效的。明确相关情境的最佳领导行为类型、行为量及其使用时机。适时且适量的领导行为会产生更好的效果。

规划长期且复杂的任务

若任务需要团队在较长时间（数周或数月）内完成，且涉及多种复杂关联，领导者就必须对该任务进行认真的规划。事先了解完成任务所需步骤，对环境进行相对预测，会使规划变得更加容易。此类活动包括建设项目、新设备的安装、新信息系统的引入，以及培训项目的策划等。规划具体包括以下步骤：（1）确定必要活动的清单；（2）确定各项活动的最佳顺序；（3）估算每项活动的起止时间；（4）明确每项活动的负责人；（5）明确所需的资源。

为角色互赖员工提供更多指导

组织成员间的角色互赖增强了角色的模糊性，领导者需要频繁地调整行为，密切协调各成员的行动，才能保证组织业绩的提升。即使各项任务已相对结构化，组织成员仍会对如何调整以协调行动感到困惑，特别是当没有共同执行特定任务经验的时候。在组建新团队、吸纳新成员或执行新任务时，领导者应提供更加详细的指导，以协调角色互赖的组织成员。若团队成员曾共同完成过复杂任务，或已经习惯了密切合作，那领导者就可以减少指导，例如，运动队（篮球和冰球等）、救援队、战斗队和复杂设备操作团队（飞机和潜艇等）。本书第十一章将进一步对组织领导行为进行详细的介绍。

⫸ 监测关键任务或不可靠人员

领导者可利用监控获取信息，以发现并纠正绩效相关问题。特别是对曝光度较高的关键任务，领导者应进行更频繁、更密集的监测，以便及时发现问题，并迅速解决。此外，监测的程度还取决于执行任务的下属的可靠性。下属越不可靠、能力越差，就越需要监测。

⫸ 指导缺乏经验的下属

当缺乏经验的下属执行复杂任务时，领导者应对其进行更多的指导。新入职的下属可能缺乏经验，而工作方式发生重大变化（需要新技术或岗位重置）时下属也会出现经验不足的情况。专业知识丰富的领导者可以对其进行必要的指导，以帮助其发现绩效不佳的原因。

⫸ 为工作压力大的员工提供更多支持

人在情绪沮丧时很难成功完成任务，尤其会在推理和解决问题方面表现较差。压力可能来自不合理的要求、无法控制的问题、令人为难的人际关系（挑剔或出言不逊的客户等）、危险的条件（消防、作战或警察工作等）以及代价高昂的错误风险（手术、财务顾问或飞机维修等）等。在这种情况下，员工更需要领导者和同事的情感支持。

小　结

在多数情况下，领导者的工作情境具有复杂性和不可预测性，不能用标准化行为来应对所有情境。有效的领导者会不断解读情境，努力使自己的行为适应情境。他们会认真了解任务要求、情境要素和人际关系，以确定最佳领导行为方案。

本章介绍了一些权变理论，基于不同情境为领导者提供行为策略指南。领导学中的路径-目标理论认为，情境要素可决定各类领导行为对下属满意度与投入度的影响。领导替代理论明确了一些导致领导行为无效的情境要素。多重关联模型描述了领导行为和情境要素是如何共同影响个人或组织绩效的。领导者可以通过改善中介变量提高群体业绩。在任务进行过程中，领导者还可以通过改变情境要素提高群体业绩。

早期的权变理论在概念上存在缺陷，如过分强调广义行为、未考虑相关情境变量、对因果关系和中介过程解释不清等。多数测试早期权变理论的研究过度依赖某些薄弱的研究方法，使结果不易被解读。在研究具体类型的领导行为时，研究者获得了某些情境变量的相关知识，多重关联模型和本书其他章节都对权变理论相关知识进行了介绍。

灵活的适应型领导行为比权变理论相关行为更适合今天的世界。在面对极端环境（创伤型组织、高度可靠型组织和关键行动型组织等）和极端事件（自然灾害和恐怖袭击等）的情况下，领导者应充分利用权变理论的相关知识克服挑战，使通用要素（一般原则）和情境要素（情境行为指南）共同发挥作用。

📖 回顾与讨论

1. 哪些情境变量会影响领导者的行为？
2. 应对要求和减少约束的策略有哪些？
3. 简要解释路径-目标理论和领导者替代理论。
4. 简要解释多重关联模型。
5. 简要解释四种极端的领导环境。
6. 规划、阐释和监测分别在哪些情境下最有效？
7. 支持、培养和认可分别在哪些情境下最有效？
8. 解决绩效决定因素短期缺陷的具体方法有哪些？
9. 有哪些具体的方法可以改善领导情境？
10. 如何成为更灵活的适应型领导者？

📝 关键术语

要求、约束和选择	demands，constraints，and choices
极端环境	extreme contexts
极端事件	extreme events
权变理论	contingency theories
情境变量	situational variable
中介变量	mediating variable
调节变量	moderator variable
替代变量	substitutes
中和变量	neutralizers

♀ 个人反思

　　想想你现在或过去担任的某个领导角色，既可以是主管、教练和队长等正式领导角色，也可以是学生项目队长等非正式领导角色。这个职位对你有什么要求？你面临哪些约束？最后，描述你采用了哪些领导行为以适应角色定位。

🚩 案例3-1

极致制造公司

　　史蒂夫·阿诺德（Steve Arnold）是新泽西州极致制造公司（Acme Manufacturing Company）的一名生产经理。他周二迟到了。由于前一天熬夜完成部门的月度生产报告，他早上睡过头了，8 时 45 分才到工厂。史蒂夫走进办公室，和他的秘书露丝·斯威尼（Ruth Sweeney）打招呼，问是否有什么紧急的事情需要他立即处理。露丝提醒他 9 时 30 分要与上司——负责生产的副总裁弗兰克·琼斯（Frank Jones），以及其他生产经理开会。史蒂夫感谢露丝提醒他（他已经忘记了这次会议），然后去办公室里间找通知会议的电子邮件。他隐约记得一周前收到了该邮件，但没有仔细阅读，也没有看附件。

　　负责销售的副总裁休·布拉德利（Sue Bradley）给他打电话询问公司一个重要客户的紧急订单情况。史蒂夫承诺会研究此事，并约定当天晚些时候回复她。史蒂夫上周将这笔紧急订单委派给了生产主管露西·亚当斯（Lucy Adams），自那以后就再没想过这件事。史蒂夫回到外面的办公室，问露丝今天是否见过露西。露丝提醒他，露西正在加利福尼亚州参加一个培训研讨会，在研讨会结束之前很难联系到她，因为研讨会的主持人要求大家将手机静音。

　　回到办公室后，史蒂夫给露西发了一条短信，让她尽快给他打电话。然后，他继续找关于与上司和其他生产经理开会的电子邮件。他在大量未处理邮件中发现了该邮件，邮件说会议的目的是讨论一项改变品控程序的提案。当时已经 9 时 25 分了，他已经没有时间阅读提案了，于是就匆匆忙忙地赶去开会。会议期间，其他生产经理都参与了讨论，并提出了有益的建议。由于史蒂夫没有为会议做准备，所以只能说他预计拟议的改革不会出现任何问题。

　　会议在 10 时 30 分结束，史蒂夫回到办公室，发现他手下的生产主管保罗·陈

（Paul Chen）在等他。保罗想讨论由重大设备故障导致的生产计划问题。史蒂夫打电话给他的助理经理格伦达·布朗（Glenda Brown），让她来一起讨论，并帮忙重新安排未来几天的生产计划。格伦达很快就来了，三人开始研究生产计划。研究结束时已经中午了，他们便去吃午饭。

吃完午饭回来后不久，他的上司（弗兰克·琼斯）就来询问上周的质量报告。史蒂夫解释说，他把月度生产报告放在首位，然后才是质量报告。弗兰克很恼火，因为他需要质量数据来完成新程序的提案，他认为史蒂夫应该知道这项任务比生产报告更紧迫。他告诉史蒂夫尽快把质量数据交给他，然后就离开了。史蒂夫立即打电话给格伦达·布朗，让她把质量数据送到他办公室。审查数据和简要总结并不困难，但花费的时间比预期要长。史蒂夫完成了报告并以电子邮件的形式发送给了上司，这时已经2时40分了。

史蒂夫看了看日程表，发现2时30分要参加工厂安全委员会的会议，他已经迟到了。该委员会每周开会审议安全问题，各部门都会派一名代表参加。史蒂夫急忙去参加该会议。这次会议很枯燥，没有任何重要的议题。会议3时30分结束，当史蒂夫解除手机静音时，发现露西在结束会议飞回家之前曾联系过他。史蒂夫回来后在工厂里的责任区域视察，并与格伦达交谈。格伦达希望他能就如何解决第二天生产任务中的问题提点意见，讨论了大约半个小时后，史蒂夫回到了办公室，此时已经4时零5分了，他感觉很累，决定要回家了。开车离开停车场时，史蒂夫觉得自己的工作进度越来越慢，他想知道怎么做才能更好地掌控自己的工作。

（作者：加里·尤克尔）

问题

1. 史蒂夫具体做错了哪些事情？应该怎么做？

2. 史蒂夫怎样才能成为一名更高效的经理？

案例3-2

一家汽修店

第一部分

艾伦（Alan）是一家拥有七名技工的小型汽修店的老板，拥有稳定可靠的客户群，他致力于为客户提供公平的价格和快速可靠的服务。早上顾客下车后，艾伦会为他们提供周到的服务。他会制订工作计划，并指定专门的技工对汽车进行维修。每辆车的维修工作基本由一名技工单独完成，有时也需要两名技工一起完成。店里对汽车的日常维修和保养有明确的规定，明确了每种维修任务的标准程序和时间。技师从汽车测试和客户那里得到关于他们工作质量的反馈（如果有什么东西没有修好，客户会抱怨）。

艾伦不必在指导或监督维修工作方面花费太多时间。除了提供技术建议，他不会干涉技工的工作。他从不命令式地告诉别人怎么做事。相反，他会提供相关的处理建议或分享他处理问题的方式。当不被管理事务缠身时，艾伦喜欢和技工们一起工作，回答工作中的各种问题。艾伦的领导风格适合他随和的性格，他鼓励员工参与决策，比如提出购买新设备或提高质量的举措等。技工们知道艾伦是在诚恳地征求意见，而不是在利用操控策略来获得他们的支持。艾伦公平公开的领导行为赢得了员工的尊重和信任。

（作者：加里·尤克尔）

资料来源：Wasmuth and Greenhalgh（1979）.

问题

1. 这家汽修店的领导情境如何（任务、下属和环境等）？
2. 描述艾伦的领导风格，并说明该风格是否适合其领导情境。

第二部分

艾伦焦急地看着办公室窗外的暴雨，洪水已经从附近的山丘迅速蔓延到汽修店所在的山谷。他发现后面小溪里的水已经涨得很高了，春天冰雪融化，再加上30多分钟的大雨，小溪里的水已经涨到与河岸齐平了。艾伦估计洪水很快就会淹没停车场并涌入店里。他跑回汽修店，大声告诉大家要发洪水了，他让三名技工放下手头的活，把停在小溪边的汽车挪到马路对面的高地上。他还让其他技工把工具收起来，把所有装零件和用品的箱子搬离地面，放到储藏室和办公室的储物架上。艾伦的话引起了大家的注意，但似乎没人行动，他们觉得艾伦的行为很有趣。年龄最大的技工吉尔（Gil）告诉他，这条小溪以前从来没有淹过车库。艾伦打断了他的话，盯着他的眼睛，坚决地说："你们有一个算一个，现在都照我说的去做！我们以后再讨论这是否是个好主意。"

这一次，技工们放下了一切手头的活，开始为山洪暴发做准备。艾伦一边帮他们搬着可能被水损坏的东西，一边大声指挥着。当水涌进门之前，所有的箱子都已被搬到架子上。当水没过脚踝时，店内所有的汽车都已被水泥砖垫了起来。水位最高时，店里的水有10英寸深，但那时雨已经停了，太阳也已经出来了。水位开始缓慢下降，但直到晚上9时，车库的地面才露出来。晚上10时，技工们自愿回到车库帮助清理，直到凌晨3时才结束。艾伦亲自向每个人表示感谢，并让他们第二天上午全部休息。

第二天下午，艾伦在茶歇时进行了一次非正式"演说"。他称赞技工们为汽修店避免了数千美元的财产损失，甚至不厌其烦地指出了每个人的具体贡献。例如，他感谢吉尔在水淹没电源插座前迅速关掉总开关，还感谢另一位技工提出的将店内所有故障车辆垫起来的想法。"你昨天真的让我们大吃一惊！"吉尔告诉艾伦，"我们简直不敢相信那是你。""你什么意思？"艾伦假装生气地问道。吉尔回答说："你通常都很温和，我们差点都忘了你是老板！"

问题

1. 描述艾伦在发洪水时的领导风格，说明其是否适合当时的领导情境。

2. 指出艾伦在洪水退后的有效行为。

3. 艾伦将来在员工面前应如何表现？

第四章　领导者的决策与授权

>>> 学习目标

通过学习本章内容，读者能够：

● 了解各类参与型和授权型领导行为。

● 了解参与型和授权型领导行为的相关研究结果。

● 了解参与型和授权型领导行为的有效情境。

● 了解授权计划和心理授权的相关内容。

● 了解咨询和委派的时机和方法。

导　言

决策是领导者最重要的职能之一，其大多数活动都涉及制定和实施决策。让他人参与决策往往是组织决策得以批准和实施的必要环节。参与型领导行为是指领导者在做出重要决策时寻求他人帮助。委派和咨询是两种权力分享方式，领导者可以利用这两种方式对下属进行授权。心理授权是指让组织成员认为有机会决定其工作角色，完成有意义的工作，并能参与重要事件的决策。授权型领导通过分享权力、提供情感和发展支持，来提高追随者的心理授权感。

授权型和参与型领导将权力与领导行为联系起来，其相关研究强调领导者对分享权力的看法，而心理授权相关研究强调追随者的看法。这两种不同的视角可以让我们更好地理解组织中的领导有效性。本章旨在介绍其相关理论和研究成果，并简要回顾组织进行重要决策的过程。

一、领导者的决策

领导者的重要职责之一就是基于目标、战略、操作程序和资源分配做出决策。在众多决策制定的相关文献中，有关组织进行重要决策的研究取得了较大进展。对认知过程的描述性研究与分析有助于理解组织进行决策的过程（Bromiley & Rau，2015；Butler，O'Broin，Lee，& Senior，2016；Combe & Carrington，2015；Mazutis & Eckardt，2017；Mumford，Watts，& Partlow，2015；Narayanan，Zane，& Kemmerer，2011）。本部分旨在回顾组织决策的相关研究成果。

（一）决策常受情感和直觉影响

在决策过程中，领导者经常受情绪影响，而无法完全保持理性。信息不准确或不充分会影响研究结果，从而导致领导者无法制订最佳行动方案，也就无法达到原定目标。发现严重问题时的情绪冲击，以及在众多平庸方案中做出选择时的焦虑，可能会导致决策群体忽视不利因素，出现主观臆断、不断拖延、难以选择或恐慌焦虑等反应（Janis & Mann，1977）。领导者的职位越高，其压力就越大，就越不太可能认真调查或仔细分析决策可能产生的成本和带来的收益（Hambrick，Finkelstein，& Mooney，2005）。因此，面对严重威胁和重要问题时，倍感压力的领导者更倾向于依赖过去的解决方案或模仿同类公司的做法。相对于情绪积极的人，情绪消极（恐惧、愤怒或抑郁等）的人在做决策时更可能在方法上出现错误（Ganster，2005；Scheibehenne & von Helversen，2015）。

决策的制定往往受直觉影响，而不是基于对方案及其结果的理性分析（Akinci & Sadler-Smith，2012；Dane & Pratt，2007；Salas，Rosen，& DiazGranados，2010；Simon，1987）。经验丰富的领导者会明确问题的性质，判断其是常见问题还是新问题，如果是常见问题领导者会利用过去经验和已知程序来制订最佳解决方案。然而，若无法准确地对问题进行归类，领导者就无法制订有效的解决方案。若领导者的思维无法与时俱进，就很难识别新问题或制订创新性解决方案（Combe & Carrington，2015；Narayanan et al.，2011）。让他人参与决策有助于判断问题性质并制订最佳解决方案。本书第十一章将进一步介绍由团体做出决策的相关内容。

（二）重大决策的无序性和政治性

相关文献将决策描述为领导者或群体以有序、理性的方式做出的决定。这种说法与领导决策的相关研究的结果截然相反（Akinci & Sadler-Smith，2012；Cohen & March，1974；Korica et al.，2017；McCall & Kaplan，1985；Schweiger，Anderson，& Locke，1985；Simon，1987）。研究认为，领导者很少在某一时间做出重大决策，更多地是基于各种小型活动或各类选择判断，不涉及太多的战略问题。

组织的重大决策需要各管理层领导和各部门员工的支持和认可。在无须立即做出决策时，领导者通常会向下属、同级或上级进行决策咨询。决策咨询者不一定是最终制订方案的人。例如，部门主管可以向部门经理进行决策咨询，部门经理可能会咨询工厂其他部门的经理。即使没有事先咨询，工厂经理也可以审核部门经理的决策，再决定是批准、拒绝还是修改该决策。

由于职能、特长、视角、背景和价值观各不相同，参与决策的人员往往对问题实质和拟议方案的可能结果存在分歧。若领导者具有不同的思维定势，决策群体就很难就最佳解决方案达成一致（Gary & Wood，2016；Mumford，Friedrich，Caughron，& Byrne，2007）。

在面对重要的复杂问题时，决策者在没有预制方案借鉴的情况下，受各方利益冲突和分权的影响，决策过程会较为漫长且高度政治化。决策过程可能会因延迟和中断而拖延数周或数月，因为提案可能会被反对者否决，或让位于眼前的危机，或被发起者进行修改，以符合领导者的意愿（Mintzberg，Raisinghani，& Theoret，1976）。涉及组织战略或组织政策重大变革的决策在很大程度上取决于发起者个人的影响力、技能和坚持，也取决于参与制定或批准相关决策联盟的相对权力（Battilana，Gilmartin，Sengul，Pache，& Alexander，2010；Kanter，1983；Kotter，1982，1985）。

（三）决策的非正式性和灵活性

对于领导者来说，重要决策包括确定重要任务目标、落实改革举措以及开展所需活动。在领导学文献中，此类决策通常被认为是正式的规划过程，需要书面的目标、战略、政策和预算。然而，研究发现，重要决策往往是以非正式的和含蓄的方式做出的。科特（Kotter，1982）发现，领导者制定决策的过程通常涉及与其工作职责相关的目标和计划，涵盖了各种短期和长期问题。短期（1~30天）目标和计划通常非常具体且详细，而长期目标则较模糊、不完整，联系性不强。对于新领导者来说，长期目标可能是粗糙或不完整的。但是随着时间的推移，领导者会收集更多其所在组织或部门的信息，目标也会得到细化和扩展（Gabarro，1985；Kotter，1982）。科特还发现，各类目标的实现是一个渐进且持续的过程。领导者在与他人的日常互动中会使用各种技巧来获得支持。

长期目标可以让领导者有效利用随机的会面机会与他人进行简短互动。

奎因（Quinn，1980）在对高管的研究中发现，多数重大战略决策都是以渐进、灵活且随机的方式在计划外制定的。为应对重大且不可预测的事件，高管们会制定初步且宽泛的战略以保留选择余地，直到他们有机会基于经验了解环境的性质和开展行动的可行性。同时，他们还会谨慎地逐步对战略进行完善，这就意味着需要发展政治联盟来支持该战略，同时规避对某项特定行动方针的承诺带来的风险。公司制定总体目标和战略可能不是一个自上而下的正式过程，而是一个自下而上的政治过程。在这个过程中，有权势的个人和部门会将各自的目标和战略进行协调与整合。正式的年度计划只是对非正式政治过程达成的战略决策予以确认。

（四）　常规决策的多样性

并非所有决策都涉及重大变革或漫长的政治进程。在解决运营问题、设定短期目标、为下属分配工作、制定工作进度、批准物资或设备支出或加薪的过程中，领导者可以做出很多非重要性决策。这些决策通常会基于既定程序或解决方案，并且不会让重要人员受到影响，其相关目标或解决方案几乎不存在冲突。领导者只有在截止日期临近或面临危机时才会有快速决策的压力。对于这类决策，领导者通常会单独或与少数人短暂协商后做出决定，分析问题和寻找解决方案的时间也很短（McCall & Kaplan，1985）。虽然这些决策的重要性较低，但也需要领导者具备相应的技术知识，有能力在冗长的系统分析和快速果断的行动之间保持良好的平衡。若信息有限，领导者的仓促决策可能无法解决问题。若领导者为获取更多信息而推迟决策，可能会使问题变得更加难解决。

二、参与型领导行为

参与型领导行为旨在基于决策程序使他人对领导者的决策产生影响。常用的参与型领导行为的相关术语包括咨询、联合决策、权力共享、权力下放、授权和民主管理等。参与型领导行为具有多样性的特点，包括若干具体的决策程序。尽管常被归为关系导向型领导行为，但参与型领导行为对实现任务目标和引领变革也具有一定影响。

（一）　决策的类型

领导者采用的决策程序决定了下属或群体成员对决策的影响程度。研究者提出了几种决策程序的分类方法，但在决策程序的定义和方式方面并没有达成一致。多数学者认为以下四种决策类型特点分明且意义明显：

专制型决策：领导者独自做出决定，不征求他人的意见或建议，他人不参与决策，对决策没有直接影响。

咨询型决策：领导者征求他人的意见和想法，在认真考虑他人建议的基础上独自做出决定。

联合型决策：领导者与他人共同讨论决策问题，共同做出决策；领导者和参与者共同影响决策结果。

委派型决策：领导者赋予个人或群体决策权，使其能在一定范围内做出最终决策，且决策执行可不经领导者事先批准。

这四种决策类型可以体现出他人对决策从无到有的影响力（见图4-1）。研究者还对这四种决策类型进行了细分。例如，坦嫩鲍姆和施密特（Tannenbaum & Schmidt，1958）将专制型决策分为两种：一种是领导者仅宣布自己做出的专制型决策（"告知型"决策）；另一种是领导者独自做出决策，但会通过理性说服等影响策略来获得支持（"售卖型"决策）。弗罗姆和耶顿（Vroom & Yetton，1973）将咨询型决策分为个人咨询和群体咨询两种。联合型决策可被分为单人联合决策和多人联合决策。本书第十一章将进一步介绍联合型决策的不同方式。而委派型决策的分类将在本章讲述。

图4-1 决策类型的连续统一

决策类型的分类是基于理想状态下的决策过程，领导者的实际行为很少与这些描述完美契合。咨询通常是在与他人互动的过程中以非正式的方式进行的，而不是在定期的正式会议中。咨询可能发生于大厅的短暂接触、会议或社交活动后、午餐时或高尔夫球场上。实际领导行为中可能综合使用了不同的决策类型，例如，咨询只针对问题的判断而不针对方案的选择等。参与型领导行为具有动态性，可随着时间的推移而改变。例如，可能会因为大家一致同意最佳方案而使咨询型决策变成联合型决策。如果群体决策陷入僵局而领导者必须做出最终决策，决策类型也会相应地有所改变。

决策类型与其实际结果也会有所出入。有时候，群体参与只是表面现象。例如，领导者可能会征求他人的意见和建议，但在决策时则完全无视这些意见和建议。同样，领导者可能会委派下属做出决定，但提要求的方式让下属不敢发挥主动性，或不敢违背上司的意愿。

（二）　参与型领导行为的潜在优势

参与型领导行为有很多潜在优势，但如何发挥这些优势取决于参与者的身份、影响力大小，以及决策情境（见图 4 - 2）。参与型领导行为的四个潜在优势是：决策质量更高、参与者对决策的接受度更高、参与者对决策过程更满意、参与者的决策技能得到更好的发展。研究者对参与型领导行为的积极影响进行了解释，并提出了有助于产生积极影响的条件（Anthony，1978；Cooper & Wood，1974；Huang，Iun，Liu，& Gong，2010；Lam，Huang，& Chan，2015；Likert，1967；Maier，1963；Mitchell，1973；Strauss，1963；Vroom & Yetton，1973）。本章后续内容将进一步介绍参与型和授权型领导行为的情境理论，以及某些可以增强或限制决策效果的条件。

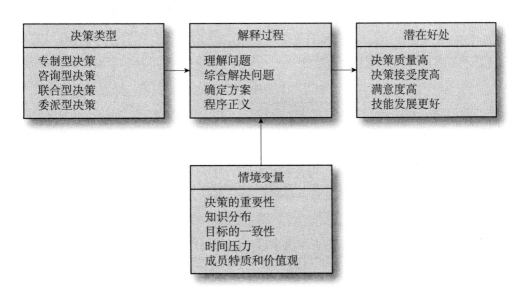

图 4 - 2　参与型领导行为的因果模型

决策质量。如果参与者具备领导者缺乏的信息与知识，并愿意合作寻找最佳解决方案，就可以提高决策质量。合作和知识分享取决于参与者对领导者的信任程度，及参与者对决策过程合法性和有益性的认识。如果参与者和领导者的目标不一致，就不太可能进行合作。在缺乏合作的情况下，他人的参与不会有助于决策制定，甚至可能降低决策质量，即使是高度合作也无济于事。群体采用的决策类型将决定参与者能否达成一致意见，也将决定最终决策对参与者专业知识的吸纳程度（参见第十一章）。如果参与者对问题有不同的看法或对各种结果有不同的优先性排序，那该群体就无法达成协议，也很难产生高质量的决策。此外，决策情境的各类要素，如时间压力、参与者数量和正式政策等，也可能会削弱参与者的实际作用。

决策接受度。拥有相当影响力的人往往会认同决策并认为这是自己的决定。这种归属感会加大参与者成功实施决策的动力。参与决策能帮助参与者更好地理解问题的本质，理解接受或否定某些方案的原因，了解决策的影响，以减少不必要的恐惧和焦虑。如果决策可能产生不利后果，那么参与者就有机会在参与过程中表达顾虑，并找到消除顾虑的方法。此外，若决策是多数参与者以合规的参与形式做出的，那群体应利用社会压力迫使群体少数成员接受所做决定。

决策满意度。程序正义的相关研究表明，不论参与者对最终决策（被称为"选择"）的影响有多大，让他们在做决定之前表达自己的意见和偏好（被称为"声音"）可以对其工作态度和表现产生积极的影响（Chamberlin, Newton, & Lepine, 2017；Colquitt, Conlon, Wesson, Porter, & Ng, 2001；Colquitt et al., 2013；Earley & Lind, 1987；Lind & Tyler, 1988）。若人们有机会就某个与自己相关的决策表达意见和偏好，就会感到自己受到了尊重，从而增强对程序正义的感知，提高对决策过程的满意度（Roberson, Moye, & Locke, 1999）。但是，如果参与者对决策没有实际影响，那在执行决策时投入度也就不会很高。此外，如果参与者认为领导者试图操纵他们接受某个不受欢迎的决定，那么他们对决策过程的满意度就会降低。

参与者的技能发展。为制定复杂决策出谋划策有助于提高参与者的技能和信心，其潜在优势能否得以发挥取决于参与者在诊断问题、制订方案、评估并确定最佳方案，以及规划实施等过程中的实际参与程度。全程参与会让人学到更多东西。对很少参与复杂决策的参与者来说，能否提升技能还取决于在决策的困难阶段是否受到领导者的指导和鼓励。

（三）参与者的目标

在参与决策时，不同类型的参与者获得的潜在好处并不相同。领导者让他人参与决策的目标会因为参与者是下属、同级、上级还是外部人员而有所不同。

领导者向下级咨询，一是利用其解决问题的知识与专长来提高决策质量；二是为了让下属具有主人翁意识，提高对决策的接受度；三是让下属参与问题分析和方案评估以提高他们的决策能力；四是使其帮助解决冲突和进行团队建设。

当需要向其他部门的同级人员了解问题原因和可行方案时，领导者进行横向咨询可以提高决策质量。若在决策执行过程中需要其他领导者的协作，领导者可以通过向其咨询来加强他们的理解和投入。横向咨询有助于协调相互依赖部门领导者之间的合作。但是，咨询应仅限于决策取舍，以避免在不必要的会议上浪费时间。

向上级咨询，领导者可以利用上级更丰富的专业知识，还可以了解上级对问题的看法，以及上级对各种提议的反应。但是，过多地向上级咨询表明下属缺乏自信心与主动性。对于领导者来说，明智的做法是在做出决策时不要过度依赖上级。

向客户和供应商等外部人员进行咨询时，领导者可以了解他们对相关决策的理解和接受程度，也可以了解他们的需求和偏好，从而加强外部联络，改善协作关系，解决共同问题。

（四） 参与型领导行为效果研究

自卢因、利皮特和怀特（Lewin，Lippitt，& White，1939）以及科克和弗伦奇（Coch & French，1948）的开创性研究以来，社会学家一直对评估参与型领导的效果很感兴趣。这些研究已经持续了半个多世纪，使用了多种方法。研究者利用现地调查研究方法，评估了领导者采用参与型领导行为对下属的影响，其中包括对领导者的满意度、任务投入度、任务绩效、组织公民行为（organizational citizenship behavior）、离职率，以及高层对领导者的效能评定（例如，Buengeler，Homan，& Voelpel，2016；Huang et al.，2010；Kim & Yukl，1995；Lam et al.，2015；Miao，Newman，& Huang，2014；Likert，1967；Yukl & Van Fleet，1982）。实地实验法将参与型决策与专制型决策的领导者进行了比较（例如，Coch & French，1948；Fleishman，1965；French，Israel，& As，1960；Latham & Yukl，1975，1976；Lawrence & Smith，1955；Morse & Reimer，1956）。以下是布拉格和安德鲁斯（Bragg & Andrews，1973）在某家医院洗衣部进行的一项准实验研究：

> 洗衣部的领班通常以专制的方式做出决策，行政总管说服他尝试参与型决策。洗衣部的 32 名工人被告知召开群体会议是为了让他们的工作更有趣，而不是为了提高已经很高的生产率。工人和工会也获知，如果发现该"参与计划"令他们不满意，可以立即停止该计划。在接下来的 18 个月里，每当工人想要讨论工作时间、工作程序、工作条件、小型设备维修和安全事项等具体提议时，都会召开会议。除群体会议外，领班还定期向工人个人及小组进行咨询，讨论相关问题和新想法。

　　每 2 个月，他们会对工人的态度进行一次问卷调查，共持续了 14 个月。数据显示，工人们刚开始对"参与计划"持怀疑态度，不久之后便越来越喜欢它。实施该计划后，该洗衣部前 18 个月的生产率同比增加了 42％，而其他 2 家医院（对照组）类似部门的生产率在同一时期略有下降。该部门原来的出勤率就很高，在引入"参与计划"后，出勤率变得更高，而该医院其他非医疗部门（对照组）的出勤率则变低了。结果表明，"参与计划"非常成功。

　　计划实施 3 年后，工人和领班都不想回到以前的专制管理模式。该计划的成功影响了医疗记录部门，该部门也引进了这种方式，调节了员工的不满情绪，大幅降低了离职率。但是，护理组引入"参与计划"并不成功，主要原因是护士长不支持，行政医务人员也加以抵制。

（五） 参与型领导行为的门槛效应

　　拉姆等人（Lam et al.，2015）的研究表明，参与型领导行为须达到最低门槛才能对员工绩效产生积极影响。此外，门槛效应的实现取决于领导者与追随者分享信息的程度。

　　研究者进行了两项关于门槛效应的研究以探讨这种阈值效应何时以及如何发生。第一项研究对一家中国纺织品制造公司和一家国有电信服务公司进行了调研，收集了这两家公司办公室和呼叫中心员工及主管的相关数据。员工们对参与型领导行为和领导者的信息共享进行了衡量，主管们对员工的绩效进行了评定。第二项研究收集了中国一家大型服装生产公司员工及直接主管的随机样本数据。员工们对参与型领导行为、领导者的信息共享，以及感知到的领导效能进行了衡量。此外，该研究还对下属的生产率进行了客观的衡量。

　　在上述两项研究中，未达到门槛之前，参与型领导行为与员工绩效无关，但一旦达到该门槛，员工的绩效就会得到提升。领导者与下属共享信息的程度越高，这种曲线关系就越强，反之则越弱。同时，第二项研究发现，参与型领导行为和信息共享会影响员工对领导效能的认识，进而影响员工的客观工作表现。

　　拉姆等人（Lam et al.，2015）解释了这种发现，认为某些领导者不愿采用参与型领导行为，是担心这样会削弱自己的权力，或害怕因员工未达到预期而受到指责。在这种情况下，领导者可能会采用适度的参与型领导行为，认为可以安抚下属的参与欲望。然而，若下属认为领导者对参与型领导行为的承诺并非真心，就不会为参与决策投入必要的精力和资源。相比之下，若下属认为领导者是真心让他们参与决策的，就更有可能贡献自己的力量，从而提高工作绩效。

研究表明，领导者与下属分享信息的程度会使门槛效应进一步复杂化。当下属意识到领导乐于分享决策的相关信息时，门槛效应会得到加强。相反，若他们认为领导者不愿意分享信息，门槛效应就会被削弱。如果领导者表达了让下属参与决策的愿望，却不给他们提供知情决策所需的信息，就等于发出复杂的信息，会削弱参与型领导行为的效果。同样，如果领导者与下属分享信息却不允许他们参与决策，那后者就不会提供相关意见和建议来改进决策。下属认为，将参与型领导行为与信息高度共享相结合，领导者会大幅提升领导效能，这对提高下属工作投入度和绩效水平是很有必要的。

（六）　参与型领导行为研究结果

某些文献综述和荟萃分析总结了参与型领导行为效果的定量研究成果（Cotton，Volrath，Froggatt，Lengnick-Hall，& Jennings，1988；Leana，Locke，& Schweiger，1990；Miller & Monge，1986；Sagie & Koslowsky，2000；Spector，1986；Wagner & Gooding，1987；Wagner，Leana，Locke，& Schweiger，1997）。评论者指出，相关研究缺乏一致而有力的结果。

针对同一批受访者（下属），无论采取何种调查研究方法，都可以发现其参与决策的积极影响；而对各种领导行为效果进行单独衡量时，研究结果则缺乏说服力和一致性。多数调查研究都未明确领导者使用的决策类型，也没有明确相关决策方法是否适用。实际上，此类研究只验证了一种普遍的假设，即参与度越高越好。

实验室实验的结果也缺乏说服力和一致性。大多数实地实验和准实验研究都发现下属参与决策会产生积极的影响。但是，这些研究通常聚焦于相关组织的参与计划，而并未关注领导者的参与行为，其行为通常夹杂着其他类型的干预，例如领导者的支持度高、重视对下属的培训、对目标的设定更高，或进行规划和解决问题的程序更好，因此很难确定哪些影响是下属参与引起的。

多数案例研究都支持参与型领导行为的积极影响（Benn，Teo，& Martin，2015；Bradford & Cohen，1984；Kanter，1983；Kouzes & Posner，1987；Peters & Austin，1985；Peters & Waterman，1982；Skordoulis & Dawson，2007）。此类研究发现，高效的领导者通过大量的咨询和委派对下属进行授权，让他们产生对活动和决策的主人翁意识。

总体来说，参与型领导行为效果相关研究的结果不够有力且并不一致，无法得出任何明确的结论。参与型领导行为有时有利于提高下属的满意度、努力程度和工作绩效，有时则不然。关于参与型领导行为有效性的研究缺乏一致的结果，这可能反映了一个事实，即各类参与型决策方法在特定情境下都具有优势，其效果取决于其他无法衡量的行为，如信息共享等。很少有研究系统地关注情境变量，或调查各类决策方法的有效性情境。弗罗姆和耶顿（Vroom & Yetton，1973）提出的常规决策模型（normative decision model）属于一种权变理论，正是针对上述问题的研究。

三、常规决策模型

近来，人们已经认识到使用与情境相适应的决策类型的重要性。基于早期的方法，弗罗姆和耶顿（Vroom & Yetton，1973）提出了常规决策模型，指出了可提高各决策类型有效性的相应情境要素。

弗罗姆和耶顿设定了五种有多名下属参与的决策过程，其中，两种是专制型决策（A-I 和 A-II），两种是咨询型决策（C-I 和 C-II），还有一种是领导者和下属作为群体参与的联合型决策（G-II）。各决策过程的定义见表 4-1。领导者采用的决策过程会影响决策的质量以及执行人对决策的接受度。这两个中介变量共同决定了决策对领导者所在群体或工作部门绩效的影响。相关情境要素决定了中介变量的重要性。

表 4-1 常规决策模型中的五种决策过程

A-I	利用已知信息，独自解决问题或做出决定
A-II	从下属处获得信息，然后独自确定问题的解决方案。在向下属询问信息时，领导者不必告知其具体问题。下属在决策中的作用仅仅是提供必要的信息，而不是提出或评估解决方案
C-I	不必把下属召集到一起，而是就问题单独向他们询问意见和建议，然后做出决策，决策可不必反映下属的影响
C-II	将下属召集到一起，就问题向他们询问意见和建议。然后做出决策，决策可不必反映下属的影响
G-II	将下属召集到一起，与他们讨论问题并提出或评估方案，最后形成一致结论。领导者的角色更像会议主席，不要试图影响群体接受自己的提案，要接受并执行整个群体支持的方案

资料来源：Vroom & Yetton, 1973, p. 13.

（一）决策接受度与决策质量

决策接受度是下属对有效实施决策的投入程度。当某个决定必须由下属执行或对下属的工作动力有影响时，接受度是很重要的。在某些情况下，下属执行领导决策的积极性很高，是因为决策显然对他们有利，或因为领导者利用影响策略获得了他们对决策的承诺。然而，若下属对没被咨询感到不满，或不理解决策，或认为决策损害了自己的利益时，就可能不会接受专制型决策。该模型的一个基本假设是，提高下属的参与度有利于提高下属对决策的接受度，而下属在决策中的影响力越大，就越有动力成功实施决策。因此，联合型决策比咨询型决策更易被接受，咨询型决策比专制型决策更易被接受。

决策质量是指除了决策接受度的影响之外，能对群体绩效产生影响的客观决策因素。选择最佳方案、高效的工作程序或设定具有挑战性的业绩目标时，决策质量就会相对较高。如果备选方案之间存在较大的可变性，而且决策对群体业绩有重要影响，那么较高的决策质量就非常重要。如果备选方案的结果大致相同，或决策对群体业绩没有重要影响，那么决策质量就不那么重要了。明确目标和优先任务、将任务分配给技能不同的下属、确定复杂任务的工作程序、明确解决技术问题的方法等都属于重要的任务决策。

（二） 情境变量

决策过程对决策质量和接受度的影响取决于各情境要素，在不同情境下，同种决策过程的效果可能截然不同。决定决策有效性的情境要素包括决策的重要性和复杂性、相关信息的共享、下属对决策的态度，以及领导者对下属执行决策的依赖性等。各变量之间的因果关系如图4-3所示。

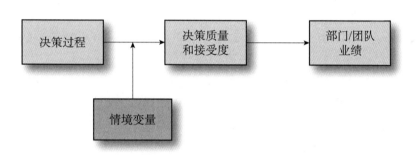

图4-3 常规决策模型中的变量因果关系

下属的参与对决策质量的影响取决于领导者和下属（或群体成员）具备的相关信息和解决问题的技能。常规决策模型假设如果下属拥有领导者所缺乏的相关信息，并愿意与领导者合作做出正确的决策，那么下属的参与将产生正面的影响。合作取决于下属与领导者对于任务目标的契合程度，以及下属与领导者的相互信任程度。该模型假设当下属与领导者目标一致时，咨询型决策和联合型决策都可以提高决策质量；但是，当下属与领导者目标不一致时，咨询型决策通常会比联合型决策的质量更高，因为领导者拥有最终选择权。

（三） 决策规则

常规决策模型设定了一套规则，用于确定哪些决策类型会在特定情境下影响决策质量和接受度（见表4-2）。这些规则基于前面讨论的决策结果受变量影响的假设。针对某些决策情境，该模型规定了多种可行的决策方案。弗罗姆和耶顿（Vroom & Yetton，1973）开发了决策流程图，以简化规则的应用，帮助领导者明确每种情境适用的决策类型。当"适用策略集"涉及多种决策类型时，领导者可以利用其他标准来进行选择。弗罗姆和耶顿（Vroom & Yetton，1978，1988）的扩展模型引入了时间压力和下属发展等要素。

表4-2 常规决策模型的决策规则

1. 当决策很重要且下属拥有重要信息时，领导者不宜使用专制型决策（A-I，A-II），否则会在没有完全掌握相关信息的情况下做出决定
2. 当决策质量很重要且群体无法就任务目标达成一致时，领导者不宜使用群体型决策（G-II），否则会让非合作或敌对人群对决策施加过多影响
3. 当决策质量很重要、决策问题非结构化，且领导者不具备必要信息与专长时，领导者应与掌握相关信息的人互动，再做出决策
4. 当决策接受度很重要且下属不太可能接受专制型决策时，领导者不宜使用专制型决策（A-I，A-II），否则可能会导致决策无法有效落实
5. 当决策接受度很重要且下属可能对重要问题的最佳方案各执一词时，领导者不宜使用专制型决策（A-I，A-II）和咨询型决策（C-I），否则将无法通过下属间及下属与领导间的讨论与协商解决分歧
6. 当决策质量不重要、决策接受度很重要，且专制型决策无法被接受时，领导者应使用联合型决策（G-II），因为这样可以在不影响质量的前提下获得最高的接受度
7. 当决策质量不重要、决策接受度很重要、专制型决策无法被接受，且下属与领导者目标一致时，领导者应在决策过程中给予下属平等的参与权（G-II），这样可以在不影响质量的前提下获得最高的接受度

资料来源：Vroom & Yetton，1973.

常规决策模型的局限性是它比较复杂，而且其扩展模型比原始模型更为复杂。尤克尔（1990）提出了便于领导者使用的简化模型，如表4-3所示。该简化模型指出，当优先事项为保证决策质量、获得决策接受度、节省时间三种情况时，三种决策类型（专制、咨询或联合型决策）可分别适用。

表4-3 简化版常规决策模型

决策质量	下属对决策的接受度	
	不重要或接受专制型决策	重要且不接受专制型决策
不重要	专制型决策	联合型决策
重要，领导者拥有足够信息，组织成员与领导者目标一致	专制型决策	联合型决策
重要，领导者拥有足够信息，组织成员与领导者目标不一致	专制型决策	咨询型决策

续表

决策质量	下属对决策的接受度	
	不重要或接受专制型决策	重要且不接受专制型决策
重要，领导者缺乏必要的信息，组织成员与领导者目标一致	咨询型决策	联合型决策
重要，领导者缺乏必要的信息，组织成员与领导者目标不一致	咨询型决策	咨询型决策

资料来源：Yukl（1990）．

（四） 对常规决策模型的评价

常规决策模型可能是关于有效领导最完善的权变理论。它关注行为的具体形式，介绍了有意义的影响变量，并明确了调节行为与结果间的重要情境要素。然而，该模型只涉及领导学的部分内容，且其复杂性也使领导者难以应用。

四、参与型领导行为指南

基于对下属参与决策的研究和常规决策模型，我们尝试提出了某些参与型领导行为策略指南，其中包括判断决策情境的方法指南以及鼓励下属参与决策的策略指南（见表 4 - 4）。

表 4 - 4 参与型领导行为策略指南

判断决策情境的方法：
• 评估决策的重要性
• 找到具备相关知识与专长的人员
• 评估参与人员合作的可能性
• 评估下属在不参与的情况下对决策的接受度
• 评估举办会议的可行性
鼓励下属参与决策的策略：
• 分享相关信息
• 鼓励他人表达顾虑
• 给出初步提议
• 记录相关的观点与建议
• 完善相关观点与建议
• 评价下属建议时注意策略
• 吸纳不同观点，不要心怀抵触
• 尽量采纳相关建议并消除顾虑
• 对建议表示赞赏

（一） 评估下属参与决策的可行性

在特定情境下，以下评估流程有助于领导者明确下属参与决策是否可行。

评估决策的重要性

如果决策对领导者所在工作部门或组织有重要影响，或者存在某些最佳方案，那么决策质量就很重要。当领导者的行为被高度关注时（重大错误会对领导者产生不良影响），决策质量会更为重要。

找到具备相关知识与专长的人员

当领导者缺乏下属、同级或外部人员等掌握的相关信息时，就适合采用参与型决策。如果问题很复杂，而且从数据或领导者的相关经验来看，并不存在最佳解决方案时，就要考虑决策情境的影响。若问题有很多备选解决方案，而每个方案的结果都很难预测，且涉及几个重要标准之间的权衡，决策就会变得更加复杂。面对复杂的决策，领导者必须找到具备相关知识与专长的人员，此时，良好的联系网络显得尤为重要。

评估参与人员合作的可能性

只有当潜在参与者愿意合作去寻找问题的最佳方案时，他们的参与才有可能带来成功。当决策对参与者很重要，且他们认为会对最终决策产生一定影响时，合作的可能性会更大。如果参与者认为领导者试图操纵他们，那么向他们进行咨询就不太可能提高决策质量或决策接受度。

如果潜在参与者的目标与领导者的目标不一致，也不太可能产生合作。若对潜在参与者的动机有疑问，建议领导者向一些人单独咨询，以确定是否有必要召开群体会议。与一群怀有敌意、想做出有违领导者利益决定的人开会是不明智的。面对掌握相关信息但目标不同的人，领导者可向他们咨询，以确定问题原因和有效解决方案，但方案的最终选择权必须在领导者手中。

无法合作还有一个原因是，潜在参与者根本不想参与应该由领导者负责的决策。工作超负荷的人可能会拒绝参与决策，尤其当这些决定对他们没有任何重要影响时。正如有些人拒绝在地方选举中投票一样，并不是每个人都对参与组织决策充满热情。

评估下属在不参与的情况下对决策的接受度

如果领导者知道如何做出好的决策，且该决策会被其实施者或受其影响者所接受，就不需要启动耗时的参与程序。如果领导者拥有强大的权力与技能，能成功"推销"所做的决定，那么其专制型决策就更容易被人接受。如果某项专制型决策与某些人的想法一致，或看起来是对危机局势的合理反应，那么专制型决策也可能被接受。最后，如果人们的价值观强调服从权威人物，那么专制型决策也更容易被接受（见第十三章）。

评估举办会议的可行性

与做出专制型决策并让人实施相比，单独向人咨询或召开群体会议通常要花费更多的时间。如果参会人员数量庞大且分布广泛，那么举行会议会更加困难。尽管随着虚拟会议软件的普及，这个问题已不再那么难以解决。在很多危机情境中，领导者既没有时间向个人进行咨询，也没有时间召开长时间的群体会议。在这种情况下，知道该做什么并果断处置的领导者可能比无法进行快速决策的参与型领导者更高效（例如，Yun，Samer，& Sims，2005）。然而，即使在危机情境下，领导者也应该考虑知识丰富的下属提出的相关建议。因为在危机的压力下，领导者不太可能注意到所有问题，也不太可能想到所有应采取的行动。

（二）　鼓励下属参与决策的策略

除非参与者积极提供想法、提出建议、陈述偏好和表达担忧，否则咨询型决策和联合型决策就无法发挥作用。鼓励下属参与决策的策略指南包括：

分享相关信息

要与下属分享相关信息，让他们相信领导者在认真寻求他们的意见，并相信他们能帮助做出高质量的决策，这一点非常重要。不分享相关信息可能会让员工怀疑领导者是否真的对他们的参与感兴趣。

鼓励他人表达顾虑

在做出会对他人产生重要影响的变革之前，要向他人进行咨询，并鼓励他人表达自己的顾虑。该指南适用于同级、下属及外部人员。咨询形式可以是与受到变革影响的人举行特别会议，以明确并消除他们的顾虑。

给出初步提议

若领导者给出一个初步提议并鼓励他人去改进它，可能会提高大家的参与度；不要直接宣布一个看似完整的计划，这会妨碍他人表达顾虑，因为这使其言论像在批评该计划。

记录相关的观点与建议

当有人提出建议时，领导者应认可其观点并让大家知道该建议没有被忽视，可以在电脑屏幕上列出相关的观点，也可以在非正式会议上就某人的观点与建议做笔记，这是非常重要的。

完善相关观点与建议

人们倾向于将注意力集中到他人所提观点或建议的缺点上，而不去充分考虑其优点。

领导者应有意识地发现相关建议的积极方面，并且在提到消极方面之前先进行肯定，这是很有帮助的。很多时候，某些观点在被提出的时候并不完整，但人们可以通过有意识的努力对其进行完善。因此，与其直接拒绝具有明显问题的建议，不如讨论如何克服其弱点，或在此基础上对其进行完善。

⟫ **评价下属建议时注意策略**

如果领导者对某个建议心存顾虑，应委婉地表达出来，以避免伤害提出者的自尊心，导致他未来不愿再提建议。不要出现以下负面反应：

你的那个建议不是认真的吧？

这个想法以前已尝试过了，但没有成功。

在表达顾虑时，领导者应肯定该建议有可取之处，而不是断然拒绝。可以提出问题的形式表达顾虑，用"我们"等词强调共同努力，示例如下：

你的建议很有用，但我担心成本问题。我们能不能在不超出预算的情况下做到这一点？

⟫ **吸纳不同观点，不要心怀抵触**

为鼓励他人对领导者的计划或提议表达顾虑和批评，领导者必须仔细倾听他人的计划或提议，不要有抵触或愤怒情绪。可以用自己的话复述他人的顾虑，这既可以验证是否理解了他人的意思，也可以表明对对方的关注。不要找一些没有说服力的借口，应客观地考虑是否需要对提出的计划或提议进行修改。

⟫ **尽量采纳相关建议并消除顾虑**

如果领导者未经认真考虑就驳回他人的建议，或在做出最终决定时完全无视他人的建议，那很可能就不会再听到别人的建议了。领导者应认真对待被咨询人的建议，并消除他们的顾虑，这一点很重要。如果人们认为领导者征求他们的建议只是为了操纵他们，就不会在参与决策时发挥积极作用。

⟫ **对建议表示赞赏**

如果人们因其有益的建议和观点而获得应有的赞赏，将更有可能乐于参与决策和解决问题。领导者应对下属的好观点和好见解表示感谢和称赞，要解释某个观点或建议在最终决定或计划中发挥了什么作用。如果某项建议没有被采用，要感谢贡献建议的人，并解释为什么该建议不可行。

五、委派

如前所述，委派是指将新的职责分配给下属，并赋予其履行职责的必要权力。尽管这通常被视为一种参与型领导行为，但它在一些重要方面不同于咨询型决策和联合型决策。领导者可以向下属、同级或上级咨询，但在多数情况下，委派仅适用于下属。委派的情境决定因素与咨询也有所不同（Leana，1987）。例如，工作负担过重的领导者可能会更多地委派，而较少咨询。委派通常涉及将特定类型决策的主要责任转移给个人或群体，而其他参与型决策不涉及角色的重新定义。对领导行为的问卷调查结果表明，委派与其他参与型领导行为明显不同，现实中也的确存在很多差异（Yukl & Fu，1999）。

（一）委派的种类

"委派"一词通常用于描述与下属分享权力的方式和程度。委派的要素包括责任的种类和程度、履行责任时的自由度或选择范围、未经事先批准而采取行动和执行决定的权力、报告的频率和性质，以及绩效信息的流通等（Sherman，1966；Webber，1981）。

委派最常见的形式是将新的任务或职责分配给下属。例如，负责制造产品的人员也负责检查产品并改进产品缺陷。在向下属分配新任务时，领导者通常也会赋予其完成任务所需的权力。例如，生产工人在被赋予订购材料的职责时也被赋予了（在规定范围内）与供应商签订合同的权力。

有时，委派是为了加大下属继续执行任务时的权力和自由度。例如，允许销售代表在指定的价格、数量和交货日期范围内进行销售谈判，但未经销售经理同意，这些限制不能更改。让销售代表在设定价格和交货日期方面有更大的自由度，就是加强委派。

在什么情况下，下属必须向领导者请示后才可以行动，是委派的要素之一。如果遇到任何问题都必须请示上级指导，就基本不存在委派了。如果允许下属做出决策，但在执行决策之前必须请示上级，则是适度的委派。如果允许下属在未经批准的情况下做出重要决策并实施这些决策，则是很高程度的委派。例如，之前不允许销售代表未经请示就处置货物破损和延迟交货等问题，现在允许其在未经批准的情况下解决这些问题。

委派的要素还包括报告要求，这一要素弹性很大。如果不需要经常报告，下属就会拥有更大的自主权。例如，部门经理每周而不是每天报告部门绩效。如果只需要报告结果而不必报告过程，下属的自主性会更大。例如，培训主管向人力资源副总裁报告各部门受训员工人数和当月总体培训费用，而无须报告各类培训方法、培训师人数或培训费用。

监测下属活动产生的绩效也是委派的要素之一。如果领导者将详细信息直接传递给下属，允许其改正错误，那么下属的自主权就会更大。如果领导者将详细绩效信息首先传递给上司，那么下属的自主权就会较小。如果领导者将详细绩效信息同时传递给上司和下属，那么下属的自主权就介于前两种情况之间。

（二） 委派的潜在优势

委派的原因有很多（Leana，1986；Newman & Warren，1977；Preston & Zimmer-er，1978；Yukl & Fu，1999）。表 4 - 5 显示了一项研究发现的结果，该研究询问了几个组织的管理人员关于授权给下属的各种原因的重要性。结果表明，若领导者以适当的方式进行委派，会拥有很多潜在优势，决策质量的提高就是其中之一。如果下属比领导者更擅长完成任务，或其工作需要快速应对不断变化的情况，且领导者无法对其进行密切监测，那么委派就可以提高决策质量。如果下属比领导者更了解问题且拥有更多相关信息，就可以更快地解决问题，也可以更好地服务客户和降低管理成本。然而，如果下属缺乏做出正确决策的技能、无法理解预期目标，或者与领导者的目标不一致，那么委派就不太可能提高决策质量。

表 4 - 5　认为某项领导者委派原因中等重要或非常重要的管理者占比

培养下属的技能和信心	97%
帮助下属快速应对问题	91%
让下属参与行动以改善决策	89%
增加下属对任务的投入度	89%
让下属对工作更感兴趣	78%
减轻工作负担以更好地管理时间	68%
满足某些主管的职责期待	24%
摆脱某些乏味的工作	23%

资料来源：Yukl & Fu（1999）.

授权型领导行为的另一个潜在优势是使下属认同决策并渴望决策成功，从而提高下属执行决策的效率。但是，如果下属将委派视为领导者的一种操纵策略，认为任务不可能完成，或者认为新委派的职责不公平地增加了其工作量，那么下属执行决策的效率就不太可能得到提高。

当下属晋升到组织更高职位的机会有限时，给下属委派额外的职责和权力可以使其工作更有趣、更具挑战性且更有意义。有时，为了吸引和留住有能力的员工，领导者有必要丰富工作内容，赋予初级管理人员更多的责任和权力，并相应地增加薪酬，从而降低他们作为管理类人才被其他公司挖走的可能性。但是，只有针对希望承担更多责任、具备履行新责任所需技能，并且能够在完成具有挑战性任务时获得成功感的下属，委派才会在提高其工作满意度方面发挥作用。如果下属经常因权力不足、缺乏资源或能力有限而感到沮丧，那么委派反而会降低其工作满意度。

对责任过重的领导者来说，委派是一种重要的时间管理形式。将不太重要的责任和职能委派给下属，可以让领导者腾出时间去承担更重要的职责。尽管领导者能够比下属更好地完成任务，但专注于提高部门业绩的相关职能也会使时间利用更加高效。如果不进行委派，领导者就不可能拥有足够的时间来完成重要但不紧急的复杂任务。

委派是促进管理发展的有效方法。组织需要培养管理人才，使其担任更高的职位。委派就是培养高级管理人才所需技能的一种方式。然而，如果将委派作为培养人才的手段，那么领导者通常需要进行更多的监督和指导。在这种情况下，委派可能并不会减少领导者的工作量。

（三）　未进行委派的原因

由于委派具有上述潜在优势，似乎只要时机合适领导者就应该进行委派，然而，领导者未进行委派的原因也有很多（Leana，1986；Newman & Warren，1977；Preston & Zimmerer，1978；Yukl & Fu，1999）。一项研究询问了几家公司的管理者关于不委派的不同原因的重要性，结果如表4-6所示。

表4-6　认为某项领导者未进行委派原因中等重要或非常重要的管理者占比

决策涉及机密信息	87%
任务和决策非常重要	76%
任务和决策对领导角色至关重要	73%
任务一旦出错会十分明显	58%
领导者可以更好地完成任务	51%
难以向下属解释任务	43%
难以监督任务	39%
任务有趣且怡人	24%

资料来源：Yukl & Fu（1999）.

领导者的性格也是未进行委派的原因，包括其对权力的渴望、不安全感、对成就的强烈需求以及难以建立关系等。某些领导者喜欢对下属行使权力或享受掌控的快感，而委派需要与下属分享权力，减少下属对领导者的依赖。

委派从来都不是绝对的，因为领导者要继续对下属的工作活动负责。为了降低犯错的风险，缺乏安全感的领导者可能会把敏感的任务只委派给少数信得过的下属，或者根本不委派。此外，培养下属履行管理职责的能力可能会为领导岗位创造竞争对手。

对成就有高度需求的领导者更喜欢将重要且富有挑战性的任务留给自己，而不是委派给下属（Miller & Toulouse，1986）。以解决重要问题为荣的领导者可能不愿意放弃原有职责，或承认他人同样可以高效地完成工作。对自己工作表现的过高评估可能也会使领导者不愿进行委派。有实验发现，当领导者直接参与监督某项任务时，他们对绩效质量的评价会更高，尽管实际质量并没有任何不同（Pfeffer，Cialdini，Hanna，& Knopoff，1998）。

未进行委派也和下属的专长和目标有关。比如，领导者不愿意将重大责任委托给缺乏必要专长的下属（Ashour & England，1972；Leana，1986；Yukl & Fu，1999）。即使下属具备相关专长，但对任务目标并不关心，也不太可能被领导者委派重大责任（McGregor，1960）。某些看法可能并不准确，但对下属的不信任最终可能会导致领导者进行自我实现式预言（Argyris，1964）。有时，对下属的不信任更多地源自领导者的性格问题，而不是下属的实际特征（Johnston，2000）。然而，未进行委派的原因不仅仅是领导者缺乏安全感或渴望权力。某些采用授权型领导行为的成功者也经常感到为难，如下例所示（O'Toole，1995）：

> 本和杰瑞冰激淋公司（Ben and Jerry's）的联合创始人本·科恩（Ben Cohen）对授权型领导行为感受强烈。在描述授权的困难时，他解释说，当询问员工某些已知答案的问题，耐心听员工表达某些错误观点，或急于表达自己却还要征求员工的意见时，他会感觉很不自然。

委派还取决于工作性质和领导者权力的大小。缺乏决策或工作变革权力会限制委派的可能性。制约委派的因素还有下属工作的高度互赖性。即使目标相同，员工也可能在优先事项和实现目标的最佳方案上存在分歧。在这种情况下，赋予下属独立行动的权力会增加方向不一致的风险。为了避免破坏性冲突，领导者有必要在会议上规划联合行动并解决运转问题。此时，领导者可采用咨询型决策或将任务权力委派给群体而不是个人。本书第十一章将进一步介绍自我管理型团队。

（四） 委派效果研究

研究者多聚焦领导者向个人或群体的咨询，而很少关注委派的实证研究。有关领导委派频率的研究发现，委派频率与下属绩效存在相关性（例如，Bauer & Green，1996；Leana，1986；Schriesheim，Neider，& Scandura，1998）。然而，调查研究很难确定上述因果关系。目前，研究者尚不清楚是委派提高了绩效，还是绩效的提高促进了委派，或者两者同时发生。此外，研究表明，不适合的委派情境会降低绩效。研究者应进行更多纵向实验性研究，来明确二者的因果关系和情境因素（相互信任、共同目标、领导者的自信以及下属对承担更多职责的渴望等）。

六、委派策略指南

本部分为领导者有效进行委派提供了初步指南。尽管关于委派的研究非常有限，但在相关文献中，关于何时以及如何有效地进行委派还是相当一致的。本部分将先介绍委派内容选择指南，再介绍委派策略指南。

（一）委派内容

委派内容部分取决于委派目的。下面是关于委派内容的选择指南（见表 4 - 7）：

表 4 - 7　委派内容选择指南

• 下属可以完成得更好的任务
• 紧急但重要性不高的任务
• 与下属职业相关的任务
• 难度适中的任务
• 令人愉快和令人不快的任务
• 对领导角色来说不重要的任务

委派下属可以完成得更好的任务

有些职责由下属来履行会比领导者亲自履行的效果要更好。如果下属更具专长、更了解问题，可以获得更多即时信息，或者领导者没有时间，那么由下属来履行相关职责效果会更好。

委派紧急但重要性不高的任务

如果委派的目的是减轻过重的工作负担，那么最适合委派的就是紧急但重要性不高的任务。这类任务必须快速完成，但领导者没有时间来完成。有些任务可能下属不如领导者完成得好，但由下属来完成总比不做好。向下属委派这些任务可以让领导者有更多时间来完成更重要的任务。

委派与下属职业相关的任务

如果委派旨在培养下属的技能，所委派的职责就要与下属的职业目标相关。旨在发展下属技能的委派可能涉及某些特殊项目，可以使下属有机会完成具有挑战性的任务，并发挥主动性，提高解决问题的能力。如果准备让下属接管领导者的工作或晋升到部门的管理职位，就要向其委派重要的领导职责，包括某些下属做起来可能不如领导者出色的职责。某些委派任务可能与下属当前的工作无关，却占用了下属的日常工作时间。

▘ **委派难度适中的任务**

对下属来说，被委派的任务应该具有挑战性，但不能难到几乎没有成功完成的可能。委派的任务应具有一定难度，这样下属就有可能从错误中总结经验。但是，此类任务也不应过于困难或过于重要，否则下属一旦犯错就会削弱自信心或声誉受损。此类委派应该逐步进行，在下属适应最初的职责后，再向其委派其他任务。

▘ **委派令人愉快和令人不快的任务**

某些领导者会把令人愉快的任务都留给自己，把枯燥乏味的任务交给下属。这些任务不但对下属工作无益，还会降低下属的工作满意度。而某些领导者具有揽责情结，只向下属委派令人愉快的任务，把令人不快的任务都留给自己。这种方式不利于下属的发展，也会加大领导者的工作压力。委派应该既包括令人愉快的任务，也包括令人不快的任务。令人不快的任务应由下属分担或轮流承担，避免出现偏袒和不公平的现象。

▘ **委派对领导角色来说不重要的任务**

领导者不应将对领导者角色十分重要的任务委派给下属，如为工作部门设定目标和优先事项、为下属分配资源、考核下属的绩效、做出下属加薪和晋升的人事决定、指挥人群应对危机，以及明确领导者应出席的过场性活动等（Korica et al.，2017；Mintzberg，1973）。若领导者有意培养下属这些职责的相关技能，可以使用其他领导形式，如咨询和群体决策等。例如，领导者可以召开战略规划会议，让下属提出想法和建议，但不能将战略决策的职责委派给下属。

（二）委派策略

委派的成功与否既取决于委派内容，也取决于领导者的委派策略，两者同样重要。下列策略指南旨在减少任务分配和权力委派的相关问题，避免领导者落入某些常见的陷阱（见表4-8）。前四条针对为下属委派职责而召开的首次会议，后四条旨在介绍领导者成功委派的策略指南。

表4-8　领导者委派策略指南

• 明确相关职责
• 授予足够权力并限定发挥空间
• 明确报告要求
• 确保下属接受职责
• 让下属了解必要的信息
• 提供支持和帮助，但要避免反向委派

续表

• 以适当的方式监督进度
• 让犯错成为一种学习经历

⸬ 明确相关职责

向下属委派任务时，必须确保下属了解新的职责。领导者要解释委派任务的预期结果、明确目标和优先事项，并告知对方截止日期。领导者可以通过以下方式检查下属对任务的理解情况：要求下属重述任务预期，或询问重要任务内容。如果下属没有经验，领导者可先让下属制订行动计划，并在实施前对计划进行审查。

⸬ 授予足够权力并限定发挥空间

委派新职责时，领导者要确定下属拥有履行职责所需的权力，确保为下属授予足够权力并限定其发挥空间。权力包括投入资金、所需资源、独立决定权，以及与外部人员或其他部门商讨的权力。

⸬ 明确报告要求

对下属来说，了解报告应覆盖的信息、提交频率以及监测方式（书面报告、进度审查、部门会议和正式绩效考核等）是非常重要的。进度审查的频率和时机取决于任务的性质和下属的能力。任务越重要、受关注度越高、犯错风险越大、下属越缺乏经验与信心，检查的频率就要越高。如果下属具备执行委派任务的能力，就可以减少提交报告的次数。进度报告应强调结果，但也不能完全忽视完成任务的方式方法。领导者应特别注意报告程序的合法性，以及是否符合道德和组织的相关政策。

⸬ 确保下属接受职责

委派的成功与否取决于下属接受并致力于完成新任务的投入度。在某些情况下，下属乐于接受新任务，因为它很有趣，而且对下属的职业发展很重要。但是，他们有时可能对新任务持怀疑态度或存在某些顾虑。领导者应让下属明确被委派的任务及所拥有的权力。在旨在发展下属能力的委派中，委派任务与个人职业发展之间的关系尤为重要。如果下属缺乏自信，领导者应表达对他成功完成任务的信心。

⸬ 让下属了解必要的信息

领导者应将与下属绩效相关的详细信息直接传递给下属，而无须频繁关注摘要信息。但是，如果委派旨在发展下属的能力，使其积累经验，领导者则应频繁地收集详细信息，以密切检查下属的进展情况。除了绩效信息，下属在执行委派任务时还需要了解各类技术信息和通用信息，以了解其计划和日程的相关变化。在可行的情况下，领导者可让下属直接获得相关技术信息，并帮助其建立自己的重要信息来源。

⏳ 提供支持和帮助，但要避免反向委派

领导者应为沮丧或受挫的下属提供心理支持，鼓励他们继续前进，并就新委派的任务和相关工作提供更多建议和指导。但是，领导者要避免反向委派，即对之前委派的任务重新进行控制，这一点非常重要。当下属遇到问题请求帮助时，领导者应为其推荐解决方案，并帮助其评估该方案的可行性。

⏳ 以适当的方式监督进度

与所有任务一样，委派任务也需要领导者监测进度并提供反馈。在控制和委派之间，领导者很难实现最佳状态的平衡。适时召开进度审查会议有助于领导者监测进度，也有助于下属在拥有较大自由度可以不受干扰地处理问题的同时，随时寻求建议和帮助。在委派权力时，领导者和下属应明确绩效标准和进度指标。

⏳ 让犯错成为一种学习经历

下属在执行委派任务时难免会犯错。领导者应严肃对待错误和失败，但不要批评和指责。相反，领导者应和下属分析错误的原因并找出避免再犯同样错误的方法，将错误变成双方的学习经历。如果下属显然不知道该如何完成工作，领导者应为其提供必要的说明与指导。

七、心理授权

本章前面内容从领导者行为和决策的角度介绍了权力分享和参与决策的相关理论与研究。这些理论与研究聚焦领导者如何影响工作决策，以及如何创造条件来提高下属的主动性和自决权。如果相关研究聚焦追随者的感知、需求和价值观，就可以得出更多结论。

心理授权理论可以解释领导者对他人进行授权的最佳方法和时机（Conger & Kanungo，1988）。例如，授权他人做一件琐碎而低级的任务，不太可能增加其自我价值感和自我实现感。如果某人缺乏成功完成任务所需的技能与知识，而且担心失败，那么委派给他更重要的任务责任就称不上授权。如果要在两个都不令人满意的人中选一个做领导者，那么人们的无力感并不会减少。

研究者提出了心理授权的定义要素（例如，Bowen & Lawler，1995；Conger & Kanungo，1988；Kanter，1983；Maynard，Gilson，& Mathieu，2012；Spreitzer，2008；Thomas & Velthouse，1990）。施普赖策（Spreitzer，1995）的一项研究提出支持心理授权的四个定义要素，分别为意义、自决权、自我效能感、影响力。如果某人的工作内容和结果与其价值观一致，有能力决定工作的方式和完成时间，对能够有效完成工作有高

度信心，或者相信其工作有可能影响到重要事件和结果，那么此人就会有更多的被授权感。这四个要素将心理授权与一些早期的理论与研究联系了起来，涉及工作动力（例如，Bandura，1986；Shamir，1991）、工作设计（例如，Fried & Ferris，1987；Hackman & Oldham，1976）、参与型领导行为（例如，Sagie & Koslowsky，2000；Vroom & Jago，1978）和员工参与计划（例如，Cotton，1993；Lawler，1986）。事实证明，施普赖策（Spreitzer，1995）对心理授权的概念化研究具有很大的影响力，在过去20年里激发了大量研究（相关综述和荟萃分析参见 Maynard et al.，2012；Seibert，Wang，& Courtright，2011）。

心理授权的相关理论与研究表明，能让人获得授权感的领导行为不限于参与型领导行为和委派。有学者提出了更广义的授权型领导行为的概念，其中包括参与型领导行为、委派，以及其他可以增强心理授权感的领导行为（Ahearne，Mathieu，& Rapp，2005；Forrester，2000；Sharma & Kirkman，2015；Vecchio，Justin，& Pearce，2010；Zhang & Bartol，2010）。例如，领导者可以鼓励下属将问题视为机遇、鼓励创新思维、提供必要的信息和资源、消除不必要的官僚约束、认可重要成就和贡献，以避免在下属对其决策提出质疑时采取防御姿态。

某些关于广义授权型领导行为效果的研究发现，授权型领导行为与下属的心理授权及工作绩效有一定关系（Fong & Snape，2015；Lee，Willis，& Tian，2018）。然而，与其他广义的领导行为一样，广义的授权型领导行为也未能清楚地体现各种具体行为的影响和情境。

八、授权计划

除了领导者对直接下属的授权行为，员工授权还涉及组织的各种授权计划，其中包括自我管理型团队建设（见第十一章）、设置民主结构性流程、员工持股等（Heller，2000；Lawler，Mohrman，& Benson，2001；Yukl & Becker，2007；Yukl & Lepsinger，2004）。下面将简要介绍相关组织的某些授权计划。

（一）成员参与领导者的选拔与评价

组织成员参与领导者选举可以加强对其成员的授权，这在志愿型组织、专业协会、市议会、学校董事会、州立法机构等中比较常见。多数私营商业组织的领导人都是被任命的而非选举产生，但也有些公司采用复合选拔的形式，即领导人由成员选出的代表委员会选出（例如，de Jong & van Witteloostuijn，2004）。例如，在一些员工所有制公司里，员工选举出最高管理层，如果对其表现不满意，可以投票更换最高管理层（Heller，2000）。无论哪种领导者选拔形式，员工积极参与评估领导者绩效都有利于发挥其影响力，特别是在他们有权罢免绩效不理想的领导者的情况下。

（二） 正式决策程序

制定重要决策的正式程序能够使员工对决策产生重大影响，也可以加强其对成员的授权。在某些组织中，章程规定要定期举行会议，让成员投票决定重要事项。在无法保证成员直接参与决策的大型组织中，有时会使用另一种授权形式，即从各主要部门选出代表进入管理委员会，或允许低级别成员选出一名或多名代表加入董事会。在很多公共组织中，成员有权出席董事会或理事会的公开会议，并在做出决定之前就重要问题发表意见。在公共组织和专业协会中，选举产生领导人和让民选成员进入决策委员会是很常见的做法，但美国的私营商业组织很少这样做。

在一些欧洲国家，法律要求公司董事会必须包括员工代表，有些组织还有由来自不同部门的民选代表组成的员工委员会（Heller，2000）。例如，在德国，董事会的工会成员可以对重要决策进行投票，而且在选择首席执行官时也有一定的发言权。欧盟采用的指导方针是通过工作委员会等结构性设置与流程来加强授权。

（三） 共同承担领导责任

如果领导责任由小型组织或团队的成员共同承担，而不是由某名领导者独自承担，也可以加强对成员的授权。一个典型的例子是商业组织中越来越多地出现自我管理型团队（参见第十一章）。最极端的共享型领导形式是，所有重要决策都必须由集体做出，日常运营的领导责任被分配到每名成员并经常轮换。这种形式的授权最有可能出现在一些小型的员工所有制企业、合作社和志愿型组织中。范德斯利斯（Vanderslice，1988）在对穆斯伍德餐厅（Moosewood Restaurant）的案例研究中提出了这样一个"无领导组织"的例子：

> 穆斯伍德餐厅是一家小型的集体所有制组织，成立15年来，财务状况一直良好。该餐厅的18名成员共同参与餐厅的重大决策，如政策变更、员工雇佣、财务问题、工资与福利以及供应商的选择等。此外，餐厅通常有4～6名临时工，他们不参与决策，但在学徒期满1年后可能会转为正式成员。成员轮换承担职责，基于任务周期和个人兴趣选择负责的工作。所有岗位都向乐于学习的成员开放，成

员被鼓励轮流承担各项工作。工作轮换旨在提高成员的专长和责任心，而不是将能力与职责局限于一两名领导者。各项工作的时薪相同，15%的服务费由所有成员分享。基于成员的专长和对组织的投入度，各项工作的权力会存在一些差异。组织内部价值观和群体压力可发挥问责的作用。然而，组织仍未能有效应对某些成员的不当行为。

（四）信息分享

与拉姆等人（Lam et al.，2015）对参与型领导行为的研究发现一样，除非员工能够获得关于业务绩效、计划、目标和战略的准确信息，否则很难影响决策或评估高级管理者的效能。遗憾的是，很多公司不愿与其员工分享此类信息（Lawler，Mohrman，& Ledford，1998）。"开卷计划"是基于沟通和学习来赋予员工权力的一种方式，顾名思义，就是高层领导者向员工"打开账簿"，让他们清楚地了解组织收入、利润和成本等财务信息。此类计划需要开展相应的培训，使员工理解相关信息并利用这些信息提高公司业绩。

（五）创造性授权计划范例

丹尼尔·平克（Daniel Pink，2009，p.91）在《纽约时报》（*New York Times*）中描述了一个具有创造性的授权计划，其提出者是艾特莱森软件开发公司（Atlassian）的联合创始人迈克·坎农-布鲁克斯（Mike Cannon-Brookes）：

> 周四下午两点，一天的工作才开始。迈克·坎农-布鲁克斯等工程师可以用任何方式，与任何人一起开发出新的代码或进行优雅的黑客攻击。很多人通宵工作。然后，周五下午四点，他们在一个摆满冰镇啤酒和巧克力蛋糕的全体会议上向公司其他人展示各自的成果。艾特莱森软件开发公司将这种自由和创造力的全天候爆发称为"联邦快递日"——因为人们必须连夜做出成果。多年来，这种奇特的工作形式帮助公司开发了一系列软件，如果没有这种形式，这些软件可能永远不会出现。正如一位工程师所说："我们今天产品中最酷的元素都源自'联邦快递日'。"

九、授权型领导行为和授权计划的优势

研究者指出了授权型领导行为和授权计划的某些潜在优势（例如，Fong & Snape，2015；Lee et al.，2018；Maynard et al.，2012；Seibert et al.，2011；Sharma & Kirkman，2015；Spreitzer，2008；Thomas & Velthouse，1990；Vecchio et al.，2010），其中包括：（1）任务投入度更高；（2）履职尽责更主动；（3）面对障碍和暂时挫折时更坚韧；（4）创造力、创新性更强，学到的东西更多，对工作的最终成就更乐观；（5）对工作的满意度更高；（6）对组织的投入更多；（7）对领导者更加信任；（8）组织行为水平更高；（9）员工绩效水平更高；（10）离职率更低。

研究者也发现了某些潜在的成本和风险（例如，Baloff & Doherty，1989；Bowen & Lawler，1995；Eccles，1993；Sharma & Kirkman，2015），其中包括：（1）选拔和培训的成本更高；（2）熟练员工的劳动力成本更高；（3）服务质量不一；（4）某些员工决定不当；（5）客户受到不平等待遇而产生的不公平感；（6）受到威胁的中层领导者的反对意见；（7）员工期望最高管理层放松限制引发的冲突。

参与型领导行为、心理授权和授权计划的相关研究综合展示了对员工进行授权的潜在优势与成本，同时也表明，这些优势只有在有利的条件下才可能实现（Lee et al.，2018；Maynard et al.，2012；Seibert et al.，2011；Sharma & Kirkman，2015；Spreitzer，2008）。研究者也提出了某些可以增强或削弱授权感的要素（例如，Argyris，1998；Forrester，2000；Gratton，2004；Randolph，1995；Maynard et al.，2012；Sharma & Kirkman，2015；Spreitzer，2008；Yukl & Becker，2007），其中包括组织特征、成员特征和民族文化特征（见表4-9）。

表4-9 增强心理授权的要素

要素	不利因素	有利因素
组织结构	高度集中，正式	非常分散，不正式
竞争战略	低成本、标准化的产品与服务	定制化、高度差异化的产品与服务
任务设计与技术	简单的重复性工作，技术可靠	复杂的非常规工作，技术不可靠
与客户关系保持时间	短时间内的交易	持续的反复互动
组织的主流文化价值观	高效运行，无任何错误	灵活学习和积极参与
员工特质	成就动力低，外部控制源，情绪稳定性	成就需求高，内部控制源，情绪稳定性
员工能力	不熟练，经验不足	熟练，专业
员工任职时间	临时工	正式的固定员工
员工的所有权和奖励	没有或很少	员工持股或成为合伙人
员工参与计划	无	高级管理层大力支持
互信程度	低	高

小　结

有关领导者决策的研究发现，决策过程具有高度的政治性，且多数规划都是非正式且灵活的。采用这种决策类型的原因是：领导者需要获取最新的信息，而掌握这些信息的人分布在组织内外；领导者既需要根据充分的信息做出决策，也需要根据不完整的信息做出决策；他们需要与那些没有正式权力的人合作。

参与型领导行为旨在鼓励他人参与决策，领导者对决策负有主要责任，包括被反对后修改初步决定、做出决定前征求他人建议、要求个人或群体联合决策、允许他人先做出决策而后做最终研判。让他人参与决策是批准和实施组织决策的必要条件。另外，让他人参与决策也有很多潜在的益处，包括提高决策质量和决策接受度等。

研究者针对参与决策的结果进行了很多研究，但研究结果并不一致且不够有力，还无法得出明确的结论。在一定程度上，这是因为各种参与方式的效果取决于领导者的技巧和情境要素。如果潜在参与者不认同领导者的目标、不想承担参与决策的责任、不信任领导者，或者因时间压力和参与者的分散而难以召开群体会议，那么参与决策就不可能有效。除非领导者有足够的能力来管理冲突、推动建设性问题的解决或处理群体中常见的流程问题，否则群体参与决策不太可能奏效（见第十一章）。

常规决策模型介绍了一些被广泛使用的决策程序，以及影响决策质量和决策接受度的情境变量。尽管该模型的相关研究有限，但某些研究结果表明，若领导者采用与情境相适应的决策程序，效果可能会更好。

委派是指将新的职责和权力分配给个人或群体。委派的潜在优势包括：决策质量更高、下属动力更大、下属对工作满意度更高、下属技能得到发展，以及领导者的工作负担减轻等。某些领导者因对下属缺乏信心或为了巩固权力而不愿向下属委派太多工作。尽管有关委派效果的研究有限，但某些研究结果表明，若领导者在适当的决策中以适当的方式进行委派，就可以取得良好的效果。

领导者影响追随者心理授权的方式有很多，参与型领导行为和委派是授权型领导行为的两种形式。心理授权的相关研究可以更好地阐释授权型领导行为的效果。对自己影响力的感知不仅取决于领导者的行为，还取决于工作性质、工作群体和所在组织的方方面面。组织可以通过实施相关授权计划，来提高成员对工作的满意度及其对重要决策的影响力，从而加大其对领导者的选拔和评估的影响力。

📖 回顾与讨论

1. 关于组织领导者决策的研究得到了什么结论？
2. 弗罗姆和耶顿的常规决策模型如何解释决策过程的影响？
3. 鼓励下属参与决策的方法有哪些？
4. 委派有哪些潜在益处？委派在什么情况下最有可能成功？
5. 委派的有效策略指南有哪些？
6. 为什么某些领导者难以进行委派或分享权力？
7. 心理授权的基本要素是什么？
8. 授权型领导行为与参与型领导行为或委派有什么关系？

📝 关键术语

专制型决策	autocratic decision
咨询	consultation
决策接受度	decision acceptance
决策质量	decision quality
委派	delegation
员工参与计划	employee involvement programs
授权型领导	empowering leadership
常规决策模型	normative decision model
心理授权	psychological empowerment
自我效能感	self-efficacy
自决权	self-determination

💡 个人反思

想想你现在或过去担任的某个领导角色，既可以是在体育团队或社会群体中，也可以是在项目团队中。在当时的情况下，你希望对影响你的领导决策产生多大影响？相关影响取决于工作性质或活动类型吗？为什么？

案例4-1

回声电子公司

保罗·桑切斯（Paul Sanchez）是回声电子公司（Echo Electronics）的生产经理，该公司致力于生产和销售通信设备。保罗的直接下属是公司制造厂四个生产部门的主管。六个月前，公司工程经理提出建设计算机工作站以提高工厂生产率。保罗认为这是一个很好的建议，也乐于进行这种变革。首席执行官也批准了这个计划，新设备很快安装完毕。

三个月后，保罗惊讶且失望地发现，生产率并未如期提高，反而出现了下降。营销经理告诉保罗，很多优质客户投诉回声电子设备存在缺陷。保罗不愿相信问题出在新的工作站上。工作站建设厂家派技术人员对机器进行了检查，结论是机器运转正常。保罗咨询了使用该工作站的另一家公司，发现它获得了巨大成功。

当保罗与手下四名生产主管讨论这个问题时，发现他们也有同样的思考，他们认为绩效下降的原因包括工作站的设计存在缺陷、操作设备的员工培训不充分，以及缺乏提高生产率的经济激励。主管们还告诉保罗，生产工人对工作站很不满，对工作方式的变化感到沮丧，他们士气低落，甚至有两名员工离职了。

在收到上个月的生产报表后，首席执行官早晨致电保罗，表示对事情的关注。他要求保罗对此负责，必须立即采取措施解决问题，下周要向他报告采取哪些措施来扭转生产率和产品质量下降的局面。

（作者：加里·尤克尔）

资料来源：希金（T. R. Hinkin）的一个案例。

问题

1. 保罗原本可以采取哪些措施来预防问题？

2. 保罗现在应该采取哪些措施来解决问题？

案例4-2

阿尔维斯公司

凯茜·麦卡锡（Kathy McCarthy）是阿尔维斯公司（Alvis Corporation）某生产部门的经理。该公司致力于生产办公设备，其员工并未加入工会。在读到一篇强调参与型领导行为的文章后，凯茜认为应该允许员工参与决策，让他们制定涉及切身利益的决策有助于部门发展。于是，凯茜利用两项决策验证了参与型领导行为的效果。

第一项决策是关于假期安排。每年夏天，员工都会有两周假期，但不能两人以上同时休假。凯茜几年前做出了相关决策，她让员工选择自己喜欢的日期，然后考虑多人同时休假对工作的影响。她认为应该制订休假计划，以确保部门重要业务配备了足够人员。当从事类似工作的员工有两人以上想同时休假时，凯茜通常会优先考虑生产率较高的员工。

第二项决策是关于生产标准。在过去几年里，公司的销售额一直在稳步增长，最近安装的新设备也有助于提高生产率，能够让公司在员工数量相同的情况下生产更多产品。公司设计了一套薪酬激励系统，超过标准数量后，员工生产的每件产品都会带来额外的计件工资。根据几年前的工业工程研究结果，每种产品都具有单独的标准。高层领导者曾考虑重新调整生产标准，因为在新设备的帮助下，员工可以较轻易地获得更多收入。此外，提高生产率节省的资金可用来支付新设备的费用。

某天下班前一小时，凯茜召集手下 15 名员工开会，希望他们就这两个问题进行讨论并提出建议。考虑到自己可能会妨碍员工的讨论，凯茜离开了会场，让他们单独讨论。同时，凯茜咨询了质量控制经理，得知安装新设备后，质量问题反而增加了，工程师也正在研究产品质量变得更差的原因。

下班时间到了，凯茜回到了所在部门。员工建议标准保持不变，她感到惊讶，因为本以为员工得知薪酬激励不公平后会设定更高的标准。代表群体发言的员工解释说，他们的基本工资没有跟上通货膨胀的步伐，更高的激励工资可以使他们的实际收入保持之前的水平。

在假期问题上，员工陷入了僵局。有几名员工想同时休假，但对谁应该休假未达成一致。有些员工认为自己应该优先休假，因为他们的资历更高。还有员工认为优先权的确认应该继续以生产率为基础。由于已经下班了，员工希望凯茜自己解决具有争议的问题。毕竟，这就是老板花钱雇她的目的。

（作者：加里·尤克尔）

问题

1. 根据弗罗姆和耶顿的常规决策模型，上述两项决策适合采用联合型决策吗？

2. 凯茜在让下属参与决策时犯了哪些错误？应该如何避免出现案例中的难题？

3. 让下属参与这两项决策是否合适？

第五章　引领变革与创新

≫ 学习目标

通过学习本章内容，读者能够：

● 了解变革受抵制的原因。

● 了解重大变革涉及的心理过程。

● 了解如何在组织中实施重大变革。

● 了解如何描绘有吸引力的组织愿景。

● 了解如何提高领导者的学习效果和创新能力。

导　言

引领变革是领导者最重要也是最困难的职责之一。它涉及引领、鼓励和促进成员的集体努力，以适应不确定甚至是敌对的环境。某些学者认为这就是领导力的本质。随着各类组织纷纷进行重大变革，以应对全球化、社会与政治变革，以及产品服务技术革命，引领变革的能力变得尤为重要。

组织的重大变革通常由最高管理团队引领，其他成员也可以发起变革或为变革做出贡献。本章介绍了变革的类型、常见的变革过程以及成员抵制变革的原因；描述了影响变革的因素，并讨论了变革愿景的重要性；提出了倡导和实施变革的相关策略指南；指出了团队和组织中集体学习的重要性，以及鼓励和促进集体学习与创新的相关策略指南。

一、团队和组织中的变革类型

领导者可以提出很多类型的变革，有些具有一定的难度，其重要因素包括角色、态度、技术、战略、经济与人员。

（一） 角色与态度

转变态度与角色变革、结构变革和程序变革有明显的区别（Beer，Eisenstat，& Spector，1990）。以态度为导向的变革方法更令人信服，领导者基于培训计划、团建活动或文化变革改变员工的态度和价值观。此外，培训计划还有助于提高技术或人际交往技能。以态度为导向的变革方法有一个基本假设，即新的态度和技能可以使行为向有益的方向转变。领导者会设法转变抵制者的态度，使抵制者作为变革代理人将愿景传递给组织中的其他人。

以角色为导向的变革方法旨在重新组织工作流程、重新设计工作活动和职责、修改权力关系、更改工作评价标准和程序、完善奖励制度，以使员工转变工作角色。其假设是，员工的工作角色决定其工作行为，他们的态度与行为多保持一致。在评价和奖励系统的强化下，新的角色可以引领新的工作行为。下面的例子表明了两种组织变革方法的区别：

> 公司不同专业职能部门的人员很难合作，也很难快速开发新产品并将其推向市场。变革的方法有两种：一种方法是强调合作的重要性，利用过程分析或团队建设增进不同职能部门人员之间的相互理解和尊重。这种方法的假设是，信任和理解可以加强工作合作。另一种方法是组建跨部门团队负责新产品的开发，然后奖励为团队成功做出贡献的人。这种方法的假设是，为实现共同目标而合作的人员能够相互理解和信任。

多年来，哪种方法更有效一直备受争议。任何方法都可能成功或失败，这取决于方法的实施情况。比尔等人（Beer et al.，1990）认为，以角色为导向的计划比以态度为导向的计划更可能成功。然而，这两种方法并非互不兼容，最好是将两种方法结合起来使用，使其相互支持。转变态度、提高技能以适应新的工作，可以减少角色转变之前被对手颠覆的可能性。

（二） 技术

工作技术变革也是一种变革。多数组织希望利用新的信息和决策支持系统来提高业绩，其中包括联网工作站、人力资源信息系统、库存和订单处理系统、销售追踪系统、员工交流或共享的内部网络等。这种变革往往无法产生预期的效益，因为若工作角色、态度和技能没有相应的变化，新技术将无法被有效地接受和使用。

（三）战略

竞争战略变革旨在实现团队或组织的主要目标（见第 12 章）。公司的战略变革包括引入新产品或服务、进入新市场、使用新的营销方式、启动互联网销售、与其他组织建立联盟或合资企业，以及改进与供应商的关系（与可靠的供应商合作）等。竞争战略变革的成功需要公司在人员、工作角色、组织结构和技术方面进行相应的变革。例如，提供更周到的客户服务就需要员工具备相关技能，能够更好地与客户进行沟通。

（四）经济与人员

经济与人员是开展组织内部变革的重要因素（Beer & Nohria，2000）。一种方法是通过裁员、重组、薪酬与激励调整等变革手段来改善财务状况。另一种方法是通过加强个人和组织学习、强化支持灵活与创新的文化价值观，以及授权下属进行变革来提高人员的能力、责任心和创造力。组织的大规模变革通常会通过上述两种方法，如果领导者无法谨慎管理某些互不兼容的要素，就可能会破坏变革。例如，大幅裁员可降低成本，也可能削弱员工的信任度与忠诚度，从而影响集体学习和创新的效果。领导者必须有效权衡重大变革涉及的不同价值观，否则就很难提高组织业绩。这属于战略型领导行为的内容，将在第 12 章进行讨论。

（五）发展性、过渡性与转型性变革

发展性、过渡性和转型性三种计划性变革有着明显区别（Anderson & Ackerman-Anderson，2010；Packard & Shih，2014）。发展性变革是指改进技能、流程或方法，或对现有运营进行调整，如完善日常培训、改善沟通和解决基本问题等，以弥合组织当前标准和预期标准之间的差距。过渡性变革是指放弃旧的运营方式或实施新的运营方式，如实施新计划、进行基本重组或引入新技术系统等。转型性变革是最极端的变革类型，需要在愿景、制度、战略或结构上进行重大转变，这种变革通常适用于发展重大技术创新或需要面对强劲的竞争对手时。对组织目标、功能和流程进行的转型性变革通常伴随着大规模的过渡性变革，各类变革都需要领导者有理有据地进行高效领导和计划。

二、变革过程

变革过程的相关理论介绍了变革从开始到结束的典型发展模式，在某些情况下，前

期变革会影响后续变革。这些理论明确了变革过程的不同阶段、人员在各阶段的反应，以及重复变革对人的影响。

（一） 变革过程的各个阶段

卢因（Lewin，1951）的力场模型（force-field model）是最早的过程理论。卢因提出，变革过程可以分为三个阶段：解冻（unfreezing）、变革（changing）和再冻结（re-freezing）。解冻阶段，人们开始意识到旧的工作方式已经无法满足需求。这种认识可能源于较大的危机，也可能源于组织中多数人不太可能发现的威胁或机会。变革阶段，人们寻找新的工作方式，并选择一种有效的方法。再冻结阶段，新方法得以实施和确立。这三个阶段对变革的成功来说都很重要。不经历态度解冻而直接进入变革阶段，变革可能会遭到漠视或强烈抵制。在变革阶段缺乏对问题的系统判断会导致变革计划变得脆弱。在再冻结阶段忽视建立共识和保持热情可能会导致变革实施后遭到逆转。

根据卢因的说法，变革可以通过两种方法实现。一种方法是增加变革的驱动力（增加激励举措或利用职位权力强迫变革）。另一种方法是减少阻碍变革的约束力（减少对失败或经济损失的恐惧，拉拢或罢免反对者）。若约束力很弱，领导者仅增加驱动力就足够了。若约束力较强，建议采用双重方法。若不减轻约束力，驱动力的增加将不断激发冲突，而持续的抵制会使变革难以进入再冻结阶段。

（二） 对变革的不同反应阶段

一种过程理论描述了人对变革的典型反应模式（Gebert，Boerner，& Lanwehr，2003；Jick，1993；Krause，2004；Woodward & Bucholz，1987）。该理论建立在观察人们对突发性创伤事件（爱人死亡、婚姻破裂或摧毁家园的自然灾害等）的典型反应顺序之上（Lazarus，1991）。该理论将反应模式分为四个阶段：否认（denial）、愤怒（anger）、缅怀（mourning）和适应（adaptation）。人们第一阶段的反应是否认变革的必要性（"这不会发生"或"这只是暂时的挫折"）。第二阶段的反应是生气或责备他人。与此同时，人们会固执地不愿改变已经习惯的工作方式。在第三阶段，人们不再否认变革的必要性，承认失去的东西，并为之缅怀。在第四阶段，人们接受变革的必要性并继续生活。每种反应的持续时间和严重程度可能会有很大差异，有些人会被困在中间某个阶段无法自拔。了解这些阶段对变革领导者来说很重要，他们必须保持耐心并乐于助人。很多人需要在他人的帮助下才能不再否认变革的必要性、建设性地发泄愤怒、在没有变得严重抑郁的情况下缅怀过去，并对能够成功进行调整持乐观态度。

（三）　先前经历和对变革的反应

尽管大量文献为如何发起和管理变革提供了策略指南，但有人认为，多达70%的变革并未达到预期（Burke，2002；Higgs & Rowland，2005）。研究者很难针对组织中的大规模变革开展研究，多数研究都只涉及单个组织中的轶事叙述或案例研究（Barends，Janssen，ten Have，W. & ten Have，S.，2013；Packard & Shih，2014）。然而，近年来，有关组织变革的影响因素的研究有所增加（Beer，2014）。这些研究考察了环境和个人因素如何共同影响人们对变革的抵制和投入程度（Beer，2011）。

人们对变革的反应部分取决于其对成功应对变革的总体信心。这种信心受到过往变革和人格特质（如自信、风险承受能力、敢于接受新经历、内在控制倾向）的影响（Erwin & Garman，2010）。反复且困难的变革对人的影响尚不明确（Jick，1993）。但经历创伤性变革就像给人接种疫苗，使其可以更好地为再次变革做好准备，而无需经历紧张或漫长的适应期。例如，萨莉（Sally）五年失去了两份工作，她现在对未来从事风险更大、安全性更低的工作充满信心。然而，反复变革也可能让人的承受力变弱，更容易受到后续变革的不利影响，原因可能是长期压力过大，且无法完全消除早期变革造成的情绪创伤。例如，由于裁员，琳达（Linda）在五年内失去了两份工作，她无法应对再次失业的创伤，想要提前退休。

有关反复经历重大变革的累积效应的研究非常有限，但已知的研究表明，反复经历重大变革通常会加重人们的压力和挫折感（Rafferty & Griffin，2006）。先前变革的压力和对变革的自我效能感决定了人们再次面对变革时的反应（Herold，Fedor，& Caldwell，2007）。在短时间内经历多次变革后，即使对自己处理变革能力有着强烈自信的人也会削弱对变革的责任心。如果没有得到组织的充分支持，负责实施变革的人员可能会感到沮丧和不公平。如果变革的好处都被他人瓜分（领导和高管等），相关人员就会觉得没有受到公正对待。

三、接受或抵制变革的原因

组织的很多重大变革都以失败而告终，其主要原因是人们抵制变革。有人认为，变革结果由领导者的权力及其采用的领导行为类型决定（见第六章）。若人们认为变革是领导者的合法权力或害怕因抵制变革而受到惩罚（强制权力），就会服从变革。如果人们信任领导者，相信变革是必要且有效的（强大的参照权力和专家权力），就可能支持变革。然而，组织中抵制变革的现象很常见，其原因多种多样，且并不相互矛盾（Connor，

1995；Fedor，Caldwell，& Herold，2006；Szabla，2007）。

（一） 变革的必要性不强

如果没有明确证据可以证明重大变革的合理性，那么变革就很可能会遭到抵制。发展中的问题在早期阶段迹象都是比较模糊的，很容易被人们忽视或低估。即使人们最终意识到问题的存在，通常也只是对当前战略进行渐进式调整，或者做更多相同的事情，而不是采取不同的措施。

（二） 变革的可行性较弱

变革受到抵制的另一个原因是变革无法成功实施。对多数人来说，做出全新的变革是很困难的，甚至是不可能的。如果某位领导者早期发起的变革计划没有成功，就会引发犬儒主义效应，让人们不相信下一次变革会变好。变革实施者的自信心也会影响人们对变革的看法。变革需要人们学习新的工作技能和方法，缺乏自信的人不愿放弃既定程序，更不愿采用难以掌握的新程序。

（三） 变革性价比不高

变革受到抵制的原因也可能是所获收益与所需成本的比例不合理。重大变革总会付出一些成本，而且可能高于收益。实施变革需要资源，而传统方式中的资源将会因变革而流失。在过渡期间，新方法的学习和新程序的调试也会使业绩受到影响。如果无法准确估计性价比，且人们对收益持悲观态度，那么变革就会受到更多阻力。

（四） 变革造成个人损失

变革即使对组织有利，也可能会因为某些人的收入、福利或工作保障受损而遭到抵制。组织中的重大变革会导致个人利益、部门权力或地位的相应变化。有些岗位可能会被取消或调整，导致相关人员被裁撤或调整到新的工作地点。如果活动被削减或取消，那么原负责人可能会失去当前的地位和权力。如果某些人受到变革的负面影响且并不参与变革的决策，他们就会认为该变革不公平。

（五） 变革与价值观不符

变革与个人的价值观或理想信念不一致也是变革遭到抵制的原因。如果人们认为变革有悖道德、非法或与其价值观不一致，那么变革就很可能遭到抵制，即便它会带来实实在在的好处。当变革违背组织中根深蒂固的价值观时，就会遭到人们的普遍抵制。

（六）　领导者不受信任

在某些组织中，领导者不受信任也是变革遭到抵制的原因，这种不信任会放大其他阻力的影响。人们会想象出某些隐藏的、不祥的、被发现时可能为时已晚的影响，即便没有感受到明显的威胁也会抵制该变革。互不信任可能会让领导者隐瞒变革的真正原因或风险，从而进一步加剧下属的怀疑态度和抵制情绪。有时候，下属利用抵制发泄不满情绪，认为领导者没有进行变革的合法权力，或认为领导者利用变革满足个人野心和权力欲望。

（七）　变革中的组织犬儒主义

某些组织因为常年进行无效管理而不断经历变革失败。员工可能会因此而变得愤世嫉俗，认为新的变革只是"一时兴起"，要么半途而废，要么最终失败（Bommer, Rich, & Rubin, 2005；Rubin, Dierdorff, Bommer, & Baldwin, 2009）。这种犬儒主义的出现可能是因为高级管理者在之前的变革中经常半途而废，也可能是因为员工对变革的潜在动机充斥着根深蒂固的不信任。导致组织出现犬儒主义并因此使变革受阻的因素包括组织裁员，高管薪酬过高，领导者的自私决定，员工的蔑视、沮丧和不信任等。在这种情况下，领导者会发现自己很难获得变革所需的支持，面临着各种主动或被动的抵制。

（八）　抵制变革的其他原因

抵制变革不仅源于无知或固执，它也是人们保护自身利益和自决意识的自然反应。领导者与其将抵制变革视为打击或规避的行为，不如将其视为可以被重新利用去改进变革的能量（Ford, J.D., Ford, L.W., & D'Amelio, 2008；Jick, 1993；Maurer, 1996）。积极的变革抵制者具有某种强烈的价值观和情感，如果将其变为支持者，这些价值观和情感就会变成对变革的责任。领导者有必要与受影响的人讨论拟议的变革，以便了解他们的顾虑和对最佳行动方案的看法。

四、实施变革

一直以来，研究者都致力于研究变革实施与变革成败的关系。变革成功与否很可能部分取决于变革内容、变革方式、变革时间、参与人员及其影响力。判断变革结果的方法有很多，包括人员对变革的责任、变革的成功实施，以及变革能在多大程度上带来预期效果并规避负面影响。

（一） 明确变革内容

在发起重大变革之前，领导者需要明确问题的性质和要实现的目标。就像治疗身体疾病一样，第一步是仔细诊断，以确定患者的问题所在。对组织的诊断可以由最高领导层、外部顾问或组织内各关键利益相关方代表组成的任务组进行。

错误诊断或不当的变革计划将无法达到预期目标。某些组织在没有仔细诊断所面临问题的情况下，就实施当时流行的通用变革计划，包括裁员、简化管理结构、全面质量管理、质量圈（quality circle）、精简管理、再造工程、自我管理型团队、外包、与供应商合作（Barends et al.，2013）等。有些变革计划不仅无法解决组织面临的问题，还会使问题变得更糟（Beer，2011；Beer et al.，1990）。此外，组织内某个部门变革产生的利益常常无法提高整个组织的业绩，还会给其他部门带来新的问题（Goodman & Rousseau，2004）。

（二） 理解系统动力学

了解组织中的复杂关系和系统动力学（systems dynamics）有助于领导者理解问题的原因及处理方法（Beer，2011；Gharajedaghi，1999；Goodman & Rousseau，2004；Senge，1990）。理解系统动力学的知识有助于明确问题的性质，预测为解决问题而进行的变革可能产生的影响。

系统动力学涉及某些复杂的关系、延迟效应和周期性因果关系（cyclical causality）。导致问题产生的原因多种多样，其中可能就包括为解决其他问题而采取的行动。如果诊断时只发现了部分问题，那么变革可能就无法达到预期效果。在组织中，各类行动会产生多种结果，包括意外的副作用。组织中某一部门的变革最终可能会影响其他部门，员工对变革的反应可能会抵消这些影响。有些变革具有延迟效应，这往往会掩盖其真实性质。从长远来看，某些看似可迅速缓解压力的行动可能会让事情变得更糟，而最佳解决方案虽不能起到立竿见影的效果，却会在日后带来巨大的益处。急于求成的领导者可能会不断重复某些不恰当的补救措施，而不是寻求需要耐心和短期牺牲的更佳补救措施。

要想理解组织中复杂的互赖关系以及变革带来的影响，领导者需要拥有认知技能和系统思维（Senge，1990）。在做出决策或诊断问题的原因时，领导者必须了解组织各部门之间的相互关联。即使眼前只需应对某种挑战，领导者也需要考虑其他绩效决定因素可能带来的后果，以及即时效益会不会被延迟效应所抵消。例如，若领导者为降低成本而缩减劳动力，那么迫于维持产量的压力就需要付出较高的加班费和顾问费（包括某些被裁减的人），这就会抵消节约下来的大部分成本。

强化循环（reinforcing cycle）也是一种常见的现象。在这个循环中，小规模变革会发展成大规模变革。这种变化的理想情况是，某部门为改进流程而进行的变革取得成功后，其他部门在鼓励之下纷纷效仿，为组织带来超出预期的益处。而这种变化的不理想情况是，组织为保护稀缺资源而实行配给制，人们囤积了远超实际需要的资源，导致出现了更多短缺问题。

（三）　实施重大变革的责任

如果没有最高领导者的支持，组织中的大规模变革不太可能成功。然而，重大变革并不都是由最高领导者发起的，他们可能在变革之初都不会参与进来（Beer，1988，2011；Belgard，Fisher，& Rayner，1988）。高层领导者可能不会支持下级提出的重大变革，因为他们强烈认同传统方法，不知道旧的工作方式已经不合时宜。如本书第十二章所述，组织的重大变革通常是由新的领导者取代传统最高领导者，并授权进行彻底变革。

最高领导者在变革中的基本作用是制定融合愿景和总体战略，建立支持战略的联盟，并指导和协调战略的实施过程。复杂变革通常会涉及实验和学习，因为领导者不可能预测所有的难题，也不可能为所有变革制订详细的实施计划。最高领导者应鼓励中下层领导者以符合愿景和总体战略的方式进行部门改革，并为这种变革提供鼓励、支持和必要的资源，但不应该规定实施细节。

哈佛商学院（Harvard Business School）的迈克尔·比尔（Michael Beer）及其同事根据一项为期20年的行动研究项目，开发了"战略完善流程"（strategic fitness process，SFP），提出了关于引领变革的建议。比尔（Beer，2011，p.1）将"战略完善流程"描述为"高层领导者在顾问的帮助下，与员工就组织与员工的战略价值观的一致性进行集体公开对话的平台"。虽然高层领导者负责发起引发变革的对话，但成功的关键是尽可能地让员工参与对问题、方案和承诺的讨论。这种对话的目标是扫除组织效能的六大障碍：（1）战略、价值观和优先事项不明确；（2）高层团队效能低；（3）领导者面面俱到或放任不管；（4）各职能部门、业务部门或各地实体之间协调和沟通不佳；（5）领导力发展有限和领导资源不足；（6）对上和对下垂直沟通差（Beer，2011，pgs.12-13）。比尔称这些障碍为"无声杀手"，它们就像人类的高血压和胆固醇一样，会对组织造成严重损害，却很难得到最高领导者的重视。惠普公司（Hewlett-Packard）圣罗莎系统部门（Santa Rosa Systems Division，SRSD）的状况就是典型的负面范例：

> 该部门不确定想要开展哪种业务。两个战略团队相互竞争，争夺资源，造成了部门的分裂。各战略团队的领导者因担心失去权力而拒绝有效合作。

"战略完善流程"旨在通过以下九个步骤打击组织效能的"无声杀手"：（1）召开为期一天的高层团队会议，明确组织的发展方向；（2）组建并培训完善任务组，通过在组织内进行访谈获得有关困难的直接反馈；（3）完善任务组对100名员工进行为期三周的采访，确定与组织优势和障碍相关的主题；（4）完善任务组向高层领导者实事求是地汇报情况；（5）在完善任务组反馈和高层领导者诊断的基础上，召开为期三天的完善会议，制订系统变革计划，作为战略完善流程的关键性催化事件；（6）高层领导者与完善工作组会面，提出组织调整的行动计划；（7）完善任务组开会讨论行动计划的可行性和实施愿景；（8）高层领导者和完善任务组开会修订组织的调整和变革计划；（9）高层领导者（最好有完善任务组参与）与受访者及关键员工会面，传达从完善任务组得到的信息、对问题的诊断、制订的变革行动计划，并动员大家支持变革。惠普公司应用"战略完善流程"之后，圣罗莎系统部门的业绩发生了巨大变化（Beer，2011，p.13）：

> 该部门花一年时间弄清楚了业务内容和业务手段，工作情况大有改观。该部门将劣势转化为优势，现在在利润增长、资产回报率和客户满意度方面都位居全公司前列。

如本例所示，"战略完善流程"有助于整个组织就问题进行诚实、安全、集体和公开的对话，以确保组织各级领导者共同承担变革的责任，兑现对实施变革的承诺。

（四）变革的节奏和顺序

研究者对变革的最佳节奏和理想顺序一直争论不休。有学者主张在组织中迅速引入变革，以防止阻力的积聚，而有学者则认为应在不同时间以渐进的方式将变革引入组织。有限的纵向研究尚未为这些问题提供明确的答案，但某些研究结论支持渐进式方法（例如，Beer，1988，2011；Hinings & Greenwood，1988；Pettigrew，Ferlie，& McKee，1992）。在对36个国家体育组织进行的一项为期12年的研究中，埃米斯、斯莱克和海宁斯（Amis，Slack，& Hinings，2004）发现，如果缓慢推进重大变革，并且让大家清楚地知道此次变革是严肃而持久的，那么其成功率就会更高。领导者应修改有争议的内容以打消反对者的顾虑，或将变革延迟到反对者更愿意接受的时候。这一过程可以让领导者得到更多的信任，从而通过协作解决有争议的问题。

在可行的情况下，对组织中相互依赖的部门进行同步变革可以使效果互为支撑，对组织也大有裨益。然而，在半自治型部门（独立的产品部门等）占比较大的组织中，就没必要也不可能同时进行变革。在某部门或某场所进行小规模实验可以验证新策略是否成功，也可以激发整个组织开展同类变革。然而，在部门多样化的情况下，我们不能单纯地假设同样的变革适用于所有部门。领导者应允许中层管理人员决定所属部门如何实施战略，以避免这种错误的出现（Beer，2011；Beer et al.，1990）。

一项重大新战略的成功实施需要变革组织结构，使其与新战略保持一致。但是，若结构性变革遭到抵制，领导者可以创建一种非正式结构来支持新战略，并推迟正式结构的变革，直到人们意识到变革的必要性，这样推进变革就会容易得多。非正式团队可以促进过渡，有时也会成为永久存在。例如，某家公司成立了临时任务组来规划和协调公司变革，该任务组最终演变成了永久性的跨部门委员会，拥有对产品质量和运营程序的规划和监督权。

五、变革实施策略指南

组织变革的成功实施需要广泛的领导行为，有些涉及政治和行政，有些涉及激励、支持和引导。当困难和挫折不可避免地发生时，最初支持变革的人也需要他人的鼓励和帮助，才能维持热情和乐观的态度。重大变化总是伴随着压力和痛苦，尤其是在漫长的调整、中断和错位过渡期。基于相关理论、研究结果和实践者的经验（Battilana et al.，2010；Beer，1988，2011，2014；Connor，1995；Higgs & Rowland，2005；Jick，1993；Kotter，1996；Nadler，Shaw，Walton，& Associates，1995；Pettigrew & Whipp，1991；Rubin et al.，2009；Self & Schraeder，2009；Tichy & Devanna，1986），这里简要介绍获得他人对重大变革的支持并在组织中实施变革的策略指南（见表5-1）。尽管这些策略指南针对的是首席执行官，但很多内容也适用于对团队或部门进行重大变革的领导者。

表5-1 重大变革实施策略指南

• 营造需要变革的紧迫感
• 利用有利条件传达清晰的愿景
• 明确支持者、反对者和抵制原因
• 建立广泛的联盟以支持变革

续表

• 将有能力的变革代理人安排在关键职位
• 通过任务组指导变革的实施
• 授权有能力者帮助规划和实施变革
• 做出对工作产生巨大影响的标志性变革
• 解释变革的影响，使员工做好准备
• 帮助员工应对重大变革带来的压力和困难
• 努力获得初步成功，以建立信心
• 监测变革进展，做出必要调整
• 让员工了解变革的进展
• 表达对变革的乐观态度和承诺

⋙ 营造需要变革的紧迫感

当周遭环境没有出现明显危机时，多数人无法意识到即将出现的威胁（或机遇）。领导者的重要作用就是说服组织中的关键人员，让他们知道需要进行重大变革，而不是渐进式调整。为了动员他人对拟议变革的支持，领导者有必要解释变革的必要性，营造变革的紧迫感，并说明不及时进行变革的代价。如果员工对问题知之甚少，领导者要提供相关信息帮助其理解问题，这一点非常重要。例如，应每周下发客户投诉摘要，有选择性地引用客户愤怒的话语，并安排员工与不满意的客户会面。应分析纠正质量问题产生的成本，将部门业绩与主要竞争对手的业绩以及本部门前几年的业绩进行比较。

⋙ 利用有利条件传达清晰的愿景

在组织内进行重大变革时，领导者应解释变革对实现共同目标与价值观的促进作用，利用有利条件传达清晰的愿景，以获得员工对变革的承诺。本章后续内容将介绍愿景的理想特征和制定吸引人的愿景的策略指南，第八章将进一步介绍传达愿景的策略指南。

⋙ 明确支持者、反对者和抵制原因

为评估组织重大变革实施战略的可行性，领导者必须了解相关的政治过程、权力分配以及实现变革所依赖的支持者。在开始重大变革之前，领导者要确定可能的支持者和反对者，并认真探讨以下问题：哪些关键人物能决定提议是否成功？谁可能会支持这项提议？可能会有多少阻力，来自谁？克服阻力需要做些什么？如何将怀疑者转变为支持者？多久才能获得所有关键方的同意？

⋙ 建立广泛的联盟以支持变革

说服员工支持重大变革并不容易，对任何领导者来说，这都是一项十分艰巨的工作。组织的成功变革需要有能力促进或阻止变革人员的通力合作，因此，有必要在组织内外

建立一个支持者联盟。在集体领导的多元化组织（医院、大学、专业协会等）中，支持者联盟尤为重要。而在等级制度森严的商业组织中，重大变革主要是由高层管理团队授权进行的（Denis，Lamothe，& Langley，2001）。首先，组织的高层管理团队应做好承担艰巨变革任务的准备，并对团队进行某些必要的调整。其次，变革不仅需要高层管理团队的支持，也需要中下管理层的支持。比尔（Beer，1988）对六家正在进行重大变革的公司进行了研究，结果表明，转型成功的公司拥有更多的中层管理人员，他们支持变革，并且具备相关技能促进变革。联盟的外部成员包括顾问、工会领导者、重要客户、金融机构高管或政府官员。

⠿ 将有能力的变革代理人安排在关键职位

变革代理人即在关键岗位促进变革的人，他们的行动和承诺对实施变革尤为重要。他们应该被安排在关键职位，致力于清晰地传达愿景并促成愿景的实现。无法接受新愿景和新战略的人员不适合在关键职位上工作，否则会加剧反对者的抵制，使其利用政治策略进一步阻止变革。领导者应迅速采取行动，清除象征旧秩序的对手，这样不仅可以清除抵制变革的人，还可以表明坚持变革的认真态度。

⠿ 通过任务组指导变革的实施

临时任务组通常有助于指导组织中重大变革的实施，尤其是当变革涉及正式结构和部门间关系时。任务组的常见职责包括：探索将愿景中的关键价值观表达得更充分的方法、制订实施跨部门新战略的行动计划、设计开展新活动的程序、研究修改基于新愿景和新战略的评价和奖励机制等。任务组的人员构成应与其职责相适应。例如，改善客户服务的任务组应包括影响服务质量的职能部门的相关人员，并且要与重要客户会过面。各任务组负责人都应该理解和支持新愿景，并具备召开会议、管理冲突以及提高员工参与度的技能。

⠿ 授权有能力者帮助规划和实施变革

如果最高管理层想面面俱到地指导各部门实施重大变革，那么变革就不太可能成功。在可行的情况下，领导者应将决策和处理问题的权力委派给负责实施变革的个人或团队。在给关键岗位上有能力的支持者授权时，领导者应更多地关注支持者实施新战略或支持新项目的行动，而不是详细地指导支持者的具体行为。授权意味着减轻下属工作的官僚约束，并为他们成功实施变革提供所需资源。

⠿ 做出对工作产生巨大影响的标志性变革

如果可行，领导者要做出巨大的标志性变革，以影响组织成员的日常生活。当成员受到影响时，会更明显地感受到变革的真实性和必要性。标志性变革涉及工作的完成方式和各方的权力。例如，某家制造公司采用了综合产品质量新战略，取消了质检员一职，让生产员工负责检查质量并纠正质量问题，并建立了质量圈以提高质量，员工有权叫停生产线来纠正质量问题。还有的标志性变革涉及工作完成地点。例如，某家大型保险公司将原来的职能机构重组为 14 个小型半自治部门，首席执行官出售了旧的高层办公楼，将各个部门重新安置到独立的低层办公楼中。此举向员工强调了一项新战略，即授权各部门以自己的方法改善客户服务。标志性变革还可能涉及标志、典礼和仪式等文化形式。

解释变革的影响，使员工做好准备

即使变革是必要且有益的，让受其影响最大的人员做出调整也是一项艰难的任务。若员工无法应对变革带来的压力和创伤，就会变得抑郁或叛逆。即使是热情的变革代理人也无法轻松应对长期变革中遇到的困难。成功和挫折的交替出现可能会让变革代理人的情绪大起大落。进展的缓慢和新障碍的反复出现会加剧员工的疲劳感和挫败感。如果员工预料到变革会带来这些负面影响并了解应如何应对，就可以更容易地应对变革的消极影响。与其将变革描述成没有任何成本或问题的灵丹妙药，不如帮助员工了解需要进行哪些必要的调整。然而，尽管不得不面对严重障碍，领导者仍应对变革可能取得的成功保持热情和乐观的态度。变革代理人应避免犬儒主义的出现，因为这会破坏信心和承诺。提前预测可能出现的典型问题和困难，然后讨论可以采取哪些措施来避免或解决这些问题，可以让人们为变革做好准备。此外，让经历过类似变革的人谈谈经历以及成功做法，利用社交网络获得建议和支持也是有效的方法。

帮助员工应对重大变革带来的压力和困难

当进行根本性变革时，很多人会因为失去了依恋的熟悉事物而感到痛苦。无论变革是否涉及新的战略与计划、新的工作设备与程序、新的场所、新的管理实践或新的领导者，员工都可能感受到变革带来的创伤，且很难接受决定与政策的失败。领导者有必要帮助他们接受变革并调整情绪，利用现有资源为他们提供缓解压力、焦虑和抑郁的培训。组织可以成立支持小组，帮助员工应对重大变化造成的干扰。某些典礼或仪式有助于员工发泄源于旧组织情感的悲痛或愤怒情绪。下面的案例描述了某家大型电子公司举行的一次特别管理会议，该公司当时经历了很多重大变革 (Deal，1985，p. 321)。

会议首先对文化问题进行了总体讨论，然后连续举行了三次小组会议，每个小组会议有 30 人参加。当被要求用比喻或隐喻的形式描述公司时，员工不约而同地想出了某些语句：没有锚的船只在暴风雨中漂浮、一只双头动物等。每个小组都专门讨论了损失问题。首席执行官出席了最后一次小组会议。有消息称，这些讨论得出了一些重要的结论。房间里的紧张气氛显而易见。有一次，参与者被要求想出损失了什么，并写在活动挂图上。损失包括价值观、标志、仪式、典礼、道义和英雄主义等方向。当参与者讨论具体损失时，有人站起来把灯调暗了，人们的情绪明显随之高涨。然后，该小组开始讨论公司在新体制下的积极举措。首席执行官将各组讨论结合起来，发表了精彩的闭幕讲话，而公司继续前进。

努力获得初步成功，以建立信心

让个人或团队在新项目或重大变革的早期阶段取得初步成功，可以增强他们的信心。一些怀疑者只有在新的工作方式取得初步进展后才会转为支持者。库泽斯和波斯纳（Kouzes & Posner，1987）建议将具有挑战性的任务分解为各个短期目标。如果员工觉得有成功的可能，而且失败的代价不会太大，就会更愿意从事这项活动。当完成最初的步骤或目标时，他们会体会到成功的喜悦并变得更加自信，从而渴望更大的胜利，并在努力的过程中投入更多的资源。

监测变革进展，做出必要调整

开展创新性变革本质上是进入未知领域进行冒险，人们不可能预测将遇到的所有障碍和困难，必须通过实践来学习很多事情，而监测对于这种学习至关重要。领导者应收集和分析变革影响的反馈，评估变革进展情况并完善相关的心智模型，以了解影响组织业绩的各种关键变量之间的相互关系。监测还有助于领导者协调变革过程，了解变革对人员和业绩产生的影响。经常与关键职位的人员举行进度审查会议将有助于领导者收集相关信息。

让员工了解变革的进展

与其他危机一样，重大变革会给受影响的人带来焦虑和压力。如果某项新战略不需要在早期阶段进行多种变革，人们就会怀疑这项工作已经失败。如果知道变革计划正在成功进行，他们就会更加热情和乐观。为了让员工感受到变革的进展，领导者应及时传达已经做过的工作、已经完成的变革以及绩效指标的变化。传达方式多种多样，如举行相关仪式、宣布重大活动开幕、庆祝重大的进展或对员工贡献和成就给予认可等。这些庆祝活动可以增强员工的乐观情绪、对变革的承诺，以及对各部门的认同。认可个人的贡献和成就可以使个人在集体工作中的作用更加明显。当遇到阻碍时，领导者要说明阻碍以及正在采取的措施。如果必须对实施的计划进行修改，领导者要解释为什么需要修改计划，否则，人们可能会将计划或进度的改动解读为承诺动摇。

⇛ 表达对变革的乐观态度和承诺

领导者可以将指导变革的责任委派给某位变革代理人，但作为变革的主要支持者和赞助者，领导者必须对变革予以持续的关注和支持，以表明其坚持到底的决心。随着问题的出现或挫折的发生，以及对所需付出代价和牺牲的逐渐认识，人们对重大变革最初的热情和支持可能会下降。人们期待看到领导者继续致力于变革目标和变革愿景承诺。任何表明变革不再重要或不再可行的迹象都可能引起连锁反应，破坏变革成果。这样会失去支持者，也会让反对者更加公开地抵制变革。持续的关注和支持表明领导者努力使变革计划取得圆满成功。领导者应坚持推动指引变革进程的愿景，并表现出必将战胜挫折和困难的乐观态度。当解决方案与变革的根本目标不一致时，领导者不应简单粗暴地处理眼前问题。展示对变革的承诺不仅仅是谈论变革的重要性，领导者必须投入时间、精力和资源来解决问题和克服障碍。领导者应适时参加与变革相关的活动。例如，变革工作相关特别会议或仪式对组织员工具有明确的象征意义，他们会认为领导者的参与表明变革的重要性不容小觑。

六、愿景对变革的影响

重大变革的成功在很大程度上取决于领导者如何解释拟议变革的必要性和益处。如果领导者能够清晰地描绘更美好的未来，并利用足够的吸引力为变革所需牺牲和艰辛正名，那么成功的可能性就会更大。愿景可以将过往事件与当前战略联系起来，生动地勾勒出更美好的未来，让追随者感受到任务的连续性。愿景可以让员工对美好未来充满希望，相信它终有一天会实现。在繁忙而混乱的变革实施过程中，清晰的愿景能够帮助领导者指导和协调各地众多人员的决策与行动。

（一） 愿景的理想特征

很多研究者试图描述成功愿景的基本特征（Bennis & Nanus，1985；Kantabutra，2009；Kotter，1996；Kouzes & Posner，1995；Nanus，1992；Tichy & Devanna，1986；Zaccaro & Banks，2004）。愿景应该简单而理想化，是理想未来的图景，而不是充斥着大量目标和具体行动步骤的复杂计划；愿景应该与组织成员和其他支持它的利益相关方的价值观、希望和理想一致；愿景应该强调长远的意识形态目标，而不是眼前的有形利益，它应该具有挑战性，但也要切合实际；愿景不应该是一厢情愿的幻想，而是基于现实情况的可实现的未来；愿景应该解决一些基本问题，如影响组织的重要因素、组织与环境的关系、对待相关人员的方式等；愿景应足够集中，以指导相关决策和行动，但又应该足够宽泛，允许人们在实现愿景的战略中发挥主动性和创造性。此外，成功的愿景应该足够简单，能够在五分钟或更短的时间内被清晰传达。

（二）愿景的要素

"愿景"一词有许多含义，这引起了很多混淆。目前尚不清楚使命声明（mission statement）、业绩目标、价值观声明（value statement）或口号是不是有效愿景的组成部分。在没有对相关问题进行直接研究的情况下，我们可以根据愿景的理想特征来审查愿景的结构。

使命声明通常是介绍组织的目的，即为员工或客户组织的活动类型。相比之下，有效愿景告诉我们这些活动对员工的意义。愿景的核心是组织的使命，但使命的内容可能会有不同的侧重。成功的愿景不仅能传达组织的使命，还能告诉员工该使命是值得且令人兴奋的。成功的愿景会使枯燥的使命声明变得生动起来，能激起人们的情感和实现使命的创造力。下面是一家汽车公司的愿景：

> 我们将创建强大的组织来释放我们的创造力。我们要集中精力开展合作，开发和建造世界上最好的私家车。我们制造的车辆值得拥有，因为它们开起来有趣且可靠，让人们感到舒适且安全，能够在不破坏环境的情况下自由活动。

这一愿景传达了公司可实现的目标、产品的价值以及实现目标的方法。该愿景足够灵活，它鼓励人们在未来寻找替代能源，也鼓励人们在未来开发传统地面车辆以外的其他车辆类型（如电影《回到未来》（*Back to the Future*）中的融合动力空中汽车）。

价值观声明是一系列对组织而言重要的关键价值观或意识形态。价值观通常与客户待遇、组织成员待遇、核心能力和卓越标准有关，包括满足客户需求、在产品或服务方面做到卓越、提供创新产品或服务、发展员工能力、为社会做出重要贡献等。价值观声明可以为制定更完整的愿景提供良好的开端。然而，仅仅罗列价值观并不能清楚地表明它们的相对优先级和相互关系，或被表达和实现的方式。有效价值观声明可以让人们觉得在未来所有的主要价值观可以同时实现。

口号是用简单的语言概括和传达相关价值观。然而，一则口号能表达的价值观数量有限。比如，"技术是我们的业务""质量第一""您好就是我好""让您知道想知道的一切新闻""让梦想成真的合作伙伴"。只有最后一则口号体现了多种价值观，它提出了为客户提供的理想服务以及与供应商之间的理想关系。口号作为愿景的支撑部分有其固有的作用，但过分强调简单的口号可能会弱化愿景，削弱口号所包含的重要价值观（Richards & Engle，1986）。

业绩目标是要实现的具体成果或结果，有时会有特定的截止日期。业绩目标可以用绝对业绩水平（利润、销售额和投资回报率等）或相对业绩水平（成为行业或地区第一或表现优于传统竞争对手）来表现。二者都不太可能涉及持久的意识形态。业绩目标有助于领导者指导规划和推进进度评估，但愿景的重点应该是价值观和意识形态，而不是改善经济成果或超越竞争对手。如果愿景包含业绩目标，则应将其视为实现意识形态目标道路上的里程碑。

项目目标是指成功完成一项复杂活动（开发新产品、实施新的 MBA 计划或在中国设立子公司等）。这些目标可以强调经济结果，也可以强调意识形态结果，或者两者都强调。例如，某家制药公司有一个开发新疫苗的项目，该项目如果成功将提高公司利润，为社会创造健康效益，还可以普及科学知识。多数项目目标都局限于相对较短的时间视角。当项目完成时，愿景就结束了。项目目标可以包含在组织的长期愿景中，也可以是某个特别重要项目的补充愿景。然而，所有项目都应在组织全面且持久的愿景框架内开展。

为了解项目愿景的有效性，研究者进行了案例研究。沃尔特·迪士尼（Walt Disney）构思出的迪士尼乐园是一种全新的活动类型，它不同于任何早期的游乐园。它的建造成本很高，不一定能吸引足够多的游客以使公司获利。当时，人们并不知道迪士尼乐园会取得巨大的成功，因此对这个高风险项目持怀疑态度。这就需要描绘鼓舞人心的愿景，以获得最高领导者、关键成员和外部投资者的支持。迪士尼乐园将愿景描述如下（Thomas，1976，p. 246）：

> 迪士尼乐园这个想法很简单。它将是一个人们寻找幸福和知识的地方。让父母和孩子们在彼此的陪伴下度过愉快时光的地方，让老师和学生们发现更好的理解方式与教育方式的地方。在这里，老一辈可以重温过往岁月，年轻一代可以感受未来挑战。所有人都可以在这里体验大自然与人类的奇迹。迪士尼乐园将继承并发展先辈们缔造美国时的理想、梦想和实践，利用独特的设备将这些梦想和实践进行戏剧化的呈现，并将其作为勇气和灵感的源泉传递给全世界。迪士尼乐园将成为集市、展览馆、游乐场、社区中心、生动的博物馆、美丽和神奇的秀场。它将充满成就、欢乐和希望，让我们相信生活处处有奇迹。

（三）　愿景的影响研究

愿景对组织变革重要性的相关研究多侧重于愿景的提出过程，而不是愿景的内容。

高效领导者提出的愿景或复杂或简单。关于组织愿景内容的研究表明，多数愿景都是以业绩目标或价值观声明的形式提出的，具有简短、富于战略性又面向未来的特点（Larwood，Falbe，Kriger，& Miesing，1995；Ruvio，Rosenblatt，& Hertz-Lazarowitz，2010）。伯森、沙米尔、阿沃利奥和波珀（Berson，Shamir，Avolio，& Popper，2001）的一项研究表明，具有变革性特质的领导者更加乐观与自信，更有可能提出面向未来的愿景。鲍姆、洛克和柯克帕特里克（Baum，Locke，& Kirkpatrick，1998）在对小型创业公司的研究中发现，发展前景更好的公司首席执行官传达的愿景更强调未来发展。珀金斯、利恩和纽伯里（Perkins，Lean，& Newbery，2017，p. 83）对中小型企业进行了一项基于访谈的定性研究，结果表明，组织愿景能够促进创意的发展，有了愿景，就会产生更多的相关创意。这些研究结果表明，很少有组织能够提出体现重要意识形态的成熟愿景。然而，近年来，某些学者认为，明确愿景对组织变革的重要性被夸大了，研究者需要进一步确定什么样的愿景能够引导和激励组织变革，以及在什么情况下意识形态愿景会发挥重要作用。

（四）　愿景制定策略指南

制定能够吸引不同利益相关方的愿景是极其困难的，而重大变革又离不开利益相关方的支持。领导者不能利用机械的公式，而要利用判断力、分析能力、直觉和创造力制定综合性愿景。为了提出吸引人的愿景，领导者必须对组织（组织的运营、产品、服务、市场、竞争对手和社会政治环境等）、组织文化（就世界及组织在世界中的地位形成的共同信念和假设）、员工及利益相关方的潜在需求与价值观有充分的了解。在多数情况下，成功的愿景并不是由某个英雄式的领导者独自创造的，而是源于组织中各类人员的贡献（Tichy & Devanna，1986）。此类愿景很少出现在某个受启发的瞬间，而是在漫长的探索、讨论和完善中形成的。表5-2中所列的愿景制定策略指南，是基于领导学相关理论、实证研究和实践者经验提出的（例如，Conger，1989；Kotter，1996；Kouzes & Posner，1987；Nadler et al.，1995；Nanus，1992；Peters，1987；Peters & Austin，1985；Strange & Mumford，2005；Tichy & Devanna，1986；Trice & Beyer，1993；Zaccaro & Banks，2004）。

表5-2　愿景制定策略指南

• 让重要利益相关方参与进来
• 确定共同的价值观和理想

续表

• 制定具有广泛吸引力的战略目标
• 分析旧意识形态的相关要素
• 将愿景与核心能力和已有成就结合起来
• 不断对愿景进行评估与完善

⸬ 让重要利益相关方参与进来

任何领导者都无法单独制定出吸引所有利益相关方（组织重大变革离不开他们的支持）的愿景。即使领导者提出了愿景的初步设想，理想的做法也是让重要利益相关方参与进来，基于各方的想法共同提炼出具有广泛吸引力的愿景。重要利益相关方可能包括所有者、高管、组织其他成员、客户、投资者、合资伙伴和工会等。

通常愿景的初步设想由高级领导者提出，因为他们最有可能拥有变革所需的广阔视角和知识。愿景的制定也离不开关于组织业绩决定因素的讨论，在明确变革对未来绩效的影响后，领导者更易基于公司业绩和未来前景为公司制定远大且现实的愿景。共同的"心智模型"在制定可靠愿景和战略规划过程中发挥了重要作用（见第十二章）。

在制定愿景时，制定者除了咨询高层领导者之外，还要了解组织中其他人的价值观和想法。如果不向员工解释对他们真正重要的内容，他们就很难了解到相关情况。库泽斯和波斯纳（Kouzes & Posner，1987，p. 115）描述了领导者了解追随者需求和价值观的方法：

> 领导者会寻找一些常见线索，将人们的需求织成多彩锦缎。他们会在自己领导的人群中寻求正在被酝酿的共识。为此，他们会深入了解集体的渴望。他们会在黑暗的角落仔细聆听悄声耳语，关注微妙的线索，嗅出空气中的气味。他们会观察周围的面庞，去感受到人们想要什么、看重什么、渴望什么。

⸬ 确定共同的价值观和理想

愿景的吸引力来自其意识形态及其与组织面临挑战的相关性。如果愿景体现组织多数成员的价值观和理想，就更有可能激发他们的承诺。因此，确定在愿景中融入的共同价值观和理想非常重要。然而，发现共同价值观需要领导者付出很多时间和精力，而且不一定会成功。如果对组织的基本特征认识不准确，就很难超越差异找到共同价值观和理想。

让员工描绘组织的美好未来是确定共同价值观和理想的一种方法。蒂希和德瓦纳（Tichy & Devanna，1986）提出让高层领导者写一篇"新闻稿"，描述组织在未来某个特定时间的样子。这种方法的变体是角色扮演，让一半高层领导者（扮演"记者"）采访另一半高层领导者，就公司10年后的样子展开讨论。还有一种方法是让员工描述能够在特定市场与领头公司开展有效竞争的虚构组织。然后，让高层领导者比较当前组织与虚构组织，找到差距并寻求解决方法。

⫸ 制定具有广泛吸引力的战略目标

有时候，与更详细的愿景相比，组织员工更容易就战略目标达成一致。就战略目标展开集体讨论可以了解愿景中应包含的价值观和理想。领导者应先明确具体的业绩目标，该目标既要有挑战性又要与组织的使命相关，然后让员工讨论各种目标的相对重要性及原因，最后明确共同价值观和理想，并将此作为制定具有广泛吸引力愿景的基础。

⫸ 分析旧意识形态的相关要素

即使组织要进行彻底的变革，也应保留当前意识形态中的某些要素，并确定组织在未来仍认同的价值观和理想。有时候，被颠覆或忽略的传统价值观仍可作为新愿景的基础，如下例所示：

> 某家曾以制造最佳产品而闻名的制造公司决定采取战略降低成本，与外国竞争对手打价格战。这一策略并不成功，反而导致产品销量连年下滑，公司失去了市场的主导地位，顾客也认为其产品质量低劣。该公司进行了重大变革，实施了新的战略，强调产品质量和创新而非低价。这一战略是合理的，因为它恢复了公司辉煌时期的关键价值观。

⫸ 将愿景与核心能力和已有成就结合起来

成功的愿景必须是可信的。人们会对承诺过多却不可能实现的愿景持怀疑态度。制定具有挑战性的可信愿景是领导者的艰巨任务。制定远大的愿景往往需要创新战略，而未经测试的战略具有难以评估的风险。领导者可鼓励员工发挥集体解决问题和克服障碍的能力，树立追随者对愿景的乐观态度。如果员工曾在过去通过努力完成了艰巨的任务，领导者就可以利用这些已有成功增强员工信心，让他们相信自己有能力再次实现目标。

> 当美国总统肯尼迪第一次说出要在20世纪60年代末将人类送上月球的远大目标时，美国只开发了约15%的必要技术和程序，而且不确定能否在这么短的时间内解决那么多困难。然而，美国拥有大量科学家和工程师，他们具备解决相关问题的专业知识和信心，这使得这一愿景更加可信，从而使该任务得以提前完成。

⫸ 不断对愿景进行评估与完善

成功的愿景可能会随着时间的推移而不断变化。在实施实现愿景的配套战略的同时，领导者应更多地了解什么可行、什么不可行。在实现愿景的过程中，新的可能性层出不穷，有些看似不现实的目标可能会突然变得可以实现。尽管领导者应保持愿景的连续性，但寻找提高愿景吸引力和可信度的方法（体现愿景本质的新隐喻、口号和标志等）也会大有裨益。愿景的发展是一个交互的循环过程，不是从愿景到战略再到行动的简单线性过程。审查战略可以为新愿景提供灵感，随着条件的不断变化，领导者也许需要大幅调整相关信息。

七、集体学习与创新

多数组织处在充满活力和竞争的环境中。随着竞争的加剧，客户的期望越来越高，开发和销售新产品的时间越来越少，而且产品和服务很快就会不合时宜。为在动荡的环境中取得成功，组织的各部门领导者和员工都应该不断学习。

新知识的理解和应用是组织重要的学习内容。新知识可以来自组织内部，也可以来自组织外部（Berson，Nemanich，Waldman，Galvin，& Keller，2006；Nevis，Dibella，& Gould，1995）。学习新知识后，领导者必须将新知识传达给相关人员，以改进组织的产品、服务和工作流程（Crossan，Lane，& White，1999；Hannah & Lester，2009）。本部分内容将详细介绍获取、传播和应用知识的方法。

（一）　在内部创造新知识

很多组织都设有负责新产品和新服务研发的部门，有些组织还设有负责持续评估和改进工作流程的部门。这些部门可能是组织创新的重要来源，但并不是唯一内部来源。很多创新思考是员工在日常工作之外提出的，领导者可在开发阶段投入少量资源，以帮助员工找到更好的工作方式或产品改进方法。

很多好的想法在接受测试之前就夭折了，因为某些组织偏爱传统的工作方式，或没有确定新想法价值的相关流程，导致新想法无法被认同。某些组织取得了重要发现，却认识不到其价值，就像下面例子中的施乐公司（Xerox）一样（Finkelstein，2003；Smith & Alexander，1988）。

帕洛阿尔托研究中心（Palo Alto Research Center）有几项重大发明，包括图形用户界面、鼠标、以太网和激光打印机。除激光打印机外，施乐公司的高层领导者并没有意识到其他发明的潜在价值。微软和苹果收购了未被施乐重视的发明，最终通过销售相关产品获得了数十亿美元的利润。苹果首席执行官史蒂夫·乔布斯称，施乐错失了成为计算机行业龙头的机会。

为了明确创新思想的重要价值，最好让赞助商或支持者负责使其通过审查和批准。同样重要的是，领导者应制定公正而系统的流程来审查和评估员工或团队提出的新想法。例如，让"企业委员会"或"创新团队"审核极具潜力的想法，并确定哪些想法可以进一步获得资金和发展支持（Pryor & Shays, 1993）。

（二）　从外部获取新知识

领导者的职能包括鼓励和促进员工从外部获取相关知识。新想法和新知识也可以从外部获得，如应用研究的相关出版物、介绍实践经验的书籍或文章、其他领域最佳实践的观察记录等。外部来源还包括购于其他组织的特定知识版权、具有相关专长的顾问和外部人员、与其他组织建立的合资企业，以及被收购组织的专长和专利等。

观察成功组织最佳实践的过程有时被称为"标杆分析法"（benchmarking）（Camp, 1989），梅因（Main, 1992）描述了一个范例：

> 施乐公司负责标杆分析的经理读到一篇关于里昂比恩公司（L. L. Bean）的文章。里昂比恩公司是一家零售商，擅长快速准确地完成客户订单。他组织人员奔赴位于缅因州自由港的里昂比恩公司总部，进行实况调查访问。访问团队发现，借助良好的规划和高效的软件支持，里昂比恩公司完成小订单的速度比施乐公司快三倍。访问团队建议重新设计施乐公司的仓库程序，最终施乐公司在这方面取得了显著的进步。

彼得斯和奥斯汀（Peters & Austin, 1985）也描述了一个范例：

> 某家成功的奶制品连锁店的老板带领几名员工定期走访竞争商店，旨在发现竞争对手做得更好的地方。他要求每个人都必须找到至少一个有用的好点子，不允许他们讨论自己商店做得更好的地方，因为这会使他们倾向于寻找消极的东西，而不是积极的东西。在返程的车上，他会让大家讨论想法及其实施方法，让每位员工都有机会成为零售专家。

模仿他人的最佳实践也是有益的，但在模仿之前必须评估其相关性。因为单纯的模仿很少能带来很大的竞争优势。与其简单地照搬别人的做法，不如改进他们的最佳实践，开发出竞争对手尚未发现的新方法。

（三）　整合探索和开发两种学习过程

在明确组织集体学习目标时，领导者应对探索（exploration）和开发（exploitation）

进行区分（Berson et al.，2006；Benner & Tushman，2003；March，1991；Sariol & Abebe，2017）。探索是指发现创新性新产品、新服务、新流程或新技术，而开发则是指学习如何对现有产品、服务或流程进行逐步改进。这两种学习过程在组织中都是必要的，它们的相对重要性取决于组织的竞争战略和外部环境的变化速度（例如，He & Wong，2003；O'Reilly & Tushman，2004；O'Reilly & Tushman，2013；Tushman & O'Reilly，1996）。越来越多的证据表明，成功的公司能够在高效交付现有产品和服务（开发）的同时开发出新的产品和服务（探索）。

领导者面临的一大挑战是如何从这两种学习过程中获益，同时避免不良的副作用（Miller，1990；Sariol & Abebe，2017；Yukl & Lepsinger，2004）。过分强调探索可能会导致为获取新知识（研发）投入过高成本，而过分强调开发可能会降低组织的灵活性，阻碍新产品和新服务的开发。过快地推出新产品可能会降低现有在售产品的盈利能力，因为这些产品可能销售良好且尚未回本，但出售时间太久又可能导致竞争优势的丧失。有效的领导者会权衡利弊，根据情况选择合适的方式对这两个过程进行整合。高效领导者会抓住机会在组织各层面整合这两种学习过程（Berson et al.，2006）。例如，领导者可以利用战略层面的开发方法降低昂贵的探索成本（例如制药行业科学家团队的研究），将用于技术突破等探索过程的方法用于重新设计员工工作，以提高既定流程的效率，降低传统产品和服务的成本。

（四） 知识的传播和应用

新知识必须被有效利用，否则就无法体现价值。然而，某些组织成功地发现新知识后却无法将其有效利用（Ferlie，Fitzgerald，Wood，& Hawkins，2005；Hansen，Mors，& Løvås，2005）。例如，某家跨国公司在其澳大利亚分公司建立了"卓越营销中心"（Ulrich，Jick，& Von Glinow，1993），这一试点项目的成功使其市场份额增加了25％。然而，该公司并未将其有益经验惠及欧洲和美国的相关部门，导致这些部门没有达到收益最大化。很多组织都存在类似的情况。

保密是学习的障碍，了解组织运营的相关信息、经验和教训将有助于员工的学习。鼓励并促进组织内知识分享的方法有很多（Earl，2001）。越来越多的公司拥有复杂的信息系统，方便员工获取相关信息，承担困难任务的员工可以借鉴组织中的过往经验。此外，员工可以相互交流，就常见问题获得建议和支持。

制定守则或设定程序有助于将学习成果转化为实践。例如，当美国陆军发现执行某种任务的有效方式时，会将其转化为条令，为其他执行相同任务的人员提供指导。除了正式的规定和守则外，在网络上进行灵活的实践和经验交流也是一种成果转化方式，而且不会阻碍后续的学习和创新。

召开专题会议，促进组织各部门分享新知识和新想法，也是传播新知识的一种方法。通用电气（General Electric）曾举办"最佳实践"研讨会，来鼓励领导者之间分享想法。某家大型政府机构每年举行一次会议，让不同部门的参与者提出新想法，并就如何提高服务质量进行非正式讨论。

研讨会和讲习班可以帮助员工开展新活动或使用新技术。若员工无法参加会议或研讨会，可以向不同的工作场所派遣专家组，展示新程序的使用方法。还有一种方法是将掌握新知识的人调到其他部门，或让他们将新知识传授给他人。变革的成功者可以成为其他部门变革的催化剂和顾问。

（五）学习型组织

所有的组织都可以让员工学到新东西，但有些组织做得更好。"学习型组织"一词被用来描述能快速学习并利用所学知识提高效能的组织（例如，Crossan et al.，1999；Fiol & Lyles，1985；Hannah & Lester，2009；Huber，1991；Levitt & March，1988）。在这些组织中，学习、创新、实验、灵活性和主动性等价值观牢固地植根于组织文化中（Baer & Frese，2003；Berson et al.，2006；Hogan & Coote，2014；James，2002；Kotter & Heskett，1992；Miron，Erez，& Naveh，2004；Popper & Lipshitz，1998）。这类组织将资源用于促进学习，让需要知识的成员可以很容易地获取知识，并鼓励人们将知识应用到工作中。某家医院应对医师罢工的方式体现了学习型组织的优势（Meyer，1982）：

> 该医院适应性强，其文化强调创新、自主和开创等价值观。院长为预防罢工，要求工作组设定相关场景，模拟罢工对医院的影响。院长要求主管阅读罢工流程并制订应急计划。罢工真正发生时，尽管病人数量急剧下降，但医院仍能迅速适应并继续盈利。罢工结束后，医院也能迅速恢复正常。在这个过程中，医院甚至还发现了某些降低运营成本的新方法。

多数组织都达不到这种理想状态。主要是因为人们普遍认为，最高领导者应承担引领变革与创新的责任。这种观念鼓励自上而下的创新方法，而不是强调创发性过程（emergent process）的协作方法。很多首席执行官过于封闭，无法立即察觉到机会和威胁，而自下而上的倡议会使组织变得更加灵活、更具适应性。为解决这个问题，最高领导者可以实施某些制度和计划，以支持下属提出的倡议和创发性过程。最高领导者应授权各级人员处理相关问题并探索更好的工作方式。创新项目应支持组织中级别较低人员的想法和变革提议。鼓励精准沟通、推行信息系统、获取更多信息、鼓励员工利用社交网络了解相关信息和思想，都可以促进知识的学习和传播。组织的所有领导者都要传达并践行与学习型文化相关的价值观。同时，组织应建立评估与奖励体系，以支持知识的创造、分享和应用（Bartol & Srivastava，2002；Yukl，2009）。

八、促进学习与创新的策略指南

各级领导者都可以创造有利于学习与创新的条件。表5-3基于相关理论、研究结果和实践者经验列出了相关策略指南（例如，Berson et al.，2006；Cavaleri & Fearon，1996；Chaston，Badger，Mangles，& Sadler-Smith，2001；Garvin，1993；Hannah & Lester，2009；Hogan & Coote，2014；James，2002；Madsen & Desai，2010；McGill，Slocum，& Lei，1993；Nadler et al.，1995；Sabherwal & Becerra-Fernandez，2003；Schein，1993；Senge，1990；Ulrich et al.，1993；Vera & Crossan，2004；Yeung，Ulrich，Nason，& Von Glinow，1999；Yukl，2009；Zhang & Bartol，2010）。

表5-3 促进学习与创新的策略指南

• 招募才华和创造力出众的人并授权创新
• 鼓励灵活和创新表现
• 鼓励并促进个人和团队的学习
• 帮助员工改善心智模型
• 利用小规模测试评估新想法
• 从意外和失败中吸取教训
• 鼓励并促进知识与想法的分享
• 基于过往经验选用相关知识
• 设定创新目标
• 奖励开拓行为

⁂ 招募才华和创造力出众的人并授权创新

富有才华和创造力的人更有可能发现更好的方法，以实现单位的目标。领导者应招募才华和创造力出众的人，为他们提供必要的时间和资源，并授权他们追求创新想法。安妮·斯威尼（Anne Sweeney）（Bisoux，2006）就是采用了这种领导方式：

斯威尼是迪士尼-ABC电视集团（Disney-ABC Television Group）的总裁，也是

商界最有权势、最成功的女性之一。她成功创建了尼克国际儿童频道（Nickelode-on）等企业。斯威尼热衷于创新，并利用她的领导技能鼓励和促进变革。她雇用有才华、对工作充满热情、不惧变革的人，并给予他们创新所需的自主权，希望这些人帮助公司保持前沿性。

⁂ 鼓励灵活和创新表现

如果员工对自己的适应能力和学习能力感到自豪和自信，就会更容易接受重大变革。自信的人更愿意将变革视为令人兴奋的挑战，而不是令人不快的负担。为提高员工的灵活性和适应性，领导者应鼓励员工将所有实践都视为临时行为，并定期检查每项活动以确定其必要性和改进方法。领导者应支持下属和同级人员质疑工作的传统假设、在解决问题时跳出固定思维模式、鼓励员工运用创造性思维改进工作流程、支持相关的学习实践和质量改进计划，例如标杆分析法、六西格玛（Six Sigma）、全面质量管理（TQM）、质量圈等。

⁂ 鼓励并促进个人和团队的学习

个体成员的学习是组织学习的基础（Senge，1990）。若组织文化重视成员发展和终身教育，并能提供相关培训和发展项目帮助个人习得新技能，就会有越来越多的成员乐于参加学习（见第十五章）。授权个人或团队利用创新方法完成工作，也可以增加成员的学习机会。领导者应帮助下属了解相关学习机会（如研讨会、培训项目和大学课程等），并为他们获得这些机会提供便利（如给予时间和提供教育补贴等）。领导者还可以利用活动回顾等方法鼓励和促进团队学习（见第十一章）。领导者应提供切实的奖励，以鼓励成员学习新知识并将其应用于提高工作绩效。

⁂ 帮助员工改善心智模型

员工在潜意识中对绩效和问题有着隐性假设，这些心智模型会影响他们对相关事件、决策以及行动结果的解读（Cannon-Bowers，Salas，& Converse，1993；Senge，1990；Gary & Wood，2016；Mumford & Strange，2002）。领导者可以帮助员工改善心智模型，以改变他们对组织工作方式和成败原因的看法。绩效分析反馈是一种集体学习形式。这种反馈的解读方式取决于变量因果关系的假设，也取决于相关决策和行动产生效果的时间。如果因果关系的心智模型不准确，就会导致绩效反馈解读不准确。为保证集体学习的效果，团队成员必须建立准确的心智模型来解读绩效反馈。正如本章前面所说，系统思维有助于更好地理解复杂问题。领导者应帮助员工理解复杂系统，以提高他们的学习能力和解决问题能力。此外，领导者还可以帮助员工认识自身能力，从而对组织发挥集体作用。

⏧ 利用小规模测试评估新想法

小规模测试是评估新想法可行性的方法。近年来，越来越多的组织倾向于利用小型测验和受控测试（controlled test）来促进学习。沃尔玛就是著名的实验导向型组织。它定期在门店内进行测试，涉及促销、展示和改善客户服务等。小规模测试既能让组织尝试新想法，又能避免重大变革带来的风险。对新方法持怀疑态度的人愿意利用小规模测试评估新想法。实验的设计和执行情况决定了组织能够得到有用信息的数量。然而，测验提供的信息也可能具有误导性。领导者应仔细规划，以确保受控测试能得出明确而有意义的结果。

⏧ 从意外和失败中吸取教训

一般来说，意外是很好的学习机会。如果事情的结果符合预期，就只能证实现有的理论或假设，而无法提供新的想法。多数人会忽视与既有理论或假设不符的意外信息，然而，对意外"事故"或"异常"的调查往往会揭示某些科学发现。若人们只想证实自己坚信或喜欢的理论，就会忽视这些发现。领导者应提前说明活动预期结果及其预测依据，否则员工就会忽视这些意外结果，从而无法重新评估心智模型。领导者应将具体预测及其原因作为计划的基础，将相关结果评估作为活动审查的依据，并将意料之外的失败作为重新审视战略或工作方法的机会，而不是责备他人。

⏧ 鼓励并促进知识与想法的分享

各级领导者应促进组织内新思想和新知识的及时传播。要与来自组织内不同部门的人员会面（或派代表参加），讨论解决常见问题的方法；要鼓励下属与组织内的其他人分享相关想法和知识，让他们利用这些想法和知识提高绩效；要鼓励下属学习和利用相关的知识管理项目（如资源目录、数据库和群件等）；要邀请专家或外部顾问向单位或团队成员通报相关发现、新技术和改良实践。

⏧ 基于过往经验选用相关知识

有人认为组织的学习内容会留在组织记忆中，然而，这是一个认识误区。不使用的知识很快就会被遗忘，存在于个人头脑中的知识也会随着这些人的离开而流失。有时候，组织推行某些最佳实践来避免严重问题，但后来又放弃了这些做法，结果发生了本可以预防的灾难（Kletz, 1993）。领导者要确保有用的知识得到保存，相关实践得到持续使用，这是非常重要的。信息处理技术的发展使快速查找相关知识变得更加容易，同时还可以保持专利知识的安全性。

⫶ 设定创新目标

迫于在期限内完成任务的压力，员工往往没有时间反思如何把工作做得更好。领导者应该鼓励开拓性活动，帮助员工思考改进产品与流程的新方法。为个人或团队设定创新目标有助于推动创新思想的发展。领导者可以每月或每季度安排一次特别会议，讨论相关创意并审查其进展情况，还可以设定应用创意思想改进产品与工作流程的目标。例如，有的公司设定的目标是新产品或新服务（过去三年内推出的产品或服务）在每年销售额中要占大额比例。

⫶ 奖励开拓行为

发明新产品或对现有产品与流程提出有益建议的员工应获得认可和奖励。新想法在组织中被接受并得到有效实施需要很多人的支持和合作。重要的是，领导者要对贡献创意的个人或团队，创意的赞助者、拥护者和捍卫者给予认可和公平的奖励。

小　结

指导和推动组织的重大变革是领导者最重要也是最困难的职责。重大变革涉及态度、角色、技术、竞争战略、经济和人员等各方面目标。变革过程可分为解冻、变革和再冻结三个阶段，领导者应稳定推进各阶段进度，以免转换过快导致变革失败。变革会让生活发生剧变，使人们经历一系列不同的情绪阶段。了解变革过程各阶段有助于领导者引导和推动变革。

领导者必须基于对问题或机遇的充分诊断来确定变革的原因，否则重大变革不太可能成功。这种诊断思考应该涉及复杂关系、多种原因和结果、延迟效应、周期性因果关系以及潜在的意外后果等。在规划重大变革时，领导者应预测可能出现的阻力，并计划如何避免或解决这些阻力。变革遭到抵制的原因有很多，领导者应将抵制视为正常的防御反应，而不是员工的性格软弱或无知。

如果员工对未来抱有美好的愿景，且该愿景有足够的吸引力，值得他们在变革过程中奉献和牺牲，那员工就更有可能支持彻底变革。鼓舞人心的愿景必须体现强烈的意识形态，能够唤起客户、员工和组织的共同价值观和共同理想。愿景制定应是关键利益相关方的交互过程。

领导者可以采取行动促进变革的成功实施。政治行动包括明确支持者和反对者、建立联盟支持变革、组建团队指导实施、将有能力的变革代理人安排到关键职位、做出影响工作的标志性变革、监测变革进展以发现需要关注的问题等。以人为导向的行动包括创造紧迫感、明确可能带来的好处、让员工为变革做好准备、帮助员工应对变革、设法取得初步成功、让员工了解情况、持续支持变革计划、授权员工参与规划和实施变革等。

领导者的重要职责还包括支持知识的获取、保留和应用，以使组织保持竞争优势。领导者还应致力于创造有利的组织学习条件，并支持员工的探索与开发行为。反思、研究和系统学习有助于新知识的学习和创新思想的萌发。此外，借鉴经验、购买专业知识或参与合资企业有助于从外部获得新知识和创新思想。只有将新知识传播给有需要的人，并将其用于改进产品、服务和流程，才能使其发挥应有的作用。领导者应采取多种行动鼓励和促进组织的学习与创新。

📖 回顾与讨论

1. 抵制变革的主要原因有哪些？
2. 变革过程有哪些相关理论？其作用是什么？
3. 愿景的理想特征是什么？
4. 制定吸引人的愿景有哪些策略指南？
5. 组织变革失败的原因有哪些？
6. 领导者实施变革的策略指南有哪些？
7. 什么是学习型组织？有哪些类型的学习？
8. 领导者如何提高集体学习与创新？

📝 关键术语

标杆分析法	benchmarking
变革代理人	change agents
核心能力	core competencies
发展性变革	developmental change
知识传播	diffusion of knowledge
开发	exploitation
探索	exploration
创新	innovation
学习型组织	learning organization
心智模型	mental models

使命声明	mission statement
面对变革的组织犬儒主义	organizational cynicism about change
对组织的诊断	organizational diagnosis
抵制变革	resistance to change
利益相关方	stakeholders
标志性变革	symbolic changes
系统动力学	systems dynamics
转型性变革	transformational change
过渡性变革	transitional change
价值观声明	value statement
愿景	vision

♀ 个人反思

想想你现在或过去所在组织进行的变革，成功的有多少？你支持或抵制某场变革的原因是什么？

✦ 案例 5-1

终极办公用品公司

在竞争激烈的办公用品行业中，终极办公用品公司（Ultimate Office Products）是一家老牌制造公司。该公司开设折扣店和办公用品超市，改变了曾经由批发商和小型零售店主导的传统分销渠道，但日益强大的超市也迫使制造商改善客户服务。此外，传统制造商也受到某些新公司的挑战，这些新公司愿意降低价格并使用电子订单和电子账单等超市青睐的技术。终极办公用品公司的市场份额连年下降，其利润也随之缩水。

理查德·凯利（Richard Kelly）是公司新任命的信息系统总监。首席执行官在与他讨论新职责和新目标时说，加快订单处理和改善客户服务至关重要。理查德知道公司使用的订单处理系统已经过时，提出了自动化系统的使用计划，并得到了首席执行官的批准。此后，他购买了新的计算机工作站和软件包以支持订单自动处理系统。该软件不仅可以使客户实现电子下单，还有助于订单处理、开具账单和库存控制等。然而，设备和软件到位数月后仍没有派上用场。销售、生产、会计、运输和客服部门的经理无法就新系统的要求达成一致，理查德也就无法启用设备。这些经理与理查德同级。尽管他鼓励合作，但经理之间的会议通常以激烈的指责结束。多数经理对订单延误的原因看法不一，有些经理还质疑昂贵新系统的必要性。与此同时，首席执行官对进展缓慢感到不满并明确表示，既然公司花了一大笔钱来购买新技术，就希望他找到解决问题的方法。理查德觉得是时候换种方法了。

理查德首先收集更多信息，以了解订单处理和完成延迟的原因。他让员工绘制了从收到订单到完成订单发货的流程图。和他预料的一样，很多不必要的活动造成了瓶颈，消除这些瓶颈就可以加快进程。但这些问题不受部门限定，需要相关部门集体进行变革。理查德向首席执行官报告了初步结果，首席执行官同意进行大幅改革，并授权理查德重新设计流程。尽管得到了首席执行官的支持，但理查德知道，要使重大变革取得成功，还需要各部门的广泛承诺。理查德与各部门经理会面，希望他们协助组建跨部门任务组。他希望有更多的人参与变革过程，以便让他们理解和支持变革，此外，他还聘请了一名外部顾问为任务组工作提供建议。

各任务组分别负责研究某一问题。他们分析流程、了解关键客户的需求，并访问其他公司以了解有效处理订单的方法。当共同为这个系统努力时，他们开始意识到原来的问题。参与者抛开部门偏见，通过合作寻找提高效率和客户服务的方法。各任务组都向由理查德和由部门经理组成的指导委员会提出了建议。首席执行官也出席了这些会议，以彰显其重要性。当某位部门经理反对变革时，首席执行官明确表示支持任务组的建议。不到一年时间，该公司取消了处理订单所需的烦琐步骤，使订单完成天数缩短了近一半。公司电子订单的数量已过半，报账流程的相关问题也得到了解决。员工发现工作方式的改变可以提高工作效率，于是自愿加入任务组，主动探索提高质量和客户服务的工作方法。

（作者：加里·尤克尔）

问题

1. 理查德第一次实施变革为什么会失败？

2. 理查德随后采取的哪些行动能够更有效地实施变革？

3. 你对首席执行官对变革的领导有什么看法？

案例 5-2

即食食品公司

即食食品公司（Ready Foods Company）是一家生产和销售超市食品的区域性包装食品公司。该公司最受欢迎的传统品牌都是不易变质的食品，易于制作，但通常营养价值不高。在过去的 20 年里，这些品牌让公司实现了高利润率，其员工已经习惯了高薪水和高福利，包括三周带薪年假、资金充足的退休计划、员工子女大学学费报销等。然而，近年来，公司的销售额和利润都有所下降，因为消费者转而偏爱更新鲜、更健康的食品，而公司目前不生产这类食品。

布鲁斯·贝里（Bruce Berry）担任该公司首席执行官已有五年，主要负责应对客户对更健康食品偏好的问题。在过去的几年里，布鲁斯对公司的产品进行了渐进式的变革，但这些变革都没有减缓销售额和利润的下滑。他知道，公司要想生存下去，就必须在未来的一年里对产品和营销战略做出更大的变革。

经过大量的市场调查，布鲁斯认为公司需要扩大产品范围，投资开发新鲜的有机食品，以支持许多潜在客户的健康生活方式。然而，由于公司利润持续下降，无法为该计划提供所需的资金。布鲁斯不想将裁员作为获得必要资金的手段，于是决定削减一些对公司来说过高且不必要的员工福利。他认为，多数员工都应该愿意损失部分福利，使公司拥有足够资金开展新鲜食品计划，且不必解雇任何员工。但是，他并没有向员工解释这一决定的必要性，也没有寻求他们的建议和支持。布鲁斯相信他有责任和权力做出这种决定，这就是他比多数同类公司首席执行官薪水更高的原因。

当他宣布这些变革时，很多员工都对自己福利被削减感到非常不安。多数员工认为新鲜食品计划没必要。他们认为这是对客户偏好暂时变化的过度反应，他们相信，即使没有这一计划，公司的销售额和利润也将恢复到之前的水平。很多员工认为福利削减过多，觉得公司不重视他们多年的付出。这种怨恨导致一些员工另谋高就，一些则想方设法推迟新鲜食品计划的开发和实施。公司用了几个月的时间才填补了离职员工的职位，并重新获得了员工的信任。与此同时，公司的业绩仍因缺乏更健康的食品继续下滑。

（作者：丹尼尔·P. 格利弗　威廉·L. 加德纳）

问题

1. 布鲁斯为什么没能成功实施变革？

2. 布鲁斯可以采取哪些措施更好地规划和实施新计划？

权力与影响策略

导　言

领导力的本质是影响力。高效的领导者必须对员工落实要求、支持提议和执行决策等活动施加影响。在大型组织中，领导者的效能取决于他对上级、同级和下级的影响力。

"权力"这一概念有助于我们了解组织成员间的相互影响（Mintzberg，1983；Pfeffer，1981，1992）。但是，人们对"权力"一词的不同理解也会造成混淆。本章首先介绍权力的定义、来源和类型，获得或失去权力的过程，以及权力对领导效能的影响，并提供有效的权力使用策略指南。

然后介绍权力与领导者影响行为的关系、不同类型的影响行为，以及影响行为效果的相关研究。此外，本章还介绍了 11 种主动影响策略的使用指南。

一、权力的来源

权力是指一方（施事者）影响另一方（受事者）的能力，有多种描述和衡量这种影响的方式。权力一词可指施事者对单个或多个受事者的影响。权力一词有时候也可指对事物、态度和行为的潜在影响。有时，施事者是一个群体或组织，而不是个人。权力一词有时是相对的而不是绝对的，在这种情况下，权力意味着施事者对受事者的影响力大于受事者对施事者的影响力。

如果不明确受事者和影响目标，就很难解释施事者的权力。施事者对某些人的影响力更大，对某些类型目标的影响力也会更大。此外，权力是一个动态变量，会随着条件的变化而变化。权力的使用方式和施加影响的结果可以增加或减少施事者的后续权力。在本书中，"权力"一词是指个体施事者在特定时间对一个或多个指定受事者的行为或态度施加影响的潜在能力。

（一）职位权力与个人权力

由于对他人或事件施加潜在影响的来源或基础不同，研究者在界定权力类型时常常会产生分歧。权力来源的分类普遍基于职位权力（position power）和个人权力（personal power）（Bass，1960；Etzioni，1961；Rahim，1988；Yukl & Falbe，1991）。这种广义的分类将权力来源分为组织中施事者职位的固有权力和因施事者特质及其与受事者关系而产生的权力。职位权力包括重大决策的法定权力、资源使用和信息获取的控制权以及奖惩制度的控制权。个人权力包括因施事者专长及其与受事者的友好关系而产生的潜在影响。这种广义的权力划分不如具体的权力分类实用，弗伦奇和雷文（French & Raven，1959）在早期的研究中对权力类型进行了界定。本部分旨在介绍六种具体的权力类型。

（二）法定权力

法定权力（legitimate power）建立在正式权威的基础上，涉及与组织特定职位相关的权利、特权、义务和责任。领导者的权威通常是指做出符合其权威的决策。例如，领导者有制定工作规则，给下属分配工作的合法权利。权威还包括对金钱、资源、设备和材料等的控制权，这种控制是另一种权力来源。领导者的权威范围是指适当提出要求或采取行动的范围。有些领导者的权威范围更大，这在很大程度上取决于完成角色要求和组织目标所需的影响力大小（Barnard，1952）。

与法定权力相关的影响过程是复杂的。某些学者强调权威是从组织所有者和最高管理层向下流动的，但权威产生的潜在影响既取决于对财产的所有权和控制权，也取决于被领导者的意愿（Jacobs，1970）。组织成员通常会为换取自身利益而同意遵守领导者的规则和指示。然而，这种协议通常是隐含的相互理解，而不是一份明确的正式合同。

认同并忠于组织的成员，以及内在价值观认为应该服从权威人士、尊重法律、遵循传统的组织成员，遵从规则和要求的可能性更大。对权威的接受度还取决于组织成员是否将施事者视为其领导职位的合法占有者。选拔领导者的具体程序通常基于传统或组织的相关章程与规定。如果组织成员认为选拔程序不合法，就会削弱新当选领导者的权威。

法定权力的大小也与领导者的权威范围有关。高层领导者通常比低层领导者拥有更大的权威，而领导者对下属的权威通常要比对同级、上级或外部人员的权威大得多。然而，即使对不是下属的受事者，施事者也有权对其提出履行工作职责的要求，例如，要求其提供和开展与任务相关的信息、物资、支持、服务、技术、建议及协助等。

领导者权威的大小通常由相关文件界定，如组织章程、工作规章或雇佣合同等，但通常具有很大的模糊性（Davis，1968；Reitz，1977）。人们不仅要评估某项要求或命令是否属于领导者的权威范围，还要评估这项要求或命令是否符合组织或社会制度的基本价值观、原则和传统。如果某项要求与组织或其成员所属社会的基本价值观相矛盾，这项要求的合法性可能就会受到质疑。

（三）奖赏权力

奖赏权力（reward power）是指受事者认为施事者可以向其提供所需的重要资源和奖励。奖赏权力在一定程度上源于分配资源和奖励的实际权威，不同组织之间以及同一组织内不同管理职位之间的奖赏权力存在很大差异。高层领导者通常比低层领导者更能控制稀缺资源。高层领导者有权决定将资源如何分配给不同部门和不同活动，而且有权审查和修改下级做出的资源分配决定。

奖赏权力不仅取决于领导者对资源和奖励的实际控制，还取决于受事者是否相信施事者有能力和意愿提供承诺的奖励，而且后者比前者更重要。有时候，即使施事者没有公开施加影响，奖赏权力也可以对他人造成影响。人们可能会对奖赏权力更大的人表现得更恭敬、更愿意给予其帮助，以期在未来获得回报。

权威体系是奖赏权力的重要决定因素。领导者对下属的奖赏权力通常要比对同级或上级的奖赏权力大得多，其形式包括为下属加薪、发放奖金或提供其他经济激励。奖赏权力还源于领导者对某些有形利益的控制，如晋升职位、安排更好的岗位、制定更多运营预算或支出，以及提供更大的办公室或预留停车位等。然而，奖励分配的明确政策可能会制约领导者的奖赏权力。

在横向关系中，奖赏权力的来源包括同级人员对施事者提供的某种资源、信息和帮助的依赖。为完成任务目标而进行的人情交易是组织内同级之间相互影响的常见形式，研究表明，这对中层领导者的成功非常重要（Cohen & Bradford，1989；Kaplan，1984；Kotter，1982；Strauss，1962）。

在多数组织中，下属对上司的对上奖赏权力非常有限。很少有组织为下属制定正式的机制来评估领导者。但是，下属通常会对领导者的声誉、加薪或晋升前景产生一些间接影响。如果下属表现良好，领导者的声誉通常会得到提高。某些下属拥有在组织正式权威体系之外获取资源的能力，因此拥有一定的对上奖赏权力，如下例所示：

　　　　某位系主任能够通过拨款和合同获得自由支配资金。与缺乏自由支配资金的学院院长分享这些资金，可以让该系主任对该系重要决策产生更大的影响。

（四）　强制权力

领导者对下属的强制权力（coercive power）主要体现为惩罚的权威，其在不同类型的组织中差异很大。军事和政治领导者的强制权力通常大于企业领导者。在过去的两个世纪里，各类领导者对强制权力的使用频率普遍有所下降。例如，多数领导者都曾有权解雇员工，船长可以鞭打不服从命令或未能尽职尽责的水手，军官可以处决在战斗中逃跑或不服从命令的士兵。然而。如今很多国家都禁止或严格限制这些形式的强制权力。

在横向关系中，强制权力的使用几乎没有法律依据。如果同级人员在执行重要任务时需要某位领导的协助，他可以拒绝合作相要挟。然而，不同部门领导者之间通常存在相互依赖的关系，胁迫可能会引发报复，进而升级为对双方都不利的冲突。

在不同的组织中，下属对上级的强制权力差异很大。某些组织的下属有能力间接影响上司的绩效评估。如果下属限制生产、破坏运营、牢骚满腹、举行示威或向上级领导层投诉，可能会损害上司的声誉。某些组织的下属有足够的权力罢免领导者或阻止其连任。对不受欢迎的政治领导者来说，反对者最极端的强制权力形式是暴力革命，将领导者监禁、杀害或流放。

（五）　参照权力

参照权力（referent power）源于受事者对施事者强烈的感情、钦佩和忠诚。人们通常愿意为朋友提供特殊的帮助，也更愿意满足所尊敬之人的要求。参照权力的行使被认为是个人认同（personal identification）的影响过程（Kelman，1958）。

强大的参照权力往往会增强施事者对受事者的影响，即使施事者没有明确地使用这种权力。人们更倾向于执行具有强大参照权力的施事者提出的要求。当施事者与受事者之间存在强大的爱情或友情纽带时，受事者可能会做一些他们认为施事者想做的事，即使施事者没有要求。

参照权力可以影响下属、同级和上级，但也有局限性。基于参照权力提出的要求，应与受事者对领导者的忠诚与友谊程度相一致。考虑到具体的关系性质，有些要求无法提出。当要求太高或过于频繁时，受事者可能会感觉受到了剥削，从而破坏施事者与受事者之间的关系，削弱施事者的参照权力。

（六）专家权力

与组织任务相关的知识和技能是个人权力的主要来源，即专家权力（expert power）。执行任务或解决重要问题所需的能力和知识会对下属、同级和上级产生潜在影响。然而，只有他人依赖施事者的建议时，专长才能成为一种权力来源。问题对受事者越重要，施事者从解决问题所需专长中获得的权力就越大。当受事者无法轻易找到其他建议来源时，对施事者的依赖会更大（Hickson，Hinings，Lee，Schneck，& Pennings，1971；Patchen，1974）。

在施事者具备专长的情况下，受事者还必须认可其专长，及其提供的信息与建议。短期来看，被人认为有专长比实际拥有专长更重要，施事者可以自信地伪装成专家，然而，随着时间的推移，施事者的知识会不断受到检验，受事者对施事者专长的感知会越来越准确。因此，领导者必须发展并保持强大的专长和信誉。

实际专长是在不断的学习和实践中获得的。例如，在很多职业中，人们可以通过阅读技术出版物、参加培训班或研讨会了解新的发展状况。文凭、执照和奖项等可以展示专长。然而，解决重要问题、做出正确决策、提供合理建议或成功完成极具挑战性的重要项目更能全面展示专长。还有人采取极端策略，故意悄悄引发危机，再展示自己应对危机的能力（Goldner，1970；Pfeffer，1977a）。

只有在专业知识和技术技能被持续依赖的情况下，施事者的专长才能成为持续的权力来源。如果问题得到了永久性解决，或其他人学会了独自解决问题的方法，那么施事者的专长就会减弱。因此，人们有时会利用某些手段来保护自己的专家权力，包括对程序和技术的保密，使用技术术语使任务更加复杂和神秘，以及破坏手册、图表、蓝图和计算机程序等任务相关信息源等（Hickson et al.，1971）。

当施事者拥有强大的专家权力，且被视为可靠的信息与建议来源时，受事者可能会不需要任何解释地执行施事者的命令。例如，患者在服用医生开的药时对该药知之甚少，投资者购买了财务顾问推荐的股票却对发行股票的公司知之甚少。然而，很少有领导者拥有如此强大的专家权力，他们可以利用专长提出可信的逻辑论点和论据，但能否对他人产生影响不仅取决于其技术知识和分析能力，还取决于其可信度和沟通技巧。

（七） 信息权力

对信息的控制也是重要的权力来源（Raven，1965）。信息权力（information power）既涉及对重要信息的获取，也涉及对信息分发的控制。某些领导者通常有机会获取下属或同级无法直接获得的信息。边缘角色职位（boundary role position）更容易获取组织外部事件的重要信息，例如营销、采购、公共关系等相关职位。然而，无论处于哪种职位，人们都必须积极发展自己的资源网络才能获得所需信息（Kotter，1982）。

能够控制外部事件重要信息流的领导者可为下属解释相关事件，并影响其感知和态度。某些领导者会歪曲信息以说服员工接受某种行动，如选择性地编辑报告和文件、对数据进行偏见性解读、呈现虚假信息等。某些领导者利用对信息分发的控制来增强其专家能力，以及下属对他们的依赖。若领导者是唯一"知道发生了什么"的人，下属将没有证据来反驳领导者不受欢迎的决定。对信息的控制也有助于领导者掩盖失败和错误，以免破坏自己精心树立的专业形象（Pfeffer，1977a）。

对信息的控制是对上、对下或横向影响的来源。当下属拥有上级决策所需信息的独家来源时，就可以利用这种优势影响上级的决策。有些下属为了具备这种影响力，承担了更多收集、存储、分析和报告运营信息的责任。如果领导者完全依靠下属分析复杂的运营信息，那么下属就可能被邀请参与基于这些分析的决策（Korda，1975）。能够为决策提供大量信息的下属即使不主动参与决策过程也会对决策产生重大影响（Pettigrew，1972）。下属还可以通过对运营信息的控制来夸大成就、掩盖错误，或夸大工作所需的专业知识和资源。

二、权力的得失过程

权力并非处于静止状态，随着时间的推移，它会随条件的变化和个人及联盟的行动而变化。社会交换理论（social exchange theory）、战略权变理论（strategic contingencies theory）和权力制度化理论（theories about institutionalization of power）等相关理论描述了组织权力的得失过程。

（一） 社会交换理论

在组织中，成员对正式或临时领导者地位高低和权力大小的认知取决于该领导者的忠诚度、能力以及对实现共同目标的贡献（Hollander，1958，1980；Jacobs，1970），如对稀缺资源的控制、对重要信息的获取，以及应对关键任务或问题的技能。具有良好判断力的领导者不仅能提升地位和影响力，还能为自己积累"特质信用"（idiosyncrasy credits），获得更多超越非重要群体规范的自由。委任制领导者（appointed leader）的权威和职位权力使他们较少依赖下属对其能力的评估，但也会从反复展示专业能力和对下属的真诚中获得一定的影响力。

创新是一把双刃剑。创新成功会增强领导者的信誉，但失败会带来更多的指责。当领导者提出成功的创新提议时，其专长就会得到群体的信任，甚至还会获得更高的地位和更大的影响力。当某创新提议失败时，此人很可能会失去一定的地位和影响力。当创新的失败源于领导者的判断力或能力而不是不可抗力时，或者领导者行为被认为出于自私而不是为组织服务时，领导者就会失去更多的权力。自私的动机和不负责任的行为更容易让成员认为该领导者喜欢超越群体的规范和传统。领导者在失败后失去地位和影响力的程度部分取决于失败的严重程度。一场大灾难比一次小挫折更易导致成员出现对领导者不信任或不尊重的行为。领导者权威的丧失还取决于其失败前的地位。人们对地位高的领导者期望更高，认为其应该为失败负责。在需要应对严重问题时，员工希望领导者能进行创新并乐于接受其创新举措。此外，领导者若缺乏主动性或无法果断处理严重问题，就会失去员工的尊重和自身影响力，正如提出失败行动方案的领导者一样。

社会交换理论强调领导者的专家权威，并没有太多关注其他形式的权力。例如，该理论并未提及领导者的专长如何影响其奖赏权力和参照权力，其多数证据都来自实验室小组研究，且研究结果并不一致（Hollander，1960，1961，1980；Stone ＆ Cooper，2009）。此外，在组织中进行纵向实地研究可以检验这一理论，同时也有助于明确该理论是否适用于其他类型的权力。

（二）战略权变理论

战略权变理论旨在阐释组织部门如何获得或失去影响重要决策的权力，例如，制定组织竞争战略以及为各部门和活动分配资源等（Hickson et al.，1971）。该理论假设，部门能力取决于三个因素：处理重要问题的专业能力、在工作流程中的重要地位、专业能力的独特性和不可替代性。

组织必须能够应对某些重大的突发情况，尤其是运营过程中出现的问题和适应环境中不可预测的事件。成功解决重要问题既是领导者专家权力的来源，也是部门专家权力的来源。负责处理重大问题的部门有更多机会展示其专业能力并从中获得权力。若问题对组织的生存和繁荣至关重要，那么它就是重大问题。随着各部门相互依赖程度的加深，某些特定问题的重要性逐渐凸显，只有有效处理此类问题，各部门才能发挥应有的作用。若某些关键功能无法执行，也无法利用标准程序使其得到改进，那么相关人员或部门就会在重大决策上获得更大的权力。换句话说，解决关键问题所需的专业能力越独特、越不可替代，拥有这种专业能力的个人或部门就会获得越大的权力。

专家权力和法定权力具有相互促进的特点。拥有宝贵专业能力的人更有可能被任命或选举到组织的权威职位。拥有关键专业能力的部门在进行重大决策的董事会或委员会中会有更大的发言权。

一些研究为该理论提供了支撑（Brass，1984，1985；Hambrick，1981；Hills & Mahoney，1978；Hinings，Hickson，Pennings，& Schneck，1974；Pfeffer & Moore，1980；Pfeffer & Salancik，1974）。然而，该理论没有考虑到这样一种情况，即一个强权部门或联盟可以利用其权力来保护其在组织中的主导地位，比如增强所谓的专业能力，或剥夺潜在竞争对手展示更强大专业能力的机会。

（三）权力制度化理论

利用政治策略增加影响力或保护现有权力来源的过程被称为"制度化"。拥有权力的个人或部门可以更容易地使用政治策略影响组织的重大决策。强权部门可以让其成员被任命到关键领导岗位，从而推动部门目标的实现。当无法直接控制关键决策时，领导者可以通过改进决策程序和标准来间接影响关键决策。

强权部门或联盟往往能够利用其权力保持主导地位，即使其专业能力对组织已不再至关重要（Pfeffer，1981；Salancik & Pfeffer，1977）。环境性质的模糊性使高级领导者有机会做出有偏向性的解释，从而凸显其专业能力的重要性，证明其政策的合理性。通过控制组织运营信息的传播，高级管理者可以夸大决策的效果并掩盖相关错误。最高领导者还可以通过权力剥夺他人的资源和机会，使其无法展示自己卓越的专业能力，或者对批评者和潜在竞争对手进行压制、拉拢甚至将其踢出组织（Pfeffer，1981）。

根据战略权变理论的描述，某些政治策略可以延缓权力的转变，但如果最高领导者缺乏相应专业能力，无法制定战略以应对环境变化，组织的业绩将会出现下滑。若组织产品和服务面临激烈竞争，竞争对手就会快速地适应环境变化。在这个过程中，除非组织更换最高领导者，否则将面临破产或被外部人员接管的风险。

三、权力的影响

有效领导所需权力和各类权力组合方式的研究一直是研究者关注的焦点。目前，领导者权力影响的相关研究并没有取得一致的结论，但有结果表明，效能高的领导者拥有更多的专家权力和参照权力，更依赖个人权力而不是职位权力（Hinkin & Schriesheim，1989；Podsakoff & Schriesheim，1985；Rahim，1989；Yukl & Falbe，1991）。然而，也有其他研究表明，领导者拥有适度的职位权力最有益（例如，Dunne，Stahl，& Melhart，1978；Rahim & Afza，1993；Thambain & Gemmill，1974；Warren，1968；Yukl & Falbe，1991）。

领导者所需权力的大小取决于需完成的任务以及领导者对可用权力的使用技能。在某些领导情境中，领导者需要更大的权力才能发挥其效能。在一个需要进行重大变革的组织中，领导者应拥有更大的影响力，因为其变革提议可能在一开始时会遭到强烈反对。若领导者认识到组织在未来几年将面临重大危机，只有立即着手准备并做出短期牺牲才能克服这场危机，但他拥有的证据还不足以得到关键成员等支持时，领导工作很难开展下去。此时，领导者就要拥有足够的专家权力和参照权力，以说服人们相信变革的必要性和正确性，或者，领导者应拥有足够的职位权力和政治权力来压制反对派，争取时间证明变革的必要性和有效性。个人权力和职位权力的结合可以增加变革成功的可能性，但勉强进行的变革总是有风险的。莫勒（Maurer，1996，p. 177）介绍了一个成功的案例：

> 伦纳德·伯恩斯坦（Leonard Bernstein）成为维也纳爱乐乐团（Vienna Philharmonic）的指挥家后，重新推出了古斯塔夫·马勒（Gustav Mahler）的交响乐。然而，管弦乐队讨厌马勒，觉得他的音乐太浮夸了。尽管伦纳德有权随心所欲地安排节目，但这是一个冒险的举动。众所周知，管弦乐队成员可以通过恶意顺从来表达对指挥家的蔑视。虽然演奏过程中所有音符都是正确的，但他们的演奏是没有情感的，伯恩斯坦没法谴责任何人。尽管乐队成员不同意伯恩斯坦的决定……却十分尊重他……因为他是一位世界级音乐家。所以，在伦纳德的指挥下，他们完整地演奏了马勒的作品。最终，多数管弦乐手似乎开始喜欢演奏这名奥地利音乐家的音乐了。

由于不同权力来源的相互依赖，领导者的最佳权力组合是一个复杂的问题。对职位权力和个人权力进行区分可以创造一些便利，但不应过分夸大二者之间的区别。职位权力很重要，它不仅是影响力的来源，还可以增强领导者的个人权力。通过对信息的控制，领导者在解决重要问题时会更具优势，也可以掩盖错误和夸大成就，从而增强自己的专家权力。奖赏权力有助于领导者与下属建立更深层次的交换关系，若慷慨、公平、巧妙地运用奖赏权力，领导者可以增强其参照权力。决策权威和使决策得到批准的对上影响力可以展示领导者解决问题的专业能力，也可以帮助领导者与下属建立更牢固的交换关系。当领导者需要下属遵守某些不受欢迎却非常有必要的规则和程序时，可行使强制权力，以支持其法定权力和专家权力，从而更好地开展工作或避免严重事故的发生。同样，领导者需要使用强制权力约束或驱逐反叛分子和犯罪分子，以免他们扰乱运营、窃取资源、伤害他人，使领导人显得软弱无能。

然而，若领导者倾向于依赖职位权力而不是发展个人权力或用其他方法（咨询或说服等）使员工遵守规定或支持变革，那么职位权力过大或过小都会有害。职位权力过大对领导者的负面影响已经在某些实验室实验、实地实验和调查研究中得到了证实（Bendahan, Zehnder, Pralong, & Antonakis, 2015；Foulk, Lanaj, Tu, Erez, & Archambreau, 2015；Glad, 2002；Kipnis, 1972；Tost, Gino, & Larrick, 2013）。职位权力过大的领导者将下属视为操纵对象，更喜欢利用奖励影响下属，与下属保持较大的社会距离，且不太可能让下属参与决策。当这类领导者的权力受到威胁时，他们可能会采取更具破坏性的行为模式（Williams, 2014）。一般来说，领导者的职位权力应该适度，尽管这因环境而异。个人权力不太容易被滥用，因为当领导者的行为与追随者的利益相违背时，个人权力会迅速被削弱。然而，腐败的可能性仍然存在。一个拥有较大专家权力或强大个人魅力的领导者容易刚愎自用，最终导致失败（McClelland, 1975）。

让领导者对其使用权力的方式负责，可以减少权力过大导致的腐败（Rus, Van Knippenberg, & Wisse, 2012）。组织可以制定相关规则和政策来规范职务权力，尤其是规范奖赏权力和强制权力；可以制定相关申诉和上诉程序，建立独立的审查委员会，以保护下属不受领导滥用权力的影响；可以起草相关规章制度、章程规定和官方政策，以要求领导者与下属协商某些决策；可以定期进行态度调查，以衡量下属对领导者的满意度。在适当的时候，组织应定期举行选举或信任投票，以决定领导者是否继续留任；或者建立罢免程序，免去不称职领导者的职务。

组织内不同级别领导者影响力的相关研究表明，高效的领导者会建立一种关系，以发挥对下属的强大影响力，并接受来自下属的影响。领导者可以鼓励下属参与重大决策，鼓励并奖励创新，以促进这种相互影响。高效的领导者不会用权力决定工作方式，而是授权组织成员发现并实施更好的工作方式。

四、权力使用策略指南

权力的相关研究仍然非常有限，并未就行使权力的最佳方式提供明确指南。然而，借鉴不同社会学科的研究成果，我们可以为领导者制定一些初步指南（Yukl & Taber，1983）。这些权力使用策略指南多用来影响下属，但也适用于影响他人。本章后续内容将继续介绍领导者影响策略指南。

（一）法定权力

人们展示权威的方式通常包括口头或书面形式的要求、命令或指示。法定权力的使用策略会对结果产生影响（见表6-1）。礼貌的要求会比傲慢的要求更有效，因为不强调地位差距，也不体现受事者对施事者的依赖。面对对地位差异和权威关系很敏感的人群（年龄比施事者大的人或同级人员等），使用礼貌的要求尤为重要。

表6-1　法定权力的使用策略指南

• 提出礼貌且明确的要求
• 解释所提要求的原因
• 不要超出权威范围
• 必要时对权威进行确认
• 找准正确的渠道
• 验证指令是否得到服从
• 适时确保要求已被遵守

提出礼貌的要求并不意味着领导者应该恳求他人或表示歉意。这样会让人觉得该要求不值得或不合法，或领导者并非真的希望他人遵守该要求。领导者应该坚定且自信地提出合法要求。在紧急情况下，坚决比礼貌更重要。有时，为了让下属在紧急情况下立即采取行动，领导者有必要以命令的语气发出指令。在这种情况下，下属会将自信且坚决的指令与专业能力和权威联系起来。如果领导者的要求令人怀疑或让人感到困惑，就会降低对下属的影响力。

要用受事者可以理解的语言清楚地说出相关命令或要求。如果要求很复杂，建议以书面形式（如工单、备忘录和电子邮件等）或口头形式传达。口头要求应直接对受事者提出，而不是通过他人转达。因为中间人可能会误解信息，使领导者失去对受事者进行评估的机会。如果提出要求或分配任务的权利受到质疑，领导者就要确认权威，这种"合法化策略"（legitimating tactic）将在后面详细介绍。

如果下属直接拒绝执行合法命令或要求，领导者的权威就会被削弱，下属未来不服从的可能性会加大。领导者不应下达不太可能被执行的命令。有时，下属会推迟执行特殊或不愉快的指令，以测试领导者对该要求是否认真。如果领导者没有验证该指令是否得到服从，下属就会认为该要求可能已经被忽略。

（二）奖赏权力

奖赏权力有多种使用策略（见表6-2）。施事者因受事者执行了某种要求或任务而给予奖励，这被称为交换策略（exchange tactic），本章后续内容将详细介绍如何使用这种策略。建立正式的激励制度也是使用奖赏权力的方法，领导者应为良好行为提供有形奖励，或为超额绩效提供金钱奖励。

表6-2 奖赏权力的使用策略指南

• 提供人们想要的奖励
• 提供公平且合乎道德的奖励
• 所做承诺不要超出能力范围
• 解释奖励标准并使标准简单化
• 信守奖励承诺
• 象征性地给予奖励（不是操纵）

奖赏权力的使用方式会影响其结果。如果受事者看重奖励，就可能愿意服从相关要求。因此，领导者有必要针对不同员工类型确定有价值的奖励。此外，施事者必须真实可靠，做出不现实的承诺或无法信守承诺都会损害其信誉。

即使奖赏权力使用得当，领导者也很难激励员工在完成任务并获得奖励之后，再付出额外的努力。在某些诱惑的驱使下，受事者可能会故意忽略某些绩效标准或不易被施事者监测的任务。如果以操纵的方式使用奖赏权力，可能会引起员工的抵制。给予或取消奖励可能会造成部分人的不满，因为他们不喜欢依赖权威人物，或认为施事者为实现自身利益而将奖励作为贿赂，让他们做出不正当或不道德的行为。在这种情况下，再有吸引力的奖励也会无效。

经常利用奖励施加影响力，会让员工认为其与领导者的关系是纯粹的经济关系。每当完成新的或艰巨的任务时，他们总会习惯性地期望得到奖励。领导者和员工应保持真诚的友谊，这更有利于双方关系的发展。与其将奖励作为一种冷漠且机械的激励手段，不如利用更具象征意义方式，将奖励作为对显著成就、特殊贡献或非凡努力的认可和感激。这种情况下，奖赏权力和参照权力可以相辅相成。

（三） 强制权力

强制权力是指对不遵守要求、规则或政策的受事者发出威胁或警告的权力。威胁可能是明确的，也可能只是一句含糊的话语，告知此人他将会为未按施事者的要求行事而感到后悔。如果受事者认为威胁是可信的，并希望避免受到惩罚，就很可能服从要求。如果领导者轻率地发出威胁，但并没有惩罚未服从要求的受事者，就会损害自身信誉。有时，为了建立信誉、展示决心和能力，领导者有必要让不服从要求的受事者承担不良后果。然而，如果受事者不受恐吓，或认为其行为不会被施事者发现，那么威胁也可能不起作用。

除非绝对必要，否则最好不要使用强制权力，因为它很难把握，可能会导致某些不良后果。行使强制权力通常会引起愤怒或怨恨，甚至招致报复。在组织中，强制权力适用于慑止对组织有害的行为，如非法活动、盗窃、影响安全的行为、危害他人的鲁莽行为以及不遵规守纪的行为等。强制权力不太可能让员工真心投入工作，但适时地巧妙使用强制权力，可以让人们服从指令。表6-3列出了某些旨在让下属遵规守纪的强制权力使用策略指南（Arvey & Ivancevich，1980；Preston & Zimmerer，1978；Schoen & Durand，1979）。

表6-3 让下属遵规守纪的强制权力的使用策略指南

• 解释规则和要求，确保下属知道违规行为的严重后果
• 对违规行为迅速反应、处罚一致，不做任何偏袒
• 基于事实进行谴责或惩罚，不仓促下结论，不随意指责
• 对不严重的违规行为在采取惩罚措施之前可先给予口头和书面警告
• 行政警告和谴责可在私下进行，不草率发出威胁
• 保持冷静，避免出现敌意或排斥情绪
• 展示诚意，帮助下属提高绩效以避免惩罚
• 让犯错者提出纠正问题的方法，并与犯错者就具体计划达成一致
• 对无视警告的人员进行相应的惩罚

（四） 专家权力

表6-4列出了某些专家权力的维护和使用策略指南。当施事者明显拥有更强的专业能力时，其专家权力就会发生作用。例如，对某位名医推荐的治疗方法，患者会毫无疑问地接受。然而，在多数情况下，施事者在专业能力方面不会拥有如此明显的优势，而

是需要利用专业能力提供相关信息、解释和证据，以支持某项要求或提议。如果施事者的专业能力受到质疑，可以利用相应的文件、证据或讲述过往的成功案例来证明自己的专业能力。

表6-4　专家权力的维护和使用策略指南

• 解释提议的原因及其重要性
• 提供证据证明提议成功的可能性
• 不发表轻率或前后矛盾的言论
• 不掩饰、夸大或歪曲事实
• 认真倾听员工的顾虑和建议
• 在危机中表现出自信和果断

施事者要自信地提出明确的提议或要求，避免说出前后矛盾的言论或在相互矛盾的立场之间摇摆不定。但是，如果施事者的高超专业能力让受事者觉得自己很无知或无用，就会激起受事者的怨恨。例如，施事者以居高临下的气势傲慢地训斥受事者、粗鲁地打断受事者，或未经思考就驳回受事者的异议等。因此，即使施事者拥有较强的专业能力，也需要认真考虑受事者提出的信息、想法和顾虑。

（五）　参照权力

表6-5列出了获得和使用参照权力的某些具体策略。施事者应关心受事者的需求和感受，展现信任与尊重，并公平地对待受事者，以增加自身参照权力。然而，获得并保持强大的参照权力，领导者需要的不仅仅是逢迎、恩惠和魅力。参照权力的大小最终取决于施事者的正直品质。事实胜于雄辩，随着时间的推移，表面友好但背地里操纵和利用他人的领导者终将失去其参照权力。正直品质体现在以真诚且符合其价值观的方式履行承诺和协议（French & Raven，1959）。

表6-5　参照权力的获得和使用策略指南

• 对他人表示接受和尊重
• 给予他人支持和帮助
• 使用真诚的逢迎方式
• 信守承诺
• 为他人利益做出自我牺牲
• 以身作则（角色建模）
• 阐释要求对他人的重要意义

"角色建模"是行使参照权力的一种方式。受人喜爱和受人敬仰的人可被树立为理想

的行为榜样，供他人模仿，进而产生强大的影响。如果受事者对施事者有强烈的个人认同，就会自觉模仿其行为。然而，人们有时也会模仿崇拜之人的不良行为，因此领导者一定要注意所树立榜样的形象。

参照权力较弱的施事者可能会发现，提醒过去曾给受事者的恩惠或双方曾经的友谊非常有用。当将参照权力作为影响力来源时，领导者一定要确保受事者明白该要求的重要性。例如，可以这样说"如果你能做到这一点，我会非常感激，因为这对我来说非常重要"。

五、影响策略与结果

领导者及其下属、上司、组织其他成员和外部人员（客户、顾客、供应商和政府官员等）的相互影响过程的相关研究有助于阐释有效领导。该节内容介绍了三大类影响策略，以及采取主动策略施加影响可能产生的三种不同结果。此外，还介绍了 11 种具体的主动策略及其可能产生的结果，以及这些策略的相关指南。

（一） 影响策略的分类

有意影响他人态度或行为的方法通常被称为影响策略。根据其主要目的，可以将影响策略分为三大类。某些影响策略可被用于多个目的，但产生的效果可能不同。

印象管理策略（impression management tactics）。此类策略旨在让人们喜欢施事者的行为（如提出赞扬、行为友好、提供帮助等）或对施事者有良好的评价（如过去的成就等）。领导者可以利用印象管理策略影响追随者，追随者也可以利用印象管理策略影响领导者（见第十章）。

政治策略（political tactics）。此类策略旨在影响组织决策，为个人或群体获取利益。某些政治策略旨在影响重要决策的制定方式。例如，影响会议议程以纳入所关注的问题，影响决策者以采用有利的决策标准，影响决策者的选择以捍卫自身利益。政治策略还可以用来抵御对手和压制批评者。此外，某些政治策略涉及欺骗、操纵和滥用权力，本书第九章将进一步讨论权力与影响的伦理关系。

主动策略（proactive tactics）。此类策略旨在完成直接任务目标，如让受事者执行某项新任务、更改当前任务所用程序、为项目提供帮助、支持提议的变更等。当简单的要求或命令无法达到预期结果时，领导者就应使用主动策略。本章后续内容将介绍 11 种主动策略，其中一些可以用来拒绝或修改他人的要求。

（二） 主动策略的影响结果

主动策略是否产生有效影响的重要评价依据是所产生影响的结果。施事者在受事者身上看到的实际效果有可能达到预期，也可能低于预期。如果对单个受事者施加影响，就要区分三种不同结果，而这些结果关系到受事者执行施事者要求或建议的意愿。

承诺。受事者付出了极大努力，有效地执行要求或决策。在完成复杂且困难的任务时，受事者必须主动克服障碍，展现巨大的热情和毅力。这种影响的结果通常是最成功的。

服从。受事者愿意执行要求，但缺乏热情，只会付出极小的努力。受事者不相信所执行的是最佳决策或行动，甚至不相信这能有助于有效实现目标。然而，对于简单的常规要求，受事者只要服从就可以了。

抵制。受事者反对施事者的提议或要求。抵制有几种不同的形式：（1）拒绝执行要求；（2）解释无法执行要求的原因；（3）试图说服施事者撤回或更改要求；（4）要求更高权威驳回施事者的要求；（5）拖延行动，希望施事者忘记所提要求；（6）假装服从，但极力破坏。抵制通常被认为是一种不成功的影响结果，但如果它能帮助施事者避免出现严重的错误，也可能是有益的。例如，领导者为新项目制订了详细的计划，但有人发现里面存在某些严重缺陷，必须在计划实施之前修复。

受事者对施事者要求的反应并不是评价影响成功与否的唯一依据。主动策略也会影响人际关系和他人对施事者的看法（有道德、乐于支持、可爱、有能力、值得信赖和强大等）。有些主动策略（逢迎、合作、咨询和告知等）可以改善施事者与受事者之间的关系，而高压策略则会削弱这种关系。

六、主动策略的类型

如前所述，有意让他人接受某种要求或支持某项提议的行为被称为主动策略。曾有研究项目通过归纳法和演绎法明确了不同类型的主动策略。

在一些早期研究项目中（Kipnis, Schmidt, & Wilkinson, 1980），研究者分析了一些决定影响策略成功或失败的关键事件，并提出了初步分类法。此后，基于归纳法确定的策略，研究者为施事者制定了名为"组织影响策略使用概况"（Profiles of Organizational Influence Strategies, POIS）的调查问卷。施里斯海姆和希金（Schriesheim & Hinkin, 1990）利用"组织影响策略使用概况"对某些施事者进行了样本研究，并让其对自己影响上司时使用的策略进行了评分。该研究为六种策略（理性、交换、逢迎、坚决、联盟和诉诸上级）找到了支撑依据。在后续对上影响的相关研究中，研究者还为问卷修订版找到了部分支撑依据（Hochwarter，Pearson，Ferris，Perrewe，& Ralston，2000）。"组织影响策略使用概况"的原版或修订版在很多主动策略相关研究中都得到了应用（参见 Ammeter，Douglas，Gardner，Hochwarter，& Ferris，2002）。

最近，研究者针对影响下属、同级和上司的主动策略开展了一项研究（Yukl，Chavez，& Seifert，2005；Yukl，Lepsinger，& Lucia，1992；Yukl，Seifert，& Chavez，2008）。该项目涉及系列研究，用时超过 10 年，应用了多种研究方法（例如，关键事件法、日志法、问卷法、实验法和情景法）。表 6-6 列出了该研究项目提出的 11 种主动影响策略，其中五种（理性说服、逢迎、交换、施压和联盟）与"组织影响策略使用概况"提出的策略类似，如诉诸上级等联盟策略。有七种策略是基于关键事件或领导与权力的相关理论提出的。在调查研究过程中，研究者还开发了"影响行为问卷"（Influence Behavior Questionnaire，IBQ），用于受事者对施事者的影响行为进行评分。受事者的评分通常要比"组织影响策略使用概况"中施事者的自我评分更准确。本部分后续内容将逐一介绍各类主动影响策略，以及如何在组织中利用这些策略影响下属、同级或上司。

表 6-6 11 种主动策略

理性说服（rational persuasion）：施事者利用逻辑论证和事实依据来证明某项提议或要求是可行的，且与实现重要任务目标息息相关
告知（apprising）：施事者解释某项要求或提议对受事者的益处以及对其职业生涯的推动作用
精神诉求（inspirational appeals）：施事者呼吁受事者追逐某些价值观和理想，或激发受事者的情感使其投入到某项要求或提议中
咨询（consultation）：施事者鼓励受事者对提案提出改进意见，或鼓励受事者献计献策，参与规划活动或变革
交换（exchange）：如果受事者愿意按照施事者的要求行事，施事者要提供激励或建议，以交换人情，或表示愿意在以后某个时间对其进行回报
协作（collaboration）：在受事者执行某项要求或接受某项变革提议的过程中，施事者要为其提供相关的资源和协助
逢迎（ingratiation）：施事者在施加影响之前或在施加影响期间对受事者进行赞扬，表达对受事者有能力执行困难任务的信心
个人诉求（personal appeals）：施事者请求受事者出于友情而执行某项要求或支持某项提议，或在提出要求或提议之前请求受事者照顾个人情面
合法化策略（legitimating tactics）：施事者基于相关规则、政策、合同或先例，明确所提要求的合法性和权威性
施压（pressure）：施事者通过要求、威胁、频繁检查或不断提醒让受事者执行相关要求
联盟策略（coalition tactics）：施事者让他人帮忙说服受事者做某事，或利用他人的支持征得受事者的同意

资料来源：Yukl et al.（2008）.

（一） 理性说服策略

理性说服策略是指利用解释、逻辑论证和事实依据解释某项要求或提议对组织有益或有助于实现重要任务目标。这种策略旨在用事实证明某项目或某变革成功的可能性。相较于无力的理性说服形式（如简短解释或没有支持证据的断言等），有力的理性说服形式（如详细的提案或详尽的文件等）更加有效。理性说服是一种灵活的策略，适用于多数受事者。如果受事者认同施事者的目标，而起初受事者并不认为施事者的要求或提议是实现共同目标的最佳方案时，理性说服策略就会奏效。如果受事者认为施事者具有很强的专业能力和很高的可信度，那么展现证据和预测结果的理性说服策略就会更有效。如果受事者与施事者目标不一致，或施事者缺乏专业能力和可信度，那么理性说服策略就不可能奏效。

（二） 告知策略

告知策略是指对受事者解释某项要求或提议为其带来的个人收益，如它有利于促进员工个人职业发展，提高员工工作满意度或报酬。告知策略涉及某些事实和逻辑，但与理性说服策略不同，它聚焦于受事者的收益，而不是组织或任务。与交换策略不同，受事者不是直接从施事者那里获得益处，而是在执行施事者要求或提议的过程中受益。

告知策略更适用于影响下属或同级人员，而不适用于影响上司。在使用告知策略时，领导者应多方了解员工与某项活动或变革的相关利益，而这种信息的可靠来源往往是上级人员。但也有例外的情况，那就是在下属经验丰富，而上级刚加入组织的情况下。

（三） 精神诉求策略

精神诉求策略基于情感或价值观诉求，与理性说服策略和告知策略的逻辑推论基础形成对比。精神诉求策略旨在激发受事者的强烈情感，将某项要求或建议与个人需求、价值观、希望和理想联系起来，以激发受事者的热情和责任感。人的基本诉求包括：增强自身重要性、体现自身价值、支持自己的价值观、完成有意义的任务、达成非凡的成就、成为团队最佳成员，或者参与令人兴奋的能力提升活动。

这种策略适用于任何人，尤其适合用来激发下属或同级人员对新项目的责任感。若领导者想让某些涉及价值观和理想的提议或变革得到支持，那就可以使用精神诉求策略。

（四） 咨询策略

咨询策略是指邀请受事者参与任务实施、战略修改、变革行动等相关规划。咨询策略的形式多种多样，但与咨询领导行为不同的是，被邀请的受事者只参与实现目标的方案决策，而不参与目标的制定。与理性说服策略一样，如果受事者与施事者拥有共同的目标，那么咨询策略就会更有效。咨询策略有助于了解受事者对提案可行性或潜在不良后果的担忧。施事者可就此探索相关方法，以避免或解决暴露出来的问题，这涉及协作策略。

咨询策略同样适用于任何人，但更适合对下属和同级人员使用。当施事者有权规划任务或进行变革时，该策略能够发挥较大的影响作用。咨询策略也可以用于获得上级对变革和提议的支持或批准，但上级有权在不被下级邀请的情况下审查决策或修改提议。在横向关系中，若其需求和意见不被重视，那同级人员可能就不愿支持某项活动或变革，在这种情况下，咨询策略会很好地发挥作用。

（五） 交换策略

交换策略是指对落实要求的受事者给予明示或暗示奖励，适用于完成对受事者没有太大好处、需要付出努力还会带来不便的任务。奖励应被受事者足够重视，以激发受事者对落实要求的意愿，如有形的奖品、稀缺的资源和信息、对工作的建议或帮助、职业发展或政治支持等。受事者必须相信施事者有能力兑现承诺，否则交换策略就不太可能奏效。

由于奖励对上级的作用较弱，所以交换策略更适用于领导者对下属和同级施加影响，所提供的奖励包括加薪、奖金、晋升、更好的任务安排等。向下属提供奖励也更符合社会规范，因为领导者能向其上司提供的东西很少，并且向上级提供的任何奖励都可能被视为贿赂。领导者对同级人员的奖励也有一定的控制权，但多与任务相关（如提供资源、帮助、信息和政治支持等），很少涉及个人利益。

（六） 协作策略

协作策略是指在受事者同意要求或提议时为其提供必要的资源和协助。协作策略与交换策略类似，都涉及受事者的需求。然而，这两种策略在潜在动机和促进作用上存在明显差异。交换策略旨在增加受事者执行要求所得利益，当其原有利益较低时，就比较适用于交换策略。协作策略旨在降低执行要求的难度或成本，当受事者难以执行要求时，就适用于协作策略。交换策略通常用于无关利益的冷漠交易，而协作策略则用于努力完成共同的任务。

对上使用协作策略的情况很少。上司控制的可支配资源通常比下属多，而且上司在重要活动上可以要求下属协助。面对下属和同级人员，施事者会有更多机会提高受事者执行要求的能力。

（七）　逢迎策略

逢迎策略的形式包括给予赞美、主动提供帮助、表示出恭敬和尊重以及在提出要求之前表现得特别友好和乐于助人。如果受事者认为施事者的逢迎行为是真诚的，就更愿意考虑施事者所提的要求。

该策略适用于影响下属或同级人员。赞美和恭维适用于任何人，但只有施事者比受事者地位更高、专业能力更强时，逢迎策略才会更可信、更有意义。对上司使用逢迎策略可能使施事者看起来不够真诚。此外，在提出要求之前使用逢迎策略，施事者则会被认为怀有操纵目的。因此，一般来说，与其将逢迎作为一种主动影响策略，不如将其作为建立合作关系的长期战略手段。

（八）　个人诉求策略

个人诉求策略是指让某人展现善良和慷慨的品质，或基于对施事者的友谊或忠诚而提供帮助。当受事者不喜欢施事者或对施事者漠不关心时，该影响策略就不可行。个人诉求策略有助于获得援助或信息、与工作无关的私人帮助等。相比下属或上司，对同级或外部人员使用该策略更符合社会规范。向下属或上司申请个人帮助可能会让施事者感到尴尬，因此对下属或上司使用该策略的较少。

（九）　合法化策略

合法化策略是指为个人特定要求营建合法权威或合法权利。常规例行性要求的合法性不太可能受到质疑。但在所提要求特殊或施事者权威不明确的情况下，要求的合法性就容易受到质疑。合法化策略的类型多种多样，且多数是相互兼容的。

合法化策略通常适用于同级或外部人员，此时，角色关系往往比较模糊，施事者的权威不太明确。在实施重大变革或处理危机情况时，领导者可以使用合法化策略对下属施加影响。在对上施加影响时，领导者可以利用合法化策略提出人事相关要求，特别是在上级刚刚上任，不熟悉相关政策、合同协议和标准做法的情况下。

（十）　施压策略

施压策略是指威胁和警告等坚决行为，如反复要求或频繁检查遵纪情况。在受事者不强烈反对的情况下，施压策略有助于督促懒惰或冷漠的受事者遵从要求。然而，施压策略不太可能增强受事者的责任心，还可能产生严重的副作用。较严厉的施压形式（如威胁、警告和要求等）可能会引起怨恨并破坏工作关系。较温和的施压形式（如持续要求或提醒某人承诺要做某事等）更有可能在不破坏双方关系的情况下使受事者遵从要求。

施压策略适用于下属，而不是上司。相关权威和权力可以增加威胁或警告的可信性，与横向施压相比，权威和权力更有利于施事者向下施压。通常情况下，施压策略更适用于对下属，而不是对同级或上级施加影响。

（十一）联盟策略

联盟策略是指在他人的帮助下影响受事者，使其遵守要求或支持提议。联盟伙伴可以是同级，也可以是下属、上级或外部人员。联盟伙伴可以积极对受事者施加影响，也可以利用联盟为某项要求或提议提供支持。当联盟伙伴积极对受事者施加影响时，通常还会用到其他影响策略。例如，联盟伙伴可能会使用理性说服、交换或施压等策略来帮助施事者影响受事者。当施事者的联盟伙伴是受事者的直接上级时，这个过程可以称为诉诸上级，但它仍然属于联盟策略。

联盟策略更适用于影响同级或上司，而不是下属，以获得他们对变革或倡议的支持。领导者基本没必要利用联盟策略影响下属，因为领导者可用的方法很多。在西方国家，员工多期望领导者不必寻求他人帮助就可以影响下属。

七、权力和影响行为

权力和影响行为是不同的概念，但权力的具体形式、影响的具体策略和影响结果之间存在着复杂的关系，其效应可能不同，但并不会相互排斥（见图6-1）。

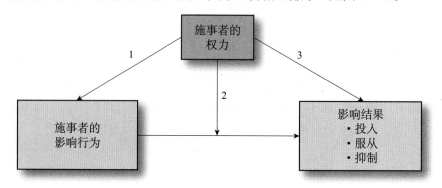

图6-1 施事者的权力、施事者的影响行为和影响结果之间的关系

施事者的权力会直接影响其对影响策略的选择（如箭头 1 所示）。某些策略需要特定权力的支撑才能奏效，而拥有相关权力的领导者更倾向于使用这些策略。例如，奖赏权力是交换策略的使用基础，可以让双方交换有价值的东西。拥有强制权力的施事者更易使用警告和威胁等严厉的施压策略。若施事者拥有专家权力，能够解释某项要求的重要性和可行性时，就更可能使用理性说服策略。

某些影响策略会直接影响受事者的态度和行为，无关施事者的权力。然而，就施加的影响而言，权力可能只是一个调节变量，用来增强或降低施事者策略的效度。权力的这种调节作用（如箭头 2 所示）在相关影响策略的使用中发挥了重要作用。例如，专家权力可以提高理性说服策略的有效性，奖赏权力决定了施事者使用交换策略的结果。

施事者的权力也可以影响与权力无直接关系的影响策略（如箭头 2 所示）。拥有强大参照权力的施事者因其可信度较高，所以更易利用理性说服策略获得受事者对提议的支持。在不使用施压或交换策略的情况下，拥有强大强制权力的施事者也更易令他人遵从简单的要求。强大的专家权力可以使与施事者专长无关的要求更具可信度。例如，著名科学家可以影响人们参与金融风险投资，尽管这与其专业领域毫不相干。

还有一种可能性（如箭头 3 所示），即无论施事者是否使用了影响策略，其权力都可以对受事者造成影响。在组织中，人们会更加尊重职位高权力大的人，因为大家知道这个人可能会影响他们的工作绩效和职业发展。人们很少批评或反驳拥有强权的施事者，因为不想冒令他不高兴的风险。相反，人们更乐于与具有强大参照权力的施事者合作，即使对方并没有鼓励这种合作。

八、主动策略的效能

在施加影响时，施事者可不必使用主动策略。如果要求合理合法、与工作相关，且受事者知道该如何去做，那么施事者通常只需利用法定权力对受事者进行简单要求。然而，当简单要求被拒绝时，主动策略将发挥作用。若某项要求或提议比较特殊、有争议或难以执行，且施事者对受事者（如同级、上级或客户等）的权威很小，那么影响策略的作用就会尤为明显。

主动策略的效能取决于若干情境要素（例如，Kipnis et al.，1980；Yukl & Falbe，1990；Yukl，Falbe，& Youn，1993；Yukl，Guinan，& Sottolano，1995；Yukl，Kim，& Chavez，1999；Yukl，Kim，& Falbe，1996；Yukl & Tracey，1992）。相关情境要素包括：施事者与受事者的关系类型、施事者的权力和权威、施事者的人际交往技能、影响目标的类型，以及受事者对要求的接受度。如果受事者认为该策略符合社会规范，施事者拥有足够强大的职位权力、个人权力和人际交往能力，或所提要求合法且符合其价值观和需求，那么施事者使用的主动影响策略就更易发挥作用。

影响结果还取决于施事者在受事者眼中的可信程度和正直程度。在任何策略的使用过程中都可能出现不道德的行为。为保持良好的声誉，避免以欺骗或操纵的方式使用相关策略，施事者应在道德规范内使用主动策略，以实现有价值的目标，而不是利用他人谋取私利。

尽管影响结果取决于相关情境，但相关研究表明，有些策略会更加有效（例如，Falbe & Yukl，1992；Fu & Yukl，2000；Lee，Han，Cheong，Kim，& Yun，2017；Yukl，Fu，& McDonald，2003；Yukl & Tracey，1992）。表6-7列出了各种主动策略效能的相关研究发现和各种策略在不同情境中的使用情况。当前，对适合不同受事者的策略研究比较有限，不同策略排序和组合的相关研究也不多。下表列出了相关研究发现。主动策略的使用方法有两种，一是单独使用各种策略，二是对各种策略进行不同的排序和组合。本部分内容旨在介绍两种使用方法相对效能的研究发现。

表6-7　主动策略的相关研究发现

策略	使用方向 （对上、横向、对下）	使用顺序	使用方式 （单独、组合）	总体效能
理性说服策略	所有方向	多用于首次提出要求	两种使用方式都很常见	高
精神诉求策略	多用于对下施加影响	均可	多与其他策略组合使用	高
咨询策略	多用于对下和横向施加影响	均可	多与其他策略组合使用	高
协作策略	多用于对下和横向施加影响	未研究	多与其他策略组合使用	高
告知策略	多用于对下施加影响	未研究	多与其他策略组合使用	高
逢迎策略	多用于对下和横向施加影响	多用于首次提出要求	多与其他策略组合使用	适中
交换策略	多用于对下和横向施加影响	多用于快速落实要求	两种使用方式都很常见	适中
个人诉求策略	多用于横向施加影响	多用于首次提出要求	两种使用方式都很常见	低/适中
联盟策略	多用于横向和对上施加影响	多用于推迟落实要求	两种使用方式都很常见	低/适中
合法化策略	多用于对下和横向施加影响	多用于快速落实要求	多与其他策略组合使用	低/适中
施压策略	多用于对下施加影响	多用于推迟落实要求	两种使用方式都很常见	低

（一）各策略的单独使用方式

一般说来，理性说服、咨询、协作、精神诉求和告知是最有效的五种策略。这些核心策略能够成功影响受事者，使受事者执行要求或支持提议。然而，这些策略也有局限性，其效果在很大程度上取决于特定情境。例如，若执行要求或支持提议可为受事者带来巨大利益，告知策略的效果就会非常好；若受事者已认识到潜在利益或不相信施事者，告知策略就会无效。

交换策略在影响下属和同级人员时有一定效果，但很难用于影响上级，因为下级一般无法控制上级所需资源和奖励。个人诉求策略有助于影响关系友好的受事者，但仅适用于某些要求（如获得帮助、个人恩惠或更改预定会议等），且只会让受事者服从而无法激发其责任心。

施压策略和合法化策略会让受事者服从，但不太可能激发其责任心。如前所述，有时候，要实现影响目标，只需要服从就足够了。

联盟策略可以有效地影响同级或上级，使其支持变革或创新举措，尤其是当联盟伙伴使用理性说服和精神诉求等直接策略时。然而，若联盟伙伴的施压策略让受事者认为被"合伙针对"，那么联盟策略就不太可能有效。有时候，同级人员的行为可能导致重要项目的失败，诉诸上级权威人士可以解决此类问题。

（二）各策略的组合使用方式

领导者可以同时或按顺序使用多种直接影响策略。如果结合两种或两种以上不同策略施加影响，那施事者成功的可能性会更大。然而，影响结果取决于各策略的效力及相互兼容的程度。组合各策略可以增强效能，尽管关于策略组合的研究非常有限，但研究结果表明某些策略更适合组合使用。

理性说服策略非常灵活，很容易与其他策略兼容。例如，理性说服策略有助于解释变革的重要性，而咨询策略能帮助受事者寻找可接受的变革方式。当施事者利用咨询策略发现受事者对变革存在担忧时，可以采用协作策略缓解其顾虑。精神诉求策略体现价值观和理想，可以从组织和个人的角度解释要求或提议对组织或任务的重要性。例如，旨在增加利润的变革也可能有助于受事者获得晋升。

有些策略明显不兼容。例如，施压策略与个人诉求策略或逢迎策略是不相容的，因为施压策略会破坏友谊和忠诚感，而这正是个人诉求和逢迎等软策略的基础。施压策略还会破坏咨询策略和协作策略所需的信任。使用施压策略需要一定的技巧，只有在其他策略不可行或失败时才能考虑。

（三）各种策略的使用顺序

施加影响往往需要施事者在几天或几周内实施一系列影响策略。有些策略适用于开始阶段，有些则适用于后续阶段。上述关于策略选择的介绍可以作为其使用顺序的基础。一般来说，领导者开始都会选择以最少努力和成本实现目标的策略。在多数情况下，施事者最开始施加影响时多采用较弱的理性说服策略。因为此策略简单易用，几乎不需要付出成本。

逢迎策略也可以在施加影响的早期阶段使用，因为此策略（将此人评价为完成这项任务的最佳人选）在这一阶段更具可信性。如果预料到会遭受抵制，施事者可能会使用较强硬的理性说服策略和某些软策略，如个人诉求策略、咨询策略、协作策略和精神诉求策略等。如果受事者继续抵制，施事者可以升级采用更强硬的策略，也可以在不值得的情况下放弃该要求。施压、交换和联盟等策略可用于后续施加影响，因为它们的成本较高，风险较大。合法化策略可以早用，也可以晚用，这取决于受事者能否认识到要求的合法性。若施事者认为要求的合法性会被质疑，就应尽早使用合法化策略。

（四） 利用相关策略抵制他人影响

多数主动施加影响的策略可用于抵制或改进上司、同级、下属或客户等提出的要求，但策略会有所变换。例如，将理性说服策略作为抵制策略时，要解释施事者提出的要求或建议不太可能成功的原因；将协作策略作为抵制策略时，可以提出搁置施事者提出的方法，以其他形式帮助施事者实现目标；将告知策略作为抵制策略时，可以解释所提活动或变革可能会给施事者带来的不利影响；将合法化策略作为抵制策略时，可以解释施事者的要求与公司规章或正式合同不一致。

如果施事者愿意承担必要的风险，那么施压策略也可以用于对上施加影响。如果上司不撤回某项不道德或不可接受的要求，施事者可以辞职或提起法律诉讼相威胁。下面介绍一个相关范例：

> 一名男子和妻子在湖边租了一个小屋度假。第一天早上，丈夫坐船在湖里钓了几小时鱼，然后回小屋睡觉。妻子不喜欢钓鱼，也不熟悉这个湖，但她还是决定乘船出去看看风景，读读书。她开出一段距离后，在一个阴凉的小湾处下锚，开始读书。过了一会儿，一名管理员在女子旁边停下船，说："你现在位于禁渔区内。"她回答说："我不知道这是禁渔区，但我只是在看书，没有钓鱼。"管理员开始行使权威，他说道："你说的没错，但是你有钓鱼设备，随时可以钓鱼。你现在必须离开，否则我将不得不起诉你。"她想了一会儿说："如果那样的话，我会以性侵罪起诉你。我丈夫是一名刑事律师，也是本县治安官的朋友。"管理员被这一回应震惊了，说

道："但我都没碰你。"她回答说："你说的没错，但是你有作案工具，随时可以实施侵犯。"管理员咕哝道："祝您玩得愉快，女士"，然后很快就离开了。

九、主动策略的使用指南

接下来，我们将介绍主动策略的使用指南。表 6-8 列出了一些主动策略的使用指南。需要注意的是，这些指南只是建议而不是规定，领导者使用相关策略时必须对情境进行评估，以确定策略是否合适且可行。有些策略具有多种使用形式，领导者应基于预期结果选择最佳方式。

表 6-8 主动策略的使用指南

告知策略：
• 解释对方将从任务中获益
• 解释完成任务将对其职业生涯的发展有所帮助
• 解释提议的活动或变革将使其获益
• 解释提议的变革将有助于解决对方的某些问题
交换策略：
• 向对方提供他想要的东西，换取他对某个任务或项目的帮助
• 主动参与某项任务或提供帮助，换取对方服从相关要求
• 承诺将来为对方提供资源，以回报他现在提供的帮助
• 在对方完成困难任务后，主动为他提供适当的奖励
逢迎策略：
• 表示对方拥有执行相关要求所需的特殊技能或知识
• 当要求对方完成任务时，表扬他过去的成就
• 当要求对方为你做事时，要表现出尊重和感激
• 表示没有人比对方更有资格执行某项任务
合法化策略：
• 解释你的要求或提议符合官方规定和政策
• 指出你的要求或提议符合之前的协议或合同
• 通过相关文件（政策手册、合同和章程等）证实某项要求的合法性
• 解释某项要求或提议符合先例和惯例
个人诉求策略：
• 让对方以朋友的身份帮一个忙

续表

• 请求对方以个人恩惠的形式提供帮助
• 表示你处境艰难，如果对方提供帮助将非常感谢
• 在告诉对方你需要的具体帮助之前，先告诉对方你需要帮助
施压策略：
• 不断要求对方对要求说"好的"
• 坚决让对方严格按照要求执行
• 反复检查对方是否执行了要求
• 警告对方如果不遵守要求将面临惩罚
联盟策略：
• 在请求对方支持某项提议时，提及为该提议背书的人
• 让他人向对方解释支持所提议活动或变革的原因
• 与对方会面提出要求或建议时，带上其他人以提供支持
• 请拥有更高权威的人帮助影响受事者

（一）理性说服策略

理性说服策略是指利用逻辑论证和事实证据证明某项提议或要求的可取性和可行性，及该提议或要求对组织或团队的重要性。

解释提出要求或提议的原因

只有理解某项要求的必要性和重要性，人们才会更愿意执行该要求。在被要求完成不寻常的任务时，受事者需要确定该任务是确有必要还是一时冲动。施事者应解释该提议在帮助员工解决工作问题或有效履行工作职责方面发挥的作用，以及该提议对实现双方共同目标（如提高质量、服务或生产力等）的重要作用。

提供证据证明提议的可行性

只介绍要求或提议的必要性是不够的，施事者还必须明确其可行性，这样才能获得对方的热情支持与合作。受事者可能会夸大困难或预测不太可能发生的问题，也会质疑要求或建议的可行性，这就需要施事者提供拟议行动计划、支撑预期目标的理论依据，并描述实现目标的具体行动步骤。在介绍过程中，施事者应引用实证研究（试点研究，对新产品、新服务或新变革有利的调查等）的支持性依据，描述自己或他人过去的相关成就，并适时让对方观看实际演示（眼见为实）。

解释该提议优于其他竞争提议

有时，施事者的提议会与其他提议存在竞争关系，在这种情况下，施事者需要证明该提议具有可行性，且优于任何其他方案。要指出该提议的优势（如更易实现目标、成本更低、更易获得批准、更易实施、产生不良副作用的风险更小等），同时还要指出各竞争方案的弱点和问题。适当承认其他竞争方案的某些优点，可以让方案对比更加可信，尤其是当受事者已经意识到这些优点时。如果可行的话，施事者可以引用竞争方案的相关测试数据，以证明自己的方案更佳。

⁑ 解释处理各类问题或顾虑的方法

任何提议和计划都有其弱点和局限性。如果施事者能预见所提方案的明显不足并找到解决方法，就会让提议更易被接受。解释如何避免潜在问题、如何克服可能出现的障碍，以及如何将风险降至最低。如果对方对提议存在顾虑，施事方应描述处理相关顾虑的方法，而不是忽视或置之不理。

（二） 精神诉求策略

精神诉求策略是指通过唤起受事者的情感和价值观的方式激发其热情和责任感。

⁑ 唤起对方的理想和价值观

人人都渴望成为重要的人，发挥自身价值，完成有价值的任务，做出重要的贡献，达成非凡的成就或加入最佳团队，从事让世界更美好的活动。这些愿望是情感诉求的良好基础。爱国主义、忠诚、解放、自由、正义、公平、平等、卓越、利他主义和保护环境等价值观和理想是精神诉求的基础。

⁑ 将要求与对方的形象联系起来

活动或任务可能与专业人士、组织成员或政党成员等的核心价值观密切相关。例如，多数科学家的价值观是利用新知识造福人类，多数医护人员的价值观是救死扶伤、治病救人。施事者可以将变革或活动的目的描述成促进知识创新、改善医疗保健、丰富组织生活、对国家展现忠诚等。

⁑ 将要求与吸引人的愿景联系起来

提出吸引人的愿景是进行重大变革或创新活动的前提条件，它能让人们了解变革或创新活动对未来的影响，使其更易取得成功。愿景可以是受事者期望的现有愿景，也可以是为新项目或新活动建立的新愿景。愿景应该强调意识形态价值观，而不是有形的经济利益（如对自身利益的理性诉求）。但是，制定愿景也不能忽视经济利益，若经济利益不是主要目标，可将其融入未来可以实现的总体愿景中。

⁑ 使用富有表现力的表达风格

富有表现力的表达风格可以提高情感诉求策略的效果。情感的信念和强度是通过声音（音调、抑扬变化和停顿等）、面部表情、手势和身体动作来传达的。施事者的语调应强烈、清晰，且富有节奏和强度的变化，在适当的时候进行停顿或强调关键词，以引起对方的兴趣，唤起对方的激情。为了表达强烈的情感，施事者应保持频繁的眼神交流，使用有力的手势，让自己动起来。

⠿ **使用积极乐观的语言**

对项目或变革的信心和乐观情绪是会传染的。当任务非常困难且员工缺乏自信时，领导者更要表现出积极客观的态度，用积极的语言表达对项目或变革必将成功的信心，以及对成功完成任务的使命感。例如，领导者应坚信变革后"会"发生美妙的事情，而不是"可能"发生。

（三）咨询策略

咨询策略是指邀请受事者参与变革任务规划，以激发其责任感。

⠿ **询问对方能为实现目标提供什么帮助**

在受事者不太可能提供热心帮助时，施事者应先解释目标的重要性（理性说服），再询问受事者能为实现目标提供什么帮助。对受事者提出的建议表示感谢，讨论其应用方法，并在此基础上进一步进行咨询。

⠿ **就如何改进初步提议征求意见**

施事者应鼓励大家就初步提议提出改进意见，以提高员工的积极性和参与度，而不是展现一个看似完整的详细计划。相较于完成阶段，人们更愿意在发展阶段表达顾虑。施事者和受事者应共同探讨严重问题的解决方法，并采纳有效的建议。该策略的升级使用方法是让受事者写出支持的提案初稿。当然，只有双方拥有共同目标，且具备制订可信提案的专业能力时，才能采用该升级策略。

⠿ **让对方参与目标实施规划**

施事者应提出总体的战略、政策或目标，并要求受事者参与规划具体行动方案。在随后的会议上，双方应审查方案并达成一致意见，还要使方案具体化。该策略适用于让下属承担责任或需要同级人员支持的项目。只有在受事者基本认同战略或目标的情况下，该策略才具有可行性。

⠿ **回应对方的顾虑和建议**

咨询策略属于主动影响策略，但也可以作为被动影响策略。有时，当受事者被要求执行任务或提供帮助时，会表达某些顾虑或改进建议。在可行的情况下，施事者应尽量打消其顾虑，哪怕对初步计划进行必要的修改。应征求受事者消除其顾虑的建议，只要可行，就采纳该建议并改进活动方案。

（四）协作策略

协作策略是指帮助受事者执行要求或帮助他降低执行的难度或成本。

⊯ 向对方介绍执行任务的方法

在受事者承担新任务时，施事者应主动向对方介绍执行任务的方法，或安排其他有资格的人为受事者提供指导。

⊯ 提供必要的资源

受事者有时会因为暂时缺少设备、信息或其他资源而不愿执行任务。如果执行某项任务需要重要却很难获得的资源，施事者就应提供这些资源或帮助受事者获得相关资源。

⊯ 主动帮助对方解决相关问题

如果某项任务会引起新问题，其执行成本就会过高，该任务就更容易被抵制。施事者应尽量预见此类问题，并设法规避或帮助受事者解决问题。在多数情况下，施事者不会意识到所提要求可能引起的问题，只有通过巧妙的咨询和积极的倾听，才能发现受事者的想法和顾虑。

⊯ 主动帮助对方实施变革

受事者所在部门在实施变革过程中要承担额外的工作，这是受事者抵制变革的主要原因之一。施事者应主动帮助实施变革，以获得受事者对拟议变革的支持。该策略的使用前提是施事者应具备一定的能力，能够在实施拟议变革的过程中为下属提供实际援助。

小　结

权力是领导者基于期望结果影响他人态度和行为的能力。在组织中，领导者职位的潜在影响被称为职位权力，包括法定权力、奖赏权力、强制权力和信息权力。领导者个人特质的潜在影响被称为个人权力，包括专家权力和参照权力。

个人或组织的力量随情境变化而增强或减弱。社会交换理论解释了领导者与追随者相互影响过程对权力得失的影响。战略权变理论解释了组织内各部门（职能部门或产品部门等）的权力得失情况，以及在不断变化的环境下，这种权力分配对组织效能的影响。权力制度化理论解释了如何利用政治策略加强权力并维护现有权力。

领导者发挥效能所需的权力大小取决于组织、任务和下属的性质。拥有强大职位权力的领导者容易过度依赖权力，从而引起怨恨和反抗。纵观历史，很多拥有强大职位权力的政治领导人都曾利用权力支配和剥削下属。本书第九章将进一步介绍权力的伦理问题。另外，如果领导者缺乏足够的职位权力，无法有效奖励有能力的下属、进行必要变革、惩罚长期制造麻烦的人，就很难建设高绩效的组织。因此，拥有适量的职位权力是非常必要的。

领导者的成功在很大程度上取决于权力的使用方式。高效的领导者多依赖个人权力而不是职位权力，他们会微妙且谨慎地使用权力，最大限度地减少地位差异，避免伤害下属的自尊。相比之下，傲慢专横的领导者更易操纵权力，从而遭到怨恨和抵制。

权力和影响行为之间的关系很复杂。权力可以影响领导者的策略选择，也可以提高相关策略的效能。即使领导者并未直接施加影响，其权力也可能对他人造成影响。研究者应进行更多研究以明确二者的关系。

影响策略可分为三大类：印象策略、政治策略和主动策略。研究者提出了 11 种主动策略。施事者可以利用相关策略让受事者遵从所提要求或提议。策略的选择取决于具体情境和受事者的身份，对待下属、同级和上级应采用不用的影响策略。

使用影响策略可能会让受事者出现服从或抵制的行为。某些策略的效果更好，如可能激发受事者责任感的理性说服、咨询、协作、精神诉求和告知等策略。然而，这些策略并不总能产生预期效果，因为除了合适的策略类型，受事者行为也会受其他因素的影响。如果策略的使用方式不符合道德规范或不适应相关情境，任何策略都可能会失败。若施事者具有清晰的洞察力和高超的技能，组合使用各类影响策略将大有裨益。

📖 回顾与讨论

1. 哪类权力与领导效能的关联性最强？

2. 有效的领导者需要多大权力？

3. 有效使用职位权力的策略有哪些？

4. 有效使用个人权力的策略有哪些？

5. 哪些主动策略最可能激发受事者对所提要求的责任感？

6. 对主动策略进行组合和排序的指南有哪些？

7. 如何利用主动策略抵制或修正他人对你施加的影响？

8. 领导者的权力、影响行为和影响结果之间有什么关系？

📝 关键术语

告知	apprising
强制权力	coercive power
协作	collaboration
投入/承诺/责任感	commitment
服从/遵从	compliance
咨询	consultation
交换策略	exchange tactics
专家权力	expert power
信息权力	information power
逢迎	ingratiation
精神诉求	inspirational appeals
权力制度化	institutionalization of power
法定权力	legitimate power
合法化策略	legitimating tactic
个人诉求	personal appeal
个人权力	personal power
职位权力	position power
施压策略	pressure tactics
理性说服	rational persuasion
参照权力	referent power
抵制	resistance
奖赏权力	reward power
权威范围	scope of authority

💡 个人反思

想一想你是否曾在他人的影响下，从某项拟议变革的反对者变成其坚定的支持者。描述此人为获得你对拟议变革的支持使用了哪些影响策略。

案例6-1

体育用品店

比尔·汤普森（Bill Thompson）是佛蒙特州一家体育用品零售店的新店长，这是一家全国连锁店。比尔今年25岁，已经在这家公司工作了4年。在升任店长之前，他在特拉华州的一家零售店担任了2年的助理店长。他的上司，也就是地区经理，上周在员工面前对他正式进行了简要介绍。

这家店的利润低于其所在地的平均水平，比尔担负着提高利润的职责。在做助理店长时，他做的大多是行政和文书工作，这是他第一次有机会证明自己可以成为一名高效的店长。公司为比尔所在店铺的员工设定了基本工资，但店长评分会影响每位员工的年度加薪幅度。店长必须向地区经理证明加薪建议的合理性，尤其是当个人及部门销售业绩不佳时。比尔有权在得到上司批准的情况下将员工停职或解职，但实际上，除非有充分的事实依据，否则很难做到。

店长对门店业绩的影响十分有限。一是确保员工高效工作和不过多休病假，以保持较低的员工成本。二是确保员工提供高水平的服务，以使客户再来购买商品，而不去其他店铺。为了提高客户服务水平，员工必须了解产品、礼貌待客、及时服务、了解商品库存。这种零售岗位的报酬很低，离职率很高，新员工需要几个月的时间才能充分了解商品，为顾客提供帮助。因此，留住有能力的员工也十分重要。

在上任的第一周，比尔就发现了这家店的一些问题。在各个部门中，滑雪用品部在冬季的潜在利润最高，因为滑雪是佛蒙特州冬季比较流行的运动。目前，该部门的销售额处于公司东北地区门店的平均水平，有相当大的增长潜力。有好多次，比尔注意到滑雪用品部有不少顾客在排队等候服务，也无意中听到有顾客抱怨等候时间过长。有位顾客说要换一家店，这样就不必"等上一整天才能有幸花数百美元购买滑雪装备"了。比尔注意到该部门的经理萨利·乔根森（Sally Jorgenson）经常长时间地与销售人员和顾客交流，一些碰巧路过的朋友也会进来跟他讨论滑雪条件、滑雪地、流行服装、装备和比赛等。比尔不滑雪，他不明白他们为什么对谈论这些这么感兴趣。他想知道，为什么一个头脑正常的人会愿意花一大笔钱，冒着永久性受伤的风险，在暴风雪天气时滑雪下山，然后排起长队，坐着冰冷的升降梯上去，只为再滑一次！

（作者：加里·尤克尔）

问题

1. 比尔现在的权力有多大？

2. 在这种情况下，比尔可以使用什么策略来影响萨利？在使用各种策略的过程中，比尔该如何与萨利交流？

3. 比尔该如何提高门店业绩？

案例6-2

新院长

商学院院长被另一所大学聘走后，由副院长担任代理院长。由于长期从事商学院新大楼的规划工作，副院长希望教务长和校长能够给他更高的地位和权威，以便为新大楼募集更多的资金。于是，教务长和校长在没有咨询教职员工意见的情况下，直接任命他为商学院的新院长。新院长计划利用权力支持预算申请和教师任命，制定任期、晋升和休假等相关决定，从而改变某些他不喜欢的事情。

这所商学院的硕士学位课程非常成功，毕业生就业情况良好。该院 MBA 项目有一个独特之处，即三个系的 MBA 学生可以用实地研究项目代替撰写硕士论文。实地研究是指学生在最后一年组成 2～3 人团队，在导师的指导下对当地某组织开展小型咨询项目。通过开展实地研究，学生有机会学习与其职业生涯相关的更多技能，很多 MBA 毕业生在目标公司里找到了好工作。项目负责人会领取一笔费用，用来支付项目开销和支持教员研究。新院长因无法控制现地项目的资金使用，而感到不满。在与负责学术项目的教务长进行谈话时，他认为这些现地项目不合适、无效果，应该被取消。

新院长也没有意识到商学院小型博士项目的重要性及其带来的益处。这是一个低成本项目，因为大部分必修课程都可以借助 MBA 课程和其他学院（公共管理学院等）的博士课程。商学院只需要提供几门博士课程，但项目导师对博士研究和论文的指导工作不计入工作量统计。由于缺少指导博士研究和论文所需的技能，这位新院长从未被邀请加入博士项目导师队伍，这让他感到不满。在与负责学术的副校长谈话时，新院长认为博士生享受研究生助研金的资助，却没有对教学研究做出任何有价值的贡献，他们在本科课程教学方面的表现还不如助教。他的想法是错误的。

该项目的研究成果已进入发表流程，还获得了最佳论文奖。为本科生授课的博士生都是经过精心挑选和培训的，本科生对这些课程的评价很高。此外，学院很难聘请到合格的助教，助教数量的增加也会降低本科课程认证审查的成功率。在没有咨询博士项目主任和导师的情况下，新院长决定取消多数博士生的助研金。他认为，未参与博士项目的商学院导师根本不关心该项目是否结束。这位新院长几乎没有与商学院导师进行过社交活动，不了解他们的活动和困难。前院长会在家里或乡村俱乐部举办教师年度聚会，而他从来没有。听说他打算取消博士项目和 MBA 实地项目后，全体教职员工举行了一次秘密会议，多数人赞同罢免他。教务长也得知新院长撒谎、无端做出错误决定且缺乏教员的认可。有人提醒教务长，新院长不具备担任该职位的资格，因为他并没有参加平权运动的选拔，而这是大学选拔院长的基本要求。于是，原本想保留新院长的教务长也改变了主意。大学很快就做出了罢免该院长的决定，并开始寻找合适的继任者。

（作者：加里·尤克尔）

问题

1. 代理院长采用了哪些影响策略来获得晋升？

2. 新院长对商学院教员的权力有多大？

3. 在罢免新院长的过程中用到了哪些权力和影响策略？

第七章　领导者的特质和技能

>>> 学习目标

通过学习本章内容，读者能够：

● 了解领导者特质和技能与有效领导的关系。

● 了解哪些特质和技能更有助于有效领导。

● 了解哪些特质和技能更有助于领导者取得成功。

● 了解情境因素对领导特质或技能的影响。

● 了解特质法的局限性。

导　言

探寻某些人的性格特质和技能是领导学早期的一种研究方法，旨在预测这些人能否胜任领导职位并发挥效能，这种方法通常被称为"特质法"。本章旨在回顾特质和技能的相关研究，以帮助领导者提高领导效能，晋升到更高领导职位。本章内容包括相关基本概念和研究方法、促进领导效能的人格特质和技能的主要研究发现、影响人格特质和技能的相关情境，以及基于研究结果的领导策略指南。

（一）　领导者的各种特质

人的各种特质是领导学的重要研究领域，包括人格（personality）、性情（temperament）、需求、动机和价值观等。人格特质是以某种相对稳定的方式行事，如自信、外向、心智成熟和精力充沛等。社会需求和动机也是重要的特质，因为它们会影响人对信息和事件的注意力，还会引导、激励和维持人的行为，如对成就、尊重、依附（affiliation）、权力和独立的需求等。大量证据表明，多数特质都是由后天学习能力与从激励或经验中获得满足感的天生能力共同决定的（Arvey，Li，& Wang，2016；Bouchard，Lykken，McGue，Segal，& Tellegen，1990；Zhang，Ilies，& Arvey，2009）。有些特质（如社会需求等）可能比其他特质（如性情和生理需求等）更容易受学习的影响。

价值观是判断事物对错、是否合乎伦理、道德与否的内在态度，包括公平、正义、诚实、自由、平等、利他主义、忠诚、文明（礼节和礼貌）、实用主义和绩效导向（追求卓越）等。价值观非常重要，因为它会影响人的偏好、对问题的看法和行为选择。本书第九章将讨论伦理型领导的价值观，第十三章将讨论跨文化研究中的价值观。

自我概念（self-concepts）、自我认同（self-identities）和社会认同（social identities）所涉及的价值观和信念与个人的职业、人际关系，以及社会角色和活动密切相关。一般来说，人们都有捍卫自尊、坚持核心价值观、社会认同和行为统一的内在动机。技能是指有效执行某件事的能力，与特质一样，技能是由学习和遗传共同决定的（Arvey，Zhang，Avolio，& Krueger，2007）。技能的定义比较多元和抽象，有广义的笼统能力，如智力、人际交往技能、概念技能和技术技能等，也有狭义的具体能力，如口头推理和解决问题等技能。

能力（competency）包含特质、技能，或二者的组合，通常用来描述特定组织、特定职业或特定情境中领导者应具备的素质。

（二） 领导者特质和技能的相关研究

研究者曾针对领导者的特质和技能，及其与领导效能（下属满意度和绩效、部门业绩或上司的评价等）之间的关系开展了多项研究（Bass，1990，2008；Boyatzis，1982；Stogdill，1974），试图发现对领导者有益的特质和技能（Lord，DeVader，& Alliger，1986；Stogdill，1974）。他们对同一职业的领导者和非正式领导者进行了比较研究，在共同解决问题的过程中明确了领导者应具备的特质和技能。

管理或行政岗位领导者的特质和技能的相关研究结果表明，某些特质和技能更有助于提高领导效能。衡量领导者特质和技能的常用方法包括测试、关键事件表现、领导者自评、下属或上司的评价等。有些研究聚焦于领导者当前职位，基于其工作绩效进行特质和技能评估。有些研究跨越数年，旨在发现有助于领导者取得成功、晋升更高职位或提高领导效能的特质和技能。也有研究者在测试、访谈和领导职位选拔过程中收集资料和信息，以衡量领导者的相关特质和技能（例如，Bray，Campbell，& Grant，1974；Howard & Bray，1988；McClelland & Boyatzis，1982；Miner，1978）。

有些纵向研究对晋升到顶层领导职位的成功领导者和因故被解雇或提前退休的"脱

轨"领导者进行了比较（Braddy，Gooty，Fleenor，& Yammarino，2014；McCall & Lombardo，1983a；McCartney & Campbell，2006）。研究者收集并分析了每名领导者的特质、技能和职业经历，以明确"脱轨"领导者和成功领导者之间的异同。在利用这种研究方法进行跨文化研究时，高层和中层管理者分别评估了导致美国和欧洲领导者"脱轨"的各类原因（Lombardo & McCauley，1988；Van Velsor & Leslie，1995）。研究表明，在上司看来，缺乏进取意识、不进行自我提升的人极有可能在集体主义文化中"脱轨"，但在个人主义文化中却不会，因为他们的行为符合谦逊的文化规范（Cullen，Gentry，& Yammarino，2015）。

某些研究者试图发现遗传或学习对领导者特质和技能的决定作用，他们比较了同卵双胞胎（拥有100%相同的遗传背景）和异卵双胞胎（拥有约50%相同的遗传背景），以深入了解遗传因素与环境因素的影响。有证据表明，就个人而言，其领导角色的表现差异以及相关人格特质（自信和成就需求等）的30%受遗传因素影响（Arvey，Rotundo，Johnson，Zhang，& McGue，2006）。遗传学的前沿研究还显示，拥有 rs4950 基因的人更容易担任领导职位（De Neve，Mikhaylov，Dawes，Christakis，& Fowler，2013，p. 45），而拥有多巴胺转运蛋白基因 DAT1 的人不太可能具有主动型人格，因此不太可能担任领导角色（Li et al.，2015）。这项研究表明，成功的领导需要遗传属性和后天习得属性的共同作用。

（三）　研究成果综述

基于数百项领导者特质和技能对领导效能和职业发展促进作用的相关研究，研究者在评论和荟萃分析中报告了研究结果（Bass，1990，2008；Judge，Piccolo，& Kosalka，2009；Stogdill，1974；Zaccaro，2007，2012；Zaccaro，Dubrow，& Kolze，2018）。有些特质和技能有助于个人被选上领导职位，有些特质和技能则有助于提高领导者的效能。具有某些特质的领导者的效能还取决于特定的领导情境。最能体现领导者效能的特质和技能也会因目标不同（领导者选拔、晋升、领导者所在部门的业绩、下属满意度等）而有所不同。

一、人格特质与有效领导

在过去的数十年间，研究者就与管理效率和职业晋升相关的各类人格特质开展了一系列研究，尽管研究的特质各不相同，但不同研究方法得出的结论却相当一致。本部分总结并整理了大型组织管理和行政人员所具备的与领导效能密切相关的人格特质（见表

7-1）。某些特质和技能能够影响领导结果，可结合本书其他章节介绍的具体领导行为进行理解。

表7-1 与领导效能相关的具体特质

• 精力旺盛且抗压能力强
• 内在控制倾向
• 情绪稳定且成熟
• 高核心自我评价
• 个人诚信
• 社会化权力动机
• 适度的高成就导向
• 适度自信
• 低亲和力需求

（一）精力水平和抗压能力

关于特质的研究表明，精力水平、体力和抗压能力与领导效能密切相关（Bass，1990，2008；Howard & Bray，1988）。精力旺盛和抗压能力强有助于领导者应对繁忙、耗时且冷漠的管理岗位要求。身体的活力和情绪的弹性可以使人更容易应对压力重重的人际关系，如善施惩罚的老板、麻烦缠身的下属、不合作的同级或敌对的客户。为了有效解决问题，领导者需要保持冷静、专注于问题，而不是惊慌失措、否认问题的存在或试图将责任转移给他人。一个抗压能力强且沉着的领导者除了可以做出更好的决策外，还容易保持冷静，在危机中为下属提供自信、果断的指示。

身处管理岗位，领导者通常压力较大，尤其是需要在没有足够信息的情况下做出重要决策、解决角色冲突或满足各方提出的不兼容要求时。高级领导者必须具备较强的抗压能力才能成功转变某些不利情况，以保护自身声誉和职位，使下属的生活和工作不受影响。比尔·乔治（Bill George）讲述了他作为美敦力（Medtronic）首席执行官所感受到的压力（George，2003，p.16）：

> 由于问题的增加或销售的滞后，我每天都会感到压力很大。我知道，数万名员工的生计、数百万患者的健康以及数百万投资者的财富都担在我和高层管理团队的肩上。同时，我很清楚业绩不佳的后果，哪怕是一个季度业绩不佳。没有哪位首席执行官想在消费者新闻与商业频道（CNBC）上解释公司没有达到盈利预期的原因，哪怕与预期只差一分钱。

（二）自信

一般来说，自信一词的定义包含几个相关概念，如自尊（self-esteem）和自我效能感（self-efficacy）等。多数关于领导者自信或自我效能感的研究表明，它们与领导者的效能和晋升呈正相关关系（参见 Bass，1990，2008；Hannah，Avolio，Luthans，& Harms，2008）。博亚特兹的关键事件研究（Boyatzis，1982）从自信的角度对有效管理者和无效管理者进行了区分，美国电话电报公司（AT&T）的评价中心（assessment center，一种使用多种测评方法和技术的综合测评系统）研究发现，自信有助于领导者晋升到更高的管理岗位（Howard & Bray，1988）。其他研究发现，自信对魅力型领导至关重要（见第八章）。

研究自信对领导者行为的影响有助于我们了解自信与领导效能之间的关系。高度自信的领导者更有可能尝试困难的任务，为自己设定具有挑战性的目标。自信的领导者会更主动地解决问题，并引领理想的变革（Paglis & Green，2002）。对自己期望值较高的领导者对下属也会有较高的期望（Kouzes & Posner，1987）。尽管最初可能会遇到问题和挫折，但这种领导者在追逐艰难目标时更能坚持下去。他们在完成任务或使命过程中的乐观和坚持可以让下属、同级和上级更加投入地支持其工作。自信的领导者在危机中更果断，此时的成功通常取决于下属的认识，即领导者是否具备必要的知识和勇气有效地解决危机。最后，自信与应对问题的行动导向型方法（action-oriented approach）相关。缺乏自信的领导者更容易推迟处理困难问题，或将责任转移给他人（Kipnis & Lane，1962）。

拥有自信具有一些明显的优势，但过于自信可能会导致一些有失水准的行为。过度自信会让领导者对某些冒险行动持过于乐观的态度，从而做出草率决策或否认计划存在缺陷。拥有极高自信心的领导者容易出现傲慢或专制的行为，而且无法容忍不同的观点，尤其是在领导者情绪不成熟的情况下。由于领导者对他人的想法和关注的问题没有回应，也就不太可能实现参与式领导带来的好处。因此，如果领导者的专业能力没有远超下属，适度自信可能比过度自信或不自信要好。

过度自信会导致傲慢，让人感觉自己无所不知，这种态度还有另一种负面影响。傲慢的领导者很难与不依赖领导者专业能力的人建立合作关系。领导者如果傲慢地对待比自己更专业的人容易树敌，使其职业生涯"脱轨"。

（三）　内在控制倾向

与领导效能相关的另一个特质是内在控制倾向，可以利用罗特（Rotter，1966）开发的人格量表（personality scale）对这种特质进行测量。具有强烈内在控制倾向的人（称为"内控者"）认为，他们生活中的事件更多是由自己的行为决定，而不是由偶然或无法控制的力量决定。相比之下，具有强烈外部控制倾向的人（称为"外控者"）认为，他们的生活境况主要由偶然或命运决定，对改善生活他们束手无策。

内控者相信他们可以影响自己的命运，因此他们会对自己的行为和组织的业绩承担更多责任。内控者具有更面向未来的视野，更可能主动规划如何实现目标。在发现和解决问题上，他们比外控者更主动。他们对自己影响他人的能力充满信心，更有可能使用说服策略而不是强制或操纵影响策略（Goodstadt & Hjelle，1973）。他们在应对问题和使用管理策略上更具灵活性、适应性和创新性（Miller，Kets de Vries，& Toulouse，1982）。当遇到挫折或失败时，他们更有可能从中吸取教训，而不是仅仅将挫折或失败视为厄运。

关于这一特质与领导效能之间关系的研究比较有限，但结果表明，强烈的内在控制倾向与领导效能呈正相关性。例如，米勒和图卢兹（Miller & Toulouse，1986）对97家公司的首席执行官进行了一项研究，发现在盈利能力和销售增长等客观标准方面，内控者比外控者更高效。对处于动态环境中的公司来说，这种相关性更强，因为在这种环境中，进行主要产品创新更为重要。豪厄尔和阿沃利奥（Howell & Avolio，1993）对一家大型金融机构的76名高管进行了一项研究，发现在人格测量后的一年内，内控者的部门业绩要比外控者的部门业绩好。然而，也有证据表明，内在控制倾向并不总是与对社会负责的行为联系在一起。例如，凯勒和福斯特（Keller & Foster，2012）发现，具有内在控制倾向的美国总统更容易出于国内政治目的而采取一些有风险的牵制性战略。

（四）　情绪稳定性和成熟度

情绪成熟度（emotional maturity）一词的定义很宽泛，包括多种相互关联的动机、特质和价值观。情绪成熟度高的人适应能力强，不会遭受严重的心理障碍。情绪成熟度高的人对自己的优点和缺点有更多的自我意识，会倾向于自我完善，而不是否认缺点或幻想成功。他们不那么以自我为中心（更关心他人）、更具自制力（不那么冲动，更能抵制享乐主义的诱惑）、情绪更稳定（不容易出现极端情绪波动或突然发怒），且防御心理较弱（更容易接受批评，愿意从错误中吸取教训）。他们可能也具有很高的道德认知发展水平（见第九章）。因此，情绪成熟度高的领导者可以与下属、同级和上级保持更多的合作关系。下文描述了这种特质的范例（George，2003，p.15）：

> 我也很难适应自己的弱点——我经常用让人难以接受的方式恐吓他人，经常不耐烦，有时也不够圆滑。直到最近，我才意识到我的长处和短处是同一枚硬币的两面。在商务会议上向他人发难，可以使我迅速触及问题的核心，但我的方法会让不太自信的人感到不安和害怕。我的愿望是快速完成工作，这可能会使绩效更高，但也会暴露我对行动迟缓者的不耐烦情绪。与他人直来直去可以清楚地传达信息，但往往不够圆滑。随着时间的推移，我慢慢调整了自己的风格和方法，以确保人们能参与其中并获得授权，他们的声音得到充分倾听。

多数关于特质的实证研究表明，情绪成熟度的某些关键要素与领导效能和职业发展密切相关（Bass，1990，2008）。麦考利和隆巴尔多（McCauley & Lombardo，1990）在一项称为"标杆"测评的研究中发现，自我意识良好、渴望进步的领导者会获得更高的成就。霍华德和布雷（Howard & Bray，1988）对美国电话电报公司的研究表明，自知之明和一般适应性也能决定晋升。其他研究发现，效能高的管理者对自己的优势和劣势非常了解，他们乐于自我完善，而不是消极抵制（例如，Bennis & Nanus，1985；Tichy & Devanna，1986）。最近，有证据表明，一些女性领导者通常会感觉老板认为她们能力不如男性领导者，这反映出她们缺乏自我意识和自信，阻碍了自己的进步，使自身才能无法被组织充分利用（Sturm，Taylor，Atwater，& Braddy，2014）。针对社会化和个人化权力导向的研究也证明了情感成熟度对有效领导的重要性。

（五）核心自我评价

有充分的证据表明，自信（广义的自我效能感）、内在控制倾向和情绪稳定等特质与领导力和领导效能密切相关；还有一些研究表明，将这些特质与高度的自尊结合起来，会进一步提高领导效能。核心自我评价反映了一种涉及"对个人价值、效能和能力进行基本评估"的广义人格特质（Judge，Erez，Bono，& Thoresen，2003，p.304）。一项针对美国职业棒球大联盟100多年历史上的75位球队首席执行官的研究显示，核心自我评价较高的首席执行官所在的球队赢得了更多比赛，球迷的到场观赛率也更高（Resick，Whitman，Wengarden，& Hiller，2009）。还有一项针对中国3个组织的150名领导者和464名员工的研究（Hu，Wang，Liden，& Sun，2012）发现，核心自我评价较高的领导者更有可能增强追随者的信心，并激励他们取得更好的业绩。

（六） 权力动机

对权力有高度需求的人喜欢影响他人和事件，也更可能追求权威职位。多数研究发现，在大型组织中，权力需求与个人晋升存在着密切关系（例如，Howard ＆ Bray，1988；McClelland ＆ Boyatzis，1982；Stahl，1983）。有强烈权力需求的人会寻求有权威和权力的职位，也更容易适应组织中的权力政治。

对权力的强烈需求与涉及使用权力和影响力的管理角色的要求密切相关。大型组织的领导者必须通过行使相关权力来影响下属、同级和上级。对权力需求较低的人通常缺乏组织和指导群体活动、谈判有利协议、争取必要资源、倡导和促进可取变革以及执行必要纪律所需的欲望和果断。一个人如果觉得某种行为困难且令人感到不安，或者认为对他人行使权力是错误的，就不太可能满足管理岗位对角色的要求（Miner，1985）。

强烈的权力需求是可取的，但领导者的效能也取决于如何表达这种需求。实证研究表明，社会化权力导向（socialized power orientation）比个人化权力导向（personalized power orientation）更容易实现有效领导（Boyatzis，1982；House，Spangler，＆ Woycke，1991；McClelland ＆ Boyatzis，1982；McClelland ＆ Burnham，1976；Steinmann，Dörr，Schultheiss，＆ Maier，2015）。只有少数研究考察了每种权力导向（power orientation）相关行为，但研究结果存在很大差异（McClelland，1975，1985；Steinmann et al.，2015）。

个人化权力导向型领导者利用权力来强化自己，满足自己对赞誉和地位的强烈需求。他们几乎不受节制或缺乏自我控制，会冲动地行使权力。根据麦克莱兰和伯纳姆（McClelland ＆ Burnham，1976，p. 103）的说法，"他们对人更粗鲁，他们酗酒，他们试图对他人进行性剥削，他们有豪华轿车或豪华办公室等象征个人威望的东西"。个人化权力导向型领导者试图通过让下属保持软弱和依赖性来控制他们。这种领导者会将进行重要决策的权威集中在自己手中，会对信息进行控制，会通过奖惩来操纵和控制下属。他们会极力挑拨个人或派系进行内讧，从而达到弱化他们的目的。他们在向下属提供帮助和建议时会刻意展示个人优越性，以使下属感到自卑和依赖。有时，个人化权力导向型领导者能够激发下属的忠诚度和团队精神，但更容易产生一些负面后果。在工作中遇到问题时，下属不愿意主动解决问题。他们不会迅速采取行动来解决问题，而是忽视问题或等待领导者的明确指示。

社会化权力导向型领导者在情感上更加成熟。他们更多是为了他人的利益而行使权力，他们会犹豫该不该通过权力操纵他人，他们不那么自私自利也没有抵制心理，他们积累的个人物质财富较少，但眼光更长远，更愿意听取专业人士的建议。他们对权力的强烈需求表现为利用自身影响来让组织发展壮大并取得成功。这种领导者倾向于培养下属对组织的承诺，因此更倾向于使用参与型、指导型的领导行为，而不太可能使用强制型和专断型的领导行为。这种领导者能"帮助下属明确优势和责任，减少琐碎规则对下属的约束，帮助下属建立清晰的组织结构，并营造所在部门的自豪感"（McClelland，1975，p. 302）。

（七）　个人诚信

诚信意味着一个人的行为符合其所信奉的价值观，并且此人诚实、道德、值得信赖（Bauman，2013；Palanski & Yammarino，2009）。诚信是人与人之间相互信任的主要决定因素。除非一个人被认为值得信赖，否则很难让追随者保持忠诚，也很难获得同级和上级的合作与支持。此外，专家权力和参照权力的主要决定因素就是他人对其可信度的评价。与诚信相关的价值观包括诚实、忠诚、公平、正义和利他主义。

有几种行为与诚信相关。诚信的第一个重要指标是诚实和真诚。当人们发现领导者撒谎或信口开河时，领导者就会失去信誉。诚信的第二个指标是信守承诺。人们不愿意与不信守承诺的领导者达成协议。诚信的第三个指标是领导者履行对下属服务与忠诚责任的程度。如果追随者发现领导者为了追求自身利益而利用或操纵他们，领导者就会失去信任。诚信的第四个指标是他人是否可以相信某位领导者不会随便用极度自信的口吻去传播某些话。人们不会把重要但敏感的信息传递给不能保守秘密的领导者。诚信的关键决定因素是领导者行为与其反复向追随者传达的价值观是否一致。激励他人支持某种意识形态或愿景的领导者必须用自己的行为树立榜样。最后，诚信还意味着对自己的行为和决定负责。如果领导者在某个问题上做出了决定或选定了立场，在决策不成功或立场有争议时又极力推卸责任，那么该领导者就会显得弱软且不可靠。

在考克斯和库珀（Cox & Cooper，1989）对 45 位英国首席执行官进行的一项研究中，多数首席执行官认为诚信是一项重要的品质。创新领导力中心（CCL）的研究发现，职业生涯"脱轨"的领导者普遍缺乏诚信，而成功的领导者则非常讲诚信。成功的领导者诚实可靠，他们会执行所承诺的行动，会提前通知人们必要的变革。"全球领导和组织行为效能"（Global Leadership and Organizational Behavior Effectiveness，GLOBE）项目对 62 种文化进行了研究，结果表明，诚信被普遍认为是出色领导者的一种属性（Den Hartog et al.，1999）。诚信是伦理型领导、真诚型领导和精神型领导的重要内涵，本书第九章将对此进行进一步讨论。

（八） 自恋

自恋是一种综合人格特征，包括某些与有效领导相关的特质，如对尊重（威望、地位、关注、赞赏和崇拜等）和个人化权力的强烈需求、较低的情绪成熟度和诚信度等。这种综合人格可以用一种被称为"自恋人格量表"（Narcissistic Personality Inventory）的自评量表进行测评（Raskin & Hall，1981）。

具备临床心理学和心理分析背景的研究者分析了自恋的起源及与之相关的行为（Kets de Vries & Miller，1984，1985；Raskin，Novacek，& Hogan，1991）。受到父母感情冷落和排斥的人可能会认为自己无法依赖任何人的爱或忠诚。为了消除内心的孤独和恐惧，他们会沉迷于构建自己的权力、地位和控制力。他们对成功和权力充满幻想，自以为是地夸大自己的重要性和独特才能。为了支持这种自欺欺人的行为，他们需要不断从他人那里寻求关注和赞赏。

由于自恋者沉迷于自我需要，他们很少同情或关注别人的感受和需求。他们通过剥削和控制他人来沉湎于自夸的欲望，而且他们不会感到自责。他们期望获得别人的特殊支持，却感受不到互惠的需求。自恋者倾向于将人类关系和动机过于简单化，倾向于从极端好或极端差的角度来看待事情。在他们看来，其他人不是忠诚的支持者就是敌人。自恋者油盐不进，将他人的批评视为拒绝和不忠的标志。尽管有时候他们会为了讨好某人而变得有魅力、乐于助人，但在对待没有权力的人，特别是反对或阻碍他们的人时，就会表现得咄咄逼人、冷酷无情。下面这个例子描述的就是一位自恋的领导者：

> 他非常擅长解决技术问题，但在取得显著成绩的同时，他也让别人感到极不舒适。他喜怒无常、情绪波动大，完全缺乏敏感度、善良或耐心。如果下属犯了严重的错误，他会当着别人的面用刻薄的话语大声批评，说出"你怎么能这么蠢"之类的话。他无法忍受不同意见，下属也不敢提出能使部门变得更高效的变革建议。讽刺的是，当事情合意时，他会显得很可爱并且和蔼可亲，就像他在与高层领导者交流时那样。

针对自恋的研究可以让我们更多地了解情绪成熟度低和个人化权力导向的领导者所面临的困境（House & Howell，1992；Rosenthal & Pittnsky，2006）。身处领导职位的自恋者有很多缺点（Glad，2002；Kets de Vries & Miller，1984，1985）。围绕在他们身边的都是忠诚而不会提出批评意见的下属。他们会不充分收集环境信息就做出决策。他们相信自己见多识广，有能力制定出最佳决策，因而不会寻求或接受来自下属和同级的客观建议。他们为了炫耀自己，往往会承担一些野心勃勃的项目，但是由于缺乏对情境的充分分析，项目可能既存在风险又不切实际。当项目进展不顺利时，他们倾向于排斥或不理会负面信息，因而丧失了改正问题以及时避免灾难的机会。当失败最终成为事实时，自恋型领导者会拒绝承担任何责任，并寻找替罪羊。即使是为改善企业社会责任而做出的举措也可能非常短暂、不可持续（Petrenko，Aime，Ridge，& Hill，2016）。有研究表明，自恋型首席执行官领导的公司操纵财务数据的可能性更大（Ham，Lang，Seybert，& Sean，2017），他们往往会高价采购（Chatterjee & Hambrick，2007，2011），也更容易受到起诉（O'Reilly III，Doerr，& Chatman，2018），鉴于自恋者行为的不正常属性，这种结果也就不足为奇了。最后，极端自恋者会利用组织弥补自己的不满足感，因此，他们无法谋划有序的领导权继承问题。他们认为自己不可替代，应该紧握权力不放。相比之下，情绪成熟的高级领导者会在工作完成后和需要更换领导者时从容退位。

尽管自恋存在很多消极方面，但这一综合人格也有积极方面，至少在一些特定条件下如此（Rosenthal & Pittinsky，2006）。一项针对美国总统（Deluga，1997）和计算机与软件公司首席执行官（Chatterjee & Hambrick，2007）的研究发现，最成功和最失败的领导者都有自恋倾向。自恋型领导者的自信和乐观有助于他们影响他人追求大胆而创新的目标，而这些目标可能具有可行性和价值。尽管自恋者提出冒险性新举措的动机可能令人怀疑，但他们有时可以成功领导组织应对严重的威胁或抓住不寻常的机会。当然，自恋型领导者不太可能比非常自信乐观且具有社会化权力导向和高情绪成熟度的领导者更具效能。

（九）　成就导向

成就导向包括一系列相关需求和价值观，如成就需求、承担责任的意愿、业绩导向以及对任务目标的关注。很多学者对成就导向与管理晋升和领导效能之间的关系进行过研究（参见 Bass，1990，2008）。然而，研究结果因标准（晋升和效能等）和领导职位类型（创业公司领导者、公司总经理和技术型领导者等）的不同而有所变化。

成就动机（achievement motivation）与领导效能之间的关系纷繁复杂。某些研究发现，成就动机与效能之间呈正相关关系（例如，Stahl，1983；Wainer & Rubin，1969），但也有研究发现它们之间呈负相关关系（House，Spangler，& Woycke，1991）或不存在明显的关系（Miller & Toulouse，1986）。研究结果不一致可能的解释是，成就动机与领导效能之间是曲线关系，不是直线关系。换言之，成就动机适中的领导者可能比成就动机过低或过高的领导者更有效能。

成就导向与领导行为之间相关关系的研究比较有限，但现有研究表明它们之间可能存在一些关系。与成就导向弱的领导者相比，成就导向强的领导者会非常关注任务目标，他们更愿意承担解决问题的责任，能够主动发现并果断解决问题。他们更喜欢风险适中的解决方案，而不是太冒险或太保守的方案。这种领导者可能会采取某些与任务相关的领导行为，如确定既具挑战性又切实可行的目标和最后期限、制订具体的行动计划、确定克服障碍的方式、高效地组织工作、与他人交流时强调绩效（Boyatzis，1982）等。与此相反，成就导向弱的领导者没有动力去寻找富有挑战性的目标和适度的风险机会，也不会主动明确问题并承担解决问题的责任。

过强的成就导向也可能催生破坏领导效能的行为。如果成就需求是领导者的主要动机，那么领导者很可能会追求个人的成就和进步，而不是所在团队或工作部门的成绩。领导者会试图单独完成所有事情，不愿意授权，也无法培养下属强烈的责任感和对任务的承诺（McClelland & Burnham，1976；Miller & Toulouse，1986）。对这一类人而言，在组织的管理团队中有效履行职能是尤为困难的。

成就导向在领导行为上的表达方式取决于领导者的整体动机模式。只有当成就动机服从于更强烈的社会化权力时，领导者才会朝着打造成功团队的方向努力，成就需求才能增强领导效能。当成就动机与个人化权力需求结合在一起时，领导者可能会不惜一切代价获得职位晋升。这类领导者会为了迅速将自己打造成崛起的新星而忽视任务目标和对下属的培养。他们在做决策时会受短期成就的诱导，长远来看，这可能会损害部门业绩。这类领导者很可能会独自掌控有前途、引人注目的项目，并将多数成就归于自己。争强好胜的领导者可能会拒绝与被他视为潜在竞争对手的同级人员合作。正如创新领导力中心的研究发现一样，如果某位领导者个人野心太重且过于争强好胜，就很容易树敌过多，也很可能起初获得晋升而最终"脱轨"。

A 型人格的相关研究为我们提供了其他见解。A 型人格领导者拥有强烈的成就导向，对事件有着强烈的控制需求（Baron，1989；Nahavandi，Mizzi，& Malekzadeh，1992；Strube，Turner，Cerro，Stevens，& Hinchy，1984）。具有这一综合人格特征的领导者期望值高且争强好胜。他们会设定较高的绩效目标，将自己与其他人进行比较，希望自己能够出人头地。A 型人格领导者对时间高度关注，大部分时间都感觉很忙，尽力同时做多件事，而且无法容忍拖沓。他们力求掌控工作的各个方面，这使他们成为蹩脚的授权者，不愿意进行团队合作（Miller，Lack，& Asroff，1985）。当 A 型人格领导者无法掌控事件时，往往会更生气且充满敌意。他们要求严格，不容忍错误，会对没有专注于工作的人提出批评。这一行为模式使他们更难维持合作关系。

（十）　亲和需求

正如本章所述，具有强烈亲和需求的人会从他人的喜爱和接受中获得极大的满足，而且他们喜欢与友善且善于合作的人共事。多数研究发现，亲和需求与领导效能之间呈负相关关系。考察亲和需求高的领导者的典型行为模式有助于理解他们效能低的原因。这种领导者注重的是人际交往关系，而不是任务，他们不愿意让工作影响和谐的关系（Litwin & Stringer，1966；McClelland，1975）。这种领导者力求避免或缓和冲突，而不是直面真正的分歧。他们会逃避做出必要但不受欢迎的决定。他们分配奖励是为了获得认可，而不是为了提高绩效。他们在分配任务时会偏待自己的朋友。这种行为模式通常使下属感觉领导"软弱、不负责任，不知道工作进展情况，也不知道与领导者如何相处，甚至不知道自己有什么后续工作"（McClelland & Burnham，1976，p. 104）。

领导者的亲和需求太强显然是不好的，但亲和需求太弱也会产生不好的结果。亲和需求弱的人往往是"孤独者"，可能除了直系亲属或少数亲密朋友之外，他们不喜欢与其他人交往。这类人缺乏参与诸多社会和公共关系活动的动力，而这些活动对于领导者来说是很有必要的，如与下属、上级和同级建立有效的人际交往关系等。因此，这类领导者可能无法发展有效的人际交往技能，而且缺乏影响他人的信心。因此，领导者应具有适度的亲和需求，不要过高也不要过低。

（十一）　五大人格特质

如果设定一个综合的概念框架，里面有少数元范畴能涵盖所有的相关特质，就可以更容易地根据领导者的个人特征来描述领导者。研究者在过去的一个世纪里确定的人格特质数量激增，这促使人们设法通过少数几个广义的分类来简化特质理论的发展。其中一项比较成功的方法被称为五因素人格模型或"大五"模型（例如，Digman，1990；Hough，1992；McCrae & Costa，1999，2008）。不同版本的分类方法对五种广义特质类别的叫法不同。这些特质包括外向性（或外倾性）、可靠性（或尽责性）、适应性（或神经质）、智慧性（或经验开放性）以及随和性。

近几年，领导力学者对使用这一分类法来解释关于领导特质的大量令人困惑的文献中的结果表现出越来越大的兴趣（例如，Abatecola, Mandarelli, & Poggesi, 2013；De Hoogh, Den Hartog, & Koopman, 2005；Hofmann & Jones, 2005；Oh & Berry, 2009）。表 7-2 显示了五大特质与前文所提特质研究中发现的与领导者的成长、晋升或效能相关的诸多对应关系。

表 7 - 2　五大人格特质与具体特质的对应关系

五大人格特质	具体特质
外向性	外向、活泼 精力/活动水平 权力需求（自信果断）
可靠性	可靠性 个人诚信 成就需求
随和性	开朗、乐观 关怀（有同情心、乐于助人） 亲和需求
适应性	情绪稳定性 自尊 自控
智慧性	勤学好问 思想开放 学习导向

资料来源：Hogan，Curphy，& Hogan（1994）．

对五因素的相关研究进行回顾和荟萃分析发现，其多数因素与领导力和领导效能有关（例如，Bono & Judge，2004；Judge，Bono，Ilies，& Gerhardt，2002）。效能高的领导者比较外向、尽责，会从经验中学习，不会过于神经质。然而，对不同类型组织进行研究的结果并不一致，原因可能是五因素的量度不同，比如，替代量度不能充分代表某个因素，可能是因为研究者使用了不同的标准变量（领导力、晋升、提高效能等主观或客观量度）。

虽然五因素模型的研究表明，外向性与领导力呈正相关关系，但不能认为只有外向的人才拥有领导力。苏珊·凯恩（Susan Cain，2012，p.2）举了一个有力的例子，展示了一位沉默寡言却不断提升的领导者：

　　我一直以为罗莎·帕克斯（Rosa Parks）是一位大胆的端庄的女性，能轻易地站起来面对一车怒目而视的乘客。但当她于 2005 年以 92 岁高龄辞世时，大量讣告让人联想到一位说话温和、声音甜美、身材娇小的女性。他们对她的评价是"胆小而害羞"却有着"狮子般的勇气"。

因此，虽然说话有力、需要关注的外向者符合人们对自信、高效领导者的刻板印象，但懂得在匆忙采取行动之前对问题进行反思的相对保守者最终更可能为复杂问题提供更具创造性的解决方案。苏珊·凯恩（Susan Cain，2012，p. 6）曾观察到："当人们谈论埃莉诺·罗斯福（Eleanor Roosevelt）、阿尔·戈尔（Al Gore）、沃伦·巴菲特（Warren Buffett）、甘地（Gandhi）和罗莎·帕克斯（Rosa Parks）等人取得成就的原因时，人们会说'因为'他们内敛，而不是说'尽管'他们内敛。"

并非所有学者都认同五因素人格模型比其他具体特质分类法更好（参见 Block，1995；Hough，1992）。如果将相关和不相关的特质都囊括在一个广义的因素中，预测的准确度就会降低。即使这些特质都是相关的，也可能因领导效能标准的不同而与之存在不同的关系。我们需要更多的研究来确定五大特质是否能比具体组成特质更好地预测和解释领导效能。此类研究所依据的理论应该能清楚地描述领导者各种特质与特定类型领导行为之间的关联，以解释为什么这些特质与领导效能相关。

二、技能与有效领导

对领导者特征的早期研究发现了与领导者的晋升和效能相关的技能。尽管对这些领导技能的分类法有很多，但最有用、最简洁的是将其分为三类广义技能，即技术技能（technical skills）、概念技能（conceptual skills）和人际交往技能（interpersonal skills）（见表 7 - 3）。卡茨（Katz，1955）和曼（Mann，1965）提出了类似的分类法。技术技能主要关注事，概念技能（或"认知技能"）主要关注观点和概念，人际交往技能（或"社交技能"）主要关注人。

表 7 - 3 广义技能的三大分类

技术技能：了解开展专业活动所需的方法、流程、程序和技术，以及使用与该活动相关的工具和设备的能力。
概念技能：整体分析，逻辑判断，对复杂模糊关系进行概念化的能力，创造性地解决问题、分析事件、感知趋势、预测变化、识别机会与潜在问题的能力（归纳和演绎推理等）。
人际交往技能：了解人类行为和人际交往过程的能力，包括从他人言行中理解其感受、态度和动机（同理心、社会敏感性）、进行清晰有效的沟通（言语流畅、说服力）、建立有效的合作关系（交际手段、倾听技能、对可接受社会行为的了解）。

有些研究者还区分了第四类技能（称为行政技能或战略管理技能），其中包括其他三类技能中的某些方面，并根据执行特定类型管理职能或行为（规划、谈判和指导等）的能力进行了定义（例如，Hooijberg，Hunt，& Dodge，1997；Hunt，1991；Mumford et al.，2007）。本书第十二章将进一步讨论这些管理技能及其与战略型领导行为的关系。

（一）技术技能

技术技能是指掌握领导者所在组织部门开展专业活动所需方法、流程和技术的相关知识。技术技能还包括对组织事实性知识（规则、结构、管理体系、员工特征等）的了解和对组织产品与服务（技术规范、优势与不足等）的了解。这类知识是通过正式教育、培训和工作经验获得的。对细节的良好记忆能力和对技术资料的快速学习能力有助于获得技术知识。有效的领导者能够通过多种途径获得相关信息和观点，并将其存储在记忆中，以便在需要时使用。

监督他人工作的领导者需要广泛了解下属执行工作所需的技术和设备。在计划和组织工作运营、指导和培训下属开展专业活动以及监测和评估下属绩效时有必要了解关于产品和流程的技术知识。在处理设备故障、质量缺陷、事故、原料不足和协调问题导致的工作中断时，领导者需要具备专业的技术能力。大量证据表明，技术技能与文职及军事领导者（尤其是低层领导者）的效能密切相关（参见 Bass，1990，2008）。创新领导力中心关于"脱轨"领导者的研究（McCall & Lombardo，1983a）发现，有关产品和工作流程的技术知识与低层领导者的效能和晋升密切相关，但对高层领导者来说不那么重要。

技术知识还与创业型企业领导者密切相关。人们似乎不知道关于新产品或新服务的诱人愿景从何而来，但它实际上是多年学习和丰富经验的结果。有关创业成功的企业家或在老牌公司推出重要新产品的企业家的研究表明，他们的技术知识是灵感之种生根发芽并结出创新成果的沃土（Westley & Mintzberg，1989）。这样的企业家包括"拍立得"相机发明者宝丽来公司创始人埃德温·兰德（Edwin Land）、苹果公司联合创始人史蒂夫·乔布斯，以及脸书联合创始人马克·扎克伯格（Mark Zukerberg）等。领导者仅对所负责的产品和流程有深入了解是远远不够的，还需要对竞争对手的产品和服务有广泛的了解。除非能够对自家产品（或服务）与竞争对手产品（或服务）进行准确的对比评估，否则领导者不太可能做出有效的战略规划（Peters & Austin，1985）。

（二）概念技能

一般来说，概念（或认知）技能包括良好的判断、远见、直觉、创造力，以及在模糊、不确定的事件中发现价值和秩序的能力。我们可以利用能力倾向测试（aptitude test）衡量具体的概念技能，包括分析能力、逻辑思维、概念生成、归纳推理和演绎推理。认知复杂度涉及这些具体技能的组合，即对事物进行概括和分类的能力、识别模式和理解复杂关系的能力，以及开发问题解决方案的能力。认知复杂度较低的人简单地认为事物非黑即白，很难看到众多不同元素是如何组合为有机整体的。认知复杂度较高的人能够看到很多灰色地带，能够识别复杂的关系模式，并能根据当前趋势预测未来事件。

概念技能对于有效的规划、组织和问题解决至关重要。行政职责的主要内容就是协调组织中各个独立的专业部门。为了实现有效的协调，领导者需要了解组织内各部门之间的相互关联，以及系统某部分的变化对其他部分的影响。领导者还必须了解外部环境变化可能对组织产生的影响。进行战略规划需要具备较强的分析事件、感知趋势、预测变化、识别机会和潜在问题的能力。认知复杂度较高的领导者能够建立更好的组织心智模型，以了解关键因素以及这些因素之间的关系。一种模型就像一张路线图，描绘某个地区的地形，显示事物之间的相对位置，帮助你从一个地方到达另一个地方。概念技能薄弱的领导者建立的心智模型往往较为简单，并不是特别实用，因为它无法描述组织内外环境中复杂的过程、因果关系以及事件的发展变化。创新领导力中心的相关研究表明，概念技能薄弱是领导者"脱轨"的原因之一（McCall & Lombardo）。

概念技能有很多不同的测量方法，包括传统的能力倾向测试、情境测试、访谈、关键事件和构建响应任务。研究者对概念技能进行了传统的纸笔测试，强有力的证据表明，概念技能与领导效能息息相关，尤其对高层领导者来说（Bass，1990，2008）。博亚特兹（Boyatzis，1982）的一项研究通过事件访谈对认知技能进行了衡量，发现了有效领导者和无效领导者之间的不同。美国电话电报公司的一项研究利用评估中心测量的认知技能，预测了能晋升到更高职位的领导者的特征（Howard & Bray，1988）。研究者对四家公司的领导者进行了纵向研究，基于个人评估访谈衡量其认知复杂度，惊人地预测到了他们四到八年后的领导职位晋升情况（Stamp，1988）。在衡量其构建响应任务的能力时，领导者被要求介绍如何解决某类场景中的典型问题，由评分员对其答案所展示的技能水平进行评分。研究者对不同级别的陆军军官进行了大量样本调查，基于这种方式衡量出他们解决问题的复杂技能，发现这些技能与职业成就密切相关（Connelly，Gilbert，Zaccaro，Marks，& Mumford，2000）。基于大量的关于认知技能和领导效能的研究文献，芒福德、托德、希格斯和麦金托什（Mumford，Todd，Higgs，& McIntosh，2017）明确了九种重要的认知技能：（1）定义问题；（2）分析原因或目标；（3）分析制约因素；（4）规划；（5）预测；（6）创造性思维；（7）评估想法；（8）智慧；（9）赋予意义或展望未来。

（三）人际交往技能

人际交往（或社交）技能是指对人类行为和群体过程的理解能力，包括理解他人感受、态度和动机的能力，清晰、有说服力的沟通能力，特定类型的人际交往能力（如同理心、社会洞察力、魅力、处理人际关系的策略、说服力和口头沟通能力等）。人际交往能力对发展和维护与下属、上级、同级或外部人员的合作关系至关重要。与麻木迟钝和冒昧无礼的人相比，善解人意、极具吸引力、灵活机智且手段高明的人会拥有更多合作关系。

人际交往技能对影响他人至关重要。同理心是理解他人动机、价值观和情绪的能力，而社会洞察力是理解在特定情况下哪些行为能被社会所接受的能力。了解他人需求以及对事物的看法可以帮助人们选择合适的影响策略，而说服力和口头沟通则可以使施加的影响更成功。另一种人际交往技能是利用他人暗示理解自身行为和行为对他人影响的能力。这种技能有时被称为"自我监督"，它有助于调整自身行为以适应情境要求（Bedeian & Day，2004；Day & Schleicher，2006；Snyder，1974；Zaccaro，Foti，& Kenny，1991）。人际交往技能强的人可以更有效地运用影响策略和印象管理策略（见第六章）。

人际交往技能还可以提高关系导向型领导行为的效能。强大的人际交往技能有助于领导者以专注、同情和非评判的方式倾听他人的个人问题、投诉或批评。同理心有助于领导者理解他人需求和感受，以明确为他人提供支持的方式。同理心还有助于找到解决冲突的有效方法。即使是以任务为导向的领导行为（布置任务和给出指示等）也需要相当强的人际交往技能。在使用人际交往技能时，领导者既要表现出对人的关心，也要表现出对任务目标的关心。有些人存在误解，认为人际交往技能不过是某些在特殊情况下才需要激发的体贴行为。然而，正如卡茨（Katz，1955，p.34）所指出的："与他人合作的技能必须成为一种自然且持续的活动，因为它涉及的敏感性不仅体现在决策时，也体现在领导者的日常行为中。"

本章介绍的特质研究结果表明，人际交往技能对领导效能和晋升非常重要（Bass，1990，2008）。美国电话电报公司的一项研究基于人际交往技能，对领导者晋升进行了准确预测。博亚特兹（Boyatzis，1982）研究发现，无论在哪种情境下，有效领导者和无效领导者之间的人际交往技能都是不同的。创新领导力中心的一项研究（McCall & Lombardo，1983b）表明，人际交往技能不足（包括虐待下属）是领导者最终在职业生涯中"脱轨"的主要原因。

（四） 政治技能

一提到政治，人们常常会联想到操纵者利用他人谋取私利的负面形象，但现实是，组织中的政治往往能让领导者实现某些对他人有利的目标。有些人擅长引导组织政治，并利用相关政治策略实现自身目标。政治技能包括"在工作中有效地理解他人，并利用相关知识影响他人以提高个人和（或）组织目标的能力"（Ferris et al.，2005，p.127）。政治技能的维度包括社交机敏性（social astuteness）、人际影响力（interpersonal influence)、联络能力（networking ability）和表面诚意（apparent sincerity）。社交机敏性是指理解社交互动以及在社交环境中解读自己和他人行为的能力。人际影响力源于政治技能娴熟的人调整自身行为以适应情境并从他处获得所需回应的能力。联络能力包括建立和使用不同社交网络的能力。政治技能娴熟的领导者更易发展友谊，建立强大且有益的同盟或联盟，创造并利用相关机会。政治技能强的领导者看起来非常真实、真诚和正直。人们认为他们开放、诚实、值得信赖，不会胁迫或操纵他人，可以激发同事的信心和信任（Ferris，Perrewe，Anthony，& Gilmore，2000；Ferris et al.，2007）。

政治技能最常用的测量工具是政治技能量表（Political Skill Inventory）（Ferris et al.，2005）。最近的一项荟萃分析结论表明，政治技能与工作效率、工作满意度、组织承诺、自我效能、组织公民行为、个人声誉和职业成功呈正相关关系，与生理压力呈负相关关系（Munyon，Summers，Thompson，& Ferris，2015）。除心智能力和五大人格特质外，政治技能也可以预测任务绩效。研究发现，政治技能娴熟的领导者所在团队的绩效会更高（Ahearn，Ferris，& Hochwarter，2004），下属也认为这种领导者更有效（Blickle，Meurs，Wihler，Ewen，& Peiseler，2014）。政治技能娴熟的领导者更懂得分析他人和情境，建立并部署广泛的联系网络以获得影响力，给他人留下真实、真诚、不操纵他人、以他人利益为中心的印象。

三、领导能力

虽然能力通常被等同于技能，但它通常是特定技能和相关补充特质的结合。能力常被用来描述某一特定公司或行业领导者需具备的理想特质，也有学者提出了领导者普遍具备的一些能力，如情绪智力（emotional intelligence）、社会智力（social intelligence）和学习能力（learning ability）。这些能力涉及本章前面介绍的某些技能和特质，但也有自己独特的定义和衡量方式。

（一）情绪智力

情绪是需要关注的强烈感觉，可能会影响人的认知过程和行为。情绪包括愤怒、恐惧、悲伤、喜悦、羞耻和惊讶。即使是在强度减弱后，情绪仍可能以积极或消极心情的形式持续存现，会对领导行为产生影响（George，1995）。情绪智力包括几种相互关联的技能。同理心是识别他人心情和情绪、区分情绪表达真假、理解他人对本人情绪和行为的反应的能力。自我调节（self-regulation）是将情绪转化为适合情境的行为而不冲动行事（如抨击激怒你的人，或在失望后陷入抑郁状态）的能力。情绪自我意识（emotional self-awareness）是对自己的心情和情绪及其如何随时间而变化的理解，以避免对任务绩效和人际关系产生影响。同时，情绪智力还需要自我意识和沟通技能，即能够通过语言和非语言交流（面部表情和手势等）准确地向他人表达自己的感受。情绪智力是可以学习的，但显著提高可能需要大量指导、相关反馈和对发展的强烈愿望（Goleman，1995）。

情绪智力与领导效能存在多方面的关系（Goleman，1995；Goleman，Boyatzis，&McKee，2002；Mayer & Salovey，1995）。情绪智力高的领导者更有能力解决复杂问题、规划如何有效利用时间、使自己的行为适应形势，并对危机进行管理。自我意识有助于人们了解自己的需求及在事件发生时可能的反应，从而更好地评估各种方案。自我调节有助于在压力情境下保持情绪稳定并处理信息，有助于领导者在遇到障碍和挫折时保持对项目或任务的乐观和热情。同理心是发展合作型人际关系所需的强大社交技能，包括认真倾听、有效沟通、表达欣赏和给予尊重的能力。理解和影响他人情绪的能力有助于领导者激发他人对拟议活动或变革的热情。情绪智力高的领导者可以深刻理解理性或情感诉求在特定情境下的作用。

针对情绪智力的相关影响测量，有些研究者使用自我报告测量法（例如，Wong &Law，2002），有些研究者使用基于绩效的测量法（例如，Mayer，Salovey，Caruso，&Sitarenios，2003）。尽管情绪智力在大众媒体中受到了广泛关注（Goleman，1995，1998；Goleman et al.，2002），但人们对它在有效领导中的重要性存在相当大的争议（Antonakis，Ashkanasy，& Dasborough，2009）。有人对情绪智力的重要性持怀疑态度（例如，Landy，2005；Locke，2005），但目前有足够的证据表明，较高的情绪智力对成功的领导有较强的促进作用（Walter，Cole，& Humphrey，2011）。

（二）社会智力

社会智力是在特定情境下明确领导需求并做出适当回应的能力（Cantor & Kihlstrom，1987；Ford，1986；Zaccaro，Gilbert，Thor，& Mumford，1991）。社会智力的两个主要组成部分是社会洞察力（social perceptiveness）和行为灵活性（behavioral flexibility）。

社会洞察力是指理解与群体或组织相关的功能需求、问题和机会的能力，以及理解其成员特征、社会关系和集体过程的能力。这些因素可以增强或限制领导者对群体或组织的影响。社会洞察力高的领导者知道哪些行为能使群体或组织更有效，而且知道该如何去做。社会洞察力涉及战略型领导所需的概念技能和具体知识、识别由环境事件和组织核心能力共同决定的威胁与机遇的能力以及进行适当应对的能力。社会洞察力还涉及人际交往技能（同理心、社交敏感性、对群体过程的理解等）和对组织的了解（结构、文化、权力关系等）。上述能力共同决定了拟议变革的可行性及实施方法。

行为灵活性是指改变行为以适应情境需求的能力和意愿。行为灵活性高的领导者知道如何使用各种不同的行为，并且能够在必要时对行为进行评估和修改。行为灵活性高的领导者可以对不同类型的领导行为进行有效区分，而不是仅进行简单分类。他们有大量可供选择的熟练的领导行为，也了解每种行为的影响和限制条件。自我监督可以提高行为灵活性，因为注重自我监督的领导者更了解自己的行为及其对他人的影响。社会智力被用于实现集体目标还是个人目标取决于领导者的情绪成熟度和社会化权力动机。

社会智力和情绪智力之间存在着明显的重叠，虽然后者的定义看起来更狭隘（Kobe，Reiter-Palmon，& Rickers，2001；Salovey & Mayer，1990）。社会智力与政治技能似乎也存在重叠，因为社会智力高的领导者了解如何在组织中做出决策，并利用相关政治策略影响决策和事件。然而，费里斯等人（Ferris et al.，2000）认为，政治技能不同于社会智力和情绪智力，因为它特别关注为在组织中取得成功而进行的相关互动。研究者需要进行更多的研究，才能明确社会智力、情绪智力和政治技能与领导效能之间的关系。

（三）学习能力

在组织必须不断适应、创新和重塑的动荡环境中，领导者必须足够灵活，才能从错误中吸取教训，改变假设和信念，完善心智模型。在不断变化的环境中，成功的领导者必须具备从经验中学习并适应变化的能力（Argyris，1991；Dechant，1990；Heslin & Keating，2017；Hirst，Mann，Bain，Pirola-Merlo，& Richver，2004；Marshall-Mies et al.，2000；Mumford & Connelly，1991；Yukl，2009）。这种能力就包括学习能力。作为一种内省的分析认知过程（如定义和解决问题的方式等）并找到改进方法的能力，学习能力强调自我意识，即了解自己的优势和不足（包括相关技能和情绪等）。

研究者对1 800名高级军官进行了研究，基于学习能力预测了他们的职业成就（Zaccaro et al.，1997）。马歇尔·米斯等人（Marshall Mies et al.，2002）对军官进行的一项研究进一步表明，学习和适应能力对提高领导效能非常重要。针对领导者"脱轨"行为的研究发现，美国和欧洲高管将学习能力视为成功的重要因素（Van Velsor & Leslie，1995）。最近有研究发现，那些拥有不同风格的体验式学习（强调具体经验和反思性观察）的全球领导者都倾向于参加海外任务，以提高自己的学习能力和文化智力（cultural intelligence）（Li，Mobley，& Kelly，2013）。在当今复杂的全球化商业环境中，个人适应能力和学习敏捷性被认为是获得成功的两项关键领导能力（Axon，Friedman，& Jordan，2015）。

具备从经验中学习并适应变化的能力可能需要一些特质和技能（Spreitzer，McCall，& Mahoney，1997），包括以成就为导向、情绪稳定性和内在控制倾向等。具有这些特质的领导者有动力追求卓越，他们好奇开明，有信心和好奇心去尝试新的方法，积极寻求关于自身优势和劣势的反馈。

四、特质和技能的情境相关性

领导者需要具备多种技能以满足自己的角色要求，这些技能的相对重要性取决于领导情境。情境调节变量包括管理水平、组织类型、领导者面临的压力和外部环境的性质等。

（一）管理水平

领导者在组织中的权威是影响技能重要性的一个情境要素（Boyatzis，1982；De Meuse，Dai，& Wu，2011；Gentry，Harris，Baker，& Leslie，2008；Jacobs & Jaques，1987；Katz，1955；Mann，1965；Mumford & Connelly，1991；Mumford，Marks，Connelly，Zaccaro，& Reiter-Palmon，2000；Mumford et al.，2007）。不同领导层次的优先技能与各层次的角色要求有关。领导水平不仅可以影响前面提到的三大类技能（概念技能、技术技能、人际交往技能）的相关性，还可以影响每一类具体技能的相对重要性。

总体来看，较高层次的领导者需要协调更多活动，理解和管理更复杂的关系，解决更独特且不易被定义的问题（Axon et al.，2015；Jacobs & Jaques，1987，1990；Jaques，1989；Mumford & Connelly，1991；Mumford et al.，2007）。由部门领导负责协调的员工多数在部门内从事类似工作，而首席执行官却必须协调组织内多个单位的活动。随着领导者职位的晋升，其面临的复杂性也在不断增加，对概念技能的需求也随之增加。顶层领导者需要分析大量模糊且矛盾的信息以做出战略决策，还要为组织其他成员解释相关事件。高层领导者不仅要具有长远的眼光，还要理解与组织绩效相关的各种变量之间的复杂关系。他们必须能够预见未来事件，知道如何为未来事件制订计划。战略决策的质量最终取决于领导者的概念技能，但也需要领导者了解某些技术知识，并开发建立关系、获取信息和影响下属实施决策所需的人际交往技能（De Meuse et al.，2011；Katz &

Kahn，1978；Mumford et al.，2000）。

中层领导者的作用主要是补充现有结构，实施上级制定的政策和目标（Katz &
Kahn，1978）。这一角色所需的技术技能、概念技能和人际交往技能大致相当。低层领
导者主要负责在现有组织结构内实施相关政策和维持相关工作流程。所以对于低层领导
者来说，相较于概念技能或人际交往技能，技术技能更加重要（De Meuse et al.，
2011）。

由于组织的类型、规模、结构和权威集中程度不同，各级领导者的技能要求也不尽
相同（McLennan，1967）。例如，在运营决策高度集中的组织中，技术技能对顶层领导
者更为重要。同样，除了一般管理职责外，具备专业职能（向重要客户销售产品和产品
设计等）的高管还需要更多技术技能。参与战略规划、产品创新和引领变革的中下层领
导者应具备更多概念技能。

创意领导力中心对职业生涯中成功或"脱轨"的领导者进行了研究，为我们了解哪
些特质和技能有助于领导者晋升或获得成功提供了有趣的见解（McCall & Lombardo，
1983b）。多数领导者都有很强的技术技能，他们之前取得过一系列成就，最初被别人视
为公司的"快速崛起者"。每位领导者都有自己的优点和缺点，并不是说成功的领导者只
有优点，"脱轨"的领导者只有缺点。"脱轨"的原因有时显而易见，有时似乎只是运气
不好，遇到了领导者无法控制的事件（经济条件不利或政治斗争失败等）。有时，成功因
素的重要性部分取决于组织的文化。例如，"脱轨"的领导者部分是由于其人际交往技能
弱，而该技能在某些组织中更为重要。

研究者综合利用多种特质、技能和其他能力（组建和带领团队的能力、适应变化的
能力等）解释所收集的描述性数据。"脱轨"领导者处理压力的能力较弱，更容易喜怒无
常、行为不一致，这会破坏他们与下属、同级和上级的人际关系。相比之下，成功的领
导者在危机中能够保持冷静、自信并具有前瞻性。学习和适应变化的能力是特别重要的
成功因素。

"脱轨"的领导者更有可能对弱点和失败持防御态度。他们会试图掩盖错误或指责他
人。而成功的领导者会承认错误、承担责任，然后采取行动解决问题。此外，在处理好
某个问题后，成功的领导者不会停留在这个问题上，而是把注意力转向其他事情。成功
的领导者更关注眼前的任务和下属的需求，而不是与对手竞争或设法给上级留下深刻印
象。相比之下，很多"脱轨"的领导者过于雄心勃勃，想以牺牲他人为代价推进自己的
职业发展，也就更有可能背叛他人或违背承诺。

"脱轨"的领导者通常缺乏人际交往技能。"脱轨"最常见的原因是不近人情，这反

映在对他人的粗暴或恐吓行为中。当此人是较低层级的领导者时，这种缺陷是可以容忍的，尤其是在此人拥有出色技术技能的前提下。但对高层领导者而言，技术技能无法弥补其不近人情的行为。有些"脱轨"的领导者可能会展现自己的魅力，但随着时间的推移，人们会明显发现，在魅力和关心他人的表象之下，其本质是一个自私、不体谅他人、爱操纵他人的人。相比之下，成功的领导者更敏感、机智、体贴。他们能够理解并与各种类型的人相处，以建立更强大的合作关系网络。当他们与某人意见相左时，会开诚布公地谈判，也会使用人际关系策略。而"脱轨"的领导者则更容易直言不讳、咄咄逼人。这些人际交往技能对于建立和领导合作型团队尤为重要，这也是近期研究中发现的一个重要成功因素。

对于多数"脱轨"的领导者而言，他们的专业能力通常强于下属，当他们处于较低的领导级别时，其技术才华是成功解决问题和取得技术成就的源泉。然而，当他们处于较高的领导级别时，因自身技术优势而过度自信和傲慢、拒绝合理的建议、以上级身份冒犯他人，或对拥有更多专长的下属进行微观管理，都会使这种优势变成一种弱点。某些领导者无法以更具战略性的视角看待工作重点问题。某些"脱轨"的领导者拥有的技术专长只局限于某个狭窄的职能领域，还会因为进步太快而无法有效学习，从而不能掌握从事更高级别领导工作所需的技能。一般来说，成功的领导者都经历过各种不同类型的情境，在处理不同问题时可以拥有更广泛的视角和专业知识。

正如乔布斯的传记作家沃尔特·艾萨克森（Walter Isaacson，2012，p.100）在《哈佛商业评论》上题为《史蒂夫·乔布斯的真正领导学课程》（The Real Leadership Lessons of Steve Jobs）的文章中所描述的那样，一些罕见的优秀领导者，如苹果公司联合创始人兼首席执行官史蒂夫·乔布斯，兼具"了解全局和了解细节"的能力。

> 乔布斯将热情用于解决各种大小问题。有些首席执行官着眼于未来，而有些则认为细节决定成败。乔布斯两者兼具。时代华纳（Time Warner）首席执行官杰夫·比克斯（Jeff Bewkes）表示，乔布斯的一个显著特点是，他有能力和愿望设计总体战略，同时也关注设计中最细微的方面。例如，他在2000年提出了个人电脑应该成为管理用户音乐、视频、照片和文件的"数字中心"的宏伟愿景，从而设计出iPod和iPad，让苹果公司进入了个人设备业务领域。2010年，他提出了后续战略——将"数字中心"转移到云端。苹果公司开始着手建立一个巨大的服务器后台，以便用户将所有内容上传，并无缝同步到其他个人设备中。然而，他在展开这些宏伟愿景的同时，还在为iMac内部螺丝的形状和颜色而烦恼。

（二）组织类型

一个有趣的问题是，管理技能是否可以从一种组织迁移到另一种组织。研究者普遍认为，较低级别的领导者无法轻易地转移到不同的职能部门（例如从销售经理到工程经理），因为这一级别的领导所需的技术技能在不同职能部门之间差异很大。但是，人们对高管层面技能在组织间的可迁移性的看法并不一致。

卡茨（Katz，1995）提出，拥有丰富人际关系和概念技能的顶层领导者可以轻松地从一个行业转移到另一个行业，并且不会失去效能。然而，也有研究者认为，由于所有权、传统、组织氛围和文化的差异，顶层领导者技能的可迁移性是有限的（Dale，1960；Groysberg，McLean，& Nohria，2006；Kotter，1982；McLennan，1967；Shetty & Peery，1976）。各行各业都有其独特的经济、市场和技术特征。对技术问题、产品、个性和传统的熟悉是一种知识，这种知识只有通过在组织中长期工作才能获得。对概念技能和技术技能而言，只有其通用知识才能被用于不同的情境，其独特知识必须被重新学习。此外，转换到不同行业的高层领导者必须建立新的外部联系网络，而转换到同一行业的另一组织时旧网络仍然具有相关性。总的来说，高层领导者成功地过渡到不同行业或不同组织似乎更加困难，尤其是当新职位需要广泛的专业技术知识和外部联系网络时（Groysberg et al.，2006；Kotter，1982；Shetty & Peery，1976）。

（三）领导者面临的压力

认知资源理论（cognitive resources theory）（Fiedler，1986；Fiedler & Garcia，1987）描述了领导者的智力和经验与团队绩效相关的情境。该理论认为领导者面临的压力可以调节领导者智力和下属绩效之间的关系。压力可能源于要求过高的上司、频繁的工作危机以及与下属的严重冲突。在压力较低的情况下，领导者的智力有助于信息的处理和问题的解决，还有可能提高领导者的决策质量。然而，当人际关系压力较大时，强烈的情绪可能会干扰其认知信息的处理，使智力难以应用。领导者可能会分心，无法专注于任务。在这种充满压力的情境下，拥有相似经历、接触过高质量解决方案的领导者通常比聪明但缺乏经验、正寻找新方案的领导者更有效。基于对智力和领导力之间关系的分析，贾奇、科尔伯特和伊利什（Judge，Colbert，& Ilies，2004）证明了基于认知资源理论可以预测相关结果。当领导者表现出指示行为且领导者压力较低时，智力与领导力之间的关系更紧密。

（四） 外部环境

近期关于组织如何发展并适应不断变化的环境的研究和理论表明，有效领导所需的技能组合可能会随着情境的变化而变化。创业型领导者建立新组织所需的技能与大型成熟组织首席执行官所需的技能并不相同。领导有利环境中的稳定组织所需的技能与领导竞争性环境中的动荡组织所需的技能也不相同（Hunt，1991；Osborn，Hunt，& Jauch，2002；Porter & McLaughlin，2006；Quinn，Faerman，Thompson，McGrath，& St. Clair，2006）。汉娜等人（Hannah et al.，2009）描述了极端情况下领导者所需的独特技能，这些极端情况包含巨大的挑战或威胁，如医疗、军事、消防、执法和应急组织经常遇到的挑战或威胁。在这种情况下，领导者必须具备快速应对极端事件所需的技能。

如前几章所述，影响组织的前所未有的变化正在改变管理工作的性质。为了应对这些变化，多数领导者都需要基于之前的相关研究确定新能力和新技能。随着全球化、技术发展和社会变革的不断加快，领导者的认知复杂度、同理心、自我意识、文化敏感性、行为灵活性、系统思维等能力，以及从经验中学习和适应变化的能力也需要不断加强（Conger，1993；Gentry et al.，2008；Hunt，1991；Nadkarni & Herrmann，2010；Quinn et al.，2006；Van Velsor & Leslie，1995）。

五、对特质法的评价

研究者在确定与领导效能和晋升相关的特质与技能方面取得了相当大的进展。然而，这一研究方向受到了某些方法和概念的限制。多数特质研究都没有相关指导理论来解释特质和技能与领导效能和晋升的关系。人们很难解释抽象特质的相关性，除非依托领导者的实际行为、决策和行动研究这些特质。很少有研究结果可以揭示领导特质和技能在预测领导能否发挥效能或职业生涯是否成功方面发挥的作用。

特质法的另一个局限性是多数研究缺乏对领导情境的关注。正如行为研究一样，不同特质和技能的相关性部分取决于领导职位的性质、领导者面临的挑战类型以及评估效能的标准。

多数针对特质和技能与有效领导之间关系的特质研究都只测试了简单的线性关系。然而，这种关系往往是曲线关系，拥有适度的特质效果会更佳。表7-4列举了一些得分过高和过低的不理想特质。当关系呈曲线时，只测试线性关系的研究会得出错误的结论，从而对领导者产生错误的影响。

表7-4 得分过高或过低的特质的负面影响

自信
- 太少：优柔寡断，避免风险，不寻求影响他人
- 太多：傲慢，行动过快，冒险太多

自尊需求
- 太少：不追求他人认可，不设法为自己打造专业能力强且可靠的声誉
- 太多：专注于声誉和地位，夸大成就，掩盖错误和失败，指责他人

亲和需求
- 太少：不会尝试形成牢固的关系或建立社交支持网络
- 太多：过度在乎他人的喜爱和接受，过度逢迎他人，不会因为要求他人牺牲或追求更好表现而破坏自己的受欢迎度

独立需求
- 太少：依赖他人指导，以规则为导向，避免主动
- 太多：憎恨权威，忽视规则和标准程序

利他主义（价值观）
- 太少：自私，对他人的需求漠不关心，可能会利用他人利益谋取私利
- 太多：过于慷慨和宽容，无法要求他人做出牺牲，无法维持纪律

以绩效为导向（价值观）
- 太少：接受较差的绩效，不愿改进
- 太多：成为完美主义者，要求过高，从不满足

多数特质研究考察的都是单一特质和技能与领导效能或晋升的关系，并没有考虑这些特质和技能之间的相互关系以及它们是如何相互作用来影响领导者的行为和效能的。研究者需要从更广阔的角度来研究领导者的特质和技能与领导效能之间的关系（Kaplan & Kaiser，2006；McCall，Lombardo，& Morrison，1988；Quinn，1988；Quinn et al.，2006）。有时，相关特质之间需要保持平衡才能达到最佳模式。例如，效能高的领导者会在对权力的高度需求和情绪成熟度之间保持平衡，以确保下属被授权而不是被支配。

平衡的概念是针对个人的，但也适用于共同领导（Pearce & Conger，2003）。例如，平衡可能涉及管理团队中的不同领导者，他们具有互补的属性，可以弥补彼此的弱点，增强彼此的优势（Bradford & Cohen，1984）。通过研究高管团队的特质模式，而不是关注首席执行官等单一领导者的特质，研究者可以更好地理解组织中的领导（见第十二章）。

六、领导者指南

研究发现，某些特定特质和技能与领导效能和领导者的晋升呈正相关关系，这对领

导者的职业规划有一定的实际意义。领导者提升相关能力指南（见表7-5）是基于特质与技能的相关研究、理论和实践提出的。

表7-5　领导者提升相关能力指南

• 了解自己的优势和劣势
• 保持高度的自我意识
• 识别并发展与未来领导职位相关的技能
• 牢记优势可能变成劣势
• 弥补缺点

了解自己的优势和劣势

领导者必须了解当前职位的需求，以及所具备的特质与技能可以为他们提供哪些帮助。理解自己的优势才能进一步发展，让领导变得更高效。了解自己的劣势才能让他人对自己进行纠正或弥补。领导者应利用机会从多源反馈计划和评估中心获得关于自身优势和劣势的系统反馈（见第十四章）。

保持高度的自我意识

自我意识是指对自身需求、情绪、能力和行为的良好理解。意识到自己对事件的情绪反应有助于在高压情况下处理信息和做出决策，还有助于在遇到障碍和挫折时保持对项目或任务的乐观与热情。了解自己的行为及其对他人的影响，有助于领导者从经验中学习，评估自己的优缺点。监测自己的行为及后果，可以让领导者了解自我意识。此外，领导者应接受他人对自身行为积极和消极的反馈。

识别并发展与未来领导职位相关的技能

效能高的领导者更倾向于持续学习和自我发展。领导者应了解哪些特质与技能对未来的领导职位有益，并寻找机会发展需要加强的技能。比如可以通过雇主或咨询公司举办的专业性管理发展研讨会获得培训，利用挑战性任务、导师的个人指导和自我发展活动开发新技能（见第十四章）。

牢记优势可能变成劣势

在某种情境下是优势的特质与技能，在其他情境下可能会变成劣势。例如，创新领导力中心的研究者进行的一项研究发现，擅长做分析工作的参谋型领导者在进入直线岗位后无法就落实相关观点确定行动导向。成功的直线领导者则面临相反的问题，他们似乎无法进行反思性分析，也无法进行团队合作，而这些都是参谋职位所必需的。任何特质如果走到极端都可能成为弱点，即使情境没有发生变化。信心可能会变成傲慢，创新可能会变成轻率，果断可能会变成鲁莽，正直可能会变成狂热，全球视野可能会变成缺乏焦点。

　　⫶ **弥补缺点**

　　选择互补的下属可以帮助领导者弥补缺点，有时领导者可以将责任委派给合适的人，而有时最好由管理团队（领导者是其中一员）共同面对某个特定的问题或挑战。

小　结

　　研究发现，有些特质与领导者的晋升或领导效能相关，包括精力水平、抗压能力、自信、内在控制倾向、情绪稳定性、外向、尽责、诚信和核心自我评价等。多数高效领导者的行为特征体现为社会化权力导向、对成就的适度需求、强调集体绩效而不是个人绩效等。

　　成功的领导者需要具备较强的技术技能、概念技能和人际交往技能。三种技能的相对优先性和最佳组合取决于组织类型、管理水平和领导者面临的挑战的性质。与多数领导者密切相关的技能包括政治技能、说服力、分析能力、表达能力和细节记忆能力等，有些技能不易被迁移到其他类型的职位中。能力是特质和技能的组合，近年来，领导学研究多涉及情绪智力、社会智力以及学习和适应变化的能力。

　　领导者人格特质与技能相关研究为我们提供了有益信息，梳理了某些决定领导者能否成功的个人属性。然而，很多特质研究存在缺陷。有些学者强调广义的特质与技能，这会使人们难以明确某些重要关系。多数研究没有充分关注情境变量、曲线关系、不同特质与技能的共同作用及其对领导者行为的影响。

　　特质法对提高领导效能具有重要意义。了解不同类型领导职位相关的特质与技能可以帮助领导者更好地规划职业生涯、确定合适人选填补领导职位、明确当前职位领导者的培训需求、规划管理发展性活动，为相关人员晋升到更高管理岗位做好准备（见第十四章）。

📖 回顾与讨论

　　1. 哪些特质对预测领导者的管理绩效和晋升最有效？

　　2. 领导者职业生涯"脱轨"的主要原因是什么？

　　3. 为什么考虑不同特质与技能的共同影响很重要？

　　4. 相比低层管理者，哪些技能对高层管理者更重要？

　　5. 技术技能、概念技能和人际交往技能与领导效能有什么关系？

6. 特质与技能的影响如何取决于情境？

☑ 关键术语

五大人格特质	Big Five personality traits
认知技能	cognitive skills
概念技能	conceptual skills
核心自我评价	core self-evaluation
情绪智力	emotional intelligence
情绪成熟度	emotional maturity
情绪稳定性	emotional stability
人际交往技能	interpersonal skills
内在控制倾向	locus of control orientation
成就需求	need for achievement
亲和需求	need for affiliation
权力需求	need for power
个人化权力导向	personalized power orientation
政治技能	political skill
自我意识	self-awareness
自信	self-confidence
社会智力	social intelligence
社会化权力导向	socialized power orientation
技术技能	technical skills

♀ 个人反思

想想某位对你生活产生过积极影响的领导者，可以是老师、教练、经理，也可以是其他为你树立榜样的人。这位领导者身上体现了本章介绍的哪些领导特质、技能和能力？这些品质是如何塑造领导者的行为和能力并使领导者影响他人并实现预期目标的？

案例 7-1

国货公司

苏珊·托马斯（Susan Thomas）是国货公司（National Products）的人力资源副总裁，这是一家拥有 500 名员工的制造公司。在选拔某产品部门的总经理时，总裁让苏珊对有兴趣晋升到这一岗位的三位部门经理进行背景审查，希望她从三位内部候选人中推荐一位，或从外部招聘。三位内部候选人是查利·亚当斯（Charley Adams）、比尔·斯图尔特（Bill Stuart）和雷·约翰逊（Ray Johnson）。苏珊查阅每位候选的绩效、与他们逐一交谈，并与其上司进行讨论，获得了每位候选人的信息。

查利

查利担任生产经理八年。他是个随和的人，喜欢开玩笑和讲故事。他强调合作和团队的重要性，对冲突感到不安，总是设法迅速平息冲突或找到可接受的妥协方案。

在担任经理之前，查利乐于为上司分担额外任务，为所在部门经验不足的同事提供有益建议。查利被誉为"良好的团队型选手"和"忠诚的合作伙伴"，这让他倍感骄傲。对查利来说，被组织内的人喜欢和欣赏是很重要的。

查利的文化背景让他重视亲密的家庭关系。他经常举行周日晚餐，和整个家族喝下午茶、游泳、打棒球、吃饭和唱歌。在周六，查利喜欢和朋友或公司的其他经理打高尔夫球。

查利希望他的部门有良好的绩效，却不愿意催促下属，生怕破坏了与下属的关系。他认为当前的绩效水平就足够了。在向下属发放绩效奖金时，他总是尽量让每个人都得到一些。

比尔

比尔担任工程部门经理三年。作为公司里最好的设计工程师，他被提升到该岗位，并雄心勃勃地想进入管理层。此时，比尔对应召的岗位几乎一无所知，但他认为这既是一个机会，也是一个挑战。

比尔从小到大都有点孤僻，在陌生人面前会感到尴尬，不喜欢酒会和公司野餐等社交活动。作为一名设计工程师，他更喜欢能独自完成的任务，而不喜欢团队项目。他对有官僚作风的权威人物很不耐烦，对他认为过于严格的公司政策会提出批评。比尔和现上司相处得很好，因为上司允许他以自己的方式管理工程团队。

比尔喜欢富有挑战性的任务，总是设法把最困难和最有趣的设计项目留给自己，通常能够高效地完成任务。然而，他对任务的专注有时会使他忽略某些管理职责，比如培养和指导下属等。

雷

雷担任公司营销经理五年。他在一个贫穷的民族社区长大，为了生存，学会了坚强。他现在的成绩是通过努力获得的，但对雷来说，良好的表现只是一种获得进步的方式，而不是他自己喜欢的东西。

雷住在镇上最好地段的一栋带大游泳池的房子里，他喜欢在家里举办大型派对。他衣着华丽，开着豪轿，是最高级的乡村俱乐部的成员。雷已经结婚了，但他是个花花公子，有很多婚外情，包括和某些女员工。

雷将所在组织视为一片政治丛林，他会迅速维护自己的声誉、权威或地位，并设法削弱或诋毁任何批评或反对他的人。他严格控制部门的运作，并要求下属在采取任何非常规行动之前征求他的意见。

（作者：加里·尤克尔）

问题

1. 每位候选人的主要动机是什么？
2. 如果被提拔为总经理，这些特质对每位候选人的成功有什么影响？
3. 苏珊应该推荐候选人中的一位来担任总经理，还是从外部招聘总经理？

案例7-2

声望营销公司

声望营销公司（Prestige Marketing）是一家位于美国中西部地区的全方位服务营销公司，专注于数字营销。该公司的常见客户包括当地的餐厅、演唱会公司，甚至镇上的小联盟棒球队等休闲组织。成立之初，该公司致力于为休闲行业创建网站，后来发展为一家为相关组织开发和实施全面市场行动提供市场分析、战略规划和创意服务的全方位服务机构。尽管该公司拥有全方位的服务能力，但其大部分业务仍源于在数字营销方面的专长。当最高管理层意识到公司的全面服务能力目前未得到充分利用时，决定加大力度，为更多客户提供更全面的服务。

一家位于其他州的很受欢迎的微型啤酒屋（餐厅）（安德里亚啤酒屋（Andrea's Ale House））是该公司的潜在新客户，该餐厅决定扩大规模并在当地开设一家新餐厅。它正在寻找一家当地的全方位服务营销公司，为其制订全面的营销活动方案，成功推动新餐厅的开张和后续运作。声望营销公司最高管理层成立了三个不同的团队来制定竞争性营销方案，以从中选出最佳方案。每个团队由六名成员组成，团队领导者都是各职能部门的领导者，全权负责组织、指导和协调制订竞争性方案。

第一队的领导者是杰里·戴维斯（Jerry Davis）。他在客服部门工作了八年多，担任客服主任四年。杰里与他人关系良好，很容易发现共同利益，被许多人视为公司的宝贵成员。然而，他所在部门的几名销售助理认为他"沉迷于成功"，并且"为了卖出东西会不惜一切代价"。一位最近升职的前团队成员表示，尽管杰里能够提高团队绩效，但他的强硬作风可能会让某些团队成员感到过火且压力较大。

第二队的领导者是桑迪·牛顿（Sandy Newton）。她在公司市场研究部门工作了七年，近四年来一直担任市场调研主任。她大学毕业后就进入了该公司，从事非常复杂的市场分析工作。对桑迪来说，没有什么复杂问题是她解决不了的，这种能力使她在公司内迅速崛起。然而，某些团队成员抱怨工作缺乏挑战性，因为桑迪不愿意向下委派重要任务。一位现团队成员指出，尽管桑迪是公司里最好的分析师，但她要知道，代替其他成员解决问题会剥夺他们发展自身能力的机会，会降低成员满意度，也会让她自己无暇履行监督职责。总是大包大揽也给桑迪带来了很大的压力。

第三队的领导者是奥斯汀·詹姆斯（Austin James）。奥斯汀在公司创意服务部门工作了近15年，担任该部门经理已有七年。他所在的部门表现出色。他与其他部门关系良好，愿意花费大量时间确保其他部门可以从他的部门获得所需的帮助。成为部门经理以来，奥斯汀经常进行团建活动。他还邀请团队成员到他家做饭，让大家有机会在办公室外了解彼此。然而，他所在部门的某些成员担心过多的团建活动会分散工作注意力，使成员不愿意就解决工作问题公开发表不同意见。

（作者：丹尼尔·格利弗　威廉·加德纳）

问题

1. 三位团队领导者的主要领导特质和领导技能分别是什么？

2. 促成三位领导者成功的特点有哪些？

3. 在他人看来，三位团队领导者分别有哪些弱点？会给团队制订方案带来哪些困难？

第八章　魅力型领导与变革型领导

》》 学习目标

通过学习本章内容，读者能够：

- 了解魅力型领导与变革型领导的异同。
- 了解领导者、追随者和情境对魅力归因的影响。
- 了解魅力型领导理论与变革型领导理论涉及的特质、行为和影响过程。
- 了解魅力型领导对追随者和组织的积极和消极影响。
- 了解如何更好地激发追随者的奉献精神和乐观态度。

导　言

20世纪80年代，领导学的研究者开始研究领导力的相关情绪和象征内容。研究结果有助于我们理解领导者如何影响追随者，使之做出自我牺牲，将使命或组织需求置于个人物质利益之上。魅力型领导理论与变革型领导理论就是其中的重要研究内容。本章介绍了这两种理论的主要内容，并对其进行了比较和评估，为领导者提供了魅力型领导与变革型领导的相关知识和实用策略指南。

本章首先介绍魅力型领导理论，包括相关领导行为、影响过程和中介变量、领导者特质与价值观、积极魅力和消极魅力、有利的情境要素及其对组织的正面和负面影响。

然后介绍变革型领导理论及其基本行为和影响过程，以及变革型领导对组织的影响。本章将变革型领导与魅力型领导进行了比较，评估了支撑这两种理论的研究证据，并提出了相关策略指南。

一、魅力型领导

"魅力"是一个希腊词汇，意思是"神赐的礼物"，如创造奇迹或预测未来的能力等。韦伯（Weber，1947）用这个词来描述一种影响形式，它不是基于传统或正式权威，而是基于追随者认为领导者所拥有的非凡品质。韦伯认为，在社会危机期间，如果某位领导者能提出很好的愿景，提供危机解决方案，并吸引相信愿景的追随者，就会产生魅力。如果追随者获得了部分成功，让愿景看起来触手可及，他们就会认为领导者非同寻常。早期对魅力这一概念的定义主要是基于领导者对追随者的影响，以及这种影响可能发生的情境类型，并没有确定领导者的哪些特质与行为可以解释这些影响。

20 世纪 80 年代和 90 年代，社会科学家提出了魅力型领导的新理论（例如，Choi & Mai-Dalton，1998；Conger & Kanungo，1987，1998；Gardner & Avolio，1998；House，1977；Shamir，House，& Arthur，1993）。这些"新魅力"理论融合了韦伯的某些观点，也扩展了韦伯关于魅力型领导的最初概念（Beyer，1999；Conger，1989）。它介绍了魅力型领导者的动机和行为，描述了领导者影响追随者的相关过程（Antonakis，2018；Jacobsen & House，2001；Mhatre & Riggio，2014）。然而，这些新理论对魅力型领导者的本质特点以及领导者对追随者的影响有不同的解释。

近年来，领导学研究者试图找到更好的方法介绍魅力型领导。基于魅力型领导的不同概念，安东纳基斯、巴斯塔尔多兹、杰奈特和沙米尔（Antonakis，Bastardoz，Jacquart，& Shamir，2016）确定了魅力型领导者向潜在追随者传达领导资格和期望的三种重要方式：（1）迎合追随者的价值观；（2）以清晰生动的象征性方式进行沟通；（3）表现出对使命任务的情感信念和激情。魅力型领导者可能会经常使用这些沟通方式，但使用此类沟通方式的并不一定都是魅力型领导者。对领导者具体行为、影响过程和领导情境进行研究有助于我们更全面地了解魅力型领导。近期，有研究者提出某些复杂理论来解释魅力型领导者的影响（Castelnovo，Popper，& Koren，2017；Grabo，Spisak，& van Vugt，2017；Reh，Van Quaquebeke，& Giessner，2017；Sy，Horton & Riggio，2018），但要对这些理论进行评估，研究者还应进行更多的研究。

（一）魅力型领导者的行为

追随者对魅力的感受取决于几种特定类型的领导者行为，但其相关理论并未全部涵盖这些领导行为，因为某些行为在一定程度上取决于领导情境。

新颖且诱人的愿景。如果领导者倡导的愿景与现状高度不一致，但又没有激进到让人觉得领导者无能或疯狂的程度，那追随者就会觉得这样的领导者有魅力。一个安于现状或只主张微小渐进变革的领导者不会被认为是有魅力的。能够看到别人没有意识到的机会是人们认为领导者非同一般的另一个原因。如果领导者能够影响追随者一起去实现最初看似不可能的目标，那人们就会认为该领导者有魅力。

对价值观的情感呼吁。如果领导者能对追随者的价值观和理想进行情感呼吁，就会显得更有魅力。有时候，魅力型领导者会影响追随者接受新的价值观，但更常见的做法是利用反映追随者现有价值观的意识形态术语来阐述相关愿景、描述任务目标。魅力型领导者会在言语中体现与追随者的经历和价值观相关的符号、口号、意象和隐喻。

流露出自信和乐观。人们通常认为，对新倡议、新项目或新战略表现出热情和乐观的领导者，比表现出怀疑和困惑的领导者更有魅力。如果领导者对新战略没有强烈的信心，人们可能会将成功更多地归功于运气，而不是领导者的专业能力。如果追随者相信领导者能够实现愿景，那追随者就会更有信心和热情，也会更加努力地工作，从而提高成功的概率。

自我牺牲。如果领导者愿意为实现所信奉的愿景而做出自我牺牲并承担个人风险的话，就更有可能被视为有魅力的人。信任是魅力的重要组成部分，追随者更信任不为私利、关心追随者的领导者。甘愿冒地位、金钱、领导职位或组织成员身份遭受重大损失风险的领导者最令人敬佩。

非常规行为和方法。一般来说，利用非常规创新策略取得成功的领导者更具魅力。领导者对非常规行为的使用有时会让追随者认为他更有魅力，即使这种行为与愿景没有直接关系。

表现出非凡的能力。当领导者表现出有能力做一些对追随者来说不同寻常的事情时，领导者的魅力就会增加。例如，某位宗教领袖创造了奇迹，或者某位商业领袖提出了非常新颖、可以迅速创造巨额财富的想法。与魔术手法一样，展示非凡能力可能也需要使用欺骗，例如，为吸引新的投资者而夸大过去的投资回报。

（二）影响过程和中介变量

魅力型领导理论介绍了几种影响过程和一些中介变量，以解释领导者如何提高追随者对愿景的责任感，尽管魅力型领导理论并未涵盖全部影响过程。

个人认同（personal identification）。追随者可能会将某位魅力型领导者视为理想化的自我，领导者代表了他们的愿望和幻想，是值得效仿的理想榜样。认同领导者的追随者更有可能模仿领导者的行为，执行领导者的指示，并加倍努力取悦领导者。在这种情况下，领导者的认可是追随者衡量自我价值的一种手段，也是其重要的动力来源。不让领导者失望也是追随者的动机之一。

社会认同（social identification）。当人们把群体或组织成员身份视为最重要的社会身份之一时，就会产生对该群体或组织的强烈社会认同感。他们可以看到自己的努力和工作角色与组织密切相关，觉得自己的工作更有意义也更加重要。他们更愿意将群体需求置于个人需求之上，并为群体做出自我牺牲。此外，社会认同会强化群体成员的共同价值观、信仰和行为规范。领导者可以强调使命在意识形态方面的重要性和群体履行使命的资格，向群体灌输独特的集体身份。领导者还可以巧妙地使用标语、符号（旗帜、徽章、制服等）、仪式（唱组织的歌曲、背诵信条等）和典礼（新成员的加入等）来增强成员的社会认同感。提高社会认同感的方式还包括讲述过去的成功故事、成员的英雄事迹，以及创始人或前任领导者的象征性行动。

内化（internalization）。这一影响过程可以让追随者接受领导者的使命或目标，并让追随者认为值得为此付出努力。鼓舞人心的愿景可以使追随者将态度和信念内化，成为执行组织使命任务的内在动力来源。领导者可以强调工作的象征内容和意识形态内容，让工作看起来更加有意义、高尚、英勇且符合道德规范。即使是例行任务也会变得更有意义。例如，让一位垒墙的泥瓦匠将自己的工作看作在建造一座富丽堂皇的建筑。内化的最终形式是追随者开始认为所做工作与自我概念和自我价值密不可分，履行自己的角色任务是命运的安排。

自我效能感（self-efficacy）和集体效能感（collective efficacy）。任务动力还取决于个体的自我效能感和集体效能感。自我效能感是认为自己有能力并且能够完成困难目标的信念。自我效能感强的人愿意在克服困难、实现任务目标的过程中付出更多努力而且更能坚持下来。集体效能感是指群体成员认为可以通过合作实现非凡的成就。当集体效能感较高时，人们更愿意与群体成员合作，共同努力完成任务。领导者可以阐明鼓舞人心的愿景，表达对实现愿景的信心，并提供必要的指导和帮助，以提高跟随者的自我效能感和集体效能感。

印象管理（impression management）。魅力型领导者善于管理追随者和其他关键利益相关方的印象，以提升自己和组织的正面形象（Gardner & Avolio，1998）。与魅力型领导者相关的积极特征（自信、有创造力、值得信赖和有远见等）往往是领导者有意识地塑造这些品质的结果。魅力型领导者通常能够理解追随者的需求和价值观，并能展现独特的能力以满足其需求和提升其价值观。魅力型领导者还擅长通过象征性物品（旗帜和徽标等）、自己的外表（个人仪容和服装等）、演讲或会议场景设置打造期望印象。

情绪感染（emotional contagion）。积极热情的领导者可以影响追随者对工作的热情和追随者对完成困难目标的认识（集体效能感等）。此外，追随者之间也可能发生情绪感染，兴奋和乐观的情绪可以在群体或组织中迅速传播，从而增加追随者的热情和对领导者的支持。在没有直接接触领导者的人群中，领导者的相关品质可能会随传言被夸大。例如，组织成员可能会传播领导者的英雄事迹和非凡功绩。

（三）　魅力型领导者的特质和价值观

某些人格特质和价值观是魅力型领导者的专属，可以预测领导者的行为及其对追随者的影响（House & Howell，1992；Howell，1988）。为检验五大人格特质和认知能力与魅力型领导之间的关系，班克斯等人（Banks et al，2017）进行了一项荟萃分析。结果显示，人们通常认为智力高于平均水平、乐于接受新经验、性格外向、尽职尽责、随和、情绪稳定的领导者更有魅力。研究者对这些发现进行了解释：（1）智力可以提高领导者制定诱人愿景的能力；（2）乐于接受新经验有助于开展创新；（3）外向可以让领导者更多地影响他人；（4）尽职尽责可以强化领导者对愿景和使命的承诺；（5）随和有助于提出具有广泛吸引力的价值观，促进追随者之间和谐相处；（6）情绪稳定有助于情绪表达并提高与追随者联系的能力。

（四）　积极的和消极的魅力型领导者

还有一些研究表明，对追随者产生积极影响和消极影响的魅力型领导者在特质和行为上有所不同（House & Howell，1992；Howell，1988）。消极的魅力型领导者通常是以个人化权力为导向的自恋者，他们有意让追随者对自己保持忠诚，而不是对理想保持忠诚，其影响更多是基于个人认同，而不是内化。他们可能会诉诸意识形态但这也只是他们获得权力的手段，会为了个人目标而忽视或随意改变意识形态。这种领导者会让追随者保持孱弱并依附于他们，从而控制和征服追随者。他们会将重要决策权集中在自己手里，利用奖惩操纵和控制追随者，限制并利用信息维持自己一贯正确的形象或夸大组织面临的外部威胁。这种领导者的决策更多地关注自我美化和权力维护，而不是追随者的福利。表 8-1 列出了消极的魅力型领导者的典型不良特征。

相比之下，积极的魅力型领导者以社会化权力为导向。他们向下属灌输对意识形态的忠诚，而不是对自己的忠诚。在影响过程中，他们强调内化，而不是个人认同。这种领导者会通过自我牺牲和以身作则传达对共同价值观和部门使命的奉献，而不是一味接受赞美。他们在很大程度上会将任务委派给下属，公开分享信息，鼓励参与决策，通过

表8-1　消极的魅力型领导者的典型不良特征

• 无法管理项目成功所需的重要细节
• 过分关注表面工作
• 因非正式或冲动的领导行为造成混乱或令人困惑
• 因专制型决策而无法发挥他人的专业能力
• 控制型管理风格造成他人对自己的过度依赖
• 在喜欢和不喜欢的员工群体间制造破坏性竞争
• 夸大个人的独特专长和奉献
• 夸大领导者决策或行动对成功的贡献
• 窃取他人的成功想法或成果
• 强调积极事件以分散他人对失败项目的注意力
• 限制他人了解领导者弱点和失败的负面信息
• 对批评者和反对者进行贬低和损害
• 通过某些非常规不良行为疏远某些人
• 在运营管理中经常缺席（参加太多不相关活动）

资料来源：Conger（1990）.

奖励强化符合组织使命和目标的行为。因此，他们的领导对追随者来说更有利，也可以尽量避免出现不合适的领导策略。

　　相对于消极的魅力型领导者，积极的魅力型领导者可以对追随者产生更好的影响，使追随者经历心理成长和能力发展，也可以让组织更易适应变化和竞争环境。积极的魅力型领导者通常会创造某种"成就导向"文化（Harrison，1987），"高绩效"制度（Vaill，1978），营造"亲力亲为、以价值观为驱动"的组织环境（Peters & Waterman，1982）。在积极的魅力型领导者的带领下，组织有明确的使命，其社会价值观不局限于利润或业务增长；各级成员都有权就如何实施战略和开展工作做出重要决策；成员之间交流自由，信息共享；组织结构和制度全力服务于使命任务（Hayibor，Agle，Sears，Sonnenfeld，& Ward，2011；Varella，Javidan，& Waldman，2012；Vlachos，Panago-poulos，& Rapp，2013）。这样的组织有明显的优势，但哈里森（Harrison，1987，p.12）认为，其支持者也忽视了一些潜在代价：

　　　　在一味追求崇高目标和诱人任务的同时，他们会让人们失去平衡感和远见，为了目的不择手段。这样的群体或组织会压榨其所处环境，让成员以损害自身健康和生活质量为代价自愿压榨自己，服务于组织宗旨。

　　积极的魅力型领导者可以引导组织应对短时危机，但在应对长时危机的过程中，一味追求成就的文化会给成员造成较大的心理障碍。如果大型组织的某个部门形成了成就导向型文化，那可能会出现精英主义、孤立主义，缺乏与其他部门的必要合作。哈里森的结论是，在道德层面，严重危机相当于战争，在这种情况下让成员需求服从使命任务是合理的，但在非严峻条件下，应该更好地平衡任务与人员分配。还有一个消极影响可能发生在过分强调角色外活动的重要性的魅力型领导者身上，因为这会降低员工对工作的责任感（Horn，Mathis，Robinson，& Randle，2015）。因此，魅力型领导虽具备很多潜在优势，但也承担了不少意外风险和代价。

（五） 领导情境

魅力型领导并不常见，其影响也只有在某些特殊情境中才会发挥作用。情境性质和追随者特征对领导者魅力影响的相关研究很有限，但其中不乏某些有意义的发现。

危机情境。魅力型领导者更有可能在经济受损或身心受到威胁的情境下发挥作用。然而，与韦伯（Weber，1987）的观点相反，康格和凯南格（Conger & Kanungo，1987）并不认为客观危机是魅力型领导行为的必要条件。即使没有面临真正的危机，领导者也可以表达对当前状况的不满，提出未来的美好愿景。为此，领导者可能会抹黑曾被公认的工作方式。当追随者认为传统方法不再有效时，非传统策略的影响会变大。最后，为了展示非常规处理问题的高超专业能力，领导者还可能引发新的危机。

归因模糊。当绩效的影响因素（领导者对绩效的影响等）不确定时，魅力是领导者评价的重要标准。这种归因模糊现象对选取重要职位领导人的影响很明显，例如，当公司董事会成员任命首席执行官时，若组织绩效优秀（或低下），就会高度评价（或消极评价）现任领导者的魅力。然而，若组织绩效和领导者的贡献尚不明确，在任命下一任领导者时，董事会成员就会重视其个人魅力。为了检验这些预测，雅卡尔和安东纳基斯（Jacquart & Antonakis，2015）利用经济表现数据和领导人魅力评分预测了美国总统选举的结果。在对1916—2012年的选举结果进行预测时，准确率高达95％。不出所料，当国民经济表现强劲时，执政党候选人当选，当经济表现不佳时，执政党候选人不太可能当选或连任。然而，当经济状况模棱两可时，最有魅力的候选人会当选。在对公司进行的一项研究中，研究者证实，首席执行官的魅力和公司绩效相辅相成，对其留任与否起到了重要作用。这意味着，当影响组织绩效的因素模糊不清时，魅力型领导者最有可能掌权或继续掌权。

追随者的特征。魅力的归因也取决于追随者的特征。豪厄尔和沙米尔（Howell & Shamir，2005）提出，追随者的自尊和自我认同有助于我们了解领导者的魅力。缺乏明确自我认同、对自己的生活感到困惑和焦虑的追随者更容易被以个人化权力为导向的强势领导者所吸引，这种领导者可以为追随者提供明确的社会认同，让追随者成为自己的门徒或忠诚的支持者，比如宗教狂热分子和少年帮派成员。相比之下，拥有清晰自我概念和高度自尊心的追随者喜欢的领导者能够解释组织使命与他们核心价值观的关系。追随者可能也会认为领导者非常优秀，但他们对使命或组织的认同强于对领导者的认同。

与领导者的互动。魅力归因也受与领导者直接互动的影响（Meindl，1990；Shamir，1995），它不仅与组织内部成员相关，而且与没有机会密切观察领导者的外部人员（投资者、客户、供应商和政府官员等）相关。对与领导者有密切联系的人来说，魅力归因更多取决于领导者的行为和人际交往技能。对与领导者距离较远的人来说，魅力归因则更多地取决于领导者的非凡成就，或能帮助领导者提升声誉、捍卫决定的相关人员的影响力（Galvin，Balkundi，& Waldman，2010）。与追随者互动的频率和性质以及领导者所处职位权力的大小，也决定了领导者对远距离追随者的影响程度。通信和社交网络技术的进步使远距离追随者可以体验与领导者的虚拟关系。

二、魅力型领导者的影响力

对魅力型领导者的领导行为进行研究有助于我们了解魅力型领导者的影响力。

（一）魅力型领导者的相关研究

研究者使用多种方法研究魅力型领导者对追随者和所在组织的影响。主要研究方法包括传记信息分析、深度案例研究、行为问卷调查、实验室研究或实地调研等。下面将对其中一些方法进行简要介绍。

对魅力型领导者的描述性研究用到了多种类型信息源，包括领导者的传记、演讲和文章，以及追随者和他人了解的事件（例如，Jacobsen & House，2001；Levinson & Rosenthal，1984；Mio，Riggio，Levin，& Reese，2005；O'Connor，Mumford，Clifton，Gessner，& Connelly，1995；Seyranian & Bligh，2008；Strange & Mumford，2002；Tichy & Devanna，1986；Van Fleet & Yukl，1986a；Westley & Mintzberg，1989；Willner，1984；Yukl & Van Fleet，1982）。有些研究试图发现魅力型领导者普遍存在的共同特征，这些研究将魅力型领导者与非魅力型领导者进行了比较。

在案例研究中（例如，Cha & Edmondson，2006；Trice & Beyer，1986；Weed，1993），研究者对领导者及相关人员进行了访谈，以收集领导者行为及其影响的相关信息。这些研究涉及对领导者的观察、相关记录分析、报告以及领导者与他人的交流。少数案例研究考察了从一个职位过渡到另一个职位的领导者（例如，Roberts，1985；Roberts & Bradley，1988），或经历了最初的成功后最终失败的领导者（例如，Finkelstein，2003）。

在调查研究中，研究者对追随者开展了问卷调查，以了解领导者行为的相关影响，如追随者对领导者的满意度、任务投入度、组织承诺和绩效等（例如，Conger & Kanungo，1994；Shamir，Zakay，& Popper，1998）。然而，多数魅力型领导相关调查研究容易受主观偏见的影响，使结果出现偏差（Antonakis，2018；Antonakis et al.，2016；van Knippenberg & Sitkin，2013）。

研究者针对大学生进行了几项魅力型领导的实验室研究（例如，Awamleh & Gardner，1999；Choi & Mai-Dalton，1999；Halverson，Holladay，Kazama，& Quinones，2004；Howell & Frost，1989；Hunt，Boal，& Dodge，1999；Jaussi & Dionne，2003；Jung & Avolio，1999；Kirkpatrick & Locke，1996；Shea & Howell，1999；van Knippenberg，D. & van Knippenberg，B.，2005；Yorges，Weiss，& Strickland，1999）。在实验中，研究者评估了不同领导行为对参与者的影响。他们向参与者介绍了两位以上领导者，并记录参与者对每位领导者的可能反应。接下来，在改变领导者行为和情境的情况下，比较不同行为和情境对参与者的影响。例如，茨克海伊、祝和鲁尔（Tskhay，Zhu，& Rule，2017）在一项实验室研究中播放了领导者的演讲短视频，追随者很快就深刻感受到了领导者的魅力，并深受领导者非言语表达行为的影响。在对领导者进行的实地实验中，研究者对相关领导者进行了培训，使他们更多地使用魅力型行为，受过培训的领导者明显表现得更好（Barling，Weber，& Kelloway，1996；Dvir，Eden，Avolio，& Shamir，2002）。

（二） 魅力型领导者影响力的研究发现

有关魅力型领导者影响力的研究尚未得出一致结论，部分是因为研究者在研究方法、领导者类型及其影响力衡量标准等方面存在分歧。多数理论未能对领导者的基本特质和行为进行明确界定，而魅力型领导的概念纷繁复杂，使得研究无法得出一致结论（Antonakis et al.，2016；van Knippenberg & Sitkin，2013）。同时，魅力型领导者影响力研究的相关文献也在不断更新（例如，Banks et al.，2017）。

在解读魅力型领导者影响力的研究结果时，研究者发现同一位领导者既有正面影响也有负面影响，而且并不总是能清楚地界定某一结果是有益的还是有害的。正面影响包括让追随者克服重大障碍取得伟大成果，大多数成功的商业、政治、军事和社会运动领导者都是魅力型领导者。魅力型领导的重要理论普遍强调其正面影响，但某些社会学家也考虑了其对群体或组织造成的负面影响，有时称其为魅力的"黑暗面"（Bass & Steidlmeier，1999；Conger，1989；Conger & Kanungo，1998；Hogan，Raskin，& Fazzini，1990；Horn et al.，2015；House & Howell，1992；Kets de Vries & Miller，1985；Mumford，Gessner，Connelly，O'Connor，& Clifton，1993；O'Connor et al.，1995；Sandowsky，1995）。表8-2总结了魅力型领导者可能产生的负面影响。

表8-2　魅力型领导者的一些负面影响

- 追随者因畏惧领导者而不敢提出好建议
- 追随者渴望得到领导者认可而不愿对领导者提出批评
- 追随者因崇拜领导者而产生领导者绝对正确的错觉
- 过度自信和乐观使领导者看不到真正的危险
- 否认问题和失败不利于组织学习
- 宏大的高风险项目更有可能失败
- 将成功完全归功于他人会疏远某些重要追随者
- 冲动或非传统行为可以带来忠诚者也可以催生敌人
- 对领导者的依赖不利于发展合格的继任者
- 缺乏继任者最终会导致领导危机

　　面对相互关联的结果，魅力型领导者往往会做出更具风险的决定，从而导致严重失败，而他们的反对者会利用这样的机会对其进行罢免。领导者的乐观和自信会使他人更愿意支持其愿景，但过度乐观会使领导者无法看到愿景或战略的缺陷，而过于自信会削弱领导者客观评估愿景的能力。若高管认为某位领导者拥有非凡的专业能力，就不会轻易指出其战略和计划中的缺陷或提出改进意见（参见Finkelstein，2003）。早期的成功和众多追随者的奉承可能会使领导者过于自信。在坚持不懈追求愿景的过程中，魅力型领导者可能会忽视某些不现实计划的早期迹象。下面是关于宝丽来相机发明者埃德温·兰德的范例，从中我们可以看到，过度自信会导致领导者做出错误决定（Conger，1989）。

　　兰德最初的看法是正确的，他认为人们想要即时得到照片的相机。然而，在1970年，他决定开发一种全新的相机（SX-70），这会使之前的相机过时。兰德无视市场需求有限的现实情况，投资5亿美元开发并生产了"完美"的拍立得相机。这一策略被证明是不成功的，因为该款相机第一年的销售额远低于预期水平。为了获得市场认可，他不得不耗时几年变更设计并降价。

　　某些看起来有魅力的冲动或非传统行为可能具有破坏性，会冒犯他人。同样，魅力型领导者认为坚持传统行为的人不符合其非传统愿景，可能会忽视他们对群体或组织做出的重大贡献，使某些最初的支持者感到失望。巴斯（Bass，1985）指出，人们对魅力型领导者的反应可能会两极分化，同一位领导者会引起部分人的极度钦佩，也会引起另一部分人的极度仇恨。领导者拥有一批忠诚的追随者是一种优势，但这种优势可能会被其坚定的敌对者所抵消。某些有权势的敌对者会破坏其计划或密谋罢免该领导者。很多魅力型政治领导人都曾遭遇暗杀（Yammarino，Mumford，Serban，& Shirreffs，2013）。

魅力是一种短暂现象，它依赖于人们对非凡领导者的个人认同。当领导者离任或去世时，通常会出现继任危机。很多由魅力型领导者创建的组织无法渡过这种危机（Bryman，1992；Mintzberg，1983）。有时，领导者的愿景会嵌入组织文化，前提是领导者提出的愿景在其离开后仍对组织成员具有吸引力。在领导者离开之前，组织会举行仪式将其权威转移给指定的继任者，但很难保证继任者会和前任一样优秀。此外，若领导者提防潜在竞争对手或全神贯注于使命任务，就可能无法及时找到强有力的继任者来确保平稳过渡。

领导者还可以创建某种行政架构，借助合理的法律权威继续实施其愿景（Weber，1947）。然而，若魅力型领导者的继任者是强调正式规则的官僚型领导者，就很难让组织成员保持热情，积极奉献。即使没有领导者的积极鼓励，正式的行政结构也会随着组织的演变而变大变强。官僚型领导者和魅力型领导者之间可能会存在冲突，前者会从后者手中夺走对组织的控制权。威德（Weed，1993）曾经研究过一个生动的案例：

坎迪·莱特纳（Candy Lightner）是"母亲反对酒后驾车"组织（Mothers Against Drunk Driving，MADD）的魅力型创始人。1980年，在她的女儿被一名酒驾惯犯撞死后，她创建了"母亲反对酒后驾车"组织，以游说加利福尼亚州对酒后驾车进行更严厉的处罚。1985年，她成功地将"母亲反对酒后驾车"组织发展成一个大型全国性组织，在美国有360个地方分会，拥有预算资金1 300万美元。随着"母亲反对酒后驾车"组织的发展，其核心行政结构变得更加正式。在这期间，董事会的规模扩大了，董事会的成员也由地方分会理事逐渐变为专业人士，分会理事对莱特纳非常忠诚，而专业人士则拥有法律、公共关系、社会服务和非营利组织的背景。核心人员也从亲密的朋友转变为更大的专业管理团队，他们对组织忠诚，而不是对莱特纳忠诚。1983年，莱特纳和核心人员之间的冲突越来越多，核心成员对莱特纳的专制风格、前后矛盾的决策，以及对批评或异议的抵触感到不满。营业额增加后，核心成员对她资金使用情况的争议也爆发了。最后，当她的合同在1985年到期时，董事会将莱特纳从"母亲反对酒后驾车"组织总裁的职位上赶了下去。

魅力型领导者的另一个不利结果是"敬畏效应"（awestruck effect），这有些违背直觉（Menges，Kilduff，Kern，& Bruch，2015）。在一系列实验和实地研究中，门杰斯（Menges）及其同事发现，相较于支持型、非魅力型领导者的追随者，魅力型领导者的追随者较少公开表达自己的情绪，这使他们对工作的不满有所增加。

（三） 培养魅力型领导

掌握魅力型领导者的品质有助于领导水平的发挥（见第十四章），安东纳基斯、芬利和利希蒂（Antonakis，Fenley，& Liechti，2011）利用实地实验和实验室实验对这个问题进行了研究。在这两项研究中，参与者都被教导如何使用魅力型领导的七种言语性策略和三种非言语性策略（见表 8‐3）。在第一项研究中，研究者将中层领导者随机分配到魅力型领导培训的实验中，以对照没有接受培训的对照组。三个月后，他们让参与者对领导者的魅力进行评价。在第二项研究中，研究者事先录下工商管理硕士（MBA）的演讲视频，然后培训他们运用魅力型领导策略。六个月后，再让他们重新进行演讲。这两项研究的结果表明，培训可以提高领导者的魅力水平。

表 8‐3 魅力型领导者的相关策略

言语性策略：
• 隐喻是一种修辞手法，是利用某相似对象或行为直接指代另一个对象或行为，以达到修辞效果。隐喻是一种有效的说服手段，因为它能刺激情感、简化信息、帮助回忆并激发象征意义
• 故事和轶事可以使信息易于理解和记忆，同时能引起人们对主人公的认同
• 表露道德信念有助于领导者树立品德高尚的人设
• 反映群体情绪的声明有助于展现领导者与追随者的共同利益和共同价值观，使追随者与领导者保持一致
• 设定较高的目标是激励追随者的催化剂
• 激发实现目标的信心可以提高追随者的自我效能感
• 利用反问（鼓励参与）、"三步走"列表（提炼信息、确定模式、完整灌输）和对比（对比立场以产生较大影响）吸引追随者并提炼领导者的信息
非言语性策略：
• 身体姿势是向听众发出的信号（指点、挥手或敲打桌子可以引起注意，握拳可以增强力量、信心和肯定性）
• 动画片中的声音可以传达惊喜、快乐、激动和兴奋等情感
• 面部表情可以传达相关情绪，以强化领导者要传达的信息

资料来源：Antonakis，Fenley，and Liechti（2011，2012）.

（四） 对组织的影响

有研究者提出，魅力型领导是大型组织解决问题的关键。但也有批评者指出，在某些组织中让魅力型领导者担任重要职位不可取，并说明了几点原因（Bryman，1992；Schein，1992；Trice & Beyer，1993）。

魅力型领导是有风险的。人们赋予某位领导者过多的权力，希望在他的带领下实现更美好的未来，这种做法的结果是不可预测的，因为权力会被滥用，愿景会变成空洞的梦想。历史上有很多魅力型领导者，他们在建立帝国、领导革命或创立宗教的过程中给无数人带来了死亡和苦难。

魅力型领导意味着从根本上改变组织的战略和文化，这可能并不适合某些正常运转的成功组织。若组织不存在明显的危机，且多数成员否认变革的必要性，领导者就很难对组织进行彻底改革。若组织中存在不止一位魅力型领导者，且他们的愿景不一致，组织就可能因分裂性冲突而四分五裂。历史证明，若魅力型领导者发现无法在组织内实现其激进愿景，就会选择离开，去建立一个新组织（如新企业、新政党或新的社会运动等）。

魅力是一种不常见且短暂的现象。魅力型领导者的成就在他离开后可能不会延续。若领导者过度自信，就容易做出危及组织及其成员的高风险决策。最初让领导者充满魅力的巨大成功可能会播下最终失败的种子。

魅力型首席执行官影响力的相关研究非常有限，现有研究结果表明，魅力不是他们成功的基本属性，甚至可能无法成为其优势。相关研究发现，成功组织的领导者很少被评价为是有魅力的（例如，Bennis & Nanus，1985；Collins，2001a，2001b；Kouzes & Posner，1987；Peters & Austin，1985；Tichy & Devanna，1986）。研究者对多家公司首席执行官的财务绩效进行了研究，结果显示，首席执行官的财务绩效取决于其过往业绩，而不是其魅力（Agle，Nagarajan，Sonnenfeld，& Srinivasan，2006）。另一项研究发现，有魅力的首席执行官能够说服董事会为他们提供更高的薪酬，但并没有改善公司的财务绩效（Tosi，Misangyi，Fanelli，Waldman，& Yammarino，2004）。魅力型领导者的相关纵向研究发现，其早期的成功可能会导致最终的失败。

尽管相关研究发现了魅力型领导者的某些负面影响，但魅力型领导者并非注定要失败。若领导者拥有做出良好决策的专业能力和维持权力的政治技能，在天时地利的情况下，是可以取得成功的。魅力型领导者成功的范例有很多，他们或建立了政治帝国，或建立了繁荣的公司，或创立了新的宗教派别，并始终拥有掌控权。

三、变革型领导

变革型领导理论认为，高效能的领导者能够感召追随者的理想和情感，从而激励并改变追随者。詹姆斯·麦格雷戈·伯恩斯（James McGregor Burns，1978）对早期变革型领导的概念产生了较大影响。在一本关于政治领导学的畅销书中，伯恩斯将转化型领导（transforming leadership）与交易型领导（transactional leadership）进行了对比。转化型领导诉诸追随者的道德价值观，试图提高追随者对道德问题的认识，并调动追随者的精力和资源对机构进行改革。交易型领导诉诸追随者的私利，利用利益激励追随者。对政治领导人来说，交易型领导活动包括提供工作、补贴、有利可图的政府合同，以及支持所需的立法以换取竞选或连任支持。交易型领导可能会涉及某些价值观，如诚实、公平、责任和互惠等，这些价值观与交换过程相关。伯恩斯还基于合法权威以及对规则与传统的尊重，提出了领导力的第三种影响形式。官僚机构更强调这种形式的影响，而不是基于交换或感召的影响。

领导者诉诸追随者价值观和情感的过程是当前变革型领导和远见型领导理论的核心特征（例如，Bass，1985，1996；Bennis & Nanus，1985；Sashkin & Fulmer，1988；Podsakoff，MacKenzie，& Bommer，1996b；Podsakoff，MacKenzie，Moorman，& Fetter，1990；Tichy & Devanna，1986）。然而，与伯恩斯不同的是，新的变革型领导理论更关注实际任务目标，而不是追随者的道德提升或社会变革。本书第九章将进一步介绍伯恩斯关于伦理型领导的观点。

研究者提出了变革型或激励型领导的相关理论，其中，巴斯（Bass，1985，1996）的理论对领导学研究的影响最大。该理论基于伯恩斯的思想，对变革型领导和交易型领导进行了辩证研究。巴斯（Bass，1985）认为，变革型领导和交易型领导是不同的但并不相互排斥的过程。在变革型领导中，追随者会信任、钦佩、忠诚和尊重领导者，会在领导者的激励下完成超出预期的工作。领导者改变和激励追随者的方式包括：（1）让追随者更深刻地意识到任务结果的重要性；（2）引导追随者将组织或团队利益置于自身利益之上；（3）激发追随者更高层次的需求。相比之下，交易型领导涉及一种交换过程，即领导者向遵守其要求的追随者提供奖励。这种交换过程不太可能让追随者对任务目标产生承诺。巴斯认为，变革型领导比交易型领导更能提高追随者的动力和绩效，但有效的领导者会同时使用这两种领导策略。

（一）领导者的行为

变革型领导行为和交易型领导行为都属于广义行为。巴斯（Bass，1985）将变革型领导行为概括为三种类型。理想化影响（idealized influence）是指能够加深追随者对领导者认同感的行为，如树立具有勇气和奉献精神的榜样、为追随者做出自我牺牲等。智力刺激（intellectual stimulation）是指影响追随者从新的角度看待问题并寻找更具创造性的解决方案的行为。个性化关怀（individualized consideration）是指为追随者提供支持、鼓励和指导。该理论的修订版（Bass & Avolio，1990a）增加了被称为愿景激励（inspirational motivation）的变革型领导行为，旨在传达诱人愿景和使用象征手段集中下属力量。之后，巴斯和阿沃利奥（Bass & Avolio，1997）再次对该理论进行了修改，鉴于领导行为的评定易受归因偏见的影响，他们区分了理想化影响和魅力归因，但并未厘清区别依据。

变革型领导理论最初包含两类交易型行为：权变奖励（contingent reward）和被动式例外管理（passive management by exception）。权变奖励行为包括明确获得奖励所需的成就，以及通过激励影响下属的任务动力。被动式例外管理包括通过权变惩罚和其他纠正措施应对明显偏离绩效标准的情况。最新的变革型领导理论还囊括了被称为主动式例外管理（active management by exception）的交易型领导行为（Bass & Avolio，1990a）。该行为的定义旨在发现错误并规避错误。变革型领导理论后续又增加了被称为放任型领导（laissez-faire leadership）的交易型领导行为（Bass & Avolio，1994）。该行为是指对任务（如忽略任务问题）和下属（如忽略下属需求）的被动漠视。事实上，该行为更多地属于无效领导，而不是交易型领导。

（二）　影响过程

研究者并未明确指出交易型领导行为和变革型领导行为的潜在影响，追随者的动力可作为其推断依据。交易型领导的主要影响过程是指导性合规（instrumental compliance）（见第六章）。变革型领导可能涉及内化，因为愿景激励可以利用相关行为（如提出鼓舞人心的愿景）将任务与追随者的价值观和理想联系起来。领导者可以让追随者认为任务目标与其兴趣和价值观一致，从而强化追随者的内在动力（参见 Bono & Judge，2004；Charbonneau，Barling，& Kelloway，2001）。

变革型领导也涉及个人认同（Horstmeier，Boer，Homan，& Voelpel，2017）。追随者会认同领导者，模仿领导者的行为，接受领导者信奉的价值观和理想。个人认同包括追随者对领导者的魅力归因。巴斯（Bass，1985，p.31）认为"魅力是变革型领导的必要组成部分，但它本身并不足以解释变革型过程"。

变革型领导理论的相关研究还发现了其他影响过程，涉及变革型领导对追随者绩效的影响。变革型领导与追随者的信任高度相关（Dirks & Ferrin，2002；Zhu & Akhtar，2014）。愿景激励（如乐观地描绘愿景）和个性化关怀（如指导）等变革型领导行为可以提高下属的自我效能感（McColl-Kennedy & Anderson，2002）、对工作意义的感知（Frieder，Wang，& Oh，2018）和团队的集体效能感（见第十一章）。智力刺激可以提高追随者的个人创造力（Howell & Avolio，1993；Jung，2001；Keller，1992；Qu，Janssen，& Shi，2015；Sosik，Kahai，& Avolio，1998）。

　　研究者用名为"逐级传导"的影响过程来解释首席执行官对组织内底层成员动力的间接影响（Waldman & Yammarino，1999）。首席执行官的行为会被下属模仿，然后由各级管理者层层向下演示。到目前为止，关于领导者行为逐级传导的证据非常有限（Bass et al.，1987；Chun et al.，2009）。没有证据表明首席执行官的关键行为会被下级管理者模仿，也没有证据表明组织的底层成员会在可信战略、计划、奖励制度或文化价值观未发生重大变化的情况下拥护首席执行官的愿景。

（三）　领导情境

　　巴斯（Bass，1996，1997）认为，变革型领导在任何情境或文化中都是有效的。该理论并未具体说明变革型领导在何种条件下会变得无关紧要或无效。变革型领导和领导效能之间的积极关系已经在不同国家、不同类型组织和不同权威级别的众多领导者身上得到了体现，这为该理论提供了很好的支撑（Bass，1997）。领导效能的衡量标准有很多，相关证据表明，变革型领导的某些行为与多数领导者息息相关，但并非在所有情境下都同样有效。

　　到目前为止，情境对变革型领导行为影响的相关研究仍非常有限。很多情境变量都可以促进变革型领导行为，或增强变革型领导行为对追随者的影响（Bass，1985，1996；Hill，Seo，Kang，& Taylor，2012；Hinkin & Tracey，1999；Howell & Avolio，1993；Pawar & Eastman，1997；Pettigrew，1988；Purvanova & Bono，2009；Waldman，Ramirez，House，& Puranam，2001）。在变革需求不断增加的动态的、不稳定的环境中，以变革为导向对变革型领导尤为重要。在得到鼓励或授权，且有意保持灵活创新时，领导者实施变革型领导行为的可能性更大（如拥有创业文化的分散型组织）。越来越多的证据表明，追随者的特质和价值观（如责任心、接受新事物、积极情感、学习目标导向、核心自我评估、自我效能感等）会决定他对领导者的变革型行为做出的反应（例如，Den Hartog & Belschak，2012；de Vries，Roe，& Taillieu，2002；Ehrhart & Klein，2001；Frieder et al.，2018；Gilmore，Hu，Wei，Tetrick，& Zaccaro，2013；Kim，T.-Y.，Liden，Kim，S.-P.，& Lee，2015；Li，Chiaburu，Kirkman，& Xie，2013；Zhen & Peterson，2011）。

四、魅力型领导与变革型领导的比较

变革型领导和魅力型领导的相似度和兼容度是领导学领域研究者关注的重要问题。一些学者认为这两种类型的领导在本质上是相同的，而另一些学者则认为它们并不相同，但存在重合的过程。即便是在那些认为这两种领导类型是不同过程的学者中，对于一种领导是否可能既是变革型领导同时又是魅力型领导的问题，也存在分歧。

概念的模糊性和定义的不一致使研究者很难对变革型领导和魅力型领导进行比较（Antonakis et al.，2016；Sitkin & Roth，1993）。近年来，重要的魅力型领导理论都曾被修正，变得更接近变革型领导理论。重要的变革型领导理论也曾在修正过程中增加其他形式的有效领导行为。有研究者对"变革"一词赋予了宽泛的定义，使其几乎涵盖所有类型的有效领导，而不考虑其潜在影响过程，认为变革既可指追随者的转变，也可指整个组织的变革。

魅力的本质是领导者被仰仗他指导与激励的追随者认为具有非凡卓越的品质。巴斯（Bass，1985）认为魅力是变革型领导的必要组成部分，但他也指出，某些拥有魅力的领导者可能不具有变革性。变革型领导的本质是激励、发展和授权追随者（在某些理论中并未明确提到授权）。这些影响可能会削减而不是增强领导者的魅力。因此，变革型领导和魅力型领导的基本影响过程并不完全兼容，魅力型领导包含对非凡领导者的个人认同和依赖。卡克、沙米尔和陈（Kark，Shamir，& Chen，2003）的一项研究为此提供了论据支撑，该研究发现，对领导者的个人认同可以影响追随者的依赖性，而社会认同可以增强领导者对追随者自我效能感和集体效能感的影响。

魅力型领导理论和变革型领导理论中的很多领导行为看似相同，实质上却存在着明显差异。变革型领导者会更多地赋予追随者权力，减少他们对领导者的依赖，比如培养追随者的技能和自信、将重要的权力下放给个人或团队、让下属直接接触敏感信息、解除不必要的控制、建立支持授权的强大文化等。魅力型领导者会为自己树立能力非凡的形象，利用印象管理、信息限制、非常规行为和个人冒险等手段加强下属对领导者的依赖。

变革型领导和魅力型领导的区别还在于这两种领导类型的发生频率和促进条件不同。根据巴斯的说法，变革型领导者存在于任何级别的组织，适用于各种类型的情境（Bass，1996，1997）。相反，真正的魅力型领导者寥寥无几，他们的出现似乎更多地依赖于有利条件（Bass，1985；Beyer，1999；Shamir & Howell，1999）。魅力型领导者可能是建立新组织的有远见的企业家，也可能是成熟组织的改革者，他们致力于在组织传统价值观与信仰受到质疑时解决严重危机。

二者的异同还体现在他人对领导者的反应方式上。人们对魅力型领导者的反应通常比对变革型领导者的反应更极端也更多样（Bass，1985）。魅力型领导者可激发他人的情感反应，使其成为支持者或反对者。魅力型领导者也会对他人产生强烈的负面影响，甚至使自己成为暗杀目标或被赶下政治舞台（Serban et al.，2018；Yammarino et al.，2013）。然而，追随者对变革型领导者的反应不那么强烈，不会产生两极分化效应。变革型领导者可被认为能力强、专业好，但通常不会激起下属的激情或崇拜。

变革型领导和魅力型领导的相关实证研究并未涉及它们的可比性和兼容性问题。鲜有研究考察这两种理论的潜在影响过程，或对领导行为问卷的模糊数据进行深入分析（例如，Rowold & Heinitz，2007）。这两种理论的区别往往体现在调查问卷没有捕捉到的某些关系和影响过程中。这两种领导方式的差异是研究者非常感兴趣的课题，需要他们深入进行广泛的研究。重要的是，魅力型领导和变革型领导等广泛的结构具有严重的局限性，通过研究具体的特质、技能和行为与领导情境和预期结果的相关性，可以了解更多关于有效领导的信息。

（一） 魅力型、意识形态型和务实型领导者

领导学相关理论还基于危机、动荡和不确定性情境，将领导者分为三类（Hunter，Cushenbery，Thoroughgood，Johnson，& Ligon，2011；Mumford，2006；Mumford，Antes，Caughron，& Friedrich，2008）。在危机和动荡中，领导者对识别威胁与机遇并选择适当应对措施会产生更大的潜在影响力。在这种情境下，领导者可分为魅力型领导者、意识形态型领导者（ideological leader）和务实型领导者（pragmatic leader）。这三类领导者都能发挥效能，但在特质、行为和影响过程上有所不同。

在政治和意识形态冲突严重的情况下，魅力型领导者和意识形态型领导者更有效；而当政治冲突较少，更需要建设性地解决问题时，务实型领导者则更有效。

当组织拥有强大的共同价值观时，意识形态型领导者更有可能出现，因为他们能够提出体现这些价值观的愿景。意识形态型领导者会对共同的价值观和信仰发出情感诉求，让追随者参与制定解决危机或实现目标的策略。意识形态型领导者的行事方式必须符合组织的价值观和愿景，以保持追随者的信任。

魅力型领导者可以激发人们的情感，让追随者相信领导者能够解决危机、克服障碍，实现理想目标。这种愿景会吸引组织中信任领导者的成员，使之成为领导者忠诚的追随者，但也会使与领导者愿景不一致的成员成为其反对者。

若追随者认为领导者拥有专业能力和奉献精神、有能力进行战略制定和危机管理，就会倾向于将领导者视为务实型领导者。务实型领导者会对追随者进行理性呼吁，使追随者理解并执行相关战略以实现共同目标。

五、魅力型领导和变革型领导的理论评价

现有的证据能够支持魅力型领导和变革型领导主要理论的许多关键论点。总体而言，这些理论对我们理解领导过程有着重要作用。它们解释了一些领导者对追随者的特殊影响，而早期的理论无法充分解释这种影响的程度。具体而言，魅力型领导和变革型领导理论更多关注追随者情绪反应和象征行为的重要性，以及领导者如何利用模糊事件对追随者产生影响。早期的领导理论没有认识到象征过程和意图管理与事务管理同等重要。

魅力型领导和变革型领导理论具有优点，但也存在某些概念上的不足，限制了人们对有效领导的理解（Antonakis et al.，2016；Beyer，1999；Bryman，1993；Mhatre & Riggio，2014；Sitkin & Roth，1993；Yukl，1999b）。常见的不足包括概念模糊、描述解释过程不充分、狭隘地局限于二元过程、忽视相关领导者行为、对情境变量的细化不足、缺乏对组织绩效与愿景相关性的关注、偏向于英雄式领导理念、将太多影响归因于个别领导者等。下文将对一些不足进行详细解释。

多数变革型领导和魅力型领导理论都缺乏对潜在影响过程的充分说明。有必要进一步澄清各种类型影响过程的相互作用、相对重要性，以及它们是否相互兼容。多数理论都强调领导者对追随者的影响，我们需要更多地关注领导者与追随者的相互影响过程、共同领导、追随者之间的相互影响。通过对领导者如何增强互信与合作、授权、集体认同、集体效能感以及集体学习进行更好的解释，可以对这些理论进行强化。这些理论应该对领导者的任务导向型职能和战略职能进行更多的解释，前者对团队有效绩效至关重要，后者对组织财务绩效至关重要。多数理论都未能解释领导者的外部角色，比如监测环境以确定相关威胁和机会，建立能够提供信息和帮助的联络网，担任团队或组织的发言人，与外部人员进行谈判，利用相关技能帮助团队或组织获取资源、政治支持和新成员等（见第三、十一和十二章）。

多数魅力型领导和变革型领导理论都过于狭隘地关注二元过程。这些理论介绍了领导者如何影响下属的动力和忠诚度，有助于人们理解有效领导。然而，作为激励理论（motivation theory）的延伸，这些理论还应该解释领导者如何建立优秀团队或影响组织的财务绩效和生存发展（Beyer，1999；Yukl & Lepsinger，2004）。领导者可以通过自己的影响使追随者更有动力、更具创造性、更有合作精神，但是，激励追随者做什么以

及这种影响是否适应相关情境也很重要。如果领导者追求不切实际的目标或错误的战略，那么，即使拥有动力十足的忠诚追随者也无法防止灾难的发生（Finkelstein，2003）。

魅力型领导和变革型领导理论并没有明确解释领导过程与变革的关系，领导者影响重大变革的必要条件，以及最初变革对未来领导过程的影响。领导者可以制定愿景，也可以调整高层或前任领导者的愿景。愿景可涉及创新性变革，也可涉及传统价值观。虽然传统价值观可能已不是组织战略决策的决定因素，但对很多成员来说仍非常重要。例如，魅力型领导者可能以叛逆者的身份出现，成功地抵制了某些与传统价值观不符但对组织效能十分必要的重大变革的实施（Levay，2010）。

魅力型领导和变革型领导理论也没有阐明其领导行为的长期影响。如果成功无法持续，或新倡议给组织造成了严重损失，那么最初因成功应对威胁而获得魅力的领导者可能会逐渐失去其魅力。如果情境发生变化，或某位变革型领导者被提升到更高级别的岗位上，那领导者可能会因缺乏认知技能而无法应对日益复杂的困难挑战。

六、激励型领导行为指南

虽然魅力型领导和变革型领导还有很多需要研究的地方，但不同类型的研究结果可以为领导者提供一些初步指南，帮助他们激励追随者、增强追随者的自信和对使命任务的奉献精神。这些行为指南（见表 8-4）是基于本章回顾的相关理论和研究成果总结的。

表 8-4 激励型领导行为指南

内容
• 提出清晰而吸引人的愿景
• 解释如何实现愿景
• 表现得自信而乐观
• 表达对追随者的信心
• 采用引人注目的象征行为强化关键价值观
• 以身作则

⠿ 提出清晰而吸引人的愿景

变革型领导者会强化现有愿景或建立对新愿景的承诺。组织将要达成或实现的明确愿景有助于人们理解组织的宗旨、目标和优先事项。愿景可以赋予工作意义，是自尊的源泉，还可以培养组织成员的共同目标感。愿景有助于指导组织内每名成员的行动和决策，当个人或群体在工作决策中享有相当大的自主权和自由裁量权时，这显得尤为重要（Den Hartog & Belschak，2012；Hackman，1986；Raelin，1989）。本书第五章介绍了制定吸引人愿景的相关建议。

愿景的成功取决于如何与人们进行良好的沟通（Awamleh & Gardner，1999；

Holladay & Coombs，1993，1994；Margolis & Ziegert，2016）。领导者应抓住机会采用多种方式表达愿景。与人们直接会面，解释愿景并回答相关问题会比互动性较差的沟通形式（如给追随者写信或发电子邮件、时事通讯文章、电视电话会议、录制演讲视频等）更有效。如果采用非互动形式传达愿景，领导者最好在传达后给追随者提供提问的机会（通过电子邮件、热线、公开会议或领导者视察部门会议等）。

领导者可以使用意象、隐喻、轶事、故事、符号和口号等丰富多彩的情感性语言，以更清晰、更具说服力地传达愿景意识形态方面的内容。隐喻和类比尤其有效，它们可以激发想象力，让听者对愿景有更充分的理解。若轶事和故事能使追随者想起其深厚文化根源中的象征性事物（如传奇英雄、神圣人物、历史磨难与胜利等），会更加有效。戏剧性、富有表现力的讲话风格增强了丰富多彩的语言在表达强烈的情感诉求方面的作用（参见第六章介绍的精神诉求策略）。讲话者的声音（语气、音调变化和停顿等）、面部表情、手势和身体动作可以强化其所传达情感的信念和强度。适当使用押韵、变化节奏或重复关键词可以使愿景更加丰富多彩、引人注目。

解释如何实现愿景

仅仅提出吸引人的愿景是不够的，领导者还必须让追随者相信这一愿景是可行的。在愿景和实现愿景的可靠策略之间建立明确的联系至关重要。如果战略中有几个与组织成员共同价值观相关的明确主题，则这种联系就更容易被建立起来（Nadler，1988）。根据这些主题提出的分类有助于人们理解问题和难题。主题的数量应该足够多，以便将追随者的注意力集中在关键问题上，但又不能太多，以免引起混乱、浪费精力。提出一项附带详细行动步骤的精密计划是没有必要的。领导者不应假装知道如何实现愿景的所有答案，而应告诉追随者，他们在发现必要的具体行动方面将发挥重要作用。

当实现愿景的战略既不因循守旧又直截了当时才最有说服力。如果战略过于简单或常规，则无法激发领导者的信心，尤其是在发生危机时。在下面的案例中，该公司在激烈的竞争中失去了部分市场份额：

> 首席执行官建议对产品设计和质量进行改进，使自家产品跻身世界一流行列（原先的战略是通过降低成本保持低价）。产品的设计既要可靠（较少的活动部件、耐久材料、广泛的产品检测以及对每个工人的质量控制）又要"对用户友好"（操作程序简单、显示界面易读、使用说明清晰）。这一战略促进了公司的成功转型。

表现得自信而乐观

除非领导者表现出自信和信念，否则追随者很难对愿景抱有信心。对团队能够成功实现愿景保持乐观心态至关重要，尤其是在面临暂时的障碍和挫折时。领导者的自信和乐观情绪具有很强的感染力。最好是强调迄今为止已经取得的成就，而不是还有多少工作要做；最好强调愿景的积极方面，而不是前方的障碍和危险。既可以通过言语表达信心，也可以通过行动表达信心。缺乏自信体现在试探性的、支支吾吾的语言（"我猜""也许""希望"等）和一些非言语暗示（皱眉、缺乏眼神交流、紧张的手势、虚弱的姿势等）中。

▦ 表达对追随者的信心

愿景的激励效果还取决于下属对实现愿景能力的自信程度。关于皮格马利翁效应的研究表明，当领导者对下属有很高的期望并对他们表现出信心时，下属的表现会更好（Duan，Li，Xu，& Wu，2017；Eden，1984，1990；Eden & Shani，1982；Eden et al.，2000；Field，1989；McNatt & Judge，2004；Sutton & Woodman，1989）。当任务困难或危险时，或者当团队成员对自己缺乏信心时，培养他们的信心和乐观态度尤为重要。在适当的情况下，领导者应提醒追随者如何克服障碍以提前取得胜利。如果下属从未成功过，领导者可将眼前的情境与团队或单位取得的成功进行类比。此外，领导者还可以审查下属实施战略的具体优势、有益品质和资源，列出他们相对于对手或竞争者的优势，并告诉追随者，他们与以前成功完成同类活动的团队一样优秀。

▦ 采用引人注目的象征行为强化关键价值观

与愿景一致的领导行为能够强化愿景。领导者对价值或目标的关心体现在其花费时间的方式、权衡不同目标时做出的资源分配决策、提出问题及奖励行动上。领导者可以采用引人注目的象征行为强化关键价值观，如下例所示：

> 部门经理提出一个新愿景，建立开放、创新、合作、以学习为导向的人际关系。管理团队过去的会议过于正式，议程详细，陈述详尽，且批评过多。他邀请下属去海滨度假，在这里召开了一个为期三天的会议以描绘他的愿景，并在那里焚烧了一堆议程、讲义和评估表。

当领导者冒着巨大的个人风险做出自我牺牲或某些非常规的事情时，其为实现重要目标或捍卫重要价值观而采取的象征行为会更具影响力。如果象征行为成为轶事和传奇，在组织成员中广为流传且被反复转述给新员工，那这些象征行为的效果会更好。彼得斯和奥斯汀（Peters & Austin，1985）举了一个例子：首席执行官亲手毁掉了一些低质量的公司产品，而公司以前是将这些产品当作次品销售的。他这种受到广泛关注的行为表现了他对新政策的支持，即今后公司将只生产和销售最高质量的产品。

▦ 以身作则

俗话说，事实胜于雄辩。领导者影响下属支持的一种方式是在与下属的日常互动中树立模范行为的榜样。以身作则有时被称为"行为榜样"（role-modeling）。这对于令人不快、危险、非常规或有争议的行为尤为重要。管理者在要求下属遵守某些标准时也应该遵守相同的标准，在要求下属做出特殊牺牲时也应该以身作则。最鼓舞人心的军事领袖是能够带领军队投入战斗、与士兵共同承担风险的人，而不是在相对安全和舒适的后方躲着的人（Van Fleet & Yukl，1986b）。一家正经历财务困难的大公司高管为我们提供了一个反面案例：他们要求员工推迟预期加薪，却给自己发放巨额奖金。这一行为在员工中引发了不满，削弱了员工对组织的忠诚和对使命的承诺。其实，这些高管更有效的方法是为员工树立榜样，在要求员工做出牺牲之前先削减自己的奖金。

领导者信奉的价值观应体现在其日常行为中，而且必须始终如一。高层领导者总是在聚光灯下，追随者会仔细审视他们的行为，以寻找其中的隐藏含义，有些可能并非领导者的本意。领导者模棱两可的言论和无意识的行为可能会被误解。为了避免发出错误的信号，领导者要预先考虑别人会如何解读自己的言语和行为。

小　结

魅力归因是领导者、追随者和情境之间相互作用的结果。魅力型领导者会通过情感性、象征性、基于价值观的沟通来激发追随者的热情和支持。他们会提出吸引人的愿景，并增强追随者实现愿景的信心。如果愿景和实现愿景的战略具有创新性，领导者冒着个人风险推动愿景实现，并且愿景似乎能够获得成功，就更有可能出现对领导者的魅力归因。研究者还确定了某些相关行为，但在不同理论中这些行为有所不同。领导者的自信、坚定的信念、沉着、语言能力和惊人天赋等特质与技能可加大魅力归因的可能性，但更重要的是使领导者的愿景与追随者的需求紧密联系在一起的情境。

魅力型领导者可以对组织产生强大的影响，但影响结果并不总是有益的。领导者可以让追随者更有动力、更乐于合作，但激励追随者做什么以及这样做是否与情境相适应同样很重要。如果领导者追求的是不切实际的目标或错误的战略，那么，即使拥有动力十足的忠诚追随者也不能防止灾难的发生（Finkelstein，2003）。以个人化权力为导向的自恋者可能会产生负面结果。这种领导者麻木不仁、操纵欲强、专横、冲动、故步自封。他们认为追随者对愿景的奉献比支持更重要。傲慢和过度自信会使他们做出可能导致公司垮台的冒险决定。积极的魅力型领导者会设法向下属灌输对意识形态目标的忠诚，这更有可能对组织产生有益的影响。然而，如果忽视追随者的个人需求，积极的魅力型领导者所推崇的高成就文化也可能产生一些不良后果。研究者需要进行更多研究，以发现是否有可能在不产生不良后果的情况下取得魅力型领导的积极成果。

变革型领导者会让追随者更加清楚工作的重要性和价值，并引导追随者将组织的利益置于个人利益之上。他们会培养追随者的技能和信心，让他们做好承担更多责任和发挥更大影响的准备。他们会在必要时提供支持和鼓励，让追随者在遇到障碍、困难和产生疲劳时保持热情和努力。因此，追随者会信任变革型领导者，并有动力去做超出预期的事情。

有关变革型领导的实证研究通常可以发现其对追随者绩效的积极影响，但很少有研究对领导行为和追随者绩效之间积极关系的潜在影响过程展开分析，也很少有研究探讨为什么某些类型的变革型领导行为和交易型领导行为在特定情境下更有效。

魅力型领导和变革型领导理论强调：情感过程与理性过程同样重要，象征行为与指导行为同样重要。这些理论为理解领导者成败的原因提供了新的见解，但这些理论并没有为人们理解领导者对组织长期财务绩效和生存发展的影响提供充分依据。为了阐释领导者对组织相关过程的影响，研究者有必要考虑多数魅力型领导和变革型领导理论并未涉及的战略管理相关内容（见第十二章）。

📖 回顾与讨论

1. 简要描述魅力型领导者的关键行为。
2. 简要描述魅力型领导所涉及的影响过程。
3. 简要描述魅力型领导的言语性策略和非言语性策略。
4. 魅力型领导者可能给组织带来哪些问题？
5. 在哪些情境下魅力型领导者最可能带来好处？
6. 魅力型领导和变革型领导有哪些异同？
7. 魅力型领导和变革型领导理论为有效领导提供了哪些新见解？
8. 哪些行为指南有助于鼓舞人心？

📝 关键术语

魅力归因	attributional ambiguity
魅力	charisma
魅力型领导	charismatic leadership
魅力型领导策略	charismatic leadership tactics
情绪感染	emotional contagion
印象管理	impression management

内化	internalization
个人认同	personal identification
自我效能感	self-efficacy
社会认同	social identification
象征行为	symbolic action
交易型领导	transactional leadership
变革型领导	transformational leadership
愿景	vision

♀ 个人反思

想想你人生中某位有魅力的领导者。这位领导者可以是你认识的人，也可以是某位知名的政治家、企业高管或艺人。这位领导者使用过哪些魅力策略来影响他人？你认为这位领导者是积极的魅力型领导者还是消极的魅力型领导者？其领导效能如何？

☞ 案例8-1

大都会银行

玛莎·布朗（Marsha Brown）是大都会银行（Metro Bank）一家郊区支行的新经理。这家支行士气低落，利润率低于预期。其中一个难题就是，该支行是年轻管理人员的非正式培训中心。如果新录用的信贷员或支行助理经理缺乏经验，就要被派到这里进行培训。当具备一定的能力之后，他们就会因受到提拔而离开这个支行。这种做法让流动性较低的出纳员和其他助理士气低落，他们感觉自己受到了剥削，感觉自己没有从"对上司进行培训"中得到任何个人回报。在与上司和公司总部其他相关人员进行了一番核实后，玛莎知道这个计划不可能改变。她所在的支行被认为是大都会银行高管的必经之路之一。

入职的头几个月里，玛莎对员工进行了详细了解。她查阅了绩效记录，与支行的每位员工会面讨论其职业抱负。她了解到，很多员工能力较强，可以做的事情比目前多很多。然而，他们从未认为自己能在组织中更进一步。玛莎为支行制定了一个独特的愿景，将员工的需求与高管发展计划目标相结合，并在这个过程中更好地为客户服务。她制定了这样一个战略目标："成为培养管理人才的最佳支行，并一如既往地为客户提供优质服务。"继这一决策之后，玛莎进行了一系列动作。首先，玛莎宣布发展机会对所有人开放，并启动了员工职业发展计划。对于那些希望获得职业晋升的员工，她与总部培训部门进行了协商，在其部门培养计划中为他们预留了一些职位。她说服人事部定期向她通报员工可能感兴趣的职位空缺，包括没有被纳入高管发展计划的员工。然后，她在评价系统中为帮助他人学习的员工设立了奖励，这样，即使是不想进步的员工也能因对新目标的贡献而获得一些好处。为了给各服务部门提供足够支持，她实施了交叉培训。这种培训不仅可以为工作量达到峰值的职能部门提供帮助，而且有助于员工更好地理解其他职能部门的相关政策和程序。最后，玛莎还为自己手下的管理人员分配了发展性任务。她经常让助理经理主持员工会议，代表支行参加公司会议，或者履行某些管理职责。玛莎进行的变革带来了巨大收益。她在言行中反复强调战略目标，让所在支行有了鲜明的特征。员工的自豪感增强，士气也得到了提升。有些老员工有了新的抱负，在发展了相关技能后，晋升到了大都会银行的更高职位。留在支行的员工也为他人的进步感到高兴，因为他们觉得自己的角色对他人和组织的成功来说至关重要，而不是在做吃力不讨好的事情。他们将这种新精神延续到与客户的相处上，再加上交叉培训带来的能力提升，为客户提供了更快更好的服务。

资料来源：Bradford and Cohen (1984).

（作者：加里·尤克尔）

问题

1. 玛莎采取了哪些领导行为改革支行并激励员工？

2. 描述一下玛莎对所在支行的愿景。

3. 你认为玛莎应该被归为魅力型领导者还是变革型领导者，还是两者兼具？

案例 8-2

阿斯特罗航空公司

第一部分

在对航空公司的管制解除两年后，阿瑟·伯顿（Arthur Burton）于 1980 年成立了阿斯特罗航空公司（Astro Airlines）。伯顿对这家新航空公司的愿景有两个关键要素。第一，该航空公司将为以往负担不起乘飞机旅行的人提供低价、无杂费的服务。第二，该航空公司将采用一种新的组织形式，为人们提供更好的合作方式，使他们释放创造力，提高生产力。伯顿是一位充满活力、鼓舞人心的演讲者，并且具有一种狂热，他会抓住每一次机会传达和肯定自己的愿景。很多员工认为他是一位激励型领导者，能让人相信他可以做任何事情。成立之初，阿斯特罗航空公司的氛围是热情、兴奋和乐观的。

与典型的官僚型组织不同，这家新公司只有三级管理层，几乎没有支持性的参谋员工。公司强调平等、非正式、参与型领导和自我管理。员工被分成不同团队，共同决定如何开展工作。各团队选出代表组成相关咨询和协调委员会，与最高管理层会面，确保员工能够参与重要决策。公司要求管理人员为员工提供指导，但不能采取命令或强制做法。员工被要求从事多种工作并学习新技能，甚至管理人员也被要求花一些时间做常规的日常工作，以了解相关问题和客户需求。所有的终身员工被要求分享公司的所有权，他们可以折扣价购买股份。

伯顿认为，折扣票价和高频航班所提供的便捷行程可以吸引原本会乘坐汽车、火车或公共汽车出行或者干脆不出行的新乘客。通过降低运营成本，阿斯特罗航空公司能够提供远低于竞争对手的票价。管理人员和员工的薪水低于航空业的正常水平，但员工也获得了丰厚的附加福利、利润分配和股票分红。通过低价购买更多飞机、重新布置飞机以搭载更多乘客（将头等舱改为经济舱）以及创新性的航班安排（允许飞机每天飞行更多小时），公司的成本也有所降低。阿斯特罗航空公司将餐食、行李搬运等杂费作为单独购买项目，而不是像其他公司那样直接包含在票价中。为了减少航站楼售票柜台所需的空间，各航班的售票可以通过旅行社提前完成，也可以在飞机上利用新售票机完成。

这家新公司迅速获得了成功，客运量迅速增大。在不到三年的时间里，该公司由拥有 3 架飞机、几百名员工发展到拥有 22 架飞机、3 000 多名员工，可以服务 20 多个城市。尽管大环境惨淡（严重的经济衰退、全国空中交通管制员大罢工和残酷的价格战等）导致航空业普遍运营亏损，但该公司还是取得了成功。它的灵活战略及其员工的投入度和创造力促成了公司的早期发展，并帮助公司快速克服了空中交通管制员罢工等危机。

（作者：加里·尤克尔）

问题

1. 描述伯顿的领导行为。

2. 你认为伯顿是魅力型领导者吗？为什么？

第二部分

尽管取得了早期成功，但该公司的快速发展也造成了一些严重的组织问题。员工认为，公司经历初创时期的混乱之后会逐渐稳定下来，繁重的工作量也会有所减轻。然而，他们错了。沟通问题增多，工作量仍然巨大，决策耗时过长，太多决策必须由最高管理层做出。这些问题的部分原因是公司缺乏正式的组织结构。随着航线、设施和航班数量的增加，运营问题变得更加复杂，但公司没有建立正式的组织结构来有效处理这些问题。管理人员的增长速度没有跟上非监管人员的增长速度。伯顿拒绝从公司外部招聘经验丰富的管理人员，更愿意提拔现有员工担任相关职位，而这些人一开始往往缺乏足够的专业能力。管理人员负担过重，缺乏足够的辅助人员，无法将日常职责委派给相关人员。管理人员抱怨压力太大。他们花太多时间开会，却无法解决和落实相关问题，也无法为迅速增加的新员工提供足够的培训。新员工没有获得充分的培训和经历必要的社会化过程，无法提供优质服务，也无法在不同服务岗位之间轮换，导致团队管理实践受限。运营问题（如航班取消）和客户服务下降（如乘务员态度粗鲁）使客户逐渐不满，并侵蚀了公司的声誉。

更为混乱的是，作为首席执行官、负责公司战略规划的伯顿与负责公司运营管理的总裁之间冲突加剧。1982年，总裁辞职，伯顿自己担起了总裁的职责，而没有立即寻找替代者。此时，伯顿决定任命一个由高管组成的工作组，对公司进行改进。工作组就新的管理角色和组织结构提出了一些初步建议。随后，相关员工被提升到这些岗位，公司为他们开展了相关的管理培训活动。伯顿积极参与了这些培训，亲自讲授了某些课程，并认真地参加了其他人讲授的培训课程，以表明他对课程的重视。然而，管理过程中的某些必要变革没有得到实施，总裁的职位仍然没有得到填补。简而言之，伯顿似乎不愿采取某些必要措施，将阿斯特罗航空公司从一家创业型初创公司转变为一家成熟的公司。事实上，他针对公司问题所采取的补救措施是走上一条新的发展道路，而不是专注于对公司进行整合。他相信，公司需要的是一个更大的愿景，让人们再次兴奋起来。于是，他开启了另一个快速扩张期。公司增加了新航线，购置了更大的新飞机，招募了更多的新员工。

1984年，伯顿不再满足于经营一家成功的地区性航空公司。他继续进行变革，旨在将阿斯特罗航空公司打造成一家可与主要航空公司竞争的国际航空公司。他决定收购一些财务状况不佳的地区性和通勤性航空公司。他对快速扩张战略过于乐观，忽视了外部环境正在发生的一些重要变化。伯顿没有预料到大型航空公司可能做出的反应，它们财力雄厚，为了保护市场地位决定开展一场长期的降价战。客运量的新增长不足以弥补增加航班的成本，阿斯特罗航空公司也未能吸引到很多习惯于附加服务和更好服务的商务旅客。结果，公司不但没有获得收益，反而开始亏损。

到了 1985 年，公司的内部问题进一步恶化。有人试图组建飞行员工会，因为大量飞行员辞职了，抱怨他们受到了剥削和虐待。其他员工开始质疑伯顿的诚意，并指责他是操纵者。很多员工认为伯顿现在的行为像个独裁者，没有人敢冒犯他。当被问及董事会中没有独立的外部人员时，伯顿回答说，他是创始人和最大股东，可以决定什么对公司最有利。他解雇了一名自公司成立以来一直在公司工作的重要高级管理人员，因为他挑战了伯顿的地位，并且拿他不愿意听到的问题质问他。另一位被伯顿任命为总裁的创始高管也辞了职，还带着其他几名员工成立了一家新的航空公司。

1986 年，由于财务状况持续恶化，伯顿突然放弃了打折机票和无杂费服务的鲜明战略，开始以更高的票价提供全方位服务，以吸引商务旅客。然而，运营亏损持续扩大。作为最后的挣扎，伯顿又变回了原来的战略，但一切都无济于事。1986 年夏天，由于亏损增加，公司进入破产程序。

问题

伯顿表现出了魅力型领导者什么样的失常特征？

第九章　价值观型领导与伦理型领导

≫ 学习目标

通过学习本章内容，读者能够：

- 了解伦理型领导的不同概念。
- 了解定义和评价伦理型领导的难点。
- 了解个人和情境对伦理型领导的影响。
- 了解转化型领导、服务型领导、精神型领导和诚信型领导相关理论。
- 了解伦理型领导对追随者和组织的影响。
- 了解如何促进伦理行为并反对非伦理行为。

导　言

影响力是领导的本质，强有力的领导者可以对追随者的生活和一个组织的命运产生重大影响。正如吉尼（Gini，2004）所提醒的那样，主要问题不在于领导者是否会运用权力，而在于他们是否会明智而妥善地使用权力。有权势的领导者会以牺牲组织成员和公众为代价促进自己的事业发展和经济收益。此外，领导者可以让非伦理行为看起来合法，从而使组织的其他成员犯"服从之罪"（Beu & Buckley，2004；Hinrichs，2007）。随着公众对政治和商业领导者信心的持续下降，人们对领导学伦理越来越感兴趣。相关领导者的丑闻在新闻媒体、书籍和电影中被反复曝光（Kouzes & Posner，1993；Treviño & Brown，2014）。在过去的 20 年里，高管卷入非伦理活动的知名公司包括苹果、安然（Enron）、艾可飞（Equifax）、环球电讯（Global Crossing）、南方保健（HealthSouth）、奎斯特（Qwest）、三星、斯堪迪亚（Scandia）、丰田、泰科国际（Tyco International）、大众、优步（Uber）、富国银行（Wells Fargo）和世通（WorldCom）等

（Carson，2003；Flanagan，2003；Treviño & Nelson，2017）。本章旨在描述伦理型领导的不同概念，讨论领导者普遍面临的伦理困境，介绍受领导者价值观影响的领导理论，并提出领导者促进组织伦理行为的相关行为策略。

一、伦理型领导的相关概念

尽管人们对伦理型领导的兴趣日益增强，但对如何正确定义和评估伦理型领导仍存在相当大的分歧。在重视客观性的学科中，即使讨论这个问题也会让某些人感到不安。然而，海费茨（Heifetz，1994）指出，领导学理论没有伦理中立的基础，因为这些理论总会涉及某些与影响力相适应的价值观和隐含假设。

（一）伦理型领导的定义

伦理型领导有很多定义。在一项研究中，高管们确定了几种可以描述伦理型领导的行为、价值观和动机（诚实、可信、利他、公平等）。这些行为、价值观和动机有一个关键特征，即领导者会努力影响他人的伦理行为（Treviño，Brown，& Hartman，2003；Hassan，Mahsud，Yukl，& Prussia，2013）。例如，领导者会发表关于伦理重要性的声明，向组织成员传达相关伦理指南，为他人树立伦理行为的榜样，在绩效评估中重视伦理行为，批评或惩罚非伦理行为等（Brown & Treviño，2006b；Brown & Treviño，2014；Treviño & Brown，2014）。区分领导者的个人伦理和特定类型的领导行为伦理也很有帮助，但这两种类型的伦理都很难评估（Bass & Steidlmeier，1999）。

评估领导者个人伦理有几个相关标准，包括个人价值观、道德发展阶段、有意识的目的、选择自由、对伦理和非伦理行为的使用，以及所施加影响的类型。依照这些标准进行衡量，著名的领导者通常既有优势也有劣势。评估领导者个人道德水平的困难在于人们在决定使用哪些标准及其相对重要性时会存在主观性。最终评价结果既受评判质量的影响，也受领导者品质的影响。

判断特定决策或行动的伦理通常会基于其目的（最终结果）、行为与道德标准的一致性（手段），以及对自己和他人的影响（结果）。人们通常认为，这三个标准是相互关联的，它们要解决的共同问题是，目的能在多大程度上确保手段的合理性。例如，如果欺骗的目的是帮助他人避免严重的人身伤害，这种欺骗是否合理？

评估行为的道德标准包括该行为违反社会基本法的程度、剥夺了他人权利、危害他人健康和生命或企图为个人利益而欺骗和剥削他人。非伦理行为包括伪造信息、窃取资产供个人使用、将自己的错误归咎于他人、挑起人与人之间不必要的敌意和不信任、向竞争对手出售机密、以偏袒回报贿赂，以及可能伤害他人的鲁莽行为。不同文化对伦理型领导的判断有所不同，但研究者发现，不管在什么民族文化背景下，某些类型的领导行为（例如，剥削追随者等）都被认为是不恰当的（Donaldson，1996；Eisenbeiss & Brodbeck，2014）。

（二） 个人诚信与伦理型领导

对伦理型领导的讨论通常会涉及个人诚信（integrity）的概念。正如"领导者的特质和技能"一章所述（见第七章），诚信是一种有助于解释领导效能的品质。在对有效领导基本特征开展的跨文化研究中，诚信在所研究的各种文化中名列榜首（见第十三章）。多数学者认为诚信是伦理型领导的重要品质，但人们对诚信的定义仍存在争议（Bauman，2013；Barry & Stephens，1998；Locke & Becker，1998；Palanski & Yammarino，2009；Simons，2002；Treviño，Weaver，& Reynolds，2006）。

诚信最基本的定义强调的是诚实以及个人信奉的价值观与行为的一致性。该定义没有提到领导者的价值观以及应如何行事。批评者认为这一定义存在不足，因为价值观念必须合乎道义，行为必须合乎一套合理的道德准则（例如，Becker，1998）。在这些批评者看来，如果小偷从腐败组织偷东西，这种行为虽然在道德上可接受，但人们不会认为小偷是高度诚信的人。这种狭义定义难以就合理的道德准则达成一致，尤其是当各种文化的道德准则不尽相同时。

通常，正当的道德行为包括遵守适用于他人的相同规则和标准，提供信息或回答问题时诚实而坦率，信守承诺，在承认错误责任的同时设法纠正错误。然而，在道德上看似合理的行为也可能被用于非伦理目的。例如，利用善良来赢得人们的信任，然后对人们进行剥削。因此，在评价伦理型领导时有必要在考虑领导者行为的同时考虑其意图和价值观。要想合乎伦理，领导者不能有意伤害所有受影响方的权利，而且要尊重这些权利（Gini，2004）。

（三） 评价伦理型领导的困境

多数伦理型领导理论的核心内容是如何影响追随者对任务的支持和乐观态度，这种影响也是伦理关怀的来源。其挑战在于确定施加这种影响的时机。当领导者、追随者和组织的利益一致，且可以不冒太多风险或花费太多成本就能实现利益时，就容易对伦理型领导做出评价。然而，在很多情境中，影响过程可能涉及：（1）让人们对有风险的战略或计划产生热情；（2）引导追随者改变他们的潜在信念和价值观；（3）接受牺牲部分人的利益换取其他人利益的决策。每种类型的影响都涉及某些伦理困境。

领导者的一项重要职责是解释令人困惑的事件，并围绕应对威胁和机遇的战略建立共识。有时，取得成功需要大胆而创新的战略或项目。如果项目成功完成，风险性投资可能会给追随者带来巨大的利益，但代价可能也会很高，尤其是项目失败或花费的时间远超预期时。领导者如何影响追随者对风险和成功前景的认识，是评价伦理型领导的一项参考依据。

多数人认为，做出虚假承诺或在可能的结果上欺骗追随者，从而故意操纵他们做违背自身利益的事情是不符合伦理的。伦理型领导应充分告知追随者风险性投资可能带来的成本和收益，然后让其判断并有意识地做出决定。然而，人们通常很难找到客观依据预测创新性战略和项目的可能结果。如果团队或组织已经明显发生了危机，那么提出质疑和完全共享信息就会造成恐慌，进而导致失败。

海费茨（Heifetz，1994）指出，重要的是帮助人们了解问题，而不是使他们士气低落。有效的领导者不会过多地纠结于风险或障碍，而是会转而强调通过共同努力可以实现的目标。如果与有效解决问题相结合，希望和乐观最终会成为自我实现式预言。因此，在某些情境中，分享信息和解释事件会涉及某些相互矛盾的价值观，此时就需要解决一些复杂的伦理问题。例如，政治领导人是否应该隐瞒可能发生的恐怖袭击，以避免因民众恐慌而造成的风险？

是否应该改变单个追随者的潜在价值观是一个更具争议性的话题。有研究者认为，领导者的这种影响显然是不符合伦理的，即使其目的是让追随者和组织受益（例如，Stephens，D'Intino，& Victor，1995；White & Wooten，1986）。有隐含假设认为，领导者知道什么对追随者最有利，而这些学者则对此提出了质疑，担心领导者滥用权力和对信息进行控制，从而让追随者对问题和事件的看法产生偏差。他们尤其担心的是魅力型领导对软弱和不自信的追随者施加影响（Howell & Shamir，2005）。

相反的观点则认为，领导者有责任在必要时对组织实施重大变革，以确保组织的生存和效能。如果没有组织成员信念和观念的改变，大规模的组织变革可能不会成功。有效的领导者会让组织成员和其他利益相关方参与对话，以确定哪些类型的变革对组织是必要的，且符合道德规范。首席执行官或其他人应该在这一过程中施加多大影响，以及施加何种形式的影响，都是有待解决的伦理问题。

（四） 多重利益相关方与相互矛盾的价值观

评估领导效能的难点在于多重标准之间的复杂权衡和各利益相关方之间的利益冲突。

领导者决策和行为产生的各种后果使伦理型领导的评价变得复杂。同样的行为在某些方面对追随者有利，也可能在其他方面或以后对追随者不利。有利于某些追随者的行为也可能与其他追随者的利益相悖。为某类利益相关方（例如，所有者）所做的最有利的事情未必对其他人（例如，员工、顾客和社区等）最有利。平衡相互矛盾的价值观和利益需要领导者对权利、责任、正当程序和社会责任的主观判断。当不同利益相关方不兼容时，对伦理型领导的评估会变得更难。

传统观点认为，商业组织的领导者是代理人，他们代表所有者的利益，为组织赢得经济成功（Eisenhardt，1989a）。从这个角度来看，伦理型领导获得满足的方式是最大限度地为所有者带来经济利益，同时不违背任何法律和道德标准。例如，将一家制造厂从堪萨斯州迁至墨西哥的决定，如果能显著提高利润，则无论对工厂员工或当地经济有何影响，都将被视为合乎伦理。人们经常会因追求短期利润做出对众多利益相关方（员工、客户和公司设施所在的城镇等）不利的战略决策。

一种截然不同的观点认为，领导者应该服务于组织内外的多个利益相关方（multiple stakeholders）（Agle，Mitchell，& Sonnenfeld，1999；Block，1993；Donaldson & Preston，1995；Gini，2004；Greenleaf，1977；Jones，Felps，& Bigley，2007；Mitchell，Agle，& Wood，1997；Mitchell，Weaver，Agle，Bailey，& Carlson，2016；Paine，1994）。从这个角度来看，对伦理型领导进行评判必须考虑在法律和合同义务约束下，领导者平衡和整合不同利益相关方的利益的程度。以利益融合为导向似乎更合乎伦理，否则会让领导者获得最大个人利益，从而造成内讧，使利益相关方相互对抗（例如，出现负面成见和相互不信任），还可能会造成相关人员极力忽视巨大的利益冲突。下面是尼尔森（Nielsen，1989）描述的一个事件，其中使用了典型的融合式方法：

> 一家纸制品公司的部门经理遇到了一个难题。最高管理层决定关闭一些造纸厂，除非它们的运营成本能够降低。经理担心削减成本会使工厂无法达到政府的污染控制要求。然而，如果不能降低成本，工厂将被关闭，这会严重损害当地社区的经济状况。经理决定寻找一种融合式解决方案，实现双赢。他要求所在部门的研发人员和工程设计人员寻找既能提高工厂效率又能减少污染的方法。他要求其部门的业务人员和财务人员估算建造更好的工厂需要多少成本，以及新工厂的运营多久才会获得保本回报。找到好的解决方案后，他与最高管理层协商达成了执行该计划的协议。

遗憾的是，如果不同的利益相关方目标不兼容，融合式解决方案就不太可能实施。有时，商业组织的领导者会有机会支持有价值的事业，尽管这不会给组织的财务绩效带来任何短期利益。然而，做出这种决定需要相当大的勇气和坚定的信念，因为有权势的利益相关方会期望领导者保护他们的利益，而不顾及是否会伤害到那些不被认为是合法利益相关方的人（Jones et al.，2007；Mitchell et al.，1997；Mitchell et al.，2016）。尤西姆（Useem，1998）提供了相关伦理困境的典型案例：

> 20 世纪 70 年代，河盲症（river blindness）是世界上最可怕的疾病之一，长期以来，科学家们一直无法阻止河盲症在发展中国家扩散。后来，默克公司（Merck）的研究者发现了一种潜在的治疗方法。这种新药（名为"伊维菌素"）的研发成本超过 2 亿美元，让需要这种药的人无力支付。默克公司首席执行官罗伊·瓦杰洛斯（Roy Vagelos）试图让发展中国家政府支付该药物的费用，但未能成功。很明显，这种新药无法为默克公司谋利。尽管如此，瓦杰洛斯还是决定将这种药免费分发给需要它救命的人。公司很多人都表示，这一决定是个代价高昂的错误，是首席执行官对股东不负责任的表现。然而，瓦杰洛斯坚信，这一决定符合默克公司保护和改善人类生活的使命。伊维菌素的开发是医学上的一次胜利，它几乎根除了河盲症。这一人道主义决定提高了该公司的声誉，帮助该公司吸引了世界上一些最优秀的科研人员。

二、伦理型领导的决定因素和影响

研究者关注两个有趣的问题，分别是领导者之间伦理行为存在差异的原因，以及伦理型领导对追随者和组织产生的影响。本部分简要探讨了这两个问题，以帮助读者理解本章后面介绍的领导理论。

（一）伦理型领导的个人决定因素

伦理型领导与领导者的人格特质和需求有关（Aquino，Freeman，Reed，Lim，& Felps，2009；Brown & Treviño，2006b；De Hoogh & Den Hartog，2008；Hannah，Avolio，& May，2011；Kish-Gephart，Harrison，& Treviño，2010；Mumford et al.，1993；O'Connor et al.，1995；Treviño & Brown，2014）。很多与有效领导相关的特质（见第七章）也与伦理型领导相关。不合乎伦理的辱虐型领导（abusive leadership）更可能责任心差、神经质、非常自恋或以个人化权力为导向。情绪成熟的领导者以社会化权力为导向，具有较高的认知道德发展水平和强烈的道德认同感，更有可能抵制利用自身权力剥削他人的诱惑。

科尔伯格（Kohlerg，1984）提出了一个模型，描述了人们从儿童到成人经历的六个道德发展阶段。在每一个阶段，人们都会对正义、社会责任和人权原则有更广泛的理解。在道德发展的最低层次，人的动力主要是自身利益和满足个人需求。在道德发展的中等层次，人的主要动力是满足群体、组织和社会所设定的角色期望和社会规范。在道德发展的最高层次，人的主要动力是实现内化的价值观和道德准则。处于这一层次的人可能会为了实现重要伦理目标而偏离规范，冒险做一些可能导致社会排斥、经济损失和体罚的事。科尔伯格的道德发展理论（theory of moral development）与基根（Kegan，1982）的心理-社会发展理论（theory of psycho-social development）有很多相似之处。

与身体的成熟不同，道德的发展并不是必然的，有些人会在某个特定发展阶段停滞不前（Hannah et al.，2011）。处于较高发展水平的领导者通常被认为比处于较低发展水平的领导者更合乎伦理。一些研究表明，认知道德发展水平关系到商业组织中的伦理决策（例如，Treviño，1986；Treviño & Youngblood，1990）。然而，回顾该理论相关研究可以发现，没有明确的证据表明领导行为或领导效能与道德发展相关（McCauley，Drath，Palus，O'Connor，& Baker，2006）。

道德行为的另一种解释与自我认同理论相关。具有强烈道德自我认同的人有动力以符合伦理价值观和信念的方式行事（Aquino et al.，2009；Aquino & Reed，2002；Hannah et al.，2011；Mayer，Aquino，Greenbaum，& Kuenzi，2012；Reed，Kay，Finnel，Aquino，& Levy，2016；Reynolds，2006a；Skubinn & Herzog，2016）。若对伦理行为有强烈共识，人们的道德自我认同对其行为的决定作用就不那么明显了。在这种情况下，即使没有强烈的道德自我认同，多数人也会遵守社会规范。然而，如果对某个道德问题没有共识，人们对行为伦理后果的判断就会成为其行为的重要决定因素。

汉娜等人（Hannah et al.，2011）结合科尔伯格的道德发展理论和道德自我认同研究，进一步解释了组织成员的道德能力如何决定其在道德层面的思考和行为。人的道德能力由两部分决定：道德成熟度（moral maturation）和道德意图（moral conation）。道德成熟度是指"详尽阐释并有效获取、存储、检索、处理和理解与道德相关信息的能力"（p.667）。道德成熟度是由人的道德认同、复杂性和元认知能力（即反思自身思维过程的能力）共同决定的。道德意图包括"在逆境中产生责任感和动力，从而采取道德行动并坚持应对挑战的能力"（p.667）。道德意图的要素包括道德勇气（moral courage）、道德效能感（moral efficacy，即对自己有能力保持道德立场的信心）和道德所有权（moral ownership，即对道德决定与行为承担责任的意愿）。道德能力是可延展的，所以一个人如何思考（道德成熟度）并采取行动（道德意图）来解决组织中的道德问题是可以培养的。因此，若组织想提高其领导者的道德能力，就应该着重设计一些发展性活动，加强相关人员的道德推理能力（moral reasoning，例如强调领导者对道德困境进行自我反思的技巧）和道德所有权与道德参与（例如，消除伦理决策责任的模糊性，突出非伦理决策的潜在有害影响等）。

道德行为也受某些价值观的影响，涉及人的行为结果及其是否尊重正式规则、政策、法律和传统惯例（Aquino et al.，2009；Aquino & Reed，2002；Reed et al.，2016；Reynolds，2006a；Skubinn & Herzog，2016）。人的道德认同通常会强调某种价值观。如果结果更重要，此人就会采取给受影响方带来最大利益的行动。如果形式更重要，此人就会倾向于遵守规则和政策。如果了解相关规则或传统，却没有强烈的道德认同感，价值观对人们行为的影响就会非常明显。在这种情况下，具有强烈道德认同感且关注结果的人最可能采取给他人带来利益的行为，即使这种行为违反了法律法规。相比之下，具有强烈道德认同感且关注形式的人最有可能遵守现有规则或法律，即使可能会给某些人带来不利后果。

（二） 情境对伦理型领导的影响

伦理行为发生在一定的社会背景下，并且受情境各方面的强烈影响（Brown & Treviño，2006b；Mishina，Dykes，Block，& Pollock，2010；Kish-Gephart et al.，2010；Treviño，1986；Treviño & Brown，2014；Treviño，Butterfield，& McCabe，1998）。在动态且不确定的环境下，若政府缺乏强有力的监管，人们可能会为了提高财务绩效而冒险从事非法活动。正式的奖励制度可以鼓励并支持领导者和相关成员的伦理行为或非伦理行为。当绩效目标难以实现、提高生产力的压力较大、奖励和晋升竞争激烈、缺乏与伦理行为和个人责任相关的强烈文化价值观与规范时，组织出现非伦理行为的可能性就会增大。安然公司以成功为导向的强大文化以及支持该文化的薪酬和绩效评估体系鼓励员工夸大业绩，掩盖公司不断增长的债务（Probst & Raisch，2005；Reynolds，2006b）。美敦力公司前首席执行官比尔·乔治提出了一种方法，可以抵制利用令人质疑的行动实现困难目标的诱惑（George，2003，pp. 16 - 17）：

> 身处领导岗位的人都感受到了履行职责的压力。成功的压力让我们与自己的核心价值观渐行渐远。具有讽刺意味的是，我们越是成功，就越想走捷径让成功保持下去。领导者都必须在履职尽责的同时抵制这些压力，尤其在事情进展不顺利的时候。我在美敦力公司与团队一起进行过测试，如果整个故事出现在《纽约时报》的

头版上，我们是否会感到舒服？如果感到不舒服，我们就应该回到白板边，重新审视我们的决定。

伦理行为的主要情境决定因素包括问题的道德强度（moral intensity）（Jones，1991；May & Pauli，2002）。道德强度是指问题的受关注度和强度，对领导者来说，它由六个因素决定：（1）给他人带来的后果的严重程度；（2）出现这些后果的可能性；（3）后果会在短期还是长期内发生；（4）受影响方与领导者的（身体、社会、文化和心理等）亲密程度；（5）后果影响少数人还是很多人；（6）他人对领导者行为的认同度。事实证明，道德强度会降低人们采取可疑行为的意愿（Arel，Beaudoin，& Cianci，2012），提高其揭发行为的意愿（Bhal & Dadhich，2011），使其在进行决策时竭尽全力（Zheng et al.，2015）。

领导者非常忙碌，还要承担多重职责，有时候意识不到低等或中等道德强度问题所涉及的伦理影响。相比之下，高等道德强度的问题（工厂关闭和危险产品等）通常会引起领导者的注意。然而，面对高等道德强度的问题，领导者有时也会因忽视伦理角度而做出有悖伦理的实践。1973年，福特汽车公司的因故召回协调员丹尼·焦亚（Denny Gioia）就是一个生动的范例。当时，焦亚建议不要召回福特平托（Pinto）车型，尽管该车型在25英里时速下发生追尾时会爆炸，可导致大量人员伤亡。为了解释他的决定，焦亚（2017，pp.101-102）表示，当面对与召回决定相关的常见和重复的情况时，他错误地遵循了既定思想和行动指南：

> 在平托案的开始阶段，全世界都认为这是一个常见的问题。然而，在认知表象之下，潜伏着一系列恶劣的可能性，随时可能将公司带入危险的境地。尽管存在事故隐患，但平托问题并没有范例可依。因为按照召回标准，事故相对较少，且无法确定事故源于特定部件故障。即使存在可导致事故的设计缺陷，这些汽车在碰撞试验中的表现也没有明显弱于竞争对手。也许有人会说，平托事故性质不同寻常（在非常低的时速下，汽车一般只会起火，不会伤及乘客），他本应该跳出思考惯例，然而他没有。

追随者的特质和信念是影响非伦理型领导的另一个情境要素。如果追随者缺乏自尊和自我效能感，且对自己应对威胁和困难的能力没有太大信心，就更容易被动地接受专横和辱虐型领导（Howell & Shamir，2005）。若人们认为领导者应拥有强大的职位权力，且自己应该服从权威时，非伦理型领导就更容易出现。这些信念在拥有强烈文化价值观的某些社会群体中很常见，以保持稳定和权力距离（见第十三章）。在暴力、欺诈和贿赂盛行，官员普遍腐败的社会中，非伦理行为更容易发生（Mumford et al.，2007）。

"辱虐式管理"（abusive supervision）和"毒性领导者"（toxic leader）的相关研究让人们进一步了解最高领导者在什么条件下更容易采取对组织及其成员有害的行为（Lian，Ferris，& Brown，2012；Lipman-Blumen，2005；Padilla，Hogan，& Kaiser，2007）。如果组织缺乏限制最高领导者权力的机制，那么辱虐型领导者一旦被任命，就难以被约束或罢免。限制高管权力的方式包括限制任期、设立独立董事会、追随者对领导者所做决定（包括惩罚或解雇等相关决定）提出上诉的程序，以及罢免滥用权力或不称职领导者的正式程序。

伦理文化（ethical culture）和伦理氛围（ethical climate）也是能够影响伦理型领导的两种情境要素。伦理文化是"组织文化的一个子集，是指促进伦理或非伦理行为的'正式'和'非正式'行为控制体系间的多维互动"（Treviño et al.，1998，pp. 451 - 452）。伦理氛围是指员工对组织伦理程序和实践的共同看法（Victor & Cullen，1988）。虽然这两个词听起来很相似，但它们并不相同。伦理文化与组织成员的伦理信仰、价值观和假设有关，定义了一套伦理行为标准；而伦理氛围则描述了成员对组织伦理实践和伦理程序的共同看法。研究表明，伦理型领导对下级单位的伦理文化有涓滴效应（trickle-down effect）和互惠效应（reciprocal effect），高层领导者的伦理价值观和信念可嵌入下级单位的伦理文化中，进而引发下级单位进行更高水平的伦理型领导（Schaubroeck et al.，2012）。研究还表明，首席执行官的伦理型领导行为可塑造组织的伦理氛围，从而促进更高水平的集体组织公民行为（组织成员相互帮助的意愿），这取决于组织的伦理氛围的强度（成员对伦理氛围感知的一致程度）（Shin，Sung，Choi，& Kim，2015）。高层领导者采取伦理型领导行为有助于营造良好的伦理氛围，当伦理氛围浓厚且有利时，下级领导者和员工就会乐于做出利他行为。

（三） 伦理型领导和非伦理型领导的影响

多数伦理型领导理论尽管在伦理型领导对追随者影响的评价标准方面不尽相同，但都强调领导者在影响追随者以及组织伦理文化和伦理氛围等方面发挥的重要作用。研究者对伦理型领导影响相关研究进行了荟萃分析，结果表明，伦理氛围、伦理行为、工作满意度、工作投入度、对组织的奉献度、组织公民行为、对组织的认同、工作动机、工作绩效、心理健康、对领导者的信任、对领导者的满意度、对领导者效能的感知都与伦理型领导呈正相关关系（Bedi，Alpaslan，& Green，2016；Hoch，Bommer，Dulebohn，& Wu，2018；Ng & Feldman，2015）。研究发现，伦理型领导有助于减少离职、员工越轨行为、反生产行为（counterproductive work behavior）、人际关系冲突和工作压力等负面现象。近期研究指出了伦理型领导的某些有益影响，包括使交换关系更有利（Hassan et al.，2013；Mahsud，Yukl，& Prussia，2010）、让追随者更深刻地认识到工作的意义（Demirtas，Hannah，Gok，Arslan，& Capar，2017）、提高追随者的工作投入度（Hassan et al.，2013）、增强心理授权（Dust，Resick，Margolis，Mawritz，& Green-baum，2018）、正确价值观（Eisenbeiss & van Knippenberg，2015）和创造力（Chen & Hou，2016）。此外，其优势还包括减少追随者的不当行为（Demirtas，2015），提高士气（Chughtai，Byrne，& Flood，2015；Dust et al.，2018；Zheng et al.，2015）。研究发现，首席执行官的伦理型领导行为可以让公司取得更好的业绩，承担更多社会责任（Eisenbeiss，van Knippenberg，& Fahrbach，2015；Wu，Kwan，Yim，Chiu，& He，2015）。这表明，企业的伦理型领导既能产生财务效益，也能产生社会效益。在政府机构中，伦理型领导也会产生积极的影响，包括员工缺勤更少、对组织的投入度更高、报告伦理问题的意愿更强等（Hassan，Yukl，& Wright，2014）。

　　辱虐式管理包括利用权力和权威羞辱、嘲笑、欺负或以其他方式虐待下属（Tepper，2000，2007）。这种行为通常被认为是一种非伦理型领导形式。麦基、弗里德、布里斯和马丁柯（Mackey，Frieder，Brees & Martinko，2017）最近进行的一项荟萃分析表明，辱虐式管理给下属造成的影响普遍是负面的，如工作绩效变差、情绪衰竭加剧、工作满意度降低、对组织的投入度降低、组织公民行为减少、对同事和组织的越轨和攻击行为增多等。例如，餐厅经理辱虐式行为研究表明，该行为会增加员工偷窃和浪费食物的行为（Detert，Treviño，Burris，& Andiappan，2007）。

　　伦理型领导相关研究更多聚焦其对员工的影响，而不是对组织绩效的影响。有时，伦理型领导对个人和组织的影响存在一致性，例如，较高的员工信任度和支持度也会改进组织的财务绩效。然而，在很多情况下，领导的决策对不同标准或不同利益相关方的影响并不一致。某些伦理决策会使员工或客户受益，却会使成本增加，从而降低公司的短期财务绩效。例如，组织为员工提供足够的医疗福利，承担产品存在缺陷的责任（例如，召回和退款等），在产生意外费用的情况下依然保持对员工或客户的承诺。

　　同样，某些决策和行动在提高组织短期绩效的同时会对员工或客户产生不利影响。例如，组织减少员工权利和福利，将一些工作岗位外包给其他国家的成本较低的中间商。另外，削减成本高昂但对长期业绩至关重要的活动支出也是一种不可取的方法，如减少设备维护，不考虑未来发生故障或事故的风险等。在过去十年里，某些重大丑闻揭露了人们利用非伦理领导行为夸大利润的做法，例如，为政府或其他客户开具虚假服务账单、为无力偿还的申请人伪造贷款或抵押资质、营销证券时夸大其安全性，以及将未来销售额计入当前收入以支撑公司股票价值等。

三、价值观型领导理论

在领导学文献中，某些著名理论特别强调伦理型领导的作用，其中包括转化型领导、服务型领导、精神型领导和诚信型领导。表9-1列出了上述理论强调的价值观，本部分将对这些理论进行简要介绍。

表9-1　伦理型领导理论所强调的价值观的解读

诚信：以开放且诚实的方式沟通；信守诺言和承诺；行为方式符合所信仰价值观；承认错误并承担责任；不试图操纵或欺骗他人
利他主义：乐于助人；愿意为保护或造福他人而冒险或做出牺牲；将他人的需求置于自身需求之上；自愿参加正式工作以外需要付出额外时间的服务活动
谦逊：尊重他人；不彰显地位和特权；承认不足和错误；对成就谦逊；在集体获得成功时强调他人的贡献
同理心和治愈：帮助他人应对情绪困扰；鼓励接受多样性；充当调解人；在分裂冲突后鼓励宽恕与和解
个人成长：鼓励和促进个人信心和个人能力的发展，即使对当前工作无重要促进作用；提供学习机会，不因犯错风险而退缩；在必要时提供启发与指导，帮助他人从错误中学习
公平和正义：鼓励并支持公平对待他人；反对不公平或不公正的做法或政策；反对操纵或欺骗他人及破坏或侵犯公民权利的企图
授权：向受决策影响者进行决策咨询；给下属适当自主权和自由裁量权；与下属分享敏感信息；鼓励下属表达顾虑或不同意见而不带有防御性

（一）转化型领导

如第八章所述，伯恩斯（1978，2004）根据政治领导人的相关研究，提出了转化型领导理论。伯恩斯认为，领导的主要角色或职能是提高人们对伦理问题的认识，帮助人们解决价值观冲突。伯恩斯（1978，p.20）将转化型领导描述为"领导者和追随者相互提升对方道德水平和动力水平"的过程。转化型领导者会呼吁自由、正义、平等、和平和人道主义等理想和道德价值观，而不是诉诸恐惧、贪婪、嫉妒或仇恨等低级情绪，从而提升追随者的意识。追随者会被从"日常自我"提升到"更好的自我"。伯恩斯认为，组织中任何岗位的任何人都可能成为转化型领导。转化型领导对同级、上级和下级都可以产生影响。它发生在普通人的日常行为中，本身却并不普通。

伯恩斯将领导描述为领导者和追随者随关系的不断变化而相互影响对方的过程。转化型领导既是个体之间的影响过程，也是动员相关力量改变社会制度和改革机构的过程。

领导者要设法塑造、表达和调解群体之间的冲突，因为这有助于动员和引导相关能量以实现共同的意识形态目标。因此，转化型领导不仅涉及追随者个人道德的提升，还涉及完成社会变革的集体努力。在这个过程中，领导者和追随者都会发生一定变化，他们不仅会考虑什么对自己有利，还会考虑什么对组织、社区和国家等更大的集体有利。

（二）服务型领导

伦理型领导的另一个早期概念是基于《新约》中的某些案例（Greenleaf，1977；Liden，Panaccio，Meuser，Hu，& Wayne，2014；Parris & Peachey，2013；Sendjaya & Sarros，2002）。1970 年，罗伯特·格林利夫（Robert Greenleaf）提出了"服务型领导"的概念，并于 1977 年出版了同名书籍。格林利夫提出，为追随者服务是领导者的首要责任，也是伦理型领导的本质。职场的服务型领导是通过促进个人发展、授权以及符合追随者健康和长期福利的集体工作来帮助他人实现共同目标。其他理论学者对该理论进行了扩展，明确地描述了其关键价值观，以及服务型领导者对追随者和组织的影响（Farling，Stone，& Wilson，1999；Graham，1991；Liden et al.，2014；Searle & Barbuto，2011；Smith，Montagno，& Kuzmenko，2004）。研究者开发了不同的问卷来评价服务型领导（Barbuto & Wheeler，2006；Dennis & Bocarnea，2005；Ehrhart，2004），其中，利登（Liden）及其同事开发的问卷（Liden，Wayne，Zhao & Henderson，2008；Liden et al.，2015）提供的证据最为有力。

服务型领导者必须关注追随者的需求，帮助他们变得更健康、更聪明、更愿意承担责任。对追随者的服务包括培养、保护和授权。只有了解追随者，领导者才能决定如何更好地满足他们的需求。服务型领导者必须倾听追随者的意见，了解他们的需求和愿望，并愿意分担他们的痛苦和挫折。服务型领导者必须赋予追随者权力，而不是用权力来支配他们。信任建立在领导者的完全诚信和开放，保持行为与价值观一致，并对追随者表现出信任之上。格林利夫认为，服务型领导者的追随者也会成为服务型领导者。人们应该做好准备，随时抓住机会，这样才能有更多的人在社会中担当道德代言人。

服务型领导者必须坚持正确的立场，哪怕它不符合组织的经济利益。无论何时，服务型领导者都应该反对社会的不公正和不平等。即使是社会的弱势和边缘成员也应该受到尊重和欣赏。格林利夫提出，为员工提供有意义的工作与为客户提供优质的产品或服务同等重要。他主张企业组织应将社会责任作为主要目标之一，董事会应承担评估和促进这一目标发展情况的主要责任。

服务型领导的潜在优势与支持型、授权型、精神型和诚信型领导的优势类似。领导者的诚信和对下属的关心会提升下属对领导者的信任、忠诚和满意度。良好的上下级关系和领导者参照权力的增大，可以使领导者更容易影响下属执行相关要求。对下属进行培养和授权所带来的潜在优势已经在参与型领导、支持型领导和变革型领导的相关研究中得到了证实。确保公平和公正可以影响下属对分配正义和程序正义的看法，提高他们的忠诚度和对组织的支持。如果服务型领导者能够影响其他领导者，使其也成为服务型领导者，就可能形成以员工为本的文化，从而吸引并留住有才华的忠诚员工。下面的例子就介绍了典型的服务型领导者（Sacks，2009）：

> 约翰·麦基（John Mackey）是全食超市（Whole Foods Market）的首席执行官和联合创始人。全食超市是美国最大、利润最高的有机食品零售商。该公司有很多分店，销售额达数十亿美元。2005年，全食超市入选福布斯评选的"25家最值得工作的公司"。2006年，麦基宣布将自己的年薪降至1美元，并为有严重个人困难的员工设立10万美元的应急基金。他还设定了高管薪酬上限，使其不得超过员工平均工资的19倍。公司将多数股票期权给了非高管员工。除了对员工的深切关怀，麦基还是环境、人道主义和动物福利群体的坚定支持者，公司每年将5%的税后利润捐给慈善机构。全食超市是美国第一家为供应商的人道主义动物治疗制定标准的食品连锁店。

霍克等人（Hoch et al.，2018）进行的一项荟萃分析表明，服务型领导有一些积极的影响，例如，提高员工的工作绩效、强化员工的组织公民行为、增加员工的工作投入度和工作满意度、激励员工对组织的奉献精神、领导者更加被下属信任、促进领导者-成员交换关系发展等。尽管服务型领导有一些潜在优势，但如果将追随者的福利置于财务绩效之上，则会给组织带来一些负面影响（Anderson，2009；Graham，1991）。当公司面临严重经济问题，需要削减开支以保持盈利时，服务型领导者很难平衡所有者和雇员之间的利益取舍（Schneider & George，2011）。在非营利组织、志愿组织和公共部门中，财务目标和员工福利之间的冲突不那么激烈，但对这些组织来说，在经济疲软的情况下，也有必要降低员工福利。研究者需要进行更多研究，以阐明服务型领导对组织中不同利益相关方的影响。

（三） 精神型领导

精神型领导是指领导者创造条件增强追随者在工作中的精神意义感，从而增强其内在动力。关于职场精神性的书籍非常流行，这表明很多人都在寻找工作的更深层意义

（Carroll，2006；Chappel，1993；Menon，2016；Sanders，2017）。研究表明，人们重视在一个相互支持、共同参与有意义活动的群体中与他人相互联系的机会（Duchon & Plowman，2005；Pfeffer，2003）。如果组织鼓励或要求员工以有悖其价值观的方式工作，那么精神性与工作目标就很难融合（Mitroff & Denton，1999）。个人价值观和工作目标的一致对领导者和追随者都很重要。

弗赖伊（Fry，2003）指出，宗教通常涉及精神性，但精神性并不依赖宗教而有意义。精神型领导理论涉及主要宗教中的一些相关价值观（Kriger & Seng，2005），但没有明确涉及这些宗教的其他内容。混淆精神性与宗教可能是多数早期领导理论未涉及精神性的主要原因（Fry，2003）。理论学者希望避免因个人宗教信仰引发争议。

弗赖伊（Fry，2003，2005）对精神性的定义涉及生活中的两个基本要素。自我超越（transcendence of self）体现在"召唤"感或命运感，以及对所从事活动（包括工作）的信念中，即人们认为所从事的活动有意义、有价值，不仅是为了获得经济利益或自我满足（对权力、成就、尊重的需求等）。交情（fellowship）是指有意义的关系，指人们以一种提供快乐感和完整感的方式与他人发生联系。这两个要素都涉及利他之爱和信仰。利他之爱（altruistic love）与善良、同情、感激、理解、宽恕、耐心、谦逊、诚实、信任和忠诚等价值观或属性相关。信仰或希望与乐观、自信、勇气、耐力、毅力、韧性和平静等价值观或属性相关。

精神型领导者可以帮助人们在职场实现超越和交情两个基本需求，从而增强员工的内在动力、信心和对组织的支持。与变革型领导者一样，精神型领导者可以将工作与追随者的价值观和自我认同联系起来，从而提高工作的意义。此外，精神型领导者还可以增进组织成员之间的相互欣赏、喜爱和信任。因此，精神型领导者可以加强合作，促进集体学习，激发更高绩效。

精神型领导的相关主题研究很多。里夫（Reave，2005）回顾了150多项精神型领导相关研究。有研究表明，在工作中表达精神价值观与个人的心理健康、生活满意度和内在动力有关（例如，Chappel，1993；Duchon & Plowman，2005；Fry，Vitucci，& Cedillo，2005；Milliman，Czaplewski，& Ferguson，2003），随后的研究也进一步证实了这些发现（Chen & Li，2013；Chen & Yang，2012；Chen，Yang，& Li，2012）。医学和积极心理学的相关研究发现，利他之爱可以克服某些消极情绪，如恐惧、焦虑、愤怒、内疚、仇恨、骄傲、嫉妒和怨恨等。还有研究表明，成员工作投入度高、动力足有助于提高组织绩效（例如，Harter，Schmidt，& Hayes，2002）。

精神型领导理论也存在一些不足。该理论没有说明领导者的价值观和技能如何影响其领导行为，也没有明确解释领导者影响追随者的过程，以及"召唤"感（自我超越）和交情及其相互关系的相对重要性。这些理论涉及很多价值观，但各个价值观的重要性及其与领导者行为之间的关系尚不明确。同样，这些理论也未提及个人成长为优秀的精神型领导者需要怎样的生活经历。尽管理论家们强调精神性不同于宗教信仰，但有些宗教信仰和文化价值观的确会鼓励精神型领导，对身处拥有强烈文化价值观和宗教传统的组织、社区或国家的人更是如此。研究者需要进行更多研究，以确定有利于精神型领导的条件，并增强精神型领导对追随者及组织的影响。

（四）诚信型领导

近年来，诚信型领导受到了研究者的关注，他们提出了不同版本的诚信型领导理论（例如，Avolio，Gardner，Walumbwa，Luthans，& May，2004；Avolio & Walumbwa，2014；Gardner，Avolio，Luthans，May，& Walumbwa，2005；Gardner，Cogliser，Davis，& Dickens，2011；George，2003；Ilies，Morgeson，& Nahrgang，2005；Karam，Gardner，Gullifor，Tribble，& Li，2017；Shamir & Eilam，2005；Sidani & Rowe，2018）。阿沃利奥、加德纳及其同事（Avolio & Gardner，2005；Gardner et al.，2005）提出的研究最广泛的理论基于积极心理学（positive psychology）和自我调节心理学理论。虽然诚信型领导的定义多种多样（Gardner et al.，2011），但接受度最高的是瓦伦布瓦等人（Walumbwa et al.，2008，p.94）提出的诚信型领导定义：

> 它是领导者的一种行为模式，通过促进积极的心理能力和伦理氛围，增强自我意识、提高道德观内化程度、提升信息平衡处理（balanced processing）能力、提高领导者和追随者工作关系的透明度，从而促进积极的自我发展。

根据这一定义，诚信型领导理论包括四个核心要素：自我意识、信息平衡处理能力、关系透明、道德内省。自我意识是指理解自己的价值观、信仰、情绪、自我认同、能力和态度。诚信型领导者的自我概念和自我认同是强大、清晰、稳定且一致的。换句话说，这种领导者了解自己、明确信仰，高度自我接纳，具有较高的情绪成熟度（见第七章）。

信息平衡处理能力是指以相对公正的方式评估涉及自身的正面或负面信息。诚信型领导者欢迎反馈，会基于反馈做出知情决策，而不会过度防御。受自我完善和自我验证愿望的激励，诚信型领导者乐于从反馈和错误中学习。信息平衡处理能力有助于他们做出对团队、组织或社会有利的知情决策，即使与其个人利益无关。

关系透明是指向他人展示领导者真实的自我（不是肤浅或虚假的自我）。组织为领导者提供了机会，鼓励其进行印象管理，但有时给别人留下的印象可能与领导者的实际特质、动机、信仰和价值观不一致。诚信型领导者不会为了个人利益展示虚假的自我，会在不危及他人安全或隐私的情况下，公开透明地披露工作相关信息。关系透明还包括公开分享自己的想法和感受，避免在工作中披露不合时宜的信息，从而使追随者更容易理解领导者的决策，对领导者更加信任。

道德内省是指领导者基于其内在道德价值观和道德标准做出决策和行为，即使其价值观和道德标准不符合群体、组织或社会的现行规范。诚信型领导者受其核心价值观的激励，致力于为追随者营造公平的环境，重视追随者的福利和发展。此外，诚信型领导者的行为体现他们信奉的价值观，与其实际价值观一致，他们追求领导职位不是为了满足对尊重、地位和权力的需求，而是为了表达和实现其价值观和信仰。他们的领导行为在很大程度上取决于其价值观和信仰，而不取决于被他人喜欢和钦佩或稳固自己地位（例如，连任等）的愿望。

诚信型领导者的自信、清晰的价值观和诚实正直可以增强其对追随者的影响。追随者更喜欢可信、专注和自信的领导者，会加深对领导者的个人认同感，以及对团队或组织的社会认同感。通过影响追随者的自我概念和自我认同，诚信型领导者可以对其产生间接影响。

在各种诚信型领导理论中，有些影响追随者的领导行为是相同的。例如，为了增强追随者的支持度和乐观态度，诚信型领导者会提出体现其核心价值观的诱人愿景，采取适当的行为，并在追随者遇到挫折和困难时表达乐观和鼓励。然而，各种诚信型领导理论在某些领导行为上也缺乏一致性。其部分原因在于诚信型领导者会因其背景、个性、动机、信仰、情感和价值观的不同而采取不同的领导行为。诚信型领导者可以采取其他与其核心价值观相符的积极领导行为。美敦力前首席执行官比尔·乔治（Bill George，2003，p. xxii）用指南针的"正北"概念描述了诚信型领导：

> "正北"在你内心的指南针上，能够指引你成功度过人生。它代表了你内心最深处的自我。它是你的定位点，也是你在旋转世界中的固定点，能够帮助你不逾越领导者的规矩。"正北"基于你最重要的东西、最珍视的价值观、你的激情与动力，以及生活中的满足感。就像指南针指向磁极一样，你的"正北"将指引你的领导目标。当遵循内在指南针时，你的领导行为将会真诚，人们自然会想与你交往。

在多数诚信型领导相关理论中，真诚型关系意味着领导者的行为与自己及追随者的价值观一致。然而，这种一致性的相对重要性尚不明确。如果领导者的行为与其价值观一致，但与多数追随者的价值观不同，追随者是否会认为其优于符合他们价值观但不信任他们的领导者？此外，彻底表露情绪可能会带来意想不到的负面影响。例如，在树立团队成功应对严重危机的信心时，领导者不应表露个人恐惧或怀疑态度，不应以会削弱追随者信心的方式传达情绪。

追随者对领导者真诚性的感知可能会受到以下因素的共同影响：领导者巧妙表达可信情感价值观的能力；领导者的价值观和情感与追随者情境感知的一致性；追随者准确感知领导者表达真实情感和价值观的能力。如果领导者看似真诚，但其价值观和情感与情境不符，或者价值观和情感符合情境但看起来不真诚，都会影响追随者的信任程度（Gardner，Fischer，& Hunt，2009）。

与其他伦理型领导理论一样，诚信型领导理论受益于对领导者基本品质更清晰的定义及对影响过程的解释（Algera & Lips-Wiersma，2012；Cooper，Scandura，& Schriesheim，2005；Diddams & Chang，2012；Guthey & Jackson，2005；Ladkin & Taylor，2010；Nyberg，Fulmer，Gerhart，& Carpenter，2010；Sidani & Rowe，2018）。目前，研究者尚不明确，该理论所描述的是有效领导者的实际属性，还是人们希望伦理型领导呈现的理想形象（Caza & Jackson，2011）。

各类研究（Banks，McCauley，Gardner，& Guler，2016；Gardner et al.，2011；Hoch et al.，2018）结果文献综述和荟萃分析表明，诚信型领导能对追随者产生某些积极影响，例如，提高追随者的工作投入度、工作满意度、对领导者的满意度、对领导的个人认同和信任。同时，诚信型领导也有助于促进组织支持度、心理授权、创造力、组织公民行为和工作绩效等。此外，诚信型领导可以帮助追随者减少某些负面影响，如工作压力、反生产行为和离职意向等。领导者本身也可以提升心理健康水平、自尊和领导效能等。诚信型领导还可以对组织产生良好影响，使组织达到更高的公司财务绩效水平，营造开放的组织氛围。初步证据表明，诚信型领导可以为追随者、领导者及其组织带来有益影响。研究者应开展更多研究以验证该理论的某些重要命题，解决其固有的悖论和模糊性。

四、相关理论的比较与评价

服务型、精神型、诚信型领导理论与变革型和魅力型领导理论有些共同点（见第八章），但也存在明显的差异。本部分内容将对各种理论进行比较，以明确还需对哪些问题进行进一步研究和解释。

（一）　变革型领导和魅力型领导的比较

伦理型和价值观型领导理论强调领导者的价值观，而不是其领导行为，强调对利益相关方的影响，而不是下属动力和绩效的提高。而变革型和魅力型领导理论则相反。伦理型领导理论主要关注领导者的价值观及其如何影响领导者与下属的关系。伦理型领导理论强调的各类价值观表明，某些类型的领导行为比其他行为相关性更强，这些行为应该与领导者的价值观一致，但相关理论并未明确这些行为。伦理型领导理论介绍了伦理型领导者改善追随者生活的方式，其影响有助于提高集体绩效，但绩效最大化并不是首要问题。

变革型领导理论最初侧重于领导者特定行为对下属动力和绩效的影响，既没有明确规范领导者的价值观，也没有要求领导者的行为（包括信奉的价值观和信仰等）必须与其实际价值观和信仰一致。领导者可以采取操纵性变革型领导行为影响追随者对任务的支持和对领导者的忠诚（Stephens et al.，1995；White & Wooten，1986）。例如，领导者可以非真诚地进行个性化关怀，使下属对领导者忠诚，从而方便利用下属。即使领导者只关心个人职业进步，他们也可以通过愿景激励提高下属的任务支持和绩效。领导者可以激励下属发挥创造性，从而提高领导者的声誉（领导者可能会窃取其创意）。理想化影响包括以身作则和做出牺牲，但领导者可能会利用这些行为加深追随者的印象并赢得他们的信任，而不是对任务或下属表达真正的关心。

当有人指出某些变革型领导行为可能不符合伦理时，研究者对变革型领导理论进行了修改，以区分诚信的变革型领导和非诚信的变革型领导（Bass & Steidlmeier，1999）。两种类型的领导者都会使用变革型领导行为，但诚信型领导者是真诚的，不会试图操纵或利用追随者。然而，即使该理论被修改后，提高绩效仍然比改善下属福利和幸福感更重要。历史上有很多这样的例子：领导人在专注追求其自命不凡目标的过程中造成了巨大的痛苦和灾难（Price，2003）。

第八章介绍的各种魅力型领导理论都强调领导者行为对追随者动力及双方关系的影响。随着这些理论的发展，它们越来越重视领导者的价值观，还对社会化魅力与个性化魅力进行了区分（例如，Brown & Treviño，2006a；Howell，1988；House & Howell，1992）。尽管如此，追随者对领导者的魅力归因仍然是魅力型领导理论的核心特征。在服务型、精神型和诚信型领导理论中，领导者在决策时秉承谦逊、开放和透明价值观，重视追随者的发展和对追随者的授权，这使其不太可能被视为魅力型领导者。

研究者对变革型和魅力型领导理论进行了修改，试图厘清相关标准，以确定变革型和魅力型领导在什么情况下合乎伦理（例如，Bass & Steidlmeier，1999；Howell & Avolio，1992），表9-2列出了某些标准，它们看似合理，但可能没有充分考虑伦理型领导评价的复杂性和困境。如何应用各种标准仍是一个有待讨论和辩论的问题。

表9-2　伦理型领导相关评价标准

标准	伦理型领导	非伦理型领导
权力和影响力的运用	为追随者和组织服务	满足个人需求和职业目标
协调众多利益相关方利益	试图平衡和整合各种利益	偏向提供更多好处的利益相关方
制定组织愿景	根据追随者的需求、价值观和想法制定愿景	试图将个人愿景作为组织成功的唯一途径
领导行为的统一	行事方式与所信奉的价值观一致	为实现个人目标而行权宜之事
在决策或行动中的冒险行为	愿意为完成使命或实现愿景而冒险	避免涉及个人风险的必要决策或行动
相关信息的传达	完整、及时地披露事件、问题和行动的相关信息	利用欺骗和扭曲事实影响追随者了解问题及其进展
对待追随者批评和异议的方式	鼓励批判性评价以寻找更好的方案	阻止和压制任何批评或异议
下属技能和自信的发展	指导、辅导和培训追随者，使其得到发展	不强调追随者的发展，以保持其羸弱和对领导者的依赖状态

（二）　对相关理论的评价

近年来，研究者对伦理型领导理论进行了大量研究。伦理型领导理论仍处于早期阶段，与多数新理论一样，在某些概念上还存在模糊性（Cooper et al.，2005；Eisenbeiss，2012；Sidani & Rowe，2018）。比较和测试由不同类型要素组成的伦理型领导理论更为困难，其中包括：领导者的价值观和行为；追随者的价值观、认知和需求；二元、团体和组织层面的解释性过程；不同的结果标准等。价值观型领导的评价方法也在不断发展（Avolio，Wernsing，& Gardner，2018；Brown，Treviño，& Harrison，2005；Kalshoven，Den Hartog，& De Hoogh，2011；Walumbwa et al.，2008），研究者还需对其进行更多的验证研究。目前，只有少数研究比较了不同理论，或研究了它们对提高组织领导的独特意义。研究者应进行更多深入的纵向研究，厘清各理论中存在的某些关系，并明确其对促进领导效能的作用。

最近的两项荟萃分析表明，价值观型与变革型领导理论之间存在一定程度的重叠。霍克等人（Hoch et al.，2016）发现，诚信型领导和伦理型领导都与变革型领导密切相关，且两种领导对重要工作结果的影响很小。相比之下，服务型领导更像是一种独立的理论，因为它与变革型领导的关联度较低，而且对工作结果有更多独立的影响。班克斯等人（Banks et al.，2016）对诚信型领导和变革型领导的相关研究进行了荟萃分析，再次发现两种领导方式的评价方法有很高的关联度，还发现它们对员工态度和工作结果都没有太大影响。

价值观型领导理论都涉及某些相同的领导者行为，都试图解释领导者如何营造其与追随者之间的良好关系并加强对组织的积极影响。然而，这些理论存在某些差异，对追随者和组织产生的影响也有所不同。例如，就提高追随者信任和绩效而言，服务型领导和变革型领导的影响方式明显不同。此外，有初步证据表明，在影响团队和组织绩效以及组织公民行为方面，诚信型领导可能比变革型领导更有效。研究者需要进行更多的理论和实践研究，以解释不同理论的概念差异，及其对重要结果的独特影响。

五、伦理型领导行为指南

人们利用多种方法提高组织中的伦理行为。一种方法是个人鼓励伦理行为，反对非伦理行为或决定。另一种方法是利用法律、专业标准和组织计划提升人们对伦理问题的认识。为了达到鼓励伦理行为，反对非伦理行为的目的，领导者可以多种方法并用，它们并不相互排斥。下面将对每种方法进行简要描述。

（一）领导者促进伦理行为的方法

领导者可以采取多种方法促进组织中的伦理行为（Ciulla，2018；Hassan et al.，2013；Hassan et al.，2014；Mahsud et al.，2010；Nielsen，1989；Treviño & Brown，2014）。基于伦理型领导相关理论和研究，研究者提出了以下行为指南（见表9-3）：

表9-3　伦理型领导行为指南

• 制定明确的伦理行为标准
• 以身作则树立伦理行为榜样
• 帮助人们寻求公平且合乎伦理的解决问题和矛盾的方案
• 反对组织中的非伦理行为
• 实施并支持促进伦理行为的相关计划

制定明确的伦理行为标准

领导者可以为处理伦理问题制定明确的标准和指南（例如，建立伦理行为准则等）、让人们有机会获得解决伦理问题的相关建议（例如，伦理热线等）、发起关于伦理问题的讨论以突出伦理问题的重要性。领导者可以将伦理行为纳入追随者绩效的评价和奖励标准，以鼓励和强化伦理行为。例如，领导者认可某些特定的伦理行为。

⚖ 以身作则树立伦理行为的榜样

领导者应明确工作中的正确行为，并指导追随者避免出现非伦理问题，为此，领导者必须以身作则树立正确的行为榜样（Brown & Treviño，2014；Dineen，Lewicki，& Tomlinson，2006）。领导者可采取多种行为营造诚实、公平、相互尊重和透明的工作环境。领导者自身的行为可以成为伦理行为的榜样，被崇拜、认同领导者的追随者模仿。例如，领导者可以公正公开地审查涉及伦理的问题，而不要试图忽视或掩盖那些问题。如果领导者的言行无意中鼓动下属做出了非伦理行为，领导者应坦诚承认错误。

⚖ 帮助人们寻求公平且合乎伦理的解决问题和矛盾的方案

领导者的重要职责之一是帮助下属认识到问题的重要性，而不是否认问题、低估问题的严重性、拖延问题的解决，或借助虚假的补救措施或减压措施来转移问题（Heifetz，1994）。领导者的重要职责还包括厘清关键问题、鼓励不同观点、区分表象与原因、识别复杂的相互依赖关系。领导者应帮助下属解决问题，包括帮助下属获取信息、明确异同点、鼓励下属制订冲突综合解决方案等。重要的是，领导者应注意保持适当的工作推进速度，如果推进得太快，下属可能会防御性地回避问题，会认为暂时放缓或保持当前进展就足够了。如引领变革领导行为指南（见第五章）所述，领导者应确保下属认识到将要遇到的问题并且会为取得成功做出自我牺牲，还要鼓励下属对找到适当解决方案持乐观态度。这似乎特别适合评价那些过分简化问题、给出不切实际的承诺、迎合短期个人利益而非集体需求的政治候选人。

⚖ 反对组织中的非伦理行为

反对非伦理行为的方法很多。不仅领导者，所有人都应该以此为己任（Hinrichs，2007；Nielsen，1989；Treviño & Nelson，2017）。例如，拒绝落实不合伦理的任务或规则、向更高管理层投诉，向新闻媒体或监管机构揭发不合伦理的行为等。反对非伦理行为通常是困难而危险的。直言不讳地反对不公正和非伦理行为可能会遭到组织强权人物的报复。很多告密者发现，他们的行为可导致自身被组织解雇或职业生涯"脱轨"。

（二）促进伦理行为的相关计划

制定相关计划和制度是领导者对追随者行为的一种间接影响形式（见第十二章）。很多大型组织都制订了相关伦理计划，它们通常涉及强化内部价值观的尝试，以及强制遵守伦理准则和政策机制的特点（Treviño & Nelson，2017；Weaver，Treviño，& Cochran，1999）。伦理计划的典型机制包括正式的伦理规范、负责制定政策和实践的伦理委员会、向伦理委员会或最高管理层报告伦理问题的渠道、伦理教育计划、伦理行为监督方法，以及处理非伦理行为的纪律程序。

对美国一家大公司进行的研究（Weaver et al.，1999）发现，强烈关注伦理行为的高管更有可能实施伦理计划，且计划的范围更广。艾森拜斯等人（Eisenbeiss et al.，2015）的一项研究发现，伦理型首席执行官可以借助组织的伦理文化提高公司业绩，但这仅适用于制订了较好企业伦理计划的公司，且对实施伦理计划的领导价值观有一定要求。此项研究还表明，高管应认真承担伦理责任，而不是简单地将责任委派给专业人员。高层领导者可对组织伦理氛围造成一定的影响，其方式包括明确积极价值观的重要性、树立伦理行为榜样、认为诚信与利润同等重要并做出相关决策、对违反伦理的行为实施纪律惩罚等。

组织伦理计划的实施也受到环境压力（如媒体对非伦理行为和公司丑闻的关注）的影响。然而，领导者应主动作为并创造良好的伦理氛围，以避免丑闻和财务危机。好市多（Costco）制定了一条可以避免相关问题的政策。该公司规定员工不得接受中间商的礼物，且每年向各供应商总裁发送信件，明确表示不接受任何报酬。

（三）　文化价值观、法律和职业标准

伦理型领导还受组织所在国家的文化价值观、社会规范、法律要求和职业标准等的影响（Eisenbeiss & Brodbeck，2014；Svensson & Wood，2007）。如果对非伦理行为的反对得到强烈而明确的支持，而且各种不可接受的行为都有明确而非模棱两可的标准，那么领导者就更易阻止非伦理行为（Kuntz，Kuntz，Elenkov，& Nabirukhina，2013；Reynolds，2006a）。如果收受贿赂、吃回扣、性别歧视或种族歧视、虐待童工、危险的工作条件、不安全的产品、欺骗性广告、性骚扰、为逃税伪造会计记录等行为在组织所在国家被广泛接受，那么领导者就更难阻止非伦理行为。高管、政治领袖、大学民意领袖、新闻媒体、专业协会等可以帮助公司、非营利组织和政府机构建立明确的伦理标准，展现强烈的社会责任感。

小　结

对商业和政治领导者动机、能力和诚信的诟病使人们对伦理型领导的兴趣日益浓厚。伦理型领导行为包括培养追随者、对追随者进行授权，以及促进社会公正。伦理型领导包括鼓励伦理行为与反对非伦理行为的努力。伦理型领导者设法与追随者建立互信关系

并彼此尊重，寻找融合方案解决利益相关方的冲突。他们不会为了获得更多权力或实现个人目标而出现不信任或偏心的行为。

情境和个性是领导者伦理行为的决定因素。领导者的个性和认知道德发展与情境相辅相成，共同决定其领导行为的伦理性。将领导者的个性与情境相结合，可以更好地理解伦理型领导。

伦理型领导的评价标准包括其价值观、目标及其领导行为与道德规范的契合度。人们对领导者的道德评价颇为复杂，因为涉及多个利益相关方、领导行为的影响、延迟显现的结果，以及结果是否可以印证领导行为合理性的探究。结果的显现往往需要很长时间，且不同利益相关方得到的结果各不相同，因此，评价伦理型领导和非伦理型领导的影响就会更加困难。研究者应更多地关注伦理型领导的定义和评价方法。

价值观型领导理论强调诚信和伦理行为的重要性。伦理型领导者会让追随者认识到，领导者必须灵活地解决问题才能改善追随者的长期福利，而不是否认需求或满足于肤浅的补救措施。转化型领导者会设法提高追随者的意识，他们会诉诸理想和道德价值观，而不是物欲、恐惧和嫉妒等负面情绪。服务型领导理论解释了为什么领导者的主要关注点应该是培养、发展和保护追随者。精神型领导理论解释了领导者如何提高追随者所从事工作的精神意义。诚信型领导理论解释了为什么领导者的行为应该受强烈的积极价值观指导。在这些理论中，领导者与追随者之间的理想关系应该是高度尊重、信任、合作、忠诚和开放。这些理论都强调领导者自我意识（关于价值观和信仰）的重要性以及价值观与行为之间的一致性。这些理论中的积极价值观或属性非常相似，包括诚实、利他主义、善良、同情、同理心、公平、感激、谦逊、勇气、乐观和韧性等。

本章介绍的各种价值观型领导理论强调领导者的价值观，而不是领导者的行为；强调追随者的长期福利和发展，而不是组织的财务绩效。这些理论阐明了多数领导理论未明确的某些伦理问题，提供了关于有效领导的重要见解。这些理论仍在不断发展，尚未经过强有力研究方法的充分检验。然而，研究者还是提出了一些鼓励和支持伦理行为的方法。

📖 回顾与讨论

1. 为什么评估领导者的个人伦理与道德如此困难？
2. 伦理型领导和非伦理型领导的范例有哪些？
3. 一个有正确价值观和目标的领导者会做出非伦理行为吗？
4. 为什么研究伦理型领导很重要？
5. 对比以下理论：转化型领导、服务型领导、精神型领导和诚信型领导。

6. 伦理型领导有哪些个人和情境决定因素？

7. 如何提高伦理行为，减少非伦理行为？

📝 关键术语

诚信型领导	authentic leadership
平衡处理	balanced processing
伦理困境	ethical dilemmas
伦理型领导	ethical leadership
诚信	integrity
道德内省	internalized moral perspective
多个利益相关方	multiple stakeholders
关系透明	relational transparency
服务型领导	servant leadership
自我意识	self-awareness
精神型领导	spiritual leadership
认知道德发展	cognitive moral development
转化型领导	transforming leadership

💡 个人反思

以下哪种伦理价值观对你最重要：诚实、忠诚、公平、利他主义、善良、责任或透明？如果你曾迫于他人压力，放弃自己的一个或多个重要价值观，哪些情境要素影响了你？如果将来遇到同样的压力，你会采取什么不同的做法？

⚡ 案例 9-1

安然公司的非伦理型领导

安然是一家能源和通信公司，1988 年美国能源市场放松管制后，该公司快速发展。2001 年初，该公司约有 2.2 万名员工，当时，肯尼斯·雷（Kenneth Lay）担任董事会主席，杰弗里·斯基林（Jeffrey Skilling）担任首席执行官。从 1996 年到 2001 年，《财富》杂志连续 6 年将安然公司评为"美国最具创新性公司"。该公司于 2000 年被《财富》杂志评为美国 100 家最值得为其工作的公司，并因其良好的效益和有效的管理而广受赞誉。然而，仁爱和高效管理的公众形象都是虚假的，该公司也没有看上去的那么成功。

在会计师和律师的帮助下，高管们创建了一些看起来像合伙企业的子公司，并利用它们出售资产，创造虚假收益。安然公司利用离岸实体避税、夸大资产与利润、掩盖损失。安然公司还成立了一些高风险的新企业，如安然在线（EnronOnline），提供基于网络的能源合同买卖服务。该公司放宽了利益冲突规定，允许高管从有问题的企业中获得个人利益，在多数情况下，这些企业会消耗公司资金并造成损失。安然公司利用虚假的金融骗局掩盖损失，制造数十亿美元利润的假象。这种做法将安然股票的价格不断推高，2000 年 8 月，安然公司的股票价格最高达到了 90 美元。

非伦理行为并不局限于高层管理人员，个人主义、创新和无限制追求利润的公司文化导致很多安然员工也做出了不合伦理的行为。在一项增加利润的计划中，安然公司将能源转移出加利福尼亚州，造成停电和电价高涨。然后，该公司又将这些能源转移回加利福尼亚州，以更高的价格出售，获得了数十亿美元的额外利润。在斯基林的领导下，安然公司开始将所有交易的预期收入都计入当前实际收益报告中。为了实现不切实际的利润目标并增加分红，该公司鼓动员工夸大预期销售利润。该公司压迫销售部的员工，使其参与残酷竞争。每年，绩效最差的 15%～20% 的员工会被解雇，由新员工替代。任何对安然公司的非伦理行为或利益冲突提出质疑的人都会被解雇、调任或失去晋升资格。

安然公司的高层管理人员知道公司的财务欺诈行为和亏损愈演愈烈，于是开始出售价值数百万美元的公司股票。与此同时，他们告诉投资者和员工购买该公司股票，因为它将继续攀升。随着高管们抛售股票，股价开始下跌，肯尼斯·雷现身安抚投资者，向他们保证安然正朝着正确的方向前进。斯基林于 2001 年 8 月因"个人原因"辞职，获准溢价出售大量股票。肯尼斯·雷接替他担任首席执行官，他向公众承诺，安然没有任何隐藏问题。到 2001 年 8 月 15 日，该公司股价已降至 15 美元，但仍有很多投资者信任雷，并继续持有或买入该股票。后来，安然公司被曝光夸大资产和利润、未准确报告债务和亏损情况，安然股价暴跌。当时，某些高管销毁了可能对自己不利的记录，试图以此掩盖自己的非伦理行为，还试图将问题归咎于他人。

安然公司于 2001 年 12 月申请破产。这是美国历史上规模最大、最复杂的破产案，对数以千计的员工和投资者造成了毁灭性影响。该丑闻还导致当时美国最大的会计师事务所安达信（Arthur Andersen）倒闭，该事务所的员工被发现销毁了有关安然财务审计的文件。安达信本应作为独立机构审查安然公司的财务，却收取了安然公司数百万美元的管理咨询费，因而在审计过程中没有揭露其财务欺诈行为。

（作者：加里•尤克尔）

资料来源：Fox（2003），Fusaro and Miller（2002），McLean and Elkind（2003），and Sims and Brinkmann（2003）.

问题

1. 如何用本章介绍的理论解释安然公司的非伦理行为？

2. 未来如何减少这种非伦理型领导行为？

案例9-2

莱斯特维尔医院

玛丽•卡特（Mary Carter）是莱斯特维尔医院（Restview Hospital）的财务经理，这是一家大型住院医疗机构。院长杰克•莫雷利（Jack Morelli）想使医院的账户计费系统现代化。他要求玛丽寻找可与他们医院计算机系统兼容的软件包，希望在下个月的董事会会议上就此事做出决定。

一周后，杰克询问玛丽事情进展情况，她报告说已经找到了两家可以提供合适软件包的供应商。杰克想知道为什么潜在供应商名单中没有标准软件系统公司（Standard Software Systems），因为医院目前的账单处理软件就是来自这家公司。听说该公司最近刚刚开发了一种账户计费软件包，但很少有医院使用。玛丽收集的初步信息表明，与其他供应商提供的软件包相比，标准软件系统公司的软件包不太适合莱斯特维尔医院。然而，玛丽知道标准软件系统公司的总裁与杰克有私交，她同意将该公司纳入备选供应商，再做进一步考虑。

在接下来的两周里，各供应商的销售代表都被邀请到医院做展示，并讲解各自的产品。玛丽原计划邀请董事会成员参加，但杰克说他们太忙了，不能参加。在展示过程中，玛丽及其办公室的工作人员问了很多问题，但杰克看起来很不耐烦，很少说话。玛丽还访问了其他一些已经在使用各种相关软件包的医院，了解关于这些软件包运行情况与安装难点的一手情况。在调查过程中，她了解到标准软件系统公司的新软件包没有其他软件包灵活，用户友好性也较差。三款软件包的价格大致相同，但可靠计算机公司（Reliable Computer）提供的软件包显然是该医院的最佳选择。她给杰克准备了一份简短的报告，解释了每种产品的优缺点，并附上了她的建议。

第二天，玛丽见到了杰克，向他提交了书面报告，并总结了她的发现。她解释了建议从可靠计算机公司购买软件包的原因，并梳理了支持这一结论的证据。玛丽还提出要在下次董事会会议上介绍她的调查结果，但杰克说他自己可以处理。杰克没有在会议召开前向董事会成员发送玛丽的报告副本，也没有在董事会上明确解释玛丽倾向于哪款软件包的原因。会议后的第二天，杰克通知玛丽，董事会决定使用标准软件系统公司的软件包。他解释说，董事会成员想要回馈该公司，感谢它去年为医院安装账单处理软件时提供的优质服务。两年后，在花费了数千美元不必要的费用后，该医院的账户计费软件仍然无法顺利运行。杰克告诉董事会玛丽应对这个错误的决定负责，于是解雇了她。

（作者：加里·尤克尔）

问题

1. 你如何解释董事会从标准软件系统公司购买软件的决定？
2. 杰克的哪些非伦理型领导行为影响了决策？
3. 玛丽做些什么才能对决定施加更大的影响？

第十章　二元关系与追随者理论

>> 学习目标

通过学习本章内容，读者能够：

- 了解为什么领导者和追随者会发展出不同的二元关系。
- 了解领导者行为如何受到追随者动机和技能归因的影响。
- 了解管理绩效不佳追随者的恰当方法。
- 了解领导者和追随者如何进行印象管理。
- 了解归因和内隐理论如何影响追随者对领导者的看法。
- 了解追随者如何与领导者建立更有效的二元关系。

导　言

关于领导行为的多数早期研究都未考虑领导者对待不同追随者的行为差异。然而，第四章关于委派的讨论清楚地表明，领导者与不同追随者之间的二元关系并不完全相同。本章旨在介绍领导者如何与不同追随者建立独特的交换关系，以及这些关系对领导效能的影响。此外，本章还将介绍归因理论，以了解领导者如何解读追随者的绩效并做出反应，并就领导者如何应对不良绩效和改善交换关系提供行为指南。

接下来，本章将介绍某些基于追随者的领导方法。在过去的半个世纪里，多数领导学文献都聚焦于领导者，研究者对领导者的态度和行为进行了详细研究，而追随者的态度和行为只被当作领导者影响力和有效性的评价指标。没有追随者就没有领导者，人们对追随关系（followership）的研究兴趣也在与日俱增。本章介绍了追随者对领导者的归因，以及影响追随者对领导者看法的内隐理论；描述了供领导者和追随者使用的几种印象管理策略；提出了基于自己的价值观进行有效领导的行为指南；讨论了如何实现组织领导者和追随者的角色统一。

一、领导者-成员交换理论

领导者-成员交换（leader-member exchange，LMX）理论介绍了领导者和追随者之间的角色塑造过程，以及这种交换关系随时间发展的变化（Dansereau，Graen，& Haga，1975；Graen & Cashman，1975）。该理论的基本前提是，在领导者和追随者共同定义角色的过程中，领导者会与每名追随者发展出一种交换关系。交换关系以双方相容性、追随者能力及可依赖性为基础。根据这一理论，多数领导者会与值得信任的追随者建立高质量的交换关系，这些追随者一般是领导者的助手、副手或顾问。这些关系是在一段时间内逐渐形成的，是在周而复始的交换周期中通过行为的相互强化而形成的。除非循环被打破，否则这种关系可能会一直发展，直到双方相互依赖、相互忠诚、相互支持。

建立高质量交换关系的基础是领导者能控制追随者期望的结果。这些结果包括分配有趣且令人满意的任务、委派更大的责任和权威、共享更多的信息、让追随者参与领导者的某些决策、实施加薪等有形奖励、特殊福利（例如，更好的工作计划或更大的办公室等）、促进追随者个人和职业发展（例如，推荐升职机会，提供曝光度高的发展性任务等）。作为获得这些利益的回报，处于高质量交换关系中的追随者也会向领导者提供各种好处（Wilson，Sin，& Conlon，2010）。领导者通常希望追随者努力工作、致力于任务目标、对领导者忠诚，并在本职工作之外履行其他职责，如帮助领导者履行某些行政职责。随着时间的推移，在为彼此提供利益的基础上，领导者和追随者会加深联系，建立信任，相信可以依赖彼此获得未来的利益（Erdogan & Bauer，2014；Law-Penrose，Wilson，& Taylor，2015）。

杰克·韦尔奇（Jack Welch）基于曾担任通用电气首席执行官的经验，和他的妻子苏茜（Suzy，2015，pp.130-131）介绍了某些领导者为创造"信任红利"、与追随者建立高质量关系而做的"该做"和"不该做"的事：

> 第一个"该做"的事是疯狂地关心追随者和他们的工作……发送这样的信息："我和你并肩作战。"为追随者挺身而出，尤其当他们情绪低落时。注意，在追随者为你带来重要突破性想法或绩效报表时，你很容易为他们欢呼，但他们更需要你在倡议失败后，公开承认之前对该倡议的支持并为其失败承担同等责任……换句话说，为了建立信任，此时"该做"的是在追随者被打倒时给予支持。此时"不该做"的

事我们都经常看到：领导者和追随者都同意一场豪赌，失败后领导者却逃之夭夭……这是很丑陋的：这是一种懦弱的表现，它散发着自我保护的恶臭，让信任瞬间消失。事实上，我们甚至可以说，没有什么能比这更快地破坏领导者与追随者之间的纽带。

高质量交换关系对领导者的好处显而易见。当领导者所在工作单位承担的任务需要某些成员的主动性和大量努力时，追随者的支持就很重要。在领导者没有足够的时间和精力履行其全部行政职责的情况下，忠诚追随者提供的帮助是非常宝贵的。然而，高质量交换关系也给领导者带来了某些义务和约束。为了维持这些关系，领导者必须关注追随者，回应他们的需求和感受，更多地采用某些耗时的影响方法，如理性说服、咨询和协作（见第六章）等。领导者如果诉诸胁迫或粗暴使用权威，就会损害与追随者的特殊关系。

低质量交换关系的特点是相互影响较小。追随者只需遵守正式的角色要求（例如，职责、规则、标准程序和领导者的合法指示等）即可，也只能获得所承担工作的标准福利（工资等）。该理论的早期版本介绍了拥有高质量交换关系的"内部"追随者和拥有低质量交换关系的"外部"追随者。后来的版本则没有采用如此尖锐的二分法，而是分析了领导者与所有追随者建立高质量交换关系的可能性。

领导者-成员交换理论的新版本旨在介绍情感事件（affective event）在领导者与追随者关系的重要发展阶段发挥的作用，以进一步解释高质量交换关系随时间而发展的情况（Cropanzano，Dasborough，& Weiss，2017）。情感事件是指工作中能够引发个人情感反应的事件，它既能引发积极的情绪和心情，又能引发消极的情绪和心情。情绪是对人或事做出的短暂而强烈的反应（喜悦、激动、兴高采烈、惊讶、愤怒、难过、绝望、悲伤等），而心情则持续时间更长、不那么强烈，且不针对特定的人或事。情感事件通常是指人们经历的"日常烦恼和欣喜"，这些会影响人们的行为、工作态度和人际关系。在最初的角色扮演阶段，领导者会为追随者提供建立更高质量关系的机会，以主动推动关系发展。此时，领导者的情感表达暗示着对这段关系的热情，以引发追随者的情绪反应。领导者的快乐和喜悦等积极情绪可能会得到追随者的回应，为关系的进一步发展奠定基础。而愤怒、悲伤和恐惧等消极情绪的表达则会阻碍关系的发展。此外，情感共情能力（理解和分享他人情绪体验的能力）较高的领导者，能够更好地与追随者建立积极的情绪联系，促进关系发展。在角色塑造的第二个阶段，领导者会将重要任务委派给追随者，期望其有效完成各项任务。在这些互动中，领导者和追随者互为情感事件来源。随着关系的发展，双方开始分享彼此的积极或消极情绪，他们的情绪可能会逐渐同步。在最后的角色固化阶段，领导者和追随者交换关系的质量会逐步稳定下来。然而，随着工作群体情况的变化，追随者会对领导者产生相应的情绪反应，可能会影响他们关系的性质（即领导者-成员交换关系分化）。例如，如果有新成员加入该工作群体，并迅速与领导者建立密切的高质量关系，那么保持现行领导者-成员交换关系的追随者可能会感到嫉妒、愤怒或沮丧。

（一） 领导者-成员交换关系相关研究

不同研究对领导者-成员交换关系的定义各不相同。交换关系的质量通常体现在相互信任、尊重、喜爱、支持和忠诚。然而，对领导者-成员交换关系的定义有时也会体现在其他关系上，如谈判自由度（negotiating latitude）、渐进影响（incremental influence）、共同价值观、情感、互惠、义务和相互信任等（参见 Day & Miscenko，2015；Ferris et al.，2009；Schriesheim，Castro，& Cogliser，1999）。自该理论被首次提出以来，研究者采用了多种方法评价领导者-成员交换关系，这使梳理不同研究结果变得更加困难（Liden，Wu，Cao，& Wayne，2015）。

少数研究从领导者和追随者的认识角度评价领导者-成员交换关系（例如，Cogliser，Schriesheim，Scandura，& Gardner，2009；Deluga & Perry，1994；Liden，Wayne，& Stilwell，1993；Markham，Yammarino，Murry，& Palanski，2010；Phillips & Bedeian，1994；Scandura & Schriesheim，1994；Sin，Nahrgang，& Morgeson，2009；Zhou & Schriesheim，2009，2010）。我们有理由认为，领导者与追随者的一致性与他们的关系同样重要，但在相处时间和互动频率有限的情况下，他们的一致程度往往很低。一致性不足的原因尚不明确，部分原因可能是领导者-成员交换关系评价标准的差异。追随者对这种关系的评价受领导支持和公平程度的强烈影响，而领导者对这种关系的评价则受追随者能力和可靠性的强烈影响。研究者应进行更多研究，从不同角度明确领导者-成员交换关系的意义。

（二） 领导者-成员交换关系的决定因素和影响

多数领导者-成员交换理论相关研究都考察了领导者-成员交换与其他变量的关系，其中包括大量的实地调查研究（例如，Erdogan，Bauer，& Walter，2015；Gutermann，Lehmann-Willenbrock，Boer，Born，& Voelpel，2017；Liden et al.，1993；Matta，Scott，Koopman，& Conlon，2015；Schermuly & Meyer，2016），少量实验室实验

（例如，Griffith，Connelly，& Thiel，2011）、实地实验（例如，Graen，Novak，& Sommerkamp，1982；Graen，G. B.，Scandura，& Graen，M. R.，1986；Scandura & Graen，1984），以及对高质量和低质量领导者-成员交换关系沟通模式的观察、分析的研究（例如，Fairhurst，1993；Kramer，1995）。

研究人员发现了一套能够预测二元交换关系质量的研究方法。当领导者认为追随者有能力且其价值观和态度与领导者相似时，就更有可能建立良好的关系。领导者和追随者的某些性格特质也可能影响他们的交换关系。例如，纳尔冈、摩格森、伊利什（Nahrgang，Morgeson，& Ilies，2009）的一项研究发现，如果领导者和追随者都比较外向亲和，那么在新团队模拟练习的早期阶段，我们就可以预测他们会发展出更有利的交换关系，这可能是因为这些特质更有助于建立相互支持和信任的互动方式。然而，最初的互动期之后，绩效则变成领导者-成员交换关系更重要的决定因素。张、王、史（Zhang，Wang，& Shi，2012）的一项研究考察了领导者和追随者的主动人格（proactive personality）对其关系的影响，主动人格是指人们塑造环境的持久倾向。当领导者和追随者同时具有较高或较低水平的主动人格特征（即高度一致）时，领导者-成员交换关系的质量以及追随者的工作绩效都会较高。在领导者和追随者主动人格特征一致性较低的情况下，他们关系的质量也较低，追随者的工作绩效也较差。若只有领导者一方重视主动性，领导者-成员交换关系就会受到影响，因为领导者可能会认为追随者缺乏主动性。

还有研究考察了领导者-成员交换关系与他们行为的相互影响。当交换关系良好时，领导者的行为更具支持性，会涉及更多的咨询、委派、指导和认可，较少涉及密切监控和对话支配（Erdogan & Bauer，2014；O'Donnell，Yukl，& Taber，2012；Yukl，O'Donnell，& Taber，2009）。当领导者-成员交换关系质量较高时，追随者会更多地支持领导者，与领导者进行更诚恳的沟通，较少使用压力策略（例如，威胁和要求等）来影响领导者。目前，新追随者对角色塑造过程的影响程度尚不明确，有些人会采用印象管理行为影响角色塑造过程，他们会主动发展良好关系，而不是被动接受领导者的决定。

目前，大量研究考察了领导者-成员交换关系与工作成果（追随者态度和绩效等）之间的关系，其详细研究综述可在多种出版物中查阅（例如，Day & Miscenko，2015；Epitropaki，Martin，& Thomas，2018；Erdogan & Bauer，2014；Erdogan & Liden，2002；Gerstner & Day，1997；Ilies，Nahrgang，& Morgeson，2007；Liden，Sparrowe，& Wayne，1997；Schriesheim et al.，1999）。相关荟萃分析表明，建立良好的对

下交换关系有助于领导者拥有更清晰的角色定位、更高的工作满意度、更强的支持、更多的公民行为、更高的创造力、更低的离职意向、更少的组织偏差、更高的工作绩效和更大的事业成就（Dulebohn，Bommer，Liden，Brouer，& Ferris，2012；Gerstner & Day，1997；Ilies et al.，2007；Martin，Guillaume，Thomas，Lee，& Epitropaki，2016；Rockstuhl，Dulebohn，Ang，& Shore，2012）。良好的交换关系还有助于提高追随者的信任度，尽管二者可能互为因果（reciprocal causality）（Dirks & Ferrin，2002）。针对领导者-成员交换关系相关性的多数研究都进行了实地调查，其中一项调查发现，如果领导者接受过与追随者发展良好交换关系的培训，其追随者的客观绩效和满意度就会得到提升（Graen et al.，1982；Scandura & Graen，1984）。为了纳入二元关系影响的初步研究结果，修订后的相关理论提出了一种解决方案，即领导者应尽可能地与所有追随者建立各种交换关系，而不仅仅与少数喜欢的人建立交换关系（Graen & Uhl-Bien，1995）。

研究还发现，领导者的对上二元关系会影响其对下二元关系（Cashman，Dansereau，Graen，& Haga，1976；Graen，Cashman，Ginsburgh，& Schiemann，1977）。与领导者有良好交换关系的领导者更有可能与追随者建立良好的交换关系。良好的对上关系使领导者能够为追随者获得更多利益，还可以通过获得必要的资源、减少繁文缛节和追随者所需的变革审批来提高追随者的绩效。如果领导者不能提供额外的利益、机会和授权，那么追随者就不会有动力承担特殊交换关系中的额外义务。研究发现，无论追随者与领导者的关系如何，都能感受到领导者对上关系的影响。在追随者看来，与追随者关系良好的领导者拥有更多技术技能，能够提供更多外部信息，允许追随者更多参与决策、拥有更多自主权，并为追随者提供更多支持。

虽然对交换关系发展的相关情境影响因素的研究相对较少（Green，Anderson，& Shivers，1996），但近年来其背景因素影响逐渐受到关注。例如，积极的群体氛围和以人为本的组织文化已被证明与领导者-成员交换关系的质量正相关（Erdogan & Bauer，2014）。此外，阿南德、韦德亚迪和罗尼奇（Anand，Vidyarthi，& Rolnicki，2018）发现，当领导者的能力大于追随者时，领导者-成员交换关系与员工公民行为之间的正相关性更强，尤其是群体成员在任务上的相互依存度较高时。隋、王、柯克曼和李（Sui，Wang，Kirkman，& Li，2012）发现，在大型团队中，领导者-成员交换关系的差异化有助于提高团队的协调性和绩效水平，而在小型团队中，存在适度的领导者-成员交换关系差异是有益的。在这些研究进展的基础上，研究者还应进一步研究情境变量对领导者-成员交换关系质量的影响。单位的人员特征、工作特征、单位特征（例如，职能和成员稳定性等）和组织类型等都是重要的情境要素。它们可能会影响二元关系的类型、潜在的交换过程，并对有效领导产生一定的影响。例如，在活动丰富的大型工作单位中，若没有正式设置助理经理职位，则最好为经理委派多名助手，而在活动较少的小型工作单位中，助理经理的重要性则较低。

不同国家的文化价值观（见第十三章）是理解领导者-成员交换关系影响的情境要素之一。罗克斯图尔等人（Rockstuhl et al.，2012）进行了一项荟萃分析，对 23 个国家的领导者-成员交换关系与重要工作成果的联系进行了研究，以探索民族文化对交换关系质量的潜在影响。研究发现，领导者-成员交换关系与公平感、组织公民行为、工作满意度和领导者的信任正相关，与离职意图负相关，而且这种相关性在强调个人主义文化的社会比在强调集体主义文化的社会更紧密。然而，不论在哪种文化中，领导者-成员交换关系与组织承诺、任务绩效和变革型领导都存在强大的正相关性。这些发现表明，无论文化背景如何，高质量的领导者-成员交换关系普遍能促进积极的工作成果，这种优势在西方和高度个人化的社会中最为明显。

（三） 领导者-成员交换关系理论的评价

领导者-成员交换关系理论在概念上仍然存在某些缺陷，这限制了其实用性（Dienesh & Liden，1986；Schriesheim et al.，1999；Vecchio & Gobdel，1984）。研究者对该理论进行了修订但还需要进一步改进。该理论需要进一步阐明交换关系随时间演变的方式。尽管领导者-成员交换关系的相关研究日益增多，但人们对角色塑造过程仍知之甚少（Erdogan & Bauer，2014）。该理论暗示，交换关系从最初的印象开始，以一种持续平稳的方式发展。少数纵向研究表明，领导者-成员交换关系可能会迅速建立并保持稳定（Nahrgang et al.，2009）。然而，二元关系的其他研究证据表明，领导者-成员交换关系通常会经历一系列起伏，由于双方会不断调和自身对自主性和密切参与的渴望，他们的态度和行为都会发生变化（参见 Fairhurst，1993）。为了解决这些不一致，研究者需要进行相关纵向研究，更详细地记录互动模式随时间的变化，同时深入探究双方对关系认识的不断变化。此类研究应关注领导者-成员交换关系发展中的关键节点，以确定是否存在影响关系上升或下降的临界点（Erdogan & Bauer，2014）。研究者也有必要验证克罗帕扎诺等人（Cropanzano et al.，2017）针对情感事件在角色扮演、角色塑造和角色固化阶段对领导者-成员交换关系发展的影响所做的预测。

如果能清晰地描述领导者发展不同二元关系的方式、二元关系之间的相互影响及其对群体绩效的影响，这一理论将得到改进。亨德森、利登、格利布科夫斯基和乔杜里

（Henderson，Liden，Glibkowski，& Chaudhry，2009）梳理了领导者-成员交换关系分化前因后果的相关研究文献，发现有些分化可能有利于群体绩效，尤其在成员认为该分化公平恰当、有助于提高团队绩效的情况下（Haynie，Cullen，Lester，Winter，& Svyantek，2014；Liden，Erdogan，Wayne，& Sparrowe，2006）。然而，随着分化的加剧，交换关系质量较低的成员可能会认为领导者"偏爱"的人得到了额外好处，因而可能会产生更多怨恨（McClane，1991；Yukl，1989）。在某些情境下，极端分化的负面影响会更大。例如，互动型团队更容易出现负面影响，因为成员之间的竞争和敌意会破坏必要的合作。领导者为提高追随者自我效能感和对领导者的认同感而对个人采取的领导行为，可能会对个体产生积极影响，但会对群体绩效产生负面影响（Wu，Tsui，& Kinicki，2010）。领导者面临的挑战是既要与某些追随者建立差异化的关系以促进团队任务的完成，又要与其他追随者保持相互信任、相互尊重和相互忠诚的关系。领导者没有必要对所有追随者一视同仁，但应该让每名追随者都意识到自己是团队中重要且受人尊敬的一员，而不是"二等公民"。并不是每名追随者都希望承担更多责任，但应该让他们意识到自己拥有同等的机会，而这种机会是基于自己的能力而不是领导者的偏袒。

二、领导者对追随者的归因

领导者如何对待追随者取决于追随者是否有能力且忠诚。领导者对追随者能力和可靠性的评价基于领导者对追随者行为和表现的解读。归因理论介绍了领导者用来确定有效或无效表现的原因和适当反应的认知过程（Green & Mitchell，1979；Martinko & Gardner，1987；Mitchell，Green，& Wood，1981；Wood & Mitchell，1981）。

（一）两阶段归因模型

格林和米切尔（Green & Mitchell，1979）将领导者对绩效不佳的反应描述为两阶段过程。在第一阶段，领导者尝试确定业绩不佳的原因；在第二阶段，领导者尝试做出适当的回应来纠正问题。有几项研究证实了该模型的一些主要命题（参见 Martinko，Harvey，& Douglas，2007）。

领导者往往将绩效不佳的主要原因归结于下属（例如，努力不够或能力不足等）或追随者无法掌控的外部问题（例如，任务本身的困难、资源不足、信息不足、其他人未能提供必要的支持或只是运气不好等）。当存在下列情况时，领导者可能会将原因归结为外部因素：（1）追随者之前没有在类似任务中表现不佳；（2）追随者能有效地执行其他任务；（3）追随者的表现和其他处于类似情境的人一样好；（4）失败或错误的影响并不严重；（5）领导者要依靠追随者取得成功；（6）追随者被认为具有其他弥补能力（人气或领导技能等）；（7）追随者找到借口或表示道歉；（8）有证据表明该结果源于外部原因。如果领导者之前从事过类似工作，则更有可能做出外部归因（external attribution），这可能是因为他们更了解可能影响绩效的外部因素（Crant & Bateman，1993；Mitchell & Kalb，1982）。内在控制倾向（见第七章）等领导者特质也会影响问题归因（Ashkanasy & Gallois，1994）。

对问题原因的认知会影响领导者对问题的反应（例如，Dugan，1989；Martinko et al.，2007；Offermann，Schroyer，& Green，1998；Trahan & Steiner，1994）。当领导者做出外部归因时，领导者更有可能设法改变情境，如提供更多资源、协助消除障碍、提供更好的信息，以及改变任务以减少固有困难等。如果运气不好，领导者也可能只是表示同情。当领导者做出内部归因（internal attribution）且确定问题源于追随者能力不足时，领导者可能做出的反应是提供详细的指示、更密切地监督追随者工作、在需要时提供指导、设定更容易实现的目标或时限，或给追随者分配更容易的工作等。如果领导者认为问题源于追随者缺乏努力和责任心，那么可能做出的反应就是发出指令或非指令性诫勉、给予警告或训斥、惩罚追随者、密切监督其后续行为，或寻找新的激励措施来提高绩效。

（二）领导者对追随者归因的决定因素

领导者对追随者的归因及反应受领导者职位权力的影响（Kipnis，Schmidt，Price，& Stitt，1981；McFillen & New，1979）。领导者的职位权力越大，就越有可能将追随者的有效绩效和可喜行为归功于外部因素（例如，为获得奖励或避免惩罚）而不是内在动力。

对归因的研究还发现，交换关系会影响领导者对追随者绩效的认知（Duarte，Goodson，& Klich，1994；Heneman，Greenberger，& Anonyuo，1989；Lord & Maher，1991）。当交换关系质量较高时，领导者在评价追随者绩效时似乎就不那么挑剔。对交换关系质量较高的成员，领导者更可能将其良好绩效归于内部原因，而对交换关系质量较低的成员，领导者更可能将其良好绩效归于外部原因。相反，对交换关系质量较高的成员，领导者更可能将其糟糕绩效归于外部原因，而对交换关系质量较低的成员，领导者更可能将其糟糕绩效归于内部原因。

领导者对追随者的行为与绩效归因一致。例如，追随者拥有高质量交换关系时，其有效行为更容易受到表扬，而追随者拥有低质量交换关系时，其错误更容易受到批评。

因此，领导者对追随者的看法往往会成为一种自我实现式预言。拥有低质量交换关系的追随者得到的支持、指导和资源较少，但领导者更可能将错误或绩效不佳归咎于他们，而不会考虑情境原因或自身问题。

很多领导者倾向于对追随者的糟糕绩效进行内部归因，而追随者则容易出于自身利益考虑将错误或失败归咎于外部因素，两种偏向形成了鲜明对比（Martinko & Gardner，1987）。这两种不兼容的偏向使领导者处理绩效问题变得更加困难。领导者的偏向导致其更多地使用惩罚性措施，这会使认为自己不该对问题负责的追随者更加反感（Harvey，Martinko，& Douglas，2006；Tjosvold，1985）。因此，归因研究的一个主要意义是帮助领导者在评价追随者绩效时更加谨慎、公平和系统。领导者需要更深刻地意识到应以多种方式处理不同的绩效问题，选择合适的方案是非常重要的。

（三）　关系归因

在对归因理论进行扩展的过程中，埃伯利、霍莉、约翰逊和米切尔（Ebery，Holley，Johnson，& Mitchell，2011）介绍了第三类归因，这类归因与领导者-成员交换关系的关联尤其紧密，即归因于关系本身。例如，领导者不是将追随者的绩效问题归咎于其能力不足或努力不够（内部归因），也不是归咎于情有可原的境况（外部归因），而是归因于领导者与追随者的不良关系。埃伯利等人（Ebery et al.，2011）进一步指出，当领导者和追随者对消极绩效做出关系归因时，更有可能努力改善关系。最近的一系列研究（Eberly，Holley，Johnson，& Mitchell，2017）证实，在某些情况下，领导者和下属都会做出关系归因，而不是内部或外部归因，双方会设法改善关系，而不是指责另一方。

三、提高下属绩效的行为指南

提高绩效是一项重要且困难的管理职责。人们往往对批评持防御态度，因为会伤害自尊，还意味着他人主观上的排斥。很多领导者都会避免因下属有不当行为或不良绩效而与其产生直接对抗，因为这种对抗往往会演化为情绪冲突，不但无法解决根本问题，还会削弱双方的尊重和信任。领导者有必要借助纠正性反馈帮助下属提高绩效，但反馈方式应有助于保持良好的关系或改善已然紧张的关系。

基于二元领导过程的研究，以及咨询、反馈和冲突的相关研究，研究者为领导者有效进行纠正性反馈提供了一些见解。效能高的领导者在应对下属的不当行为或不佳绩效时，会采取支持性的解决问题的领导行为。以下行为指南旨在帮助领导者加强沟通、解决问题，并减少下属的防御和怨恨情绪（见表 10-1）。

表 10-1　提高下属绩效的行为指南

● 收集绩效问题相关信息
● 尽量避免归因偏见
● 快速提供纠正性反馈
● 用特定术语简要描述不足
● 解释无效行为的不利影响
● 保持冷静和专业
● 共同确定绩效不佳的原因
● 让对方提出补救措施
● 表达对对方能够进步的信心
● 表达帮助对方的诚意
● 就具体行动步骤达成一致
● 总结讨论并确认结果

⫸ 收集绩效问题相关信息

因为绩效不佳与下属发生正面对抗之前，领导者最好直截了当地陈述事实。若没有目睹下属犯错，领导者应进行事实调查，收集有关时间（问题发生的时间和次数）、严重程度（负面后果及其严重影响）、前因（问题的原因和下属的参与度等）和范围（问题是下属独有还是普遍存在）的信息。如果他人揭发下属的不当行为，领导者应设法从投诉方获取详细信息，明确之前采取过什么措施应对同类问题。

⫸ 尽量避免归因偏见

绩效不佳的原因可能不止一个，领导者不应只将其归咎于下属缺乏动力或能力不足。如前所述，情境原因、自身原因或两者结合都会造成绩效不佳。情境原因通常超出下属的控制范围，其中包括物资、材料或人员短缺；意外或异常事件（例如，事故、恶劣天气、蓄意破坏、诉讼和新法规等）；预算削减或优先事项变更导致资源不足；其他部门或外部人员未能准确及时地完成项目任务。绩效不佳的自身原因通常涉及下属动力或技能不足。这类问题包括未能按计划实施重大行动步骤、未能监测进程以及时发现问题、在处理问题时判断力差、拖延解决问题直到问题恶化、未将注意事项通知上级、在执行任务时犯了不该犯的错误、未遵守标准程序和规章制度，以及工作方式缺乏专业性等。

⫸ 快速提供纠正性反馈

领导者应在发现问题后立即提供纠正性反馈，而不是等到对方可能已经对该事件印象模糊时再进行反馈。领导者应立即处理观察到的不当行为，在初步调查后尽快处理绩效相关问题（对下属的投诉、质量或生产力不达标等）。某些领导者会将批评留到年度评价会或进度审查会上讨论，这种做法很可能起不到效果。如果延迟反馈，领导者就失去了在问题恶化之前立即处理问题的机会。此外，如果不对不当或无效行为做出回应，就会向外传递错误信息，即该行为是可接受的且没有任何后果。最后应注意的是，如果同时听到一连串的批评，人们可能会更具防御性。

⸭⸭⸭ **用特定术语简要描述不足**

如果举出行为不当或绩效不佳的具体例子，反馈会更有效。含糊而笼统的批评（"你的工作很马虎"）可能无法传递对方的错误，让对方更容易否认。领导者应举出具体事例，指出对方所做事情发生的地点和时间。例如，不要笼统地说一个人很粗鲁，而是指出他本周曾两次用琐碎问题打断你与他人的谈话（指出事件发生的时间并举例）。在批评下属绩效不佳时，领导者也要列举绩效无法令人满意的具体事例。例如，两名顾客抱怨被批评者所在部门服务迟缓。不要用"你总是迟到"这样夸张的说法，要对无效行为进行简要描述。如果倾听批评的时间过长，哪怕是建设性的批评，也会让对方更具防御性。

⸭⸭⸭ **解释无效行为的不利影响**

如果纠正性反馈能够解释下属行为不当或绩效不佳的原因，就会更有帮助。例如，指出某种行为给他人带来的问题及其对他人工作的干扰。描述自己或他人因其不当行为而感到的不适和痛苦，以及该行为对重要项目或任务的不良影响，并表达个人对此的担忧。

⸭⸭⸭ **保持冷静和专业**

对绩效问题或错误行为表示担忧是应该的，但领导者在提供纠正性反馈时不应表现出愤怒或对其个人的排斥。对下属大发雷霆、大喊大叫、发表侮辱性言论（例如，说员工愚蠢或懒惰等）无益于激励员工提高绩效。此外，这种行为会影响问题的解决，破坏领导者和下属之间的关系。领导者应避免做出让人产生防御情绪的指责或侮辱言论（"你怎么能做出这么愚蠢的事？"）。对下属的批评应把握"对事不对人"的原则，要表现出重视对方的态度，真心帮助其解决绩效问题。

⸭⸭⸭ **共同确定绩效不佳的原因**

在对绩效问题进行初步调查之后，如果还是缺乏重要判断信息，领导者有必要听取下属的解释，而不是对问题原因妄下结论。要给下属一个对所犯错误、不佳绩效或不当行为进行解释的机会。有时，对方可能不知道原因，也可能会找借口逃避责任。领导者应注意区分情境原因和个人原因。绩效不佳的个人原因更难被发现，因为下属通常不愿意承认错误和失败。在探究这些原因时，领导者可问对方从经验中吸取了什么教训，如果有机会重新开始，会有什么不同的做法。在讨论个人原因时，领导者应关注具体的无效或不当行为，而不是关注判断力差、不负责任或缺乏动机等个人属性。双方应认真系统地明确重要原因，而不是立即讨论纠正措施。在这一过程中，领导者应了解自己与下属的关系性质可能会对问题产生影响，应与下属共同找出关系的不足之处（例如，沟通、透明度、同理心，以及对价值观、人格、动机和能力的个体差异的了解等）。

⠿ 让对方提出补救措施

让对方承担提高绩效的责任是很重要的。如果下属找借口逃避对问题的责任，其绩效就不太可能得到提高。下属只有主动提出问题的解决方案才会致力于绩效改善。因此，在讨论解决绩效不佳的方案时，领导者应征求下属意见，而不是直接告诉对方该怎么做。可以使用一些开放式问题，如"你对提高绩效有什么想法？"或"我们未来应该怎么做才能避免此类问题？"鼓励下属考虑多种情况，而不是立即专注于某种狭隘的补救措施。领导者应设法改进下属的想法而不是仅指出其不足，如果下属没有想到有效的补救措施，要设法从下属的角度将自己的想法表达出来，可以用一种笼统的、试探性的方式陈述想法（"有没有可能……"）并让下属制定具体细节，使其感受到对计划的参与感。如果认为问题的原因是自己与下属的关系，领导者应与下属共同制定改善措施。

⠿ 表达对对方能够进步的信心

如果下属缺乏自信、对工作绩效不佳感到气馁，则其改进的可能性就会较小。领导者的重要职能之一是增强他人的信心，让其知道即使过去曾失败，但齐心协力定能完成困难的任务。指出下属具有的能够帮助他改进的优点，讲述他人应对类似挫折的做法。表达对下属成功的信心，鼓励其可以做得更好。研究表明，当领导者对下属有很高的期望时，下属的表现会更好（Eden，1990；McNatt，2000；Luthans，Youssef-Morgan，& Avolio，2015）。

⠿ 表达帮助对方的诚意

表达真诚帮助对方的愿望是至关重要的。领导者应注意适时利用自己的知识、影响或人脉为下属提供帮助。如果下属认为向他人求助是承认自己的不足，就会不愿意寻求帮助。如果下属因绩效受到个人问题（例如，家庭问题、经济问题或药物滥用等）的影响而寻求帮助时，领导者要做好相应准备，具体包括帮助对方明确问题、理解问题、以新视角看待问题、制订替代方案、提供相关建议，以及向对方推荐能够提供帮助的专业人士。

⠿ 就具体行动步骤达成一致

领导者有必要确定下属需要采取的具体行动步骤。如果双方只是讨论了补救措施，但并没有就具体行动步骤达成一致，那么下属可能并不确定该如何行动。仅告诉下属努力做得更好是不够的，除非他们明确承诺会采取具体行动步骤，否则可能很快就会忘记所讨论的内容。领导者应明确提出将采取的行动步骤，以帮助下属提高绩效。

⠿ **总结讨论并确认结果**

双方达成一致后，领导者要对讨论的实质内容进行总结，目的是确认双方能够做到相互理解。讨论结束时，领导者应重申愿意提供帮助，告诉对方可以就可能出现的任何问题或复杂情况与其进行讨论，也可以暂设后续会面的日期和时间，以了解进展情况。

四、追随者归因和内隐理论

领导者会对追随者的能力进行归因，同样，追随者也会对领导者的能力和动机进行归因。他们会利用领导者行为、团队或组织绩效变化以及外部条件的相关信息，得出关于成败责任的结论。追随者会将更多的原因归结到身居高位、拥有巨大威望和权力的领导者身上，尤其是在将领导者视为英雄人物的文化中（Bligh, Kohles, & Pillai, 2011; Calder, 1977; Konst, Vonk, & Van der Vlist, 1999; Meindl, Ehrlich, & Dukerich, 1985; Pfeffer, 1977b)。

（一） 追随者对领导者归因的决定因素

追随者对领导者效能的评价是由几个相互关联的因素决定的（Awamleh & Gardner, 1999; Bligh et al., 2011; Choi & Mai-Dalton, 1999; Eberly & Fong, 2013; Ferris, Bhawuk, Fedor, & Judge, 1995; Lord & Maher, 1991; Meindl et al., 1985; Tskhay & Rule, 2018; van Knippenberg, D., van Knippenberg, B. De Cremer, & Hogg, 2004)。因素之一是领导者所在团队或组织能在多大程度上获得清晰、及时的绩效指标。与所在单位没有取得成功的领导者相比，所在单位取得成功的领导者通常被认为更有能力。绩效趋势也会影响追随者对领导者的评价。如果绩效一直提升，人们更有可能认为领导者有能力。此外，与绩效保持稳定或变化缓慢相比，如果领导者刚上任不久绩效就突然上升（或下降），人们就会更多地将其归功（或归咎）于该领导者。

追随者也会考虑领导者的行为。如果某位领导者的行为影响了绩效，人们会将更多责任归因于该领导者。与不采取直接行动的领导者相比，采取直接行动的领导者会在绩效改进方面获得更多赞誉。领导者的直接行为对追随者可见度越高，越能影响其对领导者的归因。当追随者感觉危机临近时，领导者直接行动的重要性就会凸显。能果断采取行动解决明显危机的领导者会被认为很有能力，而在危机中未采取直接行动或行动没有明显效果的领导者则会被认为没有能力。领导者所做变革的独特性也会影响追随者对领导者能力的归因。与坚持传统战略的领导者相比，在战略上做出创新性变革（关于做什么或如何做）的领导者会因成功获得更多赞誉，也会因失败受到更多指责。

追随者还会根据情境信息得出关于成败责任的结论。当外部条件有利时（例如，经济正在复苏或业内公司的销售额都在上升等），业绩提升不太可能被归功于领导者。同样，当外部条件不利时（例如，新的竞争对手进入市场等），业绩下降也不太可能被归咎于领导者。追随者可能会考虑领导者的决策和行动受到了限制（例如，新的政府法规或来自上级的压力等）。与被视为傀儡的领导者相比，拥有较大权力和自由裁量权的领导者在追随者看来应对成功或失败负有更多责任。

追随者在判断领导者能力的同时也会判断领导者的动机。关心追随者和使命，而不是个人利益或职业发展的领导者更能获得认可。如果领导者对某项计划或变革持有强烈而持久的信念，能在不夸大其好处或忽视其成本的情况下解释其必要性，该领导者的信誉就会得到提升。如果领导者为实现重要目标而冒个人风险，却不从中获得实质性利益，就表明其对组织有奉献精神（Yorges et al.，1999）。为组织服务时做出明显自我牺牲的领导者会被认为更真诚，也更忠诚（Choi & Mai-Dalton，1998，1999）。相比之下，那些看起来不真诚或只为个人利益而努力的领导者，不会因进行成功变革而得到太多赞誉，反而会因变革失败而受到更多指责。

领导者为他人做出牺牲的意愿对确保追随者的忠诚至关重要，约翰·马克斯韦尔（John C. Maxwell，2007，p.222）将"牺牲法则"视为"无可辩驳的领导法则"之一：

> 在那些非领导人中普遍存在一种误解，即领导就是地位、福利和权力的象征。今天，很多人想在公司得到晋升，因为相信晋升会带来自由、权力和财富。在外界看来，领导者的生活可能很光鲜亮丽。但实际上，领导需要做出牺牲，必须有所放弃才能有所晋升。近年来，我们观察到，很多领导者为了个人利益而滥用组织职权，并因为其贪婪和自私给公司带来丑闻。优秀领导的核心是牺牲。

追随者的心情也会影响其对领导者意图的归因。如果追随者情绪消极，就更可能将领导者视为操纵者和自私者（Dasborough & Ashkanasy，2002）。追随者会考虑领导者在价值观、信仰和其他重要品质（例如，性别和种族背景等）方面与他们的相似程度。对群体或组织有强烈认同感的追随者可能会更信任作为"他们中一员"的领导者，会对其做出更有利的归因（Barreto & Hogg，2017；Hogg，Hains，& Mason，1998）。在组织遭遇失败后，追随者对领导者相似性（称为"领导者原型特征"）的认识会对领导者评价产生更大的影响（Giessner，van Knippenberg，& Sleebos，2009；Junker & van

Dick，2014；Peus，Braun，& Frey，2012）。

如果缺乏可靠的绩效指标，或追随者没有机会观察领导者的行为，又或者领导者行为对绩效的影响有长时间延迟，那么评价领导者的能力就会更加困难。正如领导者倾向于对追随者进行内部归因一样，追随者似乎也倾向于对领导者进行内部归因，尤其是在信息不明确的情况下。追随者通常将成功或失败更多地归因于领导者的个人品质（例如，专业能力、主动性、创造力和奉献精神等），而不是领导者无法控制的情境因素。当队伍不断获胜时，教练会受到表扬，而当队伍不断失利时，教练则会受到指责。公司的首席执行官也会因利润增加而受到赞扬，因利润下降而受到指责。本书第八、十一、十二章也讨论了追随者对领导者的归因对领导效能的影响。

（二） 追随者对领导者归因的影响

追随者对领导者的看法对领导者和组织都有重要影响。被认为有能力的领导者会保住职位或晋升到更高职位，而被认为不称职的领导者可能会被替代。有能力的领导者会获得更多权力，在变革方面有更多的自由裁量权。如第六章和第十二章所述，领导者合法权力和自由裁量权的大小取决于追随者和其他利益相关方（例如，董事会、银行、政府机构和股东等）对领导者解决组织重要问题的能力的判断。这在很大程度上取决于领导者早期的决定和行动如何被理解。高层领导者的能力归因尤为重要，因为他们对组织生存和繁荣的长期影响取决于他们在组织战略的关键领域做出创新性重大变革的自由裁量权（Lord & Maher，1991）。

（三） 领导学内隐理论

对领导者的评价受到领导学内隐理论的影响。领导学内隐理论（implicit leadership theories）是关于有效领导者特征的信念和假设（Eden & Leviatan，1975；Epitropaki，Sy，Martin，Tram-Quon，& Topakas，2013；Junker & van Dick，2014；Lord，Foti，& DeVader，1984；Offermann & Coats，2018；Shondrick，Dinh，& Lord，2010；Tskhay & Rule，2018）。内隐理论涉及与特定职位类型（例如，高层与低层领导者等）、背景（例如，危机与非危机情境等）或个人（例如，男性与女性领导者、经验丰富的领导者与新任领导者等）相关的特质、技能或行为的定型和原型。基于实际经验、与有效领导者相关的文献以及某些社会和文化影响，内隐理论随着时间的推移而不断发展和完善（Lord，Brown，Harvey，& Hall，2001）。内隐理论受个人信仰、价值观和人格特质的影响，也受组织和国家文化中与领导者相关的共同信仰和共同价值观的影响（Gerstner & Day，1997；Junker & van Dick，2014；Keller，1999）。在拥有不同文化的国家中，内隐理论也存在某些差异（见第十三章）。

对特定类型领导者理想品质（原型）的信念会影响人们对领导者的期望及对其行为的评价（Junker & van Dick，2014）。领导学内隐理论影响了人们对领导者不同行为相关性的认识（Lord & Maher，1991）。与符合角色期望的领导者相比，那些行为与情境相关但与追随者期望不一致的领导者得到的评价通常较差。追随者对领导者理想品质的信念受性别角色期望、种族固化观念和文化价值观的影响（见第十三章）。基于领导者性别（男性或女性）和追随者文化价值观（个人主义或集体主义）的不同，对同一类型领导者行为的评价可能并不完全相同。当追随者认同内隐理论和理想领导者原型并对组织有强烈认同感时，内隐理论和理想领导者原型的重要性就会凸显（例如，Barreto & Hogg，2017；Hogg et al.，2006）。

领导学内隐理论、领导者原型和对领导者的归因可以共同影响领导行为问卷的评分（Martinko et al.，2018）。例如，如果受访者喜欢某位领导者或认为其效能较高，则会在理想领导者行为或与绩效相关行为方面，给该领导者评分更高，即使该评分人并未看到或并未准确记住这些行为。如果调查研究中的多数受访者都受类似内隐理论的影响，他们的偏见可能会影响领导者行为问卷的要素和结构。原型与归因的偏见造成的影响可以增加被认为是可取的行为之间的相关性，使它们看似属于同一元范畴。这使界定有效领导者广义概念（变革型领导、真诚型领导和服务型领导等，见第八章和第九章）的相关调查研究结果的解释变得更加复杂。

五、领导者和追随者的印象管理

印象管理是影响他人对自己看法的过程。例如，追随者采取借口和道歉等策略，以防御性方式避免因绩效不佳而受到指责，或寻求他人的原谅。激发他人的主动影响和自尊感也属于相似策略（例如，Bolino，Long，& Turnley，2016；Bolino，Kacmar，Turnley，& Gilstrap，2008；Gardner & Martinko，1988；Jones & Pitman，1982；Peck & Hogue，2018；Tedeschi & Melburg，1984；Wayne & Ferris，1990）。印象管理策略与二元关系中领导力的研究联系紧密，包括以身作则、逢迎和自我推销。

以身作则。该策略旨在展示对使命、组织或追随者的奉献和忠诚行为。影响上级的典型以身作则策略包括早到晚退、在被观察时做出有效行为、完成某些自愿任务（"组织公民行为"）等。影响追随者或同级的以身作则行为包括基于价值观行事（"言行一致"），或为实现目标、变革和愿景做出自我牺牲。

逢迎。该策略旨在让受事者喜欢施事者，并认为施事者具有某些理想社会品质（例如，友好、体贴、关怀、迷人、有趣或有吸引力等）。逢迎行为有很多形式，包括表扬受事者、同意受事者意见、对受事者成就表示赞赏、附和受事者开的玩笑、关心受事者的个人生活，以及对受事者表示尊重等。

自我推销。该策略旨在让他人对自己的能力和对组织的价值形成良好印象。自我推销可以将自己的成就告知他人或讨论自己的技能，更巧妙的方式是可以让他人在你的办公室或工作场所看到相关文凭、证书和奖杯等。此外，还有借鉴联盟策略的间接自我推销形式，让他人积极谈论你的技能和忠诚。

（一）追随者的印象管理

多数印象管理相关研究都曾关注追随者如何努力影响领导者。韦恩和费里斯（Wayne & Ferris，1990）开发了一种针对施事者的自测问卷，来测量追随者如何利用印象管理策略在组织中对上级施加影响。他们的研究为"三因素模型"提供了支撑，该模型的三因素分别是"以领导者为中心的策略"（类似于逢迎）、"以工作为中心的策略"（类似于以身作则）和"以自我为中心的策略"（类似于自我推销）。

衡量对上印象管理效能的通常方法是领导者对追随者能力的评价，或者追随者在多大程度上获得了良好的职业成果，如加薪或晋升等。研究表明，逢迎往往是有效的对上印象管理策略（Bolino et al.，2008；Bolino et al.，2016；Higgins, Judge, & Ferris，2003；Leary & Kowalski，1990；Wayne & Liden，1995）。逢迎可以增强领导者对追随者的喜爱程度，也可以改善领导者对追随者的绩效评价。然而，要使逢迎成为一种有效的印象管理策略，人们必须展现真诚。如果逢迎让人感觉具有操纵目的，就不会产生预期效果，甚至还会产生负面影响。

自我推销策略的研究结果不太一致，但该策略更易引起消极反应（Higgins et al.，2003）。如果追随者经常以令人讨厌的方式使用这种策略，领导者就会反感，并给出较低的绩效评价。就提升印象管理而言，自我推销是一种比较难以成功的策略。除非使用频率不高，或使用方式微妙，否则该策略很可能被视为自夸或自负的表现。

对上印象管理对工作结果有一定影响，其相关研究存在某些局限性，具体解释尤为复杂。加薪或升职等结果可能更多地源于追随者的实际技能和绩效，而不是因为自我推销策略吸引了人们的注意力。此外，印象管理策略的有效性在很大程度上取决于施事者的人际交往技能（Ammeter et al.，2002；Bolino et al.，2016；Turnley & Bolino，2001），这些技能也是绩效的决定因素。人们很难单独评价各种印象管理策略的效果，除非综合考虑并衡量工作结果的其他决定因素，然而，就目前相关研究来看，这一点很难实现。

（二） 领导者的印象管理

很多领导者试图给人留下一种印象，即他们很重要、有能力，并且能够掌控事件（Pfeffer，1977b，1981）。他们会宣布和庆祝成功，掩盖或淡化失败（Chng, Rodgers, Shih, & Song, 2015）。萨兰西克和迈因德尔（Salancik & Meindl, 1984）分析了一些公司18年来的年度报告，发现最高领导层一贯将积极成果归因于自己，将消极成果归因于环境。

当制约因素和不可预测事件使领导者难以对组织绩效施加很大影响时，印象管理就显得尤为重要。引人注目的象征性行动可以给人留下领导者正忙于工作的印象，他们即使遭遇拖延和挫折，仍朝着实现组织目标的方向前进（Chng et al.，2015）。这种象征性行动包括探访灾难现场以表明积极参与和个人关切、替换因失败而受到指责的人、成立蓝丝带委员会（blue ribbon commission）以研究问题并提出建议、实施新政策应对严重问题、成立某严重事件的处理小组等。结构政策、计划和人员方面的巨大变化都可能影响问题的解决和绩效的提升。然而，人们通常很难确定这些变化是否有益，其影响可能在数月或数年内都不明确。为了维护良好的印象，无法有效解决问题的领导者可能会做出某些无关紧要甚至有害的象征性行动。

领导者可以利用印象管理避免失败，或将失败归咎于他人或无法控制的事件（Chng et al.，2015）。某些领导者会极力歪曲或掩盖所提战略未能成功的证据（Pfeffer，1981；Staw，McKechnie，& Puffer，1983）。在危机发展的早期阶段，很多领导者都会弱化问题的严重性，采用渐进式方法处理问题，而不会提出大胆的创新性补救措施。在某种程度上，未采取有效行动可能是因为他们一厢情愿地认为事情会变好。即使领导者意识到危机即将出现，也可能没有勇气承认以往战略的不足或决定采取他们将承担责任的有效的新行动。很多领导者（民选官员等）的任期有限，他们往往倾向于把严重的问题留给下一任解决。

印象管理策略可能具有操纵性，但领导者可以积极的方式采用其中某些行为（Peck & Hogue，2018）。表扬（逢迎的一种形式）有助于建立追随者的信心，提高他们的绩效。领导者可以宣布某些成就，以展示自己发起的变革取得的进展（一种自我推销形式），从而激励追随者的乐观精神和必胜决心，使变革最终取得成功。领导者也可以身作则、展示勇气、做出个人牺牲、自愿承担额外责任、基于所信奉的价值观行事等，以激励追随者致力于实现愿景或战略目标（Gardner，2003）。

六、追随关系

人们倾向于将成功事件归功于领导者，从而掩盖追随者的重要贡献（Baker，2007；Epitropaki，Kark，Mainemelis，& Lord，2017；Foti，Hansbrough，Epitropaki，& Coyle，2017；Shamir，2007；Uhl-Bien，Riggio，Lowe，& Carsten，2014）。有动力、有能力的追随者是领导者所在单位成功完成工作任务的必要条件。请看下面的范例（Kelley，1992）：

今天，多数人认为托马斯·杰斐逊在撰写《独立宣言》中发挥的作用是典型的有效领导范例，他后来成为著名总统之一。然而，当时杰斐逊是扮演追随者角色的。作为委员会的初级成员，其工作是完成约翰·亚当斯和本杰明·富兰克林指派的任务。除了大陆会议成员之外，很少有人知道杰斐逊是主要作者，直到八年后，报纸上的一篇文章介绍了他的角色，他才得到公众的认可。

追随者可以通过维持合作性工作关系、提供建设性异议、分担领导职能和支持领导发展来提高组织效能。本部分探讨了追随者的某些属性，这些属性可以影响追随者对领导者所在团队或工作单位出色业绩的贡献。

（一）追随者的身份认同和行为

追随者的自我认同和社会认同在一定程度上可以影响追随者在团体或组织中的行为方式（Collinson，2006；Epitropaki et al.，2017；Lord & Brown，2004；Oc & Bashshur，2013；Tee，Paulsen，& Ashkanasy，2013）。追随者的身份认同是复杂的并且不一定是一致的。例如，忠实遵守组织规范和策略的成员与敢于挑战错误决策或非伦理行为的成员的身份认同是不一样的。研究者已经开始研究自我认同和社会认同如何影响追随者对领导者的看法，以及追随者遵守或抵制领导者所施加影响的方法（例如，Carsten，Uhl-Bien，West，Patera，& McGregor，2010；Epitropaki et al.，2018；Uhl-Bien et al.，2014）。顺从、被动和服从可以反映追随者的某些人格特质、与领导者的关系、组织类型以及相关文化价值观（例如，权力距离等）（见第十三章）。

查勒夫（Chaleff，1995）指出，很多人将追随者的角色描述为服从、软弱和被动。儿童时期家庭和学校的影响容易使人产生这种消极观念，在儿童时期的经历中，其他人对我们的行为负责，但我们不对他人的行为负责。在成年人的世界中，领导者通常更强大、地位更高、年龄更大、经验更多，这会使追随者的角色比较被动。如果人们认为某位资深领导者有才华且很成功，就不会想去挑战他。查勒夫认为，用积极观念取代追随者这种消极观念是至关重要的。简言之，有效能的追随者应该勇敢、负责且主动。

勇敢的追随者之所以更有效能，是因为所有领导者都既有优势也有弱点。追随者可以施加自己的影响，使领导者的优势被利用，劣势被克服。有些品质（例如，自信、坚定信念和勇于变革等）有助于提高领导效能，但也容易让领导者野心膨胀、喜欢冒险或装腔作势。追随者可以帮助领导者避免这些过度行为。追随者应该帮助领导者做得更好，而不是抱怨领导者。

要想成为有效能的追随者，就必须找到整合追随者两种角色的方法，即执行领导者的正确决策，挑战错误或非伦理的决策。追随者必须冒使领导者不满的风险，然而，建立高度互信关系和彼此尊重可以降低这种风险。有了这种关系，领导者会将批评和异议视为推动实现共同目标和价值观的真诚努力，而不是视为一种个人抗拒或不忠的表达。

帮助领导者成长和成功需要付出时间和努力。如果领导者能力不如追随者，或者被提升到了本应属于追随者的职位，那么追随者就很难愿意额外付出。因此，有效的追随者更可能是对组织及其使命有强烈承诺的人。帮助能力弱的领导者也有助于追随者发展相关技能，以适应未来的领导角色。

（二） 整合领导者和追随者的角色

组织很多成员都有领导者和追随者双重角色，他们可能会在两种身份间来回切换，这取决于另一方声称的角色身份（DeRue & Ashford, 2010）。例如，中层领导者既是某个组织单位的管理者，也是高层领导者的追随者。如何整合这两种不同的角色是一个有趣的问题，对领导效能具有重要影响。

为同时有效地扮演两种角色，我们有必要找到一种整合方法。角色之间固有的冲突和问题使这两种角色难以融合。上级希望领导者代表他们的利益并执行他们的决定，而追随者则希望领导者代表他们的利益，对不正当或不公平的决定提出质疑。既有人希望领导者发起和引领变革，也有人希望他们支持和鼓励追随者提出的"自下而上"的变革。领导者既要对团队或工作单位的一切负责，也会被鼓励授权追随者自行解决问题。领导者还应培养追随者，这可能涉及将大部分领导职责逐步移交给未来的继任者。领导学文献应更多关注如何平衡竞争性利益和解决角色冲突。

七、自我管理

自我管理是旨在影响和改善个人行为的策略（Manz & Sims，1980；Sims & Lorenzi，1992）。自我管理主要基于控制理论（control theory）。人们在比较自己当前状态与期望状态后，会通过行为来减少差异，监测进度以评估结果并对行为进行必要的纠正。人们明确任务以及完成任务的过程有时被称为自我领导（self-leadership）（Manz，1991）。与其将自我管理和自我领导视为领导理论，不如将其视为动机和自我调节理论，但自我管理和自我领导可以部分替代领导。在对自己生活承担更多责任的情况下，追随者不需要过多依赖领导者的指导和激励。领导者可以鼓励和促进自我管理，以影响追随者的满意度和发展。

（一）自我管理策略

自我管理涉及行为策略和认知策略（Sims & Lorenzi，1992）。行为策略包括设定自我目标、自我监督、自我暗示、自我奖励（或批评）和预演既定行为（rehearsal of planned actions）。认知策略包括积极的自我对话（self-talk）和心理想象（mental imagery）。

当人们不愿意完成必要的任务或改变自己行为的时候，行为自我管理策略的作用就会凸显。例如，为完成任务或改变行为设定现实目标，包括可以快速实现的子目标（例如，今天完成报告第一页，未来一个小时不对任何人说"你知道"等），然后监督自己的行为以及他人的反应（例如，注意每次引起别人不满的话；尝试不同的交流方式，看看别人最喜欢哪种），在完成某项困难任务或实现某个目标或子目标时称赞并奖励自己（例如，看电影或买想要的东西等）。如果自己行为不当或未能改变原有行为，要进行自我批评或自我惩罚。例如，记录一段对话，你每说一次"你知道"或使用了不恰当的语言，就向慈善机构捐赠一美元。可以自己预演既定行为，以提高技能和建立信心。去除现实环境中容易引起不良行为的暗示，使用鼓励理想行为的暗示（例如，去一个不会被打扰的安静之处写报告；只购买健康食品以避免被诱惑吃垃圾食品等）。

认知自我管理策略有助于建立完成困难任务的自信和乐观。积极的自我对话是认知策略之一，即强调积极乐观的想法，避免消极悲观的想法（Neck & Manz，1992）。例如，将困难的局面理解为一次机会，而不是一个问题。相比于陷入困难或可能出现的问题而无法自拔，专注于如何改善现状更能提高所需的信心和决心。

为了加强积极的自我对话，人们需要做的不仅仅是在乌云中寻找一束光，更重要的是确定和抑制破坏性思维模式，比如将成功和失败视为非黑即白的极端情况、夸大错误或挫折的严重性、消极地给自己定型、认为积极的反馈无关紧要（"她只是出于善意才这么说"）、承担不属于自己的责任，等等。在学习一项复杂的新活动或任务时，这种思维会让你在错误和挫折中或绩效提升缓慢期做出过度反应。将绩效视为连续统一体而不是非黑即白的二分法是一种更具建设性的思维模式，了解学习复杂活动所涉及的过程、寻找进步的迹象并庆祝、接受积极的反馈、谨慎地对失败进行归责。此外，还要找出破坏性想法（例如，"这是没有希望的；即使练习了一周，我仍然犯了几个错误"），并用建设性想法取代它们（例如，"我本周进步了 20%，通过进一步练习，我会做得更好"）。

自我管理的另一种认知策略是心理想象，它可以作为练习完成困难任务的替代行为。首先，你想象自己在做这项任务。然后，想象成功完成任务会有什么样的感受。在比赛开始之前，很多职业运动员都会在心里排练，仔细地想象每个动作及感受（Sims & Lorenzi，1992）。

（二） 自我管理的影响

人们利用多种方法评价自我管理和自我领导的结果。一种方法是开展自测问卷调查，如采用霍顿和内克（Houghton & Neck，2002）开发的问卷，然后将得分与每名受访者的满意度和绩效测量结果进行比较。另一种方法是进行实地实验，利用培训使部分员工更好地进行自我管理，然后将其工作绩效与未接受培训的对照组员工绩效进行比较。多数研究发现，个人自我管理可以提高工作满意度和绩效（参见 Stewart，Courtright，& Manz，2010；Unsworth & Mason，2016）。本书第十一章将进一步讨论自我管理型团队的影响。

（三） 领导者如何鼓励自我管理

领导者可以做许多事情鼓励和帮助追随者进行自我管理。当追随者依赖领导者的指导，且缺乏工作内在动力时，鼓励就显得尤为重要。有学者（Manz & Sims，1991；Sims & Lorenzi，1992）认为，领导者的主要作用是帮助追随者发展自我管理技能，具体领导行为包括介绍自我管理的基本原理、解释行为自我管理策略和认知自我管理策略、鼓励追随者努力掌握相关技巧，提供足够的自主权使自我管理得以进行。领导者应示范如何使用自我管理策略，为追随者树立榜样，还应分享追随者开展工作所需信息，包括有关组织战略计划和财务绩效的敏感信息。随着追随者自我管理技能与信心的发展，领导者应该鼓励他们对自己的工作活动承担更多责任。

八、追随者行为指南

追随者相关理论和研究具有实际应用价值（Chaleff，1995；Kelley，1992；Whetten & Cameron，1991）。追随者行为指南旨在帮助其改善与领导者的关系、抵制领导者的不当影响、向领导者提供建议和指导，以及质疑有缺陷的计划和政策问题等（见表 10 - 2）。该行为指南是基于维系信誉和信任、对自己的生活负责、忠于自己的价值观和信念等原则。

表 10 - 2　追随者行为指南

● 明确领导者的期望
● 积极主动解决问题
● 让领导者知悉你的决定
● 确保为领导者提供准确的信息
● 鼓励领导者坦率反馈
● 支持做出必要变革的努力
● 适时表达感谢和认同
● 质疑领导者提出的存在缺陷的计划和提议
● 抵制领导者的不当影响
● 适时为上级提供指导和咨询
● 学习使用自我管理策略

⊯ 明确领导者的期望

如果你的角色模棱两可，不确定领导者希望你做什么，就很难被领导者认为称职和可靠。你可能工作兢兢业业，却一直在做错误的事或以错误的方式做事。从本书前面的内容中，我们可以发现，明确传递对下属的角色期望是领导者的重要职责。然而，很多领导者却未能解释工作职责、权限范围、绩效标准以及绩效不同方面的相对优先性。有时候，领导者传递的信息是不一致的，比如领导说某件事很重要，却表现得并非如此。领导者有时会要求下属做一些与客户或顾客需求不一致的事情，这就要求下属在解决角色模糊和冲突时表现得果断且圆滑。

⊯ 积极主动解决问题

高效的下属会主动解决妨碍实现任务目标的严重问题，如某些规则、未实现预期结果的过程、过时传统、同事之间的冲突，以及相关人员绩效不佳等。采取主动行为可能意味着为领导者指出问题，提出建议，或在必要时自己解决问题。试点演示有助于下属获得支持，改变有瑕疵的流程，展示不同方法的优越性。采取主动行为往往会带来风险，但如果谨慎行事，追随者就会变得更有价值。

⟫ 让领导者知悉你的决定

主动处理问题的追随者有责任让领导者了解其行动和决定。对领导者来说，从他人处了解下属进行的变革是很尴尬的。在别人看来，不知情的领导者是不称职的，不了解正在发生的变革也会对领导者的行动和决定产生不利影响。追随者让领导者知悉决定和行动是一个复杂的过程，涉及告知的程度和频率，随着情况的变化，这个过程会被持续讨论和修改。双方更易在相互信任和尊重的关系中找到平衡。

⟫ 确保为领导者提供准确的信息

向领导者传递信息是追随者的重要职责。通过控制信息的传递，追随者可以影响领导者对事件和选择的感知。追随者应向领导者提供准确且及时的信息，以帮助其做出正确决策。这既包括传递好消息，也包括传递坏消息。最重要的是，追随者要确保为领导者提供准确的信息。未经证实的言论、投诉和问题报告会对领导者的决策产生不同程度的影响。追随者应勇于承认信息的局限性，与其假装在某件事上很专业，不如说会立即调查此事，并尽快回复。

⟫ 鼓励领导者坦率反馈

加深与领导者互信的方法之一是让其对你的表现进行坦率反馈。如果领导者在谈论绩效时有所顾虑，追随者应尝试获取更多信息。例如，让领导者指出你工作中最强大和最薄弱的环节，咨询领导者如何提高工作效能。在得到初步答复后，追随者可询问其在关于自己绩效其他方面的顾虑和担忧。

⟫ 支持做出必要变革的努力

多数重大变革都不是英雄式领导者创造的奇迹，而是组织中众多人员的共同努力。领导者需要忠诚追随者的鼓励和支持，以克服组织变革的阻力。追随者可适时向因实施必要变革受阻而感到沮丧的领导者表达支持和鼓励，或主动帮助被新工作压得喘不过气、或忙于应对眼前危机而无法处理其他工作的领导者。

⟫ 适时表达感谢和认同

领导者可能会感到不受欢迎，或自己的所作所为被认为是理所应当。当领导者努力帮助下属解决问题、维护下属利益或推动下属在组织中的职业发展时，追随者应适时表达感激之情。当领导者成功完成了一项艰难任务时（例如，与客户谈妥有利的合同、成功获得更多预算、找到难题的解决方案、说服上级批准变革建议等），追随者应对其表示赞扬，这是非常有益的。追随者可以通过这些形式的支持向领导者提供反馈并强化领导者的理想化实践。尽管赞美领导者可能是一种操纵式的逢迎方式，但如果赞美是真诚的，它将有助于促进与领导者建立更好的关系。

⫸ 质疑领导者提出的存在缺陷的计划和提议

追随者做出的最有价值的贡献之一，就是对领导者的计划和提议提出准确的反馈。为了最大限度地减少领导者的抵制，追随者应表达对领导者的尊重和帮助其实现共同目标的愿望。例如：

> 你知道，我尊重你想要实现的目标。如果我对这个建议提出一些诚恳的劝告，希望你不要介意。

用具体的术语而不是笼统的语言描述计划或提议中的明显错误，避免针对个人的批评。如果合适的话，可以建议领导者在实施有问题的计划或提议之前，先征求其他可靠人士的意见。以下是一个示例：

> 这项变革可能会给工作小组带来一些严重问题。在实施变革之前，我们是不是应该先了解一下他们的想法？这也许能够帮助我们避免一些不太容易被发现的问题。

有时候，领导者可能不愿意倾听追随者对非伦理、非法或可能对组织产生不利后果的决策或政策的担忧。在这种情况下，追随者有必要以威胁或警告的方式加大影响力度。威胁辞职是追随者对有争议的决定表示深切担忧的一种方式。但是只有在利用其他方式（例如，理性说服和联盟等）影响领导者无效后，这种威胁策略才能被使用。在威胁的时候应表现得坚定不移，而不要有个人敌意。下面是一个具体的例子：

> 我不能接受这个决定，因为它违反了我们的基本原则，给我们的员工带来了很大的风险。除非你改变决定，否则我别无选择，只能辞职。

⫸ 抵制领导者的不当影响

尽管领导者对追随者拥有明显的权力优势，但追随者没有必要接受领导者施加的不当影响，也没有必要被辱虐型领导者剥削。追随者的反作用力通常比他们想象的更大，他们可以做一些事情来威慑习惯于剥削不坚决者的领导者。在辱虐成为习惯之前尽早对领导者提出挑战是至关重要的，而且挑战必须坚决且讲究策略。指出领导者不当或操纵性的影响策略（例如，"威胁对我没有用"或"这个提议可能被人误解为贿赂"等）。坚持自己的权利（"如果其他人有时间和能力完成工作，就不应该在最后一刻要求我取消假期计划"）。提醒领导者可能要违背的承诺（"你上个月不是许诺要分给我任务吗？"）。指出服从不当要求的负面后果。例如，解释如果立即做某事将干扰你的其他工作或危及某个重要项目。

⫸ 适时为上级提供指导和咨询

提供指导通常被认为是领导者的行为，但下属也有机会指导领导者，尤其当领导者是新手或缺乏经验时。如果下属已经与领导者建立了深厚而可信的交换关系，那么对上指导就会更容易。要留意就技术问题提供有益建议的机会（领导者可能不愿意寻求帮助），为领导者示范其可以学习和模仿的有效行为。

对上提供咨询可能会很尴尬，但有时也是恰当的，甚至会得到领导者的赞赏。提供咨询的形式之一是帮助领导者理解无效行为。例如，描述不当行为会产生哪些领导者意想不到的影响（"我相信你说……时并不是暗示苏不可靠，但她会这么认为"）。提供咨询的另一种形式是在领导者需要找人倾诉担忧和顾虑时，做一个好的倾听者，并寻找机会询问领导者在应对困难时遇到的问题。

学习使用自我管理策略

如前所述，自我管理的认知策略和行为策略有助于增强授权感和工作满意度，减少不和谐行为，提高个人绩效。相关个人可以借助某些自我发展辅助工具，以指导自己有效地使用这些策略。

小　结

领导者-成员交换理论介绍了领导者如何随着时间的推移与不同的追随者建立交换关系。当领导者认为追随者有能力、可靠，且在价值观和态度上与自己相似时，就更可能建立良好的领导者-成员交换关系。领导者的对上影响是其与追随者建立良好交换关系潜力的一个重要决定因素。在有利和不利的交换关系中，领导者和追随者的行为是不同的。领导者与追随者的交换关系会影响领导效能。当交换关系良好时，追随者的满意度、投入度、公民意识、创造力和绩效通常会更高。领导者与追随者建立差异化的交换关系可能是必要的，但差异太大也可能有害。

领导者对追随者错误或失败的反应部分取决于对绩效不佳的归因。归因理论解释了领导者如何解读绩效信息，如何判断追随者的能力和动机。如果领导者的行为是基于对追随者个人能力和动机的偏见，他们可能会无意中创造一种自我实现式预言。对追随者而言，他们可以通过印象管理策略来影响领导者，使其对自己的看法更有利。追随者可以在日常工作中表现自己的能力、忠诚和可靠。如果下属的绩效不令人满意，领导者应给予更多支持而不是怀有敌意，并鼓励追随者承担问题责任，这样才更能使纠正性反馈发挥作用。

追随者对领导者能力和动机的看法可以影响领导效能。追随者和领导者都容易受到同类归因的影响。在追随者看来，采取明显的行动并使组织绩效得到提升的领导者比没有采取行动或行动不成功的领导者更有能力。领导者可以利用某些印象管理策略，努力让自己显得更果断、更有能力、更强大、更值得信赖。

作为个体贡献者，追随者可以利用自我管理策略提高效能。自我管理策略可以使人增强信心、更加努力，更有效地管理时间。领导者对追随者进行授权的方式之一就是鼓励和促进他们的自我管理活动。

如果追随者认为自己主动且独立，而不是被动且依赖于领导者，他们就会更有效能。追随者可以通过提供准确信息、挑战弱决策或抵制不当影响，表示支持和鼓励，提供指导和建议，以帮助其领导者提高效能。

对于既是领导者又是追随者的人来说，找到一种整合两种不同角色的方法是至关重要的。此外，对于这些人来说，以合适的方法在团队内部、不同权威级别以及组织互赖的单位中分担领导职能也是非常重要的。

📖 回顾与讨论

1. 简要解释领导者-成员交换理论。
2. 发展不同交换关系的潜在好处和成本有哪些？
3. 有没有可能既发展出不同的二元关系又公平地对待每个人？
4. 用归因理论解释领导者解读绩效不佳的方式。
5. 追随者如何影响领导者对他们的看法？
6. 纠正性反馈指南有哪些？
7. 哪些因素会影响追随者对领导者能力的归因？
8. 提高追随者效能的指南有哪些？

📝 关键术语

情感事件	affective events
交换关系	exchange relationship
以身作则	exemplification
外部归因	external attribution
追随关系	followership
领导学内隐理论	implicit theories of leadership
印象管理	impression management
逢迎	ingratiation

内部归因	internal attribution
领导者-成员交换	leader-member exchange
关系归因	relational attribution
自我管理	self-management
自我推销	self-promotion
自我对话	self-talk

⚲ 个人反思

想想你为现任或前任领导者工作的经历，以及工作中领导者-成员交换关系的质量。你获得了多少有价值的福利（例如，理想的工作任务，领导者对你的支持、认可和加薪等）？这些福利在多大程度上影响了你的工作努力程度和对领导的承诺？你和领导者之间的信任程度如何？

⚑ 案例 10-1

克伦威尔电子公司

丹·多尔顿（Dan Dalton）是克伦威尔电子公司（Cromwell Electronics）的营销副总裁。十个月前，他任命埃德·科雷利（Ed Corelli）为东部地区一个新成立的营销部门经理。该部门负责公司产品在东部地区的市场推广、广告宣传以及产品促销。部门有六名营销专家，其中两人是老雇员，另外四人是新雇员。埃德被提升到该职位是因为他是一名声誉很好的营销专员。尽管营销部门是新成立的部门，但丹希望它的业绩越来越好。同时成立的还有西部地区营销部门，其业绩更高。丹询问了埃德的两名追随者是否喜欢为埃德工作，他们的回答让丹陷入了沉思。

帕特·波斯纳（Pat Posner）为该公司工作了近 10 年。他评论说埃德是"一位伟大的经理"。帕特别喜欢埃德给予他的高度自治权。帕特说："埃德给了我完全的自由裁量权，让我为自己负责的一系列产品规划营销活动。如果我遇到问题，他会鼓励我从不同的角度看待问题，但并不说希望我做什么。他相信我能自己解决问题。当我犯了一个很少发生的错误时，他不会感到失望。相反，他希望我从中吸取教训。"帕特还指出，埃德会对良好绩效表达由衷的赞赏。"我的新产品营销活动非常成功，我真的很感激埃德在每月的部门会议上对我的认可。他还告诉我，他会设法给我加薪。"

凯蒂·奥图尔（Katie O'Toole）是一名新员工，他对作为经理的埃德不太满意。"有时候我希望埃德能给我更多的指导。他总是督促我自己做决定。如果我有更多的经验，也许会喜欢这种做法，但现在这让我感到非常不安。我从来都不知道自己是否在做他所期望的事情。让他帮助我解决问题时，他会反过来问我会怎么做。他似乎不明白，如果我已经知道答案就不会问他了。如果我做错什么事，他似乎并不在乎。埃德喜欢自欺欺人，他认为如果不谈论错误，错误就会消失。"凯蒂还抱怨说："他似乎更喜欢在公司工作时间较长的两名老员工。他总是把最有趣的任务布置给他们，向他们俩咨询更多关于部门规划的信息，并建议为他们加薪。"凯蒂指出，萨莉（Sally）和乔治（George）都是新员工，他们对埃德有同样的抱怨。

一天午饭时间，丹问埃德部门情况如何。埃德回答说，他对一些新入职的营销专员感到失望，只有一名新员工（琳达（Linda））表现良好，其他人似乎缺乏动力和主动性。埃德强调，他尽量避免偏袒，这也是前任领导者的一个严重问题。虽然他把最复杂的任务交给了经验更丰富的营销专员，但每个人的任务都有挑战性，而且都有机会完成超越。基于从公司授权研讨会学到的经验，他尽量让员工在工作中自主地学习和发展新技能。他很谨慎，既不监督得太严密，也不批评错误。他对杰出的成就给予表彰，提议为绩效良好的员工加薪。埃德问上司："我哪里做错了？"

（作者：加里·尤克尔）

问题

1. 可以用本章的哪些理论分析该案例？
2. 评价埃德作为经理的领导行为，找出其中的有效和无效行为。
3. 丹现在应该说什么或做什么？

🏃 **案例 10-2**

美国金融公司

贝蒂·鲍威尔（Betty Powell）是美国金融公司（American Financial Corporation）的人力资源经理，这是一家大型金融服务公司。她离开了一周，在周一回到办公室时，发现一份本该完成的人事报告仍未完成。这份报告是为公司经纪部的副部长准备的，本来贝蒂打算在周三将报告交给他。

六周前，贝蒂要求她的下属唐·亚当斯（Don Adams）收集信息并编写人事报告。当时，她告诉了唐报告应包含的内容及完成时间。唐已经不是第一次未按时完成任务了。他的工作很细致，但为了避免犯错，他好像总是强迫性地对每件事进行多次重复检查。

贝蒂打电话给唐，让他马上来见她。当唐走进办公室时，她同他打招呼，请他坐下。然后开始了以下对话。

"唐，我知道写给经纪部的人事报告尚未完成。经纪部副总裁需要这份报告来编制年度预算，他不断给我施加压力，要求我立即将报告提交给他。我把这份任务交给你时，你向我保证六周的时间足够了。"

"很抱歉，报告没有按时完成，"唐回答道，"但报告比我最初预期的要复杂得多。我不得不花额外时间核实分支机构的数据，因为那些数据看起来不太对。正当我想……"

"听着，唐，"贝蒂打断说，"这不是你第一次没有按时完成重要项目了。作为专业人士，你应该计划好工作并按时完成。"

"一份漏洞百出的报告是非常不专业的，"唐看起来有点窘迫，回答说，"对我来说，做高质量的工作至关重要，这是我引以为豪的。各分支机构的经理没有保留准确的记录，这不是我的错。"

"你检查他们的记录时，发现了什么错误？"贝蒂问。

"嗯……我实际上没有发现任何错误，"唐回答，看上去很尴尬，"但在将信息输入计算机并进行初步分析后，我发现缺少一家分支机构的记录。我等了一周才得到缺失的信息，但没有这些信息，报告就无法准确体现该部门的人事需求。幸好我注意到了……"

贝蒂不耐烦地打断了他的话，"唐，有些事可以让实习生来做，比如检查电脑记录和确保记录完整。在我看来，你在时间管理方面效率不高。如果你把这些简单的任务委派给别人，你的工作就不会落后那么多。"

"实习生们正忙着写新的财务报告，"唐抗议道，"我所做的项目没有一次得到过足够的文书支持，这就是我有时无法按时完成任务的原因。"

"你为什么不告诉我有些问题可能导致报告延误？"贝蒂问道，她的语调表明她已经非常恼火了。"那样的话我可以给你提供文书支持。"

唐现在努力为自己辩解。"上周我试着告诉你，但你在西海岸参加管理培训研讨会。我给你留了信息，让你给我回电话。"

"唐，你总是有借口，你一点错没有，"贝蒂讽刺地说，"你似乎无法规划完成这样一个项目所需的行动步骤。你应该在进行数据分析之前先检查记录。至于缺失的记录，可能正埋在你办公室成堆的文件下面，对此我不会感到惊讶。你的办公室是全公司最乱的。"

唐看上去闷闷不乐，但没有说话。贝蒂继续滔滔不绝地说："唐，除非你行动起来，否则你在这家公司的职业生涯将非常短暂。我希望明天中午之前拿到那份报告，不要再找借口了。"

（作者：加里·尤克尔）

问题

1. 在和唐见面之前，贝蒂做错了什么？为了避免工作延误，她应该做什么？

2. 在和唐见面的时候，贝蒂做错了什么？应该如何提高会面的效率？

3. 唐应该怎么做才能更有效率？

第十一章　团队与决策团体的领导

>> 学习目标

通过学习本章内容，读者能够：

● 了解决定团队绩效的领导过程。

● 了解领导者如何影响团队过程并提高团队绩效。

● 了解不同类型的亚群体及其对团队和团队绩效的影响。

● 了解领导不同类型团队面临的挑战。

● 了解团队建设的有效程序。

● 了解决策团体的主要领导职能。

● 了解如何成功主持会议的程序。

导　言

多数组织都包含一些较小的下属单位（部门），它们受指定经理的监督，执行某种职能任务（例如，生产、运营、销售、会计、研究等）。在这些组织的很多下属单位中，成员从事同类型工作，但他们各自独立，彼此没有依赖性，几乎不需要协调（例如，销售代表、教授、税务会计、机器操作员等）。此类工作单位有时被称为"协作团队"（coacting group），因为成员在角色上几乎没有相互依赖性。

"团队"（team）一词被用来描述互动团队，这种团队不大，其成员目标相同、角色相互依赖、技能互补。为了进行区分，篮球和足球是互动团队（interacting team），而保龄球或摔跤中的团队实际上是协作团队。二元领导理论有助于描述对协作团队的领导，但对互动团队，我们需要利用其他领导理论解释其团队绩效。

为团队授权重要职责是组织中日益增长的趋势，在某些情况下，团队会获得授权，行使领导者的决策职能。组织中存在许多不同类型的团队，包括职能工作团队、跨职能团队（cross-functional teams）、自我管理型团队（self-managed teams）和高层管理团队（top executive team）。根据团队的存续时间、其成员稳定性和职能多样性、内部领导者的权威、决定任务的自主权以及工作流程的自主性，我们可以对不同类型的团队进行比较（见表 11-1）。成员同地协作或地理分散（"虚拟团队"）程度是描述团队的另一个基础，但任何类型的团队都存在一定程度的虚拟性。本章旨在探讨职能工作团队、跨职能团队和自我管理型团队中的有效领导。第十二章将介绍高层管理团队相关内容。

表 11-1　四种团队的共同特征

典型特征	跨职能团队	自我管理型团队	高层管理团队	特色团队
确定使命和目标的自主权	低	低到中	低到中	高
确定工作程序的自主权	低到中	高	高	高
内部领导者的权威	高	低到中	低	高
团队的存续时间	高	低到中	高	高
团队成员的稳定性	高	低到中	高	高
团队成员职能背景的多样性	低	高	低	高

团体会议中的领导也是研究者关注的课题。如第四章所述，组织决策通常在会议中进行。几十年来，行为科学家致力于研究此类会议中的领导过程，实践者也为此做出了相关贡献。本章首先介绍决定工作团队绩效的领导过程，然后讨论解决问题或决策会议中的有效领导。

一、团队绩效的决定因素

在过去半个世纪里，很多学者对团队绩效进行了理论研究（DeChurch & Mesmer-Magnus, 2010; Gladstein, 1984; Hackman et al., 1976; Hewett, O'Brien, & Hornik, 1974; Kozlowski & Ilgen, 2006; McGrath, 1984; O'Brien & Kabanoff, 1981; Pearce & Ravlin, 1987; Shiflett, 1979; Wofford, 1982; Zaccaro, Rittman, & Marks, 2001）。研究者明确了工作团队绩效的几个决定因素（见表 11-2）。对小型团队的实证研究表明，领导者可以影响绩效的决定因素，其相对重要性取决于团队的类型和情境（Burke et al., 2006; Hulsheger, Anderson, & Salgado, 2009; Morgeson, De-Rue, & Karam, 2010）。本部分将简要介绍绩效的决定因素以及领导者影响这些因素的方式。

表 11 - 2 团队绩效的决定因素

• 对任务和战略目标的承诺
• 成员的技能和角色清晰度
• 团队内部的组织与协调
• 团队的外部协调
• 资源和政治支持
• 互信、凝聚力与合作
• 准确的共享心智模型
• 集体效能与效力
• 集体学习
• 成员多样性

（一） 对任务和战略目标的承诺

成员对任务目标及绩效战略（performance strategies）的承诺可以促进合作与创新，使成员为完成困难任务付出更多努力（Hulsheger et al.，2009；Kotlyar，Karakowsky，& Ng，2011；Kukenberger，Mathieu，& Ruddy，2015；Mathieu & Rapp，2009；Pearce & Ensley，2004；Podsakoff，MacKenzie，& Ahearne，1997；Ohana，2016）。能够增强成员对共同目标承诺的领导行为包括：（1）提出有吸引力的愿景，将任务目标与成员的价值观和理想联系起来；（2）解释某个项目或新倡议的重要性；（3）设定明确且具有挑战性的任务目标；（4）规划实现目标的相关绩效战略；（5）授权成员参与活动规划，共同制订创造性解决方案。

总体而言，对成员的授权与团队绩效呈正相关关系（Burke et al.，2006）。然而，如第四章所述，授权并不总是成功的。很多条件都会促进或抑制团队中的授权效果（Chen，Sharma，Edinger，Shapiro，& Farh，2011；Cox，Pearce，& Perry，2003；Hill & Bartol，2016；Lorinkova，Pearsall，& Sims，2013；Rapp，Gilson，Mathieu，& Ruddy，2016；Seers，Keller，& Wilkerson，2003）。其中包括团队规模、成员的多样性、成员的地域分布、成员的人际交往技能和成熟度、关系冲突情况、任务或使命的性质、团队的人力资源情况、领导者在团队内外的地位，以及成员对外部要素相互矛盾的忠诚等。

（二） 成员的技能和角色清晰度

当成员具备完成工作所需的知识和技能，并且知道该做什么、如何做、何时做以及由谁来做时，团队绩效会更高（Grutterink，Van der Vegt，Molleman，& Jehn，2013；Morgeson，Reider，& Campion，2005）。当任务复杂、学习困难时或在团队成员变动期间，成员的技能和明确的角色期待会更加重要（Summers，Humphrey，& Ferris，2012）。领导者可以帮助成员提高技能。在组建团队或填补离职成员职位时，领导者可以影响对新成员的选择，确保成员在适当程度上补充团队短板（Klimoski & Jones，1995；Morgeson et al.，2010）。在新组建的团队中，或在团队执行新任务时，领导者应清楚地了解成员职责以及执行特定任务的相关程序（Marks，Zaccaro，& Mathieu，2000；Morgeson et al.，2010）。在绩效周期中，领导者可以适时评估现有成员的技能，针对其不足提供建设性反馈，并安排成员接受必要的指导（例如，接受经验丰富成员的指导或参加相关研讨会和课程）。

（三） 团队内部的组织与协调

团队绩效不仅取决于成员的动力和技能，还取决于其如何被组织起来使用技能。工作角色设计和人员分配决定了团队的工作效率。如果团队人才被分配的任务与其技能无关，或者团队绩效战略不利于成员技能的发挥，团队绩效就会受到影响（Morgeson et al.，2010）。

团队绩效还取决于成员在相互依赖活动中的一致性和同步性。当团队在快速变化情境下执行复杂任务时，高水平的团队协调就显得尤为重要（Gabelica，Van den Bossche，Fiore，Segers，& Gijselaers，2016）。协调取决于在新任务开始前的规划阶段所做的决定，团队成员应制定明确的决策和战略，考虑阻碍绩效提高的潜在障碍和问题，从而更好地执行新任务（Courtright，McCormick，Mistry，& Wang，2017；Fisher，2014；Hackman & Morris，1975；Sverdrup，Schei，& Tjølsen，2017；Tesluk & Mathieu，1999）。团队执行任务期间，调整成员行为有助于团队的内部协调（Banks，Pollack，& Seers，2016；Gabelica et al.，2016；Rico，Sanchez-Manzanares，Gil，& Gibson，2008）。

在互动团队中，相互依赖的成员之间的合作与协调越来越重要，领导这种团队比领导协作团队更为困难。领导者要确保活动组织良好，可以快速高效进行的相关领导行为包括：（1）规划如何有效利用人员和资源；（2）制订困难和紧急情况的应急计划；（3）让拥有相关专业知识的成员参与团队策划活动；（4）召开会议解决问题并计划相关活动；（5）规划活动安排，避免不必要的拖延或浪费时间；（6）积极监督和指导工作。

当团队在快速变化的情境下执行复杂任务时，成员可能需要承担某些内部协调职责。领导者可以帮助成员预测彼此对情境变化的反应，并根据需要快速调整自身行为，确保成员了解角色的关联性，以及需频繁演练的复杂活动，有助于培养团队成员的合作技能（Morgeson et al.，2010）。基于现实条件开展集体训练对需要执行困难且危险活动的团队（例如，战斗团队、救灾团队、紧急医疗团队、特警团队和消防团队等）尤为重要（Parker，Schmutz，& Manser，2018）。

（四） 团队的外部协调

团队绩效还取决于团队活动与其他部门相关活动的一致程度，其相互依赖程度越高，这种外部协调的重要性就越强（de Vries，Walter，van der Vegt，& Essens，2014；Marks，DeChurch，Mathieu，Panzer，& Alonso，2005；Marrone，2010）。领导者不仅要促进团队与组织其他部门的沟通与协调，还要协调团队与外部人员，因为他们的决策和行动对领导者所在团队会产生一定影响（Ancona，1990；Galbraith，1973；Hogg，Van Knippenberg，& Rast III，2012；Marks et al.，2000；Sundstrom，DeMeuse，& Futrell，1990）。这种协调在多团队系统（multi-team systems）中尤为重要，各团队领导者必须通力合作，促进团队间的合作和任务活动的同步进行（Carter & DeChurch，2014；Davison et al.，2012；Lanaj，Hollenbeck，Ilgen，Barnes，& Harmon，2013；Murase et al.，2014）。

某些领导行为有助于促进团队的外部协调。例如：（1）维持能够提供相关信息的联系人网络；（2）鼓励成员建立实用联系人网络；（3）与其他单位就某些有影响力的计划和决策进行协商；（4）监测其他单位或组织的行动进展；（5）与客户面谈以了解他们的需求；（6）与客户达成协议。借鉴团队内部协调模式，向团队成员授权某些领导职能。

（五） 资源和政治支持

团队绩效还取决于能否获得必要的资源和外部政治支持（Ancona & Caldwell，1992；Druskat & Wheeler，2003；Marrone，Tesluk，& Carson，2007；Peters，O'Connor，& Eulberg，1985；Tesluk & Mathieu，1999）。相关资源包括预算资金、工具与设备、物资与材料和相关设施等。如果没有可靠的材料供应，一个生产团队就无法维持高水平的产出。如果一个航空机组人员缺乏飞行所需燃料，就无法发挥作用。对某些离不开相关资源且找不到替代品的工作而言，可靠的资源供应显得尤为重要。如果一个团队所需资源较少，或自身拥有充足的资源供应，那么资源获取对它来说就不那么重要。

领导者的重要职责之一是从外部获得必要的资源、帮助和支持（Hassan et al.，2018；Morgeson et al.，2010）。为此，领导者可采用的领导行为包括：（1）规划特殊项目或活动所需资源；（2）游说上级或外部人员提供额外资源；（3）使上级授权使用非常规的设备、物资或材料；（4）与上级共同提升和维护团队声誉；（5）与外部人员建立合作关系，以获取必要的资源和援助；（6）与供应商或中间商达成有利协议。

（六） 合作与互信

德容、德克斯和吉莱斯皮（De Jong，Dirks & Gillespie，2016）进行的荟萃分析表明，团队内部信任与团队绩效之间存在密切关系，特别是任务高度互赖、权威集中、成员专业知识和技能水平较高的团队。当成员认同团队或工作单位、重视其成员身份、并且非常有凝聚力时，实现高度合作与互信的可能性更大（Barrick，Stewart，Neubert，& Mount，1998；Costa，Fulmer，& Anderson，2018；Watson，Kumar，& Michaelsen，1993；Van der Vegt & Bunderson，2005）。如果团队刚被组建，且成员变动频繁、具有相互竞争关系、其文化背景不同、情感成熟度低或必须在压力下长时间近距离工作（例如潜艇艇员），形成较高水平的凝聚力和团队认同就会更加困难。有效领导的社会认同理论阐释了领导者帮助成员明确团队身份认同和身份意义的过程（例如，Epitropaki et al.，2017；Fransen et al.，2015；Reicher，Haslam，& Hopkins，2005；van Knippenberg，2018；van Knippenberg et al.，2004）。领导者可以利用多种方法增强团队成员的相互信任和对团队的集体认同（collective identification）。具体方法包括：（1）提出团队可以共同完成的有吸引力的愿景；（2）利用象征手段和仪式感使成员身份更具独特性和吸引力；（3）开展团队建设（team building）活动；（4）基于成员对团队绩效的贡献实施认可和奖励机制。

高度的凝聚力既可以为团队决策带来好处，又会带来风险。成员具有相似价值观和态度的有凝聚力的团队更有可能在决策上达成一致，但有时也会催生一种被称为"团队思维"（groupthink）的现象（Janis，1972；Thompson，2014）。如果某个有凝聚力的团队的成员不愿冒被社会排斥的风险质疑多数人的观点或提出不同意见，该团队对相关观点的批判性评价就会受到抑制，其创造力也会降低。该团队会避免公开表达不同意见，努力维持内部和谐的表象，其成员可能会在没有对其他方案进行全面、客观评估的情况下过早达成一致。这些团队中的成员可能会产生方案无懈可击的错觉，从而高估冒险行动的成功概率。如果这种团队对道德优越感普遍存在幻觉，就更容易将其成员所认为的不合乎伦理的行动合理化。

（七） 集体效能与效力

成员的承诺部分取决于其对团队有能力成功执行任务并实现特定任务目标的共同信念（Bandura，2000；Guzzo，Yost，Campbell，& Shea，1993；Pearce，Gallagher，&

Ensley，2002）。这种共同信念被称为"集体效能"或"效力"。有研究证明集体效能或效力可以影响团队绩效（例如，Chen & Bliese，2002；Gibson，2001；Gibson，Randel，& Earley，2000；Gully，Incalcaterra，Joshi，& Beaubien，2002；Hu & Liden，2011；O'Neill，McLarnon，Xiu，& Law，2016；Pearce et al.，2002；Wu et al.，2010）。如果团队成员技能强大，拥有高度的互信与合作、充足资源和有效的绩效战略，该团队的集体效能就会更高。以往的成功可以提高集体效能，而集体效能反过来又可以提高团队的后续绩效。集体效能也可能出现螺旋式下降，即以往的失败导致集体效能降低、出现负面影响或绩效进一步下降。人们都渴望较高的集体效能，但要客观认识自身能力。如前所述，过度自信会鼓动团队追求最终容易失败的高风险战略。

领导者可以利用多种方式影响集体效能（Bass，Avolio，Jung，& Berson，2003；Eden，1990；Gil，Rico，Alcover，& Barrasa，2005；Hoyt，Murphy，Halverson，& Watson，2003；Hu & Liden，2011；Kouzes & Posner，1987；Lester，Meglino，& Korsgaard，2002；Sivasubramaniam，Murry，Avolio，& Jung，2002；Srivastava，Bartol，& Locke，2006；Sutton & Woodman，1989）。领导者影响集体效能的行为包括：（1）表达对团队的乐观态度和信心；（2）设定现实的目标或指标，使团队有机会体验早期成就；（3）帮助团队找到克服障碍的方法；（4）庆祝取得的进步和重要成就。

（八）　准确的共享心智模型

"心智模型"这一术语通常用于描述基于绩效和最佳提升方式的有意识信念和隐含假设（Cannon-Bowers et al.，1993；Gary & Wood，2016；Klimoski & Mohammed，1994；Senge，1990）。团队相关研究发现，如果团队成员有准确的共享心理模型，就可能有更好的绩效表现（Dionne，Sayama，Hao，& Bush，2010；Edwards，Day，Arthur，& Bell，2006；Lim & Klein，2006；Mohammed，Ferzandi，& Hamilton，2010；Santos，Uitdewilligen，& Passos，2015；Uitdewilligen & Waller，2018）。当团队成员对问题原因有不同的假设时，解决问题会更加困难。对因果关系的一致理解有助于团队制定有效的战略或计划，增强成员对实施该战略或计划的信心。然而，心智模型不仅要共享，还要准确，否则就不太可能提高团队绩效。

领导者可以帮助成员确定对因果关系的假设，明确评价这些假设准确性的方法，并共同开发更准确的心智模型。领导者可以采取某些方法提高团队成员对问题原因和良好解决方案的理解与共识（consensus），其中包括：（1）开会讨论成员的假设和信念，明确相关的支撑性证据；（2）查阅有关该主题的出版物；（3）对团队领导过程和绩效决定因素进行更准确的衡量；（4）基于对照实验评估因果关系；（5）进行活动后回顾（after-activity reviews），进一步从经验中学习（见本章后续介绍）。第五章介绍了领导者促进集体学习的行为策略，团队相关研究证明了该领导职能的重要性（Edmondson，2003；Marcy，2015；Morgeson et al.，2010）。

（九） 成员多样性

成员在人格、人口统计学特征（年龄、性别、民族认同和教育等）和职能专业性方面的差异程度会影响团体领导过程和结果（Joshi & Roh，2009；Kearney，Gebert，& Voelpel，2009；Shore et al.，2011；Srikanth，Harvey，& Peterson，2016）。成员身份多样化的团体可能不够团结，因为人们往往不愿接受与其信仰、价值观和传统不同的人。当成员的语言、术语、衡量方法或标准不同时，多样性就会影响交流沟通。从积极的方面来看，成员拥有不同的观点、经验和知识，这将有助于提出创造性的问题解决方案（Wang，Kim，& Lee，2016）。成员多样性对团队绩效的重要性根据团队类型和情境的不同而有所不同（Bell，Villado，Lukasik，Belau，& Briggs，2011；Horwitz，S.，& Horwitz，I.，2007；Srikanth et al.，2016）。当成员为实现重要共同目标而相互依赖程度较高时，多样性更容易被转化为合作解决问题的有利条件，但实现这一点对领导者来说是一项重大挑战。有权决定工作团队成员身份的领导者可以尝试挑选拥有不同背景和知识的成员（Mitchell et al.，2015）。

（十） 团队过程二分法

有学者针对可能影响绩效决定因素重要性和不同领导职能相关性的领导过程提出了广泛的二因素分类法（Bales，1950；Katz & Kahn，1978；Marks，Mathieu，& Zaccaro，2001；Morgeson et al.，2010）。这些区分方法有助于人们理解团队中的高效领导。

一种方法是基于团队活动的过渡阶段和绩效阶段进行区分。过渡阶段包括选择团队成员，初步制定绩效战略、确定工作分配和成员角色。即使上级组织尚未明确该团队的任务、目标和领导角色，该团体也必须独自做出这些决定。对新组建的团队或承担新项目的团队而言，过渡阶段非常重要。绩效阶段包括贯彻和执行绩效战略、保持成员的投入度与合作、监督和评估绩效、解决工作中遇到的问题等。各团队通常会交替经历这两个阶段，如遇突发问题需要修改之前的计划或决策，这两个阶段可能会重叠。

另一种方法是基于内部过程和外部过程进行区分。内部过程包括团队成员之间的关系以及与工作程序和成员角色相关的决策。外部过程包括与上级组织和外部人员（例如，客户和供应商等）的互动和关系。这两种过程在过渡阶段和绩效阶段都会出现。民选或任命的团队领导者、团队成员以及组织中有权管理该团队任务、程序和资源的外部领导者都可以对团队进行领导。

（十一） 工作团队的亚群体

在很多工作团队中，基于团队各组成部分的特点会产生不同的亚群体。举个例子，三名男性和三名女性成员组成的团队就存在性别差异导致的亚群体（Lau & Murnighan，2005）。卡顿和卡明斯（Carton & Cummings，2012）提出了三类基本亚群体的分类法：（1）基于身份的亚群体（identity-based subgroups）；（2）基于资源的亚群体（resource-based subgroups）；（3）基于知识的亚群体（knowledge-based subgroups）。

基于身份的亚群体成员具有人口统计学（例如，性别、种族/民族、年龄、职业背景等）或价值观（例如，政治或宗教信仰等）赋予的共同身份。成员为保护亚群体身份所做的努力可能会破坏团队的整体特点。例如，若某些成员的生活方式相同，就可能进行破坏性竞争。

若某些成员可以控制有限的资源，或基于权威、权力和地位差异结盟，以取得对其他成员的支配地位，就会在团队中形成基于资源的亚群体。若亚群体之间存在明显的等级关系，或某些成员设法建立等级关系时，团队中就会出现基于资源的亚群体。团队间的联盟、派系和聚集都属于基于资源的亚群体。基于资源的亚群体通常会涉及团队内部对公平和集权的不平衡的认知。例如，拥有直线职权的高层管理人员通常比担任员工职位的成员拥有更多权力，因此，他们可能会形成联盟，以促进他们的共同利益。

组织会发展各种团队应对特定知识领域问题，于是出现了基于知识的亚群体，如信息管理、人力资源管理和财会等。基于知识的亚群体成员通常会使用特定的技术术语和符号，在工作上有共同的心智模型。在工作团队相关的实地研究中，卡顿和卡明斯（Carton & Cummings，2013）研究了基于身份和基于知识的亚群体对工作团队绩效的影响。虽然基于身份的亚群体造成了一些摩擦，对团队绩效产生了负面影响，但随着基于知识的亚群体数量的增加，工作团队具备了更多知识和专业能力，团队绩效得到了提高。

二、职能型和跨职能工作团队

（一） 职能型工作团队

在职能型团队（functional teams）中，成员的工作可能存在专业化细分，但同属于某种基本职能（例如，设备操作团队、维修团队、战斗小组、潜艇团队和特警团队等）。这些团队通常会持续运行较长时间，成员相对稳定。组织会指定一位极具权威的领导者，对内负责团队运营，对外负责管理其与其他部门的关系。该正式领导者会履行大部分领导职责，但其他团队成员（如助理领导者等）也会履行一些具体的领导职能。

职能型工作团队的有效领导可能需要多种类型的领导行为。表11-3列出了可以影响绩效各决定因素的具体行为。职能型团队的最佳行为模式不尽相同，其适当与否取决于具体情境以及相关绩效决定因素的相对重要性。

表11-3　影响团队绩效决定因素的领导者行为

领导者行为	绩效决定因素
展望未来，表达信心，庆祝进步	任务承诺、集体效能
招募和挑选有能力的团队成员	成员技能、集体效能
指导、培训并明确角色期望与优先事项	成员技能、角色清晰性、个人和集体效能
计划并组织团队活动与团队项目	效率、内部协调、集体效能
促进团队集体学习	适应变化、绩效质量（例如，战略和集体效能）
团队建设与冲突解决	互信、合作、成员对团队的认同
联系网络与外部监测	适应变化、外部协调、绩效战略质量
外部行为（宣传、游说和谈判等）	资源、政治支持、外部协调

职能型工作团队所需的领导者行为与第二章介绍的任务导向型和关系导向型行为类似。如果团队成员积极性不高、绩效低于应有水平，领导者就需要激励或敲打相关成员，加大他们对团队目标的支持。如果组织正在实施重大变革，领导者则需要采用某些变革导向型行为（见第五章）。采用哪些外部行为（例如，代言和游说等）取决于该团队与其他部门的协作需求、其产品或服务的需求变化，以及组织是否能够提供充足的资源。为应对运营中断和即时危机，领导者可能需要采取某些解决问题和危机管理的行为（见第四章）。

（二）跨职能工作团队

各类组织正越来越多地利用跨职能团队来优化协调各专业部门之间的相互依赖性活动。跨职能团队通常包括参与项目的各职能部门代表，以及某些外部组织的代表，如供应商、客户和合资伙伴代表等。跨职能团队负责规划和开展复杂活动，需要各方进行大量协调、合作并共同解决问题（Ford & Randolph，1992）。这些活动包括开发新产品并将其投入生产、推行新的信息系统、确定提高产品质量的方法、为广告公司的客户策划广告活动、开展咨询项目、为医院制订新的医疗保健方案、在大学开展新的 MBA 计划等等。

组织可以为不同的活动、项目或客户组建独立的跨职能团队。有些可能永久成为组织正式结构的补充，但多数跨职能团队是临时性的，完成任务或使命后就会被解散。在跨职能团队存续期间，成员可能比较稳定，也可能随着某些职能重要性的变化而改变（例如，产品开发团队等）。成员可以兼职或全职为团队工作。很多跨职能团队的成员也是同组织某个职能型团队的成员，有时还是多个跨职能团队的成员。

跨职能团队可以为组织带来很多潜在利益（Ford & Randolph，1992；Manz & Sims，1993）。这种团队会灵活、高效地部署人力和资源，以解决发现的问题。团队成员与各自职能领域联系紧密，使职能专长得以保留。当不同职能部门的人员同时参与一个项目，而不是按顺序进行工作时，可以改善协作，避免很多问题。成员背景的多样性有助于加强团队与外界观点和信息的沟通，提高团队观点和问题解决方案的创造性（Keller，2001）。在跨职能团队中工作有助于成员跳出自己狭窄的职能领域，学习从不同角度看待问题或挑战。成员可以学习新技能，并将这些技能融入自己的本职工作或带进所加入的其他团队。

很多组织在利用跨职能团队方面取得了巨大成功。例如，克莱斯勒公司（Chrysler）的一个跨职能团队创纪录地开发了一种创新型新式微型车，耗时仅 42 个月，开发成本只是其他汽车公司研发新车型所耗用成本的零头（Woodruff，1993）。贺曼公司（Hallmark）利用跨职能团队大幅缩短了节日贺卡和问候贺卡投入市场的时间，从原来的三年多减少至不到一年，同时还提高了产品质量、满足了不同客户的偏好（George & Jones，1996）。然而，跨职能团队并不总是成功的，需要通过有效领导来应对其固有挑战。

有些条件在为跨职能团队创造潜在优势的同时也会带来一些困难（Denison，Hart，& Kahn，1996；Ford & Randolph，1992）。跨职能团队的成员对团队的忠诚和对其所属部门的忠诚通常相互冲突。成员可能更关心如何保护他们的职能领域，而不是实现团队目标。如果成员在同意重大变更之前需要先获得其职能上级的批准，那么决策可能会变得困难而耗时。跨职能团队完成任务的时间通常很紧迫，这增加了领导者解决分歧并保持稳定进展的压力。

召开会议非常耗时，而且很难让团队成员充分参与，因为他们在各自职能部门或其他跨职能团队中也承担相应的职责。成员的职能多样性会加大沟通障碍，因为各职能通常都有自己的行业术语和思考方式（Cronin & Weingart，2007）。团队成员所代表的职能单位通常有不同的目标、优先事项和时间导向。这些差异可能会带来冲突，某大型石化公司就是一个很好的例子（Stern，1993）：

> 该公司组建了一个团队，负责开发更好的塑料树脂。研究部门的成员想用几个月的时间开发一种新树脂。生产和营销部门的成员希望改变现有产品，并迅速将其投入生产。由于不同派系无法就战略达成一致，该项目被搁置了很长一段时间。

（三）跨职能团队的领导

多数跨职能团队都有一位由上级任命的正式领导者，因为团队需要一位强有力的领导者，以应对面临的困难和挑战（Hollenbeck，Beersma，& Schouten，2012）。为了获得成员支持和解决分歧，指定的领导者需要具备强大的职位权力和良好的人际交往技能。上级管理层应任命合格的领导者，并为实施团队决策明确任务、提供必要资源和相关政治支持。

尽管跨职能团队被广泛应用，但研究者对有效领导此类团队所需技能的研究仍然有限。相关研究表明，团队领导者需要具备相关技术专长、认知技能、人际交往和政治技能，以及与项目管理相关的管理技能（Ehrhardt，Miller，Freeman，& Hom，2014；Ford & Randolph，1992；Mumford，Hunter，Eubanks，Bedell，& Murphy，2007；Mumford，Scott，Baddis，& Strange，2002）。表11-4列出了领导跨职能团队所需的技能。

表11-4 领导跨职能团队所需的技能

技术专长：领导者要能够与具有不同职能背景的团队成员沟通技术问题
项目管理技能：领导者要能够计划和组织项目活动，挑选合格的团队成员，处理预算和财务工作
人际交往技能：领导者要能够理解团队成员的需求和价值观、影响团队成员、解决冲突以建立凝聚力
认知技能：领导者要发挥创造力和系统思维以解决复杂问题，了解不同职能与项目成功的相关性
政治技能：领导者要能够发展联盟，从最高管理层等相关方获得资源、协助和审批

创造力是多数跨职能项目团队成功的重要条件。芒福德等（Mumford et al.，2002）在梳理领导创新性团队相关研究文献时发现了三个主题：（1）创意生成；（2）创意构建；（3）创意推广。这些主题描述了三个基本过程，指出了各过程相关的特定角色和领导行为类型。在创意生成方面，领导者必须激发和促进成员的创造力。在创意构建方面，领导者要为项目提出明确的目标，并解释该项目与组织的相关性，也要让成员在如何实现项目目标方面拥有充分的自主权。在创意推广方面，领导者必须从上级组织获得项目所需的资源和支持。芒福德、马尔赫恩、沃茨、斯蒂尔和麦金托什（Mumford，Mulhearn，Watts，Steele，& McIntosh，2017）提供了更多经验性论据，进一步证明了这些过程对

团队创造力和绩效的重要性。

通过对团队进行采访和观察，巴里（Barry，1991）提出了四种对团队解决问题、管理项目或制定组织政策至关重要的领导角色行为。这些行为包括：（1）提出愿景；（2）组织筹划；（3）社会整合；（4）外部协调。提出愿景可以提供共同目标，组织筹划可以帮助团队确定实现愿景的方法，社会整合有助于保持团队内部凝聚力，外部协调有助于保持团队决策与外部利益相关方需求的兼容性。这些跨职能团队的领导行为旨在促进成员对任务的支持、制定有效的绩效战略、确保成员的信任与合作、获取必要的资源和维持外部协调。表 11-5 显示了改进版的领导行为，其中涉及团队领导的相关内容。

表 11-5　跨职能团队所需的领导行为

提出愿景：
• 提出能激发团队成员承诺的战略目标或愿景
• 帮助团队成员理解并改进任务变量关系的假设和心智模型
• 提出创造性想法，鼓励团队考虑创新性绩效战略
组织筹划：
• 计划安排团队活动，以协调团队并按期完成项目
• 帮助团队建立评估进度和绩效的标准与方法
• 召开会议以系统地解决问题并做出决策
社会整合：
• 鼓励团队成员的互信、接受和合作
• 促进公开交流、平等参与，接纳不同意见
• 调解成员冲突，帮助其找到融合性解决方案
外部协调：
• 监测团队的外部环境，以确定客户需求、发现新问题和会对团队产生影响的政治过程
• 在外部人员中提升团队的良好形象
• 影响团队之外的人，使其提供足够的资源、审批、协助和合作

领导角色的相对重要性会随团队发展阶段的变化而有所不同。例如，在团队形成阶段，提出愿景尤其重要，而在团队就目标达成一致后，组织筹划就变得更重要。在团队有能力提供不同类型领导行为的情况下，领导者和成员必须懂得因时而异，从而采取适当的领导模式，这样团队才有可能成功。跨职能团队相关研究表明，领导者必须保持灵活性和适应性，做到随条件变化而变化（例如，Lewis，Welsh，Dehler，& Green，2002）。

很多跨职能团队面临较大的困难和障碍，以至于正式领导者可能无法单独承担所有相关领导职责。诸多跨职能团队领导相关研究表明，成功需要多位领导者的共同努力（Barry，1991；Cohen & Bailey，1997；Mumford et al.，2002）。团队中对项目某方面具有特殊专长的成员可以被授权某些内部领导职责。但是，团队不能进行自我管理，因为跨职能团队实践研究表明，若团队没有强有力的领导者，就不太可能成功，会被困于过程问题和无法解决的冲突中（Cohen & Bailey，1997）。

（四） 虚拟团队

在虚拟团队（virtual teams）中，成员在地理上是分散的，很少有面对面的机会（Bell & Kozlowski，2002；Gilson，Maynard，Young，Vartianen，& Hakonen，2015；Martins，Gilson，& Maynard，2004）。成员之间的多数沟通依赖计算机和通信技术（例如，电子邮件、短信、视频会议、群件和手机等）。随着虚拟团队在组织中被越来越多地应用，有人预测它将彻底改变未来的工作场所（Ford，Piccolo，& Ford，2017）。虚拟团队数量增加源于全球化的快速发展、合资企业的增多、员工对灵活工作的渴望（例如，远程办公和独立承包等）、人们对服务和知识管理活动的日益重视，以及产品开发和定制服务对灵活性和创新性的需求等。

各类团队都可以是虚拟的，但跨职能团队是最常见的虚拟团队，其职责既可以是执行临时特定任务，也可以是履行某些长期职责，包括解决技术问题、规划常规事件、协调组织各部门活动、与供应商和客户保持外部协调等。

与在同一地点工作的团队相比，虚拟团队具有一些潜在优势。资深人士无论身处何地，都可以参与虚拟团队的项目或决策。其成员具有流动性大的特点，因为技术的发展使成员更易适时加入虚拟团队。与成员在某一地点共同工作的团队（"聚集性团队"）相比，虚拟团队可接纳来自不同的文化、时区和组织的成员。举个跨职能虚拟团队的例子：北海有一个负责石油钻探的项目组，该项目组需要在相距很远的地方从事钻探工作的团队提供技术援助，还需要总部工程师提供相关的专业知识（Ford et al.，2017）。

成员多样化、流动性强带来了一些领导问题和挑战，可能会损害团队的潜在利益（Liao，2017）。由于无法频繁地会面，团队领导者难以监测成员的绩效、对成员施加影响，或发展互信和集体认同。团队成员的集体意识较差，认为其所属单位的职责更重要。与聚集性团队相比，虚拟团队更难协调解决问题，尤其当成员高度互赖且环境变化不可预测时。如果成员代表不同的组织、位于不同的时区、拥有不同的文化，领导者会面临更严峻的挑战。

在过去的 20 年里，聚集性团队和分散性团队差异性研究呈逐渐增加的趋势（参见Bell & Kozlowski，2002；Breuer，Hüffmeier，& Hertel，2016；Carte，Chidambaram，& Becker，2006；Gilson et al.，2015；Kirkman，Rosen，Tesluk，& Gibson，2004；Martins et al.，2004；Mesmer-Magnus，DeChurch，Jimenez-Rodriguez，Wildman，&

Shuffler，2011；O'Neill，Hancock，Zivkov，Larson，& Law，2016；Pridmore & Phillips-Wren，2011；Purvanova & Bono，2009；Serban et al.，2015）。某些领导角色对这两种类型团队均可适用。但对虚拟团队来说，这些领导角色的相对重要性及其实施方式可能有所不同（Hoch & Kozlowski，2014；Liao，2017）。研究者需要进一步开展研究来解释这些问题。

最后，通信技术的快速发展将在不久的将来对虚拟团队产生重要影响。例如，全息投影技术可以让团队成员看似坐在同一张会议桌前，尽管他们身处世界不同地区。人工智能的发展可以将某些领导职能转移到机器人身上。随着团队体验虚拟性方式的变化，研究者应重新验证早期的研究结论，并加入一些新的研究方法。

三、自我管理型工作团队

在自我管理型工作团队（或"半自治工作团队"）中，赋予领导者职位的大多数责任和权威通常会转交给团队成员（Cohen & Bailey，1997；Hollenbeck et al.，2012；Ingvaldsen & Rolfsen，2012；Lanaj & Hollenbeck，2015；Millikin，Hom，& Manz，2010；Orsburn，Moran，Musselwhite，& Zenger，1990；Wellins，Byham，& Wilson，1991）。多数自我管理型工作团队生产独特的产品或服务。任何类型的团队都可以"自我管理"，但这种团队管理方式通常适用于重复执行同一类任务、成员相对稳定的团队。与跨职能团队不同，自我管理型团队的成员通常具有相似的职能背景（例如，维修技术人员和生产操作员等）。成员通常会轮流执行团队各项任务。如果成员学会执行多项任务，可以增加团队的灵活性，使工作更有趣，成员还有机会学习新技能。

自我管理型团队最常见于制造类工作或流程化生产，但也越来越多地见于服务型工作。拥有自我管理型团队的公司包括美国电话电报公司、高露洁-棕榄公司（Colgate-Palmolive Company）、康明斯发动机公司（Cummins Engine Company）、数字设备公司（Digital Equipment Corporation）、通用电气、通用食品（General Foods）、固特异轮胎橡胶（Goodyear Tire and Rubber）、摩托罗拉、宝洁、天合汽车集团（TRW）、沃尔沃、施乐和通用汽车。

上级组织通常会为自我管理型团队确定任务、运营范围和预算。其他类型决策的权威性因组织而异。通常，每个团队都会被赋予某些制定运营决策的权威和责任，如制定绩效目标和质量标准、分配工作、确定工作日程、明确工作程序、采购必要物资和材料、与客户和供应商打交道、评估团队成员绩效以及处理个别成员的绩效问题等。各团队通常可以在未经事先批准的情况下进行用品和设备的小额支出，但在大多数组织中，大规模采购的相关建议都必须得到管理层的批准。自我管理型团队有时也会被赋予进行人事决策的主要责任，如选择、雇用和解雇团队成员或确定薪酬等（在规定的范围内）。

（一） 自我管理型团队的优势和局限

自我管理型团队可以提供很多潜在优势，例如，团队成员对工作的投入度更高、对工作相关问题的管理更有效、效率更高、工作满意度更高、人员流动减少、缺勤更少。让团队成员进行交叉培训、从事不同的工作，可以让团队成员对工作更感兴趣，增加团队面临因疾病或人员流动而导致的人员短缺问题时的灵活性。团队成员对工作流程的广泛了解有助于成员解决问题并提出改进建议。最后，转变为自我管理型团队通常可以减少组织中管理人员和参谋专家的数量，从而降低成本。

这些潜在优势的实现程度取决于组织对待团队的方式，其中，组织给予团队的自治权和团队成员的集体授权感是决定因素（Kirkman & Rosen，1999；Tesluk & Matthieu，1999）。将权威授予自我管理型团队，而不是授予领导者个人。为了产生集体授权感，团队可以对成员施加同样类型的社会压力，使其遵守严格的团队规范和既定程序（Barker，1993；Sinclair，1992）。

自我管理型团队相关文献综述（Cohen & Bailey，1997；Goodman，Devadas，& Hughson，1988；Kirkman & Rosen，1999；Pearce & Ravlin，1987）表明，这种员工授权形式可以提高工作满意度和团队绩效。然而，很多证据都基于缺乏说服力的研究方法或商业期刊上的轶事报道。仅有少数实验或准实验实地研究被用于评价自我管理型团队（例如，Banker，Field，Schroeder，& Sinha，1996；Cohen & Ledford，1994；Cordery，Mueller，& Smith，1991；Pasmore，1978；Pearson，1992；Wall，Kemp，Jackson，& Clegg，1986）。这些研究发现了一些对自我管理型团队有利的结果，但各研究结果并不一致，也无法证实某些轶事报道中宣称的绩效大幅改善是否属实。

自我管理型团队很难推行，如果使用情境不当，或缺乏强有力的领导和支持，自我管理型团队可能会走向失败（Hackman，1986；Lawler，1986）。如果无法以建设性方式解决人际冲突，确保高水平的人际信任与合作，团队就可能自我重组出更多独立的角色，进而降低潜在的利益和绩效收益（Langfred，2007）。研究者基于自我管理型团队相关研究，提出了一些有助于实现自我管理型团队潜在优势的条件，如表 11-6 所示（Carson，Tesluk，& Marrone，2007；Cohen & Bailey，1997；Goodman，Devadas，& Hughson，1988；Hackman，1986；Ingvaldsen & Rolfsen，2012；Kirkman & Rosen，1999；Lanaj &

Hollenbeck，2015；Mathieu，Gilson，& Ruddy，2006；McIntyre & Foti，2013；Millikin et al.，2010；Muehlfeld，van Doorn，& van Witteloostuijn，2011；Pearce & Ravlin，1987；Stewart et al.，2009；Sundstrom et al.，1990；Yang & Guy，2011）。

表 11-6　自我管理型团队的有利条件

● 明确的共同目标
● 复杂而有意义的任务
● 数量少而稳定的成员
● 成员可以决定工作流程
● 成员具备相关技能
● 成员可以获取相关信息
● 适当的认可和奖励
● 高层的大力支持
● 有能力的外部领导者

（二）　对自我管理型团队的领导

在介绍对自我管理型团队的领导时，我们最好对内部和外部领导角色进行区分。内部领导角色涉及分配给团队并由团队成员分担的管理职责。自我管理型团队通常会有一名由成员选举产生的内部领导者，该职位可以在不同成员之间定期轮换（例如，每季度或每年等）。无论是选举产生的还是任命的，团队领导者都不是简单地取代之前的一线管理者。在自我管理型团队中，多数重要的责任通常由团队成员共同分担，而不是集中在团队领导者身上。内部领导者的主要职责是协调和促进做出和执行团队决策的相关过程（例如，召开会议、编制工作进度和行政文书等）。

除了成员轮值团队领导者职位之外，自我管理型团队的内部领导还可以采取其他形式，其共同领导的程度和内容会有很大的差异（Carson et al.，2007；McIntyre & Foti，2013）。共同领导形式存在于成员开会讨论重要事项并做出团队决策时。具有相关专长的成员可以负责就特定团队活动提供协调和指导。日常行政任务可以分配给成员个人，对某项任务有强烈兴趣的人也可以在没有被要求的情况下主动完成任务。比较难履行的监督职能（如执行团队规范等）可以采取集体执行的形式，如巴克（Barker，1993）所述的一个案例：

> 一家小型制造公司从传统管理式工作团队转变为自我管理型团队。团队成员共同制定了行为标准。新标准比以前的要求更高，与传统管理式的工作团队相比，新团队对不可接受的行为容忍度更低。成员们会向犯错者发出违规提醒或警告，督促

其改进，并强制解雇不愿按规定行事的人。

外部领导者的角色涉及某些未委派给团队的管理职责。外部领导者可能是中层管理者、特别协调员或之前的一线主管（Morgeson et al.，2010）。外部领导者通常会为多个团队工作。在团队组建时，外部领导者一个特别重要的领导角色是担任团队的指导者、促进者和顾问。要让一个新团队有成功的开端，通常要给予其大量的指导和鼓励。促进共同领导所需的指导不同于就更好的工作程序提供具体建议。就领导问题提供的指导包括帮助成员计划和组织工作、做出团队决策、解决冲突、进行有效的团队合作等。对于成员来说，多数技能很难学习。团队可能需要几个月才能熟练地管理任务和人际交往过程。在这段学习期间，外部领导者的重要职能是建立团队成员的自信。随着团队的发展，成员们会逐渐承担更多责任，指导新成员并改善工作关系。

外部领导者的重要作用还包括帮助团队从组织获得必要的信息、资源和政治支持。外部领导者是团队和组织之间的纽带，因此，建立并维护合作关系和有效的信息交流至关重要。外部领导者必须能够影响团队成员的思考和行为方式，以提高团队效率，并能够影响组织中相关人员做出必要行动，以提升团队效率。与传统职能型团队的领导者不同，自我管理型团队的外部领导者不太可能以命令的形式利用合法权力影响团队；相反，他们更有可能基于自身专家权力和参照权力提出问题和施加影响（Druskat & Wheeler，2003）。

称职的外部领导者对自我管理型团队的成功非常重要，不仅在过渡阶段，在绩效阶段也是如此（Cohen，Chang，& Ledford，1997；Gibson & Vermeulen，2003；Morgeson，2005；Morgeson & DeRue，2006）。随着团队的不断发展，外部领导者应该就成员在规范自身行为方面的新职责传达明确的期望。为了在动态环境中改善外部协调，外部领导者应明确传达目标和不断变化的优先事项，促进团队的集体学习，并继续帮助团队从组织获得必要的资源和政治支持。最后，外部领导者通常有必要协助团队处理不寻常的破坏性事件，帮助团队理解问题并指导成员如何有效应对问题。

四、团队建设指南

研究者为领导者提供了多种加强成员凝聚力、合作、团队认同、集体效能和集体学习的方法。下列指南基于相关研究、理论和实践者见解，介绍了一些可以根据相关情境单独或组合使用的团队建设行为和程序（见表11-7）。

表 11-7 团队建设行为和程序

• 强调共同的利益和价值观
• 运用仪式、典礼和象征物提高集体认同感
• 鼓励和促进社交互动
• 宣传团队的活动和成就
• 召开过程分析会
• 召开调整会
• 加强对相互合作的激励
• 在现实条件下开展练习
• 回顾活动以促进团队集体学习

⁂ 强调共同的利益和价值观

当成员的目标、价值观、优先事项、战略和合作需求一致时，他们的集体认同感会更强。领导者应该强调相互利益、确定共同目标，并解释为什么需要合作才能实现这些目标。

⁂ 运用仪式、典礼和象征物提高集体认同感

领导者可以通过仪式和典礼增强成员对团队的认同感，让成员身份与众不同。团队可以举办入队仪式介绍新成员，举办退出仪式欢送老成员，也可以举办仪式庆祝团队成就或纪念团队历史上的特殊事件。典礼和仪式对强调团队价值观和团队传统很有效，可以利用旗帜、横幅、服装或珠宝饰品展示团队的名称、标语、标志、徽章等团队身份标识。甚至某种特定颜色或款式的衣服也可以代表团队身份。象征物可以有效地帮助团队创造独特身份。如果成员同意佩戴或展示身份标志，团队认同感就会得到加强。

⁂ 鼓励和促进社交互动

如果成员以个人身份相互了解，并发现社交互动令人愉悦，则更有可能形成有凝聚力的团队。定期举行社交活动是促进愉快社交的一种方式，如晚餐、午餐和派对等。各类户外活动也可以促进社交互动（例如，参加体育活动、音乐会、露营、漂流或旅行等）。如果团队成员在同一地点工作，可以为团队安排一个房间供其开会和茶歇，从而促进社交互动。房间里可以装饰团队成就标识、价值观标语，以及显示团队目标实现进度的图表。

⁂ 宣传团队的活动和成就

如果成员很少收到团队或部门计划、活动和成就的信息，就容易感到被疏远和不被赏识。要让成员了解相关信息，并解释他们的工作对任务成功至关重要，这一点非常重要。社交网络技术使团队成员了解情况变得更容易。

召开过程分析会

过程分析会旨在对人际关系和团队过程进行坦诚而开放的讨论，以期通过努力使其得到改善。方法之一是让每名成员提出使团队更高效的方法。这些建议应关注成员之间沟通、合作、决策和解决分歧的方式，而不是关注技术内容。另一种类似的方法是让每名成员描述其他成员的做法，分析这些做法如何使自己更适应团队中的角色。讨论的最终结果应该形成一系列改善工作关系的具体建议。然后通过后续会议规划这些建议的实施进展。

一般来说，最好由受过培训的协调员而不是团队领导者来主持过程分析。讨论人际关系比讨论工作程序更困难，而且主持这种类型的会议需要具备很强的能力。在过程咨询[①]中，未受过训练的团队领导者可能非但不会改善团队关系，还会使其恶化。外部协调员可能会更加客观和公正，这一点非常重要，尤其是当领导者让团队合作更困难时。

加强对相互合作的激励

基于个人绩效的激励可以鼓励团队成员相互竞争，而基于团队绩效的激励则可以鼓励合作。增强凝聚力和团队认同感的一种方法是强调正式激励，比如基于团队绩效的提升发放奖金。另一种方法是利用自发的非正式奖励强调为团队服务的重要性。例如，在团队完成一个困难项目后，特别是完成需要加班或周末工作的项目后，让相关成员多休息几天。在团队达成重要目标后，为团队成员及其家人举行特别庆祝活动。

在现实条件下开展练习

频繁练习可以提高团队绩效，这有助于增强成员成功完成困难任务的信心。团队应定期练习应对危机和紧急情况等事件，否则当此类事件发生时，团队的表现会很差。应在尽可能现实的条件下开展练习，若任务涉及团队合作，最好让成员共同练习复杂的程序。例如，机组人员一起练习处理设备故障引发的紧急情况，医院员工进行模拟练习，以应对突发自然灾害造成的大量人员伤亡情况。

回顾活动以促进团队集体学习

在重要活动完成后，对其进行系统分析和梳理，以发现成功或失败的原因，团队将会更好地基于经验进行集体学习。活动后回顾（也称为"行动后回顾""事后回顾""事后评估"）是对团队活动过程及相关结果进行集体分析的一种程序（Ellis & Davidi, 2005；Ellis, Mendel, & Nir, 2006；Tannenbaum & Cerasoli, 2013；Tannenbaum,

---

① 过程咨询（process consultation）是指组织成员借助掌握专业技术的咨询顾问的力量，通过一系列咨询活动提高自身了解、认识、分析和处理（沟通、角色扮演、群体功能、群体规范、领导、群体间关系等）问题的能力，以更好地完成组织任务。——译者

Smith-Jentsch，& Behson，1998；Villado & Arthur，2013）。当团队重复执行同类活动时，此过程尤为重要。活动后回顾旨在确定哪些工作做得不错，哪些工作可以在下次类似活动中有所改进。团队成员应审查其活动的初始计划和目标、开展活动的程序、活动中遇到的问题或障碍、做出的关键决定以及结果等。最后，团队可以决定如何利用从活动后回顾获得的信息来提高未来绩效。对于长期的项目或培训模拟，在方便的中间节点进行进度审查也是很有效的。目前，利用活动后回顾来评估活动和规划改进情况在美国陆军中非常流行，在民间组织中也逐渐被接受（Baird，Holland，& Deacon，1999；Ellis & Davidi，2005）。表 11 - 8 列出了主持活动后回顾的相关指南。

表 11 - 8　主持活动后回顾的相关指南

1. 在开始前，进行自我批评，承认不足
2. 鼓励他人提供反馈，并带头坦然接受
3. 要求成员指出团队绩效的有效和无效方面
4. 鼓励成员核查团队流程对团队绩效的影响
5. 将讨论集中在行为上，而不是针对个人
6. 必要时提出自己对团队绩效的评价
7. 认可团队绩效的改善
8. 向团队成员征求如何提高团队绩效的建议
9. 提出团队建议之外的改进建议

资料来源：Tannenbaum，Smith - Jentsch and Behson（1998）．

五、对决策团体的领导

组织经常利用团队解决问题和做出决策。如第四章所述，与领导者个人决策相比，团队决策有一些潜在优势，团队拥有更多相关知识和想法，可以汇集起来提高决策质量，成员的积极参与可以增强对决策的理解和实施决策的投入度。从消极的一面来看，团队决策通常需要耗费更长的时间。如果团队成员的目标不一致，将无法达成一致。决策过程中存在的问题可能会破坏决策的质量。

团队做出决策的过程是决定决策质量的主要因素（Thompson，2014）。很多事情会妨碍团队有效利用信息并充分发挥其潜力。团队决策的质量取决于团队成员提供的信息和想法、沟通的清晰性、问题诊断和结果预测的准确性、讨论问题的聚焦程度，以及解决分歧的方式。导致决策质量降低的常见过程问题包括成员的拘束、团队思维、错误共识、仓促决策、两极分化以及缺乏实施决策的行动规划。

合适的领导可以促进团队的有效决策，有助于避免过程问题（Basadur，2004）。领导角色可以在某种程度上共享（Bergman，Rentsch，Small，Davenport，&Bergman，

2012），但决策团体成员通常倾向于指定一位讨论负责人，负责主持会议（Berkowitz，1953；Schlesinger，Jackson，& Butman，1960）。高效领导者会确保决策团体的决策过程的系统化（"过程控制"），但不会主导讨论（"内容控制"）。主持会议是一项困难的工作，如果领导者过于被动或过于专横，可能导致决策团体效能低下。要在两种极端之间取得微妙的平衡，领导者需要具备多种技巧。本章后续内容将讨论实现这种平衡的相关行为与程序。

如第二章所述，领导行为可以分为任务导向型行为和关系导向型行为，团队会议中的领导行为也可以进行类似的区分。当然，领导行为的某些方面会同时涉及任务和关系问题，但这种区分有助于提醒团队领导者在主持会议时平衡任务和关系问题。有人提议用二因素分类法对团队领导者的行为进行分类（Bales，1950；Benne & Sheats，1948；Bradford，1976；Lord，1977；Schein，1969）。表11-9列出了任务导向型职能和团队维护职能及各自主要目标的简化复合分类法。

表11-9　决策团体中的主要领导行为

任务导向型职能	具体目标
1. 构建过程	引导和排列讨论顺序
2. 促进交流	加强信息交流
3. 梳理交流内容	加强理解
4. 总结	检查理解情况并评估进展
5. 共识测试	查看一致程度
团队维护职能	**具体目标**
1. 把关	加强和平衡参与
2. 协调	减少紧张和敌意
3. 支持	防止退缩，减轻紧张
4. 设置标准	规范行为
5. 分析过程	发现并解决过程问题

（一）任务导向型职能

团队会议中的任务导向型行为有助于信息和想法的系统交流、评价和分析，还有助于解决问题和做出决策。任务导向型行为包括制定会议议程、向团队提出问题、向成员询问具体信息或想法、要求成员解释模棱两可的陈述、帮助团队理解观点的相关性、解释不同想法之间的关联、保持讨论不跑题、回顾和总结说过或做过的事、检查成员之间的一致性、建议决定程序、分配后续行动责任、取消或结束会议等。

杜克大学（Duke University）篮球队主教练迈克·克兹耶夫斯基（Mike Krzyewski）

曾带领球队五夺全国冠军，他强调了制定标准这一重要的任务导向型职能对于球队成功的重要性：

> 我们尽量不给球队制定规则。我有所谓的"标准"。在西点军校学习时，我并不赞同那里的一系列规则。通常，当受到规则约束时，你只是遵守规则，但你永远不会赞同这些规则。但如果你设定标准，而且要求每个人都按照你的方式做事，最终就会形成自己的做事方式。根据我的经验，最好的团队都有某些必须人人遵守的标准（Sitkin & Hackman，2011，p. 499）。

领导者仅仅做出这些行为是不够的，还要把握正确的时机（Bradford，1976）。过早或过度做出任务导向型行为，会导致领导无效，甚至有害。例如，过早总结可能会阻碍成员就某个主题提出更多想法，若领导者一直鼓励交流而不总结共识，则会使讨论时间过长。领导者拥有运用任务导向型行为的熟练技能也很重要。例如，不熟练的领导者在阐释某位成员的声明时，可能会使其他人更加困惑。不善总结的领导者可能会在总结中遗漏某些要点，无法以有意义的方式总结出成员对组织的相关贡献。

（二） 团队维护职能

团队会议中的团队维护行为（group maintenance behaviors）可以增强团队凝聚力，改善人际关系，帮助成员解决冲突，满足成员对接纳、尊重和参与的需求。团队维护行为包括鼓励静默成员的参与、防止占主导地位的成员垄断讨论、缓和冲突、建议妥协、鼓励成员以建设性的方式解决分歧、利用幽默缓解紧张、对相关建议和想法表示赞赏、提出行为的规范和标准、提醒团队成员遵守既定规范，询问成员对团队过程的看法，以及指出团队存在的过程问题等。

正如机器需要定期维护以保持运行顺畅一样，团队中的人际关系也是如此。领导者应经常对团队进行预防性维护，而不是等发生严重问题后再进行纠正性维护。团队维护应该是一项持续性活动，旨在促进团队协作，防止漠然情绪、退缩情绪、人际冲突和地位斗争的滋生蔓延。如果任其发展，这些问题将扰乱团队的任务导向型活动，降低团队效能。

多数会议需要团队维护行为，但很多领导者都不知道其重要性，因而忽略了这些行为。标准设定和过程分析并不在团队维护行为之列，可能是因为这些行为需要团队成员对维护需求的明确认可。与任务导向型行为一样，团队维护行为也需要领导者具备相关技能和恰当的时间感才能有效执行。

（三） 谁应履行领导职能

行为科学家普遍认为，任务导向型行为和团队维护行为对决策团体的效能至关重要，但他们对履行这些职能的人选及这些职能相对优先性持不同意见。传统"以领导者为中心"的观点认为，正式领导者应该指导和控制团队的活动。领导者应将讨论重点放在任务上，不鼓励成员表达感情，并保留对最终决定的控制权（即利用咨询而不是集体决策）。根据布拉德福德（Bradford，1976）的观点，这种团队领导可能会产生某些有利结果，但代价是不可接受的。会议虽然井然有序，决策也得以做出，但如果成员感觉受到操纵、无法对决策施加太大影响，他们可能会变得冷漠和愤恨，从而导致决策质量降低，成员对决策的接受度降低。

在"以团队为中心"的领导中，领导者的角色是顾问、老师和促进者，而不是团队的指挥者或管理者。团队维护职能与任务导向型职能同样重要，因为情感和互动深刻地影响着团队的问题解决和决策过程。这两种职能都由团队成员共同承担，因为个人无法对团队的所有过程问题和需求都保持敏感。领导者应该鼓励思想和情感的表达，采取适当的领导行为，并鼓励成员学会自己执行这些行为。布拉德福德表示，分担领导职能可以提高决策质量，使成员对团队更加满意。

布拉德福德也认识到实施以团队为中心的领导存在一些困难。他指出，这种领导需要具备很强的人际交往能力和成熟度，并对团队成员充分信任。有些领导者不敢与团队成员分享控制权或公开处理情绪行为，担心新方法会让他们显得软弱或无能。有些成员不愿意公开处理情绪问题，或者选择逃避承担更多的领导职责。很多决策团体只是临时性的，没有足够长的会面时间来促进必要的信任、技能和成员支持。每个委员会中都可能有某些成员希望尽量少开会，尽量少承担委员会活动的责任。传统方法经常会利用某些仪式和既定程序，这给引入以团队为中心的领导带来了更多障碍。例如，有些组织章程或相关法律要求决策团体遵守琐碎的程序规则（例如，罗伯特议事规则），而这些规则其实更适合大型的正式决策团体。尽管存在很多障碍，但布拉德福德对成功实施以团队为中心的领导的前景还是很乐观的。

六、主持会议的行为指南

本部分基于多个研究者相关观点，介绍了领导者提高团队解决问题效能和决策效能所需的具体程序，并提出主持决策团体会议的行为指南（见表 11 - 10）（例如，Basadur，2004；Janis & Mann，1977；Jay，1976；Maier，1963；Mesmer-Magnus & DeChurch，

2009；Rowland & Parry，2009；Sonnentag & Volmer，2009；Westaby，Probst，& Lee，2010）。

表 11 - 10 主持决策团体会议的行为指南

● 通知成员为会议做好必要的准备
● 与团队成员分享重要信息
● 描述问题时不暗示原因或解决方案
● 为提出和评价观点留出充足的时间
● 将观点生成与观点评估分开
● 鼓励和促进参与
● 鼓励成员积极复述并改进观点
● 运用系统程序评价解决方案
● 鼓励寻找综合性解决方案
● 鼓励成员在可行的情况下达成共识
● 明确实施责任

通知成员为会议做好必要的准备

如果成员知道如何为解决问题的会议做好准备，会议就会更有效。为确保他们为参加会议做好规划，领导者应提前告知会议时间、地点和重要议题，并为需要做简报、提供技术信息或评估提案的人员提供明确的指导和充足的准备时间。此外，领导者还应提前将会议准备过程中需要研究的报告或提案与会议议程一起提供给相关成员。

与团队成员分享重要信息

在提出问题时，领导者应就已知的基本事实做简要回顾，包括问题出现的时间、问题表象背后的本质，以及已经采取的相关措施。提供的信息量取决于问题的性质和团队的原有信息。这些信息可以在会议之前、会议中或进行问题诊断时提供。领导者应谨慎陈述事实，尽可能少做解读。例如，如果问题是如何增加销售额，那么领导者最好简单地回顾每个地区的销售数据，而不要做出评价，比如"中部地区的销售额很糟糕"等。

描述问题时不暗示原因或解决方案

领导者应客观陈述问题，不要把责任推给团队成员。暗含指责会让成员充满防御性，降低帮助解决共同问题的意愿。在陈述问题时，领导者不应指出问题的原因或可能解决问题的方案，因为会限制团队对问题的诊断。相反，领导者在陈述问题时应鼓励成员探索多种原因和多种可能的解决方案。

为提出和评价观点留出充足的时间

在提前筹备会议时，领导者应留出足够时间来诊断问题，制订其他替代方案，并探究每种方案的影响和后果。即使团队中有成员不受限制，也应该形成一个强大的多数派联盟来提出有利决策，并在批评者有机会解释顾虑并获得支持之前将其付诸实施。时间压力是做出草率决定的另一个原因。当会议即将结束并且团队成员希望迅速解决问题以避免参加另一次会议时，就会出现这种情况。当正在考虑一项重要决策却没有充分的时间评价解决方案时，领导者应试着将决策推迟到下一次会议决定。如果没有必要立即做出决定，而且显然需要更多信息，领导者可以安排休会并获取更多信息。

⠿ 将观点生成与观点评估分开

研究发现，如果将观点生成与观点评估分开，观点生成受到的限制会少一些（Maier，1963）。相关人员制定了一些程序来减少拘束感，促进团队的观点生成。领导者可以利用头脑风暴（brainstorming）鼓励成员就脑海中出现的问题提出观点，不要对观点进行正面或负面评价（包括皱眉、咕哝、叹气或手势等）。其基本原理是，延缓对观点的评估可以减少成员的拘束感；简单而即时的点评可以减少对成员的支配；观点的相互促进和接受新奇想法的氛围可以增强团队的创造力。与常规的团队互动相比，头脑风暴更能促进观点生成，但成员仍可能会出现一些拘束感（Litchfield，2008；White，Dittrich，& Lang，1980）。

人们开发了"群体决策法"（nominal group technique）来纠正头脑风暴的缺陷（Boddy，2012；Delbecq，Van de Ven，& Gustafson，1975）。在团队会议期间（或之前），可以要求成员匿名提出自己的想法，而不进行任何讨论。收集完观点后，领导者可以在会议开始前将各种观点张贴出来，或者向每位成员提供一份副本。对虚拟团队来说，可以将这些观点发布在公共网站上，然后要求团队成员就观点列表进行补充或更新。之后，领导者与成员一起审查观点列表，看看对某个观点的含义或该观点与目标的相关性是否还存有疑问。

这种程序的一种变体是"头脑创作"，即将观点评估推迟到下次会议，并鼓励参与者继续就该问题和相关观点进行思考（Michinov，2012；Paulus & Yang，2000）。召开后续会议的理由是，当成员忙于撰写自己的观点时，没有足够的时间思考他人的观点，他们需要一个"潜伏期"来激发他人观点的潜力。

⠿ 鼓励和促进参与

当某些成员大力倡导某种方案，而其他成员保持沉默或未申明立场时，人们通常认为沉默的成员同意该方案。然而，沉默也可能表示不同意。领导者可以采取适当的把关行为促进成员的参与，并鼓励每名成员认真思考相关顾虑，提出观点并表达关切，还要劝阻成员不要主导讨论或使用社交-压力策略（例如，威胁或贬损性评论等）恐吓持不同意见者。如果可以使用计算机群组软件，可以利用它在发布和评估观点时促进匿名互动。

成员的观点会被总结成列表，并显示在每名成员的电脑屏幕或智能手机上。每名成员都可以查看列表，添加新想法，了解（匿名）观点更多信息，或提出改进观点的方法。如果需要，可以将重复的观点整合在一起，还可以利用评分程序确定最易被接受的观点。

⸬ 鼓励成员积极复述并改进观点

有两个程序特别有助于创造有利氛围，帮助成员生成观点，它们分别是积极复述观点和改善观点。发展新观点最有效的方法是让团队成员复述他人的观点，并在提出批评之前发现其有价值的东西。与此相关的一个方法是，让成员在指出他人观点缺陷或不足时提出纠正缺陷或克服不足的方法。这种方法还强调仔细倾听和建设性有益行为。

⸬ 运用系统程序评价解决方案

人们开发了一些程序，以帮助决策团体评价和比较潜在的解决方案。如果将成员分成持有各自方案的对立派系（"两极化"），这些程序的作用将会尤为明显。领导者可以让成员确定并提出每种备选方案的优缺点，分别记录在两栏里（Maier，1963）。然后，让成员对优缺点进行讨论，并就备选方案的总体排名达成一致。成本效益分析是一种类似的但更详细的程序。如果成员对各种方案的后果相当确定，并且能够以货币的形式对收益和成本做出合理且准确的估算，就可以使用这种程序。分析应该系统化，避免为支持某种方案而偏向性地对成本和收益进行估算。在对所有备选方案进行分析后，决策团体根据最合适的经济标准（例如，净收益最大化或投资回报最大化等）来选择最佳方案。

⸬ 鼓励寻找综合性解决方案

当团队为了支持不同备选方案而出现明显分歧时，可以制订包含各方案优点的综合性解决方案。首先，团队应仔细审查两种备选方案，确定它们的共同点和不同点，从而更好地理解和欣赏对立的方案，尤其当所有团队成员都积极参与讨论时。领导者应鼓励成员参与，保持讨论的分析性而不是批判性，并公布比较结果，直观地总结相同点和不同点。领导者应为每个阵营列出某方案的基本特征，以及不同标准或目标的相对优先性，这将很有帮助。即使无法制订出综合性解决方案，该过程也可以帮助决策团体确定某种更优秀的全新方案。

⸬ 鼓励成员在可行的情况下达成共识

投票是决策的常见程序，但在可行的情况下，领导者应鼓励团队达成共识，而不是简单地基于少数服从多数做出决定。当团队所有成员都同意某个特定方案时，即使它不一定是各成员的首选方案，也可以达成共识。在决策过程中，达成共识通常比少数服从多数更能激发成员的责任，但通常需要更多时间，且并不是每次都能达成。当团队多数人支持某种选择，少数人持异议时，领导者应该仔细权衡赢得持异议者支持可能带来的益处，以及继续讨论需花费的时间成本。如果已经用了足够长的时间讨论各种方案，那么仅为说服一两名顽固成员而延长讨论是不值得的。在这种情况下，领导者应该主动作为，宣布已确定团队决策。

ⅲⅲ 明确实施责任

会议结束前，领导者应为执行决策制定某些规则，以明确必要行动步骤，并将责任分配到个人。很多团队决策未取得成功，原因是无人愿意努力确保决策的实施。如果需要召开后续会议，领导者应确定会议所需的准备工作，并将责任分配到位。会议结束后，领导者应向成员总结讨论内容、所做决定以及各成员要承担的责任。

小 结

组织越来越依赖团队来提高质量、效率和适应变化。组织中会出现不同类型的团队，包括职能型工作团队、跨职能团队、自我管理型团队、虚拟团队和高层管理团队（见第十二章）。团队的潜在优势在于更高的员工满意度和投入度、更好的产品与服务质量，以及更高的效率和生产力。然而，这些优势并不是内在的，它们的实现取决于领导质量和某些促进条件。

工作团队中经常会出现基于身份、资源和知识的亚群体。亚群体可以对团队过程和绩效产生积极或消极的影响，这取决于团体中亚群体的配置（即数量和类型等）。领导者在设计和管理工作团队时，应该考虑亚群体的影响，以避免亚群体之间出现摩擦，从而促进合作关系。

对团队的有效领导通常需要采取很多特定类型的领导行为，具体取决于团队的类型和各种绩效决定因素的相对重要性。团队的重要领导过程包括树立对共同目标的承诺、确定有效的绩效战略并组织团队活动、增强成员技能和角色清晰度、建立互信与合作、确定并获取所需资源、保持信心和乐观，以及促进外部协调等。

不同类型的团队有不同的领导方式。职能型工作团队和跨职能团队通常有指定的领导者，该领导者具有强大的职位权力。在自我管理型团队中，很多领导角色都是非正式的，由成员共同承担。然而，即使在有正式领导者的团队中，让其他成员分担某些领导职责通常也是有益的。虚拟团队的成员在不同地点工作，主要通过通信技术进行交互。各类团队都可以在一定程度上进行虚拟化运作。

团队建设活动可以增强凝聚力、团队认同和相互合作。团队建设活动包括强调共同的兴趣和价值观、举行仪式和典礼、通过象征性手段培养团队认同、促进成员间的社交互动、向成员通报团队活动和成就，以及召开过程分析会等。

团队决策通常优于个人（例如，领导者等）决策，很多事情可能会阻碍团队潜力的实现。团队领导是团队效能的主要决定因素，对团队会议的领导涉及任务导向型职能和团队维护职能。这两种类型的领导职能需要相关技能和恰当时机才能有效发挥作用。领导角色很难扮演，因为过于被动或过于专横，领导者都会对决策过程产生不利影响。为了促进问题解决并避免常见的过程问题，领导者应公正地提出问题，鼓励团队思考问题的相关概念，区分观点生成与观点评估，并基于系统性程序进行方案评估。

近年来，关于团队领导的研究有所增加，但相关研究仍滞后于组织中团队使用情况的变化。虚拟团队中有效领导的差异程度尚未确定，而技术的快速进步使人们很难预测过往研究结果在未来是否仍然适用。

回顾与讨论

1. 决定团队绩效的因素有哪些？
2. 亚群体的主要类型有哪些？它们对团队过程和团队绩效有什么影响？
3. 哪些领导过程对跨职能团队比较重要？
4. 为什么跨职能团队比职能型团队更难领导？
5. 哪些领导角色和过程对自我管理型团队比较重要？
6. 在什么条件下，自我管理型工作团队最有可能成功？
7. 如何提高团队凝聚力和集体认同感？
8. 决策团体主要的任务导向型职能和团队维护职能是什么？
9. 领导者如何改进团队会议的决策过程？

关键术语

活动后回顾	after-activity reviews
头脑风暴	brainstorming
凝聚力	cohesiveness
集体效能	collective efficacy
集体认同	collective identification
共识	consensus

跨职能团队	cross-functional teams
外部协调	external coordination
职能型团队	functional teams
团队维护行为	group maintenance behaviors
基于身份的亚群体	identity-based subgroups
基于知识的亚群体	knowledge-based subgroups
群体决策法	nominal group technique
绩效战略	performance strategies
团队潜能	group potency
基于资源的亚群体	resource-based subgroups
自我管理型团队	self-managed teams
共享心智模型	shared mental models
任务导向型行为	task-oriented behaviors
团队建设	team building
虚拟团队	virtual teams

♀ 个人反思

想一想自己现在或过去在工作团队中的经历。团队由一名正式或非正式的管理者领导，还是由团队成员共同分担领导职责？团队采用了哪些任务导向型行为和团队维护行为？谁来执行这些行为？

案例 11-1

西南工程服务公司

唐娜·伯克（Donna Burke）是西南工程服务公司（Southwest Engineering Services）的一名系统工程师，她在加入公司的第五年被邀请参与一个开发新型软件的项目。项目总监罗恩·莫里森（Ron Morrison）是公司的软件天才和新星。唐娜不明白为什么被邀请参与这个项目，但她对此感到非常兴奋。她明白这项工作很重要，知道一个成功的项目可以极大地推动她在公司的职业发展。

罗恩第一天就召集了团队的 12 名成员开会。在自我介绍之后，罗恩发表了简短的欢迎致辞："你们今天之所以会来到这里，是因为拥有对这个项目成功至关重要的特殊技能。你们每个人都是上司推荐的，只有公司中最有资格的人才会被邀请参加。你们知道，西南工程服务公司的业务量一直在稳步增长。公司需要一个更好的决策支持系统来管理工程项目，既要保证质量，又要保持较低的成本。西南工程服务公司面临着日益激烈的市场竞争，该决策支持系统对公司保持盈利至关重要。我们的目标是开发一个创新性系统，要比目前所有可用系统都好。这是一项极具挑战性的任务，但我相信，如果团队每名成员都全力以赴，我们就一定能完成任务。如果你想成为这个团队的一员，在接下来的九个月里，必须将项目置于首位。我们将加班加点工作，甚至很多周末也要加班。如果有人无法全力以赴，现在还有机会退出。请在明天上午9点前告诉我你的决定。"第二天，唐娜和其他10名员工加入了该团队。拒绝加入的那位员工是因家庭问题而无法加班。

当团队投入到该项目中时，工作比唐娜预期的还要紧张。工作日，点外卖和加班到深夜是常事。周六上午工作是理所当然的，团队经常在周六完成工作后共进午餐。罗恩有一种热情而乐观的态度，很有感染力，不久之后，即使团队中最愤世嫉俗、最不为所动的成员也沉浸在兴奋之中。尽管工作时间很长，但这项工作令人振奋，因为每个人都知道他们将改变公司的工作方式。

罗恩清楚地描述了新系统的具体要求，这对指导团队成员的工作并保持他们对共同目标的专注非常重要。但是，罗恩并没有规定如何完成工作。他希望团队成员利用自己的专业能力来决定如何做这项工作。如果有人要求指导，罗恩可以随时提供，但他很谨慎，不在别人不需要的时候强加指导。当有人在任务中遇到困难时，罗恩会给予支持和帮助。然而，很明显，他不会容忍团队成员不全力以赴。

罗恩不遗余力地推动工作不断取得进展。该团队定期开会，评估进展情况，并确定如何应对障碍和问题。团队中每名成员都有机会影响软件系统设计的重要决策，而对特定问题的实际影响取决于个人专业能力和所提观点的质量，而不是此人在公司的地位或多年经验。

作为项目总监，罗恩的一项重要工作是确保团队可以从公司获得所需的资源和协助。罗恩花了大量时间去公司的各种场所，会见能够为新系统的设计和推行提供支持与合作的关键人员。在离开之前，罗恩要求团队成员替他履行团队内部领导职责。轮到唐娜履行领导职责时，她起初很担心，但很快发现这是一次有趣且令人满意的经历。罗恩事后向她询问情况时，鼓励她在职业规划中考虑在西南工程服务公司担任管理职务。

在第四个月的时候，团队连续遇到了一系列技术问题，这些挫折让团队感到沮丧。罗恩召开会议给大家打气。他对成员们说："我知道你们对这些挫折感到沮丧，但任何一个开创新局面的项目都会发生这种事情。我们已经取得了巨大进步，我真的为你们迄今为止取得的成就感到骄傲。相信我们能够克服最新的障碍，使项目取得成功。今天的工作到此为止，休息一下，明天我们再会面讨论关于系统集成的新想法。"

在接下来的一周，团队想出了一种创新性方法来应对障碍。他们在罗恩家开了派对庆祝这一突破。该项目在三个月后完成，比最初的截止日期提前了几周。该项目非常成功，他们对自己的成就感到无比自豪。在团队成员返回原单位或加入新项目之前，他们举行了最后一次聚会。之后，唐娜和另一名团队成员经常回忆这段经历。唐娜称赞罗恩是一位出色的指导者和促进者，她希望有机会在其他项目上与他再次合作。但是，她也意识到，他们的成功是团队努力的结果，如果没有全体成员的全力奉献和通力合作，如果他们没有将项目需求置于个人利益之上，该项目就不可能取得成功。

（作者：加里·尤克尔）

问题

1. 描述罗恩采用的领导行为以及这些行为对团队成员态度和行为的影响。

2. 结合本案例，找出跨职能项目团队与自我管理型团队在领导角色方面的相同点和不同点，并对两种团队进行比较。

案例 11-2

哥伦比亚公司

哥伦比亚公司（Columbia Corporation）是一家发展迅速的新兴公司，该公司为联网计算机工作站生产计算机配件和专用组件。它的某些独特产品享有良好的质量声誉。公司产品销售情况良好，最近与一家大型计算机公司签订的合同可能会进一步增加其销售额。然而，在取得成功的同时，该公司也遇到了一些问题。质量不合格的产品越来越多，而且，近几个月多次未能如期交货。

公司高管包括创始人兼首席执行官马特·沃尔什（Matt Walsh），以及负责生产、工程、销售和财务的各位副总裁。沃尔什是一位强势的管理者，他严格控制着公司的重要决策。其他高管在对运营进行重大变更之前，都必须得到他的批准。沃尔什愿意与每一位副总裁单独打交道，而不是集体开会解决问题。在过去两年里，部门间的关系一直在恶化。不信任、竞争和政治操纵不断加剧，沃尔什不得不频繁插手解决高管之间的冲突。这种不信任和敌对状态逐步蔓延到了各部门较低级别员工的关系上。

生产副总裁认为，质量问题的激增是工程部门频繁更改产品设计的结果。工程部门很少提前告知这些更改，生产部门没有足够的时间决定如何对生产方法进行必要的调整。至于交付问题，生产副总裁认为销售部门为了赢得新顾客做出了一些不切实际的承诺。生产能力的增长速度不足以满足不断增长的订单量，工程部门对产品进行的更改进一步加剧了交付的延迟。生产进度落后的另一个原因是财务副总裁突然决定取消生产员工本月的加班费。这一行动似乎毫无根据，生产副总裁已要求沃尔什撤销这一决定。

销售副总裁将延迟交货归咎于制造延误。她认为，生产部门的人员花了太多时间纠正质量问题，以至于无法生产出产品。销售副总裁和工程副总裁都认为生产副总裁固守自己的风格，不愿意适应重要客户的特殊需求。销售副总裁也对财务副总裁在没有事先通知的情况下收紧客户信用要求的做法感到不满。她是在一位重要客户对某大订单投诉后才发现了这项新政策。销售副总裁认为新政策将减少销售额，而她自己肯定会因此受到指责。她向沃尔什进行了投诉，而沃尔什显然当时并没有意识到收紧客户信用要求将带来一系列影响，于是才批准了这一决定。

沃尔什担心这些问题日益严重，于是向管理顾问寻求建议，询问如何让他的高管团队更有效地理解和解决生产能力不足和质量下降等重要关键问题。

（作者：加里·尤克尔）

问题

1. 创建高效的高管团队必须解决哪些问题？

2. 在带领团队方面，沃尔什需要做出哪些改变？

第十二章　组织的战略领导

>>> **学习目标**

通过学习本章内容，读者能够：

● 了解哪些组织流程决定了公司的绩效。

● 了解高层领导者如何影响组织的流程和绩效。

● 了解战略领导的制约因素及其重要性的决定条件。

● 了解高管团队的潜在优势以及如何有效利用高管团队。

● 了解监测外部环境的重要性及其监测手段。

● 了解制定良好竞争战略的程序。

导　言

领导学的早期文献多关注组织中的最高领导者或中层领导者，但近年来，人们对高层领导者的"战略领导"越来越感兴趣（Boal & Hooijberg，2001；Cannella & Monroe，1997；Carter & Greer，2013；Finkelstein，Hambrick，& Cannella，2009；Hiller & Beauchesne，2014）。关注焦点的转变反映出，人们越来越想了解高管如何改造自己的公司，以应对全球化、日益激烈的国际竞争以及飞速发展的技术与社会变革。

本章旨在讨论组织中高层领导者的有效领导。首先介绍决定组织繁荣和生存的绩效因素；接下来回顾领导者影响这些绩效决定因素的方式、决定战略变革需求的条件，以及高层领导者对组织的影响程度。多数研究考察了首席执行官对组织绩效的影响，本章将对不同类型的研究进行回顾和评价。

本章还将介绍高管团队与组织战略领导的关系，讨论如何有效使用高管团队，并回顾组织领导的不同概念，包括共享型领导、分布式领导、关系型领导和复杂性领导理论。

最高管理层的两项重要职责是监测外部环境以识别威胁和机遇，以及为组织未来的生存和繁荣制定战略。本章将对这些职责进行解释，并提供相关行为指南。

一、组织绩效的决定因素

组织效能事关组织的长期发展与生存。为了获得成功，组织必须适应所处环境、获取必要资源，并高效开展运营（de Kluyver & Pearce，2015；Katz & Kahn，1978）。领导者可以通过多种方式影响组织绩效，包括做出有关竞争战略（competitive strategy）、人力资源、管理计划、制度和组织结构的决策。组织绩效的各决定因素是密切联系的，领导者在决定如何提高绩效时应了解各个因素的内在协调和潜在协同（Finkelstein et al.，2009；Gupta，Smith，& Shalley，2006；He & Wong，2004；Hiller & Beauchesne，2014；Yukl，2008）。

（一）适应环境

组织的效能取决于其如何以适当的方式应对外部威胁与机遇（de Kluyver & Pearce，2015；Porter，1998）。当外部环境不稳定且不确定时，适应环境更为重要，这可能发生在技术快速变革、政治和经济环境不稳定、竞争对手或外部敌人构成新威胁的情况下。如果某家公司制定了相关的竞争战略，明确了要提供的产品或服务类型以及影响潜在客户的方式，那么该公司就更有可能成功地适应环境。要成功地适应环境，有时需要对组织的产品、服务或营销供应程序进行重大变革。对于在战略上强调以独特的领先产品或服务满足客户不断变化的需求的组织来说，快速应对不断变化的条件和新的竞争环境尤为重要。

通过准确解读环境信息、开展成员集体学习以及制定绩效决定因素的准确心智模型，组织可以增强其适应环境的能力。适应能力的其他决定因素包括有效的知识管理（在组织内保留和传播新知识）、灵活的工作流程（快速改变流程的能力）、产品服务或流程方面的创新，以及可自由支配的资源（支持新计划和危机管理）等（Coda & Mollona，2010）。

（二）效率和过程可靠性

效率是指以最小的成本利用人员和资源进行必要的运营，力求避免精力和资源的浪费。当组织的竞争战略是以低于竞争对手的价格提供产品和服务时，或者当金融危机导致支持必要运营的资金有限时，效率就变得尤为重要（Yukl & Lepsinger，2004）。如果组织能够将增加的成本转嫁给客户，或者得到政府或私人投资者的高度补贴，其效率的重要性就会降低。通过重新设计工作流程、使用新技术、协调部门活动来避免不必要的活动和浪费资源，可以提高组织效率。但是，如果购买和使用新技术的成本超过了减少劳动力的使用所节约的成本，那么利用新技术提高效率的努力就可能会失败。

过程可靠性是指避免不必要的延误、错误、质量缺陷或事故。负面影响包括盗窃或滥用资源，耗资更换缺陷产品、改进不良服务、修理或替换损坏的设备，或受到因错误、事故或接触有害物质而受伤的客户或员工的起诉。将过程可靠性概念化主要是为了将其纳入效率范畴，因为它通常会增加成本，有时还会对组织的适应能力（例如，产品缺陷或服务差导致销售额减少）或人力资源（例如，员工因可避免的事故和危险而严重受伤或死亡）产生影响。

组织可以利用额外资源确保质量和安全，以及产品或服务按时交付，从而避免事故的发生，提高过程可靠性。然而，提高过程可靠性所节省的成本必须大于投入额外资源的成本，否则效率不会得到提高。有时，组织可以重新设计产品或简化工作流程，以减少错误和延误成本的出现，并节约组织的直接运营成本（例如，重新设计产品或实施"六西格玛"计划）。

（三） 人力资本和人力资源战略管理

人力资本一词有时可以用来描述组织中人力资源的质量，包括成员的相关技能和经验（Fulmer & Ployhart，2014；Hitt & Ireland，2002；Nyberg，Moliterno，Hale，& Lepak，2014）。组织绩效还取决于成员动力及成员社会关系网（有时称为社会资本）的质量。如果组织工作的执行者具备强大的技能、对任务目标高度投入、对自己实现挑战性目标的能力充满信心、有高度的互信、对组织及其使命有强烈的认同，那么组织工作将得到更有效的执行（Crook，Todd，Combs，Woehr，& Ketchen，2011；Harter，Schmidt，& Hayes，2002；Pfeffer，1994，2005）。有才能且敬业的员工对组织提高效率和实现创新性适应都有重要的作用（Huselid，1995；Jackson，Schuler，& Jiang，2014；Mahsud，Yukl，& Prussia，2011；Wright & Ulrich，2017）。

若组织（例如，医院、咨询公司、律师事务所、广告公司和研究型大学等）严重依赖具有独特才能、需要大量培训且难以被替代的人员，人力资本更为重要。对流程高度自动化、员工较少，将多数活动外包的虚拟组织，或非技术性岗位占多数且雇用低价劳动力的组织，人力资本就不那么重要。

最高管理层越来越重视人力资本对组织成功的重要性，并因此越来越强调员工技能

与战略目标的结合。这种方法被称为人力资源战略管理（Jackson et al.，2014；Wright &
Ulrich，2017）。组织应重视在组织层面调整和协调人力资源实践，以确保对人力资本进行
战略性部署，从而提高竞争力（Jiang，Takeuchi，& Lepak，2013）。通过提高员工技能
（例如，招聘、选拔、培训等）、提高员工动力（例如，有吸引力的愿景、激励和奖励等）、
改善员工工作方式（例如，灵活的工作设计、工作团队的使用等），可以加强人力资本。

（四） 竞争战略

竞争战略是指对产品或服务类型、吸引潜在客户的基础（例如，价格、质量、客户
服务、独特性等）以及影响潜在客户的方法（例如，广告、打折、推销等）做出的决策。
竞争战略还可能涉及获得必要财务资源的方式（例如，股票、债券、贷款、捐赠等），以
及壮大组织和拓展新市场的方法（例如，收购、合并、合资、战略联盟、特许经营等）。
竞争战略是商业组织财务绩效和生存发展的重要决定因素（Adner & Helfat，2003；
Carmeli，Gelbard，& Gefen，2010；de Kluyver & Pearce，2015；Hambrick，2007；
Narayanan et al.，2011；O'Reilly，Caldwell，Chatman，Lapiz，& Self，2010；Porter，
1980，1998）。

领导者制定竞争战略时会用到某些变革导向型行为，例如评估威胁和机遇、确定核
心竞争力、提出创新性战略和评估替代战略等（de Kluyver & Pearce，2015），也可以借
助某些程序和系统监测外部环境，从而发现威胁和机遇，为组织确定合适的战略。

竞争战略相关决策对适应能力的潜在影响较大，也会影响其他绩效决定因素的相对
重要性及最佳水平（Hiller & Beauchesne，2014）。例如，如果组织决定以低价作为增加
销售额和利润的主要手段，则可能需要降低运营成本（例如，使用更先进的技术，使用
成本更低的材料，削减现有或新员工的工资和福利，将高薪工作外包给低收入国家等）。
如果组织决定提供独特产品或改善服务，则需要招聘更多技术熟练的员工，或改变对现
有员工的培训和奖励方式。实施新战略通常要对组织的管理计划、制度和结构进行一些
调整，可能还需要与其他组织（例如，客户、分销商、供应商、战略合作伙伴等）达成
新的协议（Lechner & Kreutzer，2010）。

（五） 管理计划、 制度和结构

各类改进计划、管理制度和结构形式都可以影响组织效能（Yukl & Lepsinger，
2004），以改善组织的适应能力、效率或人力资本（见表12-1）。

表 12 - 1　可以提高绩效的管理计划、制度和结构

效率和过程可靠性：
• 绩效管理和目标设定计划（目标管理法、零缺陷管理等）
• 过程和质量改进计划（质量圈、全面质量管理、"六西格玛"企业管理战略等）
• 成本降低计划（裁员、外包、即时库存等）
• 结构形式（职能专业化，正式化和标准化等）
• 注重效率和过程的可靠性评价、认同和奖励制度
人力资本和人力资源战略管理：
• 高质量的工作-生活计划（弹性工作制、轮岗、儿童保育、健身中心等）
• 员工福利计划（医疗、假期、退休、公休等）
• 社交和团建（入职培训计划、典礼和仪式、社交活动和庆典等）
• 员工发展计划（培训、指导、全方位反馈、教育补贴等）
• 人力资源规划（继任规划、评估中心、招聘计划等）
• 授权计划（自我管理型团队、员工持股、业内民主等）
• 基于忠诚、服务或技能习得的表彰和奖励计划
创新性和适应性：
• 竞争对手和市场分析计划（市场调查、焦点小组、顾客小组、产品比较测试、竞争产品和生产流程的标杆管理等）
• 创新计划（创业计划、质量圈、创新目标等）
• 知识获取（咨询顾问、合资经营、借鉴其他公司的成功经验等）
• 组织学习（知识管理系统、活动回顾、合资经营等）
• 实施变革的临时小组（指导委员会、工作组等）
• 发展与多元化计划（兼并与收购、特许经营、合资经营等）
• 结构形式（研究部门、小型产品部门、产品经理、跨职能产品开发团队等）
• 基于创新和客户满意度的评价、认同和奖励制度

领导者可以实施各类管理计划或方案提高组织效率和过程可靠性（例如，Benner & Tushman，2003；DeNisi & Murphy，2017；Ho，Chan，& Kidwell，1999；Lahiri，2016；Lawler，Mohrman，& Benson，2001；Powell，1995；van Dierendonck & Jacobs，2012；Waterson et al.，1999）。例如，成本降低计划（裁员、外包、即时库存等）、流程和质量改进计划（全面质量管理、"六西格玛"企业管理战略、业务流程再造等）、绩效管理和目标设定计划（例如，目标管理法和零缺陷管理等），以及基于效率和过程可靠性的评价、认可和奖励制度。有些项目需要制定标准化程序，以确保各子单位之间可以高效、统一地开展行动。还有一类改进计划需要使用新技术，以使工作流程自动化并降低劳动力成本。组织效率还受组织正式结构的影响，如正式化、标准化和对职能专业化的使用（Mintzberg，1979）。

领导者可以利用多种类型的计划促进组织的创新和适应（例如，Damanpour，1991；Dougherty & Hardy，1996；Gibson & Birkinshaw，2004；Van de Ven，Poley，Garud，&

Venkataraman，1999；Vermeulen，De Jong，& O'Shaughnessy，2005）。例如，可以利用相关计划加强对客户偏好和竞争对手活动情况的了解（例如，市场调查、焦点小组、顾客小组、产品比较测试、竞争产品和生产流程的标杆管理等）。有利于提高创新和适应能力的组织结构形式包括研发部门、跨职能产品开发团队、产品经理，以及基于产品、细分市场或不同类型客户的半自治部门（Galbraith，1973；Mintzberg，1979）。

领导者可以利用各类人力资源战略管理计划与制度改善组织的人力资本（Guzzo，Jette，& Katzell，1985；Huselid，1995；Jackson et al.，2014；Jiang et al.，2013；Kirkman & Rosen，1997；Lawler et al.，2001；Wright & Ulrich，2017）。可以制订招聘和选拔计划、人才管理计划、继任规划计划，以及员工发展计划（例如，培训、指导、全方位反馈、教育补贴等），以提高员工技能。领导者可以推行一些高质量的工作-生活计划（弹性工作制、轮岗、儿童保育、健身中心等）、员工福利计划（薪酬、医疗、退休、公休等）、社交计划（入职培训、庆典仪式和典礼等）、员工授权计划（员工持股、业内民主等），以及基于忠诚、服务或技能习得的表彰和奖励计划。

尽管某些改进计划和管理制度取得了巨大成功，但也有很多失败的案例，因为它们相关性差、执行性不够，或者与组织的文化和竞争战略不兼容（Abrahamson，1996；Abrahamson & Fairchild，1999；Beer，1988，2011；Benner & Tushman，2003；Carson，P.P.，Lanier，Carson，K.D.，& Guidry，2000；Narayanan & Fahey，2013；Staw & Epstein，2000）。很多管理计划和制度在改善绩效某个决定因素的同时，会对其他绩效决定因素产生意想不到的副作用，这些副作用可能是积极的，也可能是消极的。即使某个计划的主目标可以实现，但不良的副作用也可能导致其被放弃。然而，大量研究证据表明，人力资源战略管理计划可以将人力资源实践与战略目标相结合，从而提高组织绩效（Jiang et al.，2013；Wright & Ulrich，2017）。

二、领导者对组织绩效的影响

领导者可以采取很多行为影响组织绩效的决定因素，柔性领导理论（flexible leadership theory）介绍了两种常用方法（Yukl，2008；Yukl & Lepsinger，2004；Yukl & Mahsud，2010）。一是通过领导行为直接影响个人和组织，正如前面章节介绍的，任务导向型行为可以提高效率和过程可靠性，关系导向型行为可以改善人际关系和人力资源，变革导向型行为可以促进创新和适应外部环境。

二是对竞争战略、组织结构和管理计划做出决策。高层领导者通常对竞争战略相关决策以及对正式计划、设立或修改制度和结构负有主要责任、拥有绝对权威（de

Kluyver & Pearce，2015；Finkelstein et al.，2009；Hambrick，2007；Hambrick，Na-dler，& Tushman，1998；Hiller & Beauchesne，2014；Hunt，1991；Kollenscher，E-den，Ronen，& Farjoun，2017）。然而，为了确保新的战略、计划或管理制度得到有效实施，组织内各级领导者需要协调努力（Raes，Heijltjes，Glunk，& Roe，2011）。多数领导理论都介绍了领导者行为对下属态度和动力的直接影响，但没有提及领导者因计划或制度变更而对成员产生的间接影响。如果将时间拉长，组织的最高管理层和其他领导者还可以利用行为、计划和奖励制度的组合效应影响组织的文化价值观。

直接行为和关于战略、计划或结构的相关决策是领导者施加影响的两种互补形式（Yukl，2008）。直接行为可以促进新战略或计划的实施及运用。例如，如果领导者鼓励下属参加培训计划，并让他们有机会在工作中使用新学到的技能，培训计划成功的可能性就更大。如果领导者鼓励员工向新知识管理系统中输入相关信息并以适当方式使用该系统，该系统成功的可能性就更大。如果领导者能够解释对战略进行重大变革的原因，以及变革将给组织带来的益处，重大战略变革被接受的可能性就会更大。

管理计划和制度可以加强领导者直接行为的效果（Yukl，2008；Yukl & Lepsinger，2004）。例如，如果某组织精心设计了创新奖励计划，就更容易促进新产品和新流程的开发。如果没有这样的计划，员工可能会怀疑自己的创意是否会得到组织的支持并最终被采用。但是，相关计划和结构也可能限制领导行为的使用，或抵消行为的影响。例如，如果组织有关于工作的详细规则和标准程序，领导者就很难对下属进行授权。提高服务速度就会降低服务质量，如果激励制度完全依据员工所服务客户的数量，领导者就很难影响下属改善客户服务。

管理计划和制度也可以替代某些类型的直接行为（Yukl，2008；Yukl & Lepsinger，2004）。例如，组织集体培训计划可以减少领导者对直接下属的培训量。管理计划和制度可以确保各单位高效、统一地开展共同行动。相比各单位自己决定发放奖金的规模、频率和标准，组织范围内明确的奖金制度可能会更公平。相比让组织的多名领导者各自提供培训，让专业培训人员为所有员工提供通用技能培训可能会更高效。

（一）权衡与协同

绩效决定因素之间复杂的相互依赖和权衡关系给领导者带来了巨大的挑战（Beer，2001，2011；Quinn，1988；Yukl & Lepsinger，2004）。有些决策和行动在改善某个绩效决定因素的同时也可能会以积极或消极的方式影响其他绩效决定因素，且经常会产生意想不到的结果。领导者如果过分强调对绩效某个决定因素的影响，就可能会对绩效的其他决定因素产生不利影响，导致组织绩效降低。家得宝公司（Home Depot）的一个案例表明，提高效率的尝试有时会对人际关系和适应能力产生负面影响（Foust，2003）：

> 当鲍勃·纳德利（Bob Nardelli）离开通用电气公司，成为家得宝公司新任首席执行官时，他决定进行集中采购、限制可出售物品数量，雇用更多兼职员工，以削减成本。这些变化使店铺经理岗位的吸引力大大降低，很多人辞职。顾客满意度也出现下降，因为很多喜欢的东西买不到了，兼职员工也无法为顾客提供有效建议。这些变化导致家得宝公司的销售额和股价不断下降。

在艰难权衡时，领导者有必要找到适当的平衡点，以了解绩效各决定因素的相对优先性并提高其潜力（Beer，2001，2011；Ebben & Johnson，2005；Gibson & Birkinshaw，2004；Quinn，1988；Uotila，Maula，Keil，& Zahra，2009；Yukl & Lepsinger，2004）。在某些情况下，要想使绩效的某个决定因素得到改善，就必须对其他决定因素进行相应的更改。例如，如果进行必要变革所依赖的员工缺乏实现目标所需的动力和技能，就很难提高效率或进行创新。在可能的情况下，领导者应设法同时改善多个绩效决定因素。

如果领导者能够同时提高创新性适应能力和效率（有时也称为"组织二元性"），团队或组织的绩效可能会更好（Boumgarden，Nickerson，& Zenger，2012；Gibson & Birkinshaw，2004；He & Wong，2004；Heavey & Simsek，2017；O'Reilly & Tushman，2004，2013；Patel，Messersmith，& Lepak，2013；Tushman & O'Reilly，1996）。例如，一项研究（Gilson，Mathieu，Shalley，& Ruddy，2005）发现，拥有高技能成员（人力资本）的设备维修团队能够将标准化做法与创新方法相结合，同时实现低成本（效率）和良好的客户服务（适应能力）。要想成功实现潜在的协同效应，我们就必须很好地理解各绩效决定因素之间的复杂关系，以及为影响这些因素的决定可能带来的后果。下面的案例介绍了知名公司 3M 是如何成功实现协同效应的（Paul & Fenlason，2014）。

> 在整个 20 世纪，3M 在突破性创新和推出新产品方面有着无法超越的纪录，但在 2006 年，新任首席执行官乔治·巴克利（George Buckley）面临的挑战是如何在创新和运营效率之间实现平衡。巴克利认为，公司必须重振创新精神，将其作为增长之路。他改变了公司的战略和运营规划，鼓励各业务部门制定个性化战略，同时削减公司员工的倡议方案数量。结果，3M 产品销售额连续五年呈增长趋势，占总收

入的 32%，高于 2005 年的 21%，反映了公司未来营收的增长和研发的成功。

由于条件的变化会影响各绩效决定因素的相对重要性，因此，对各种绩效决定因素进行权衡会非常复杂（Yukl，2008；Yukl & Lepsinger，2009）。条件的变化包括经济和政治条件变化、来自其他组织的新竞争、客户偏好的变化，以及影响公司流程或产品的技术变化。领导者可能刚取得良好平衡，就发现不断变化的环境再次打破了平衡。领导者应经常对情境进行评估，确定哪些类型的行为、计划、管理制度和结构形式具有相关性且相互兼容。使用过去成功的某种特定类型行为、计划或战略，可能不会产生预期的结果。领导者需要具备较高的技能，对情境进行准确的监测和诊断，还要紧跟不断变化的条件整合各种不同的领导活动（Boal & Hooijberg，2001；Hooijberg et al.，1997；Simsek，Heavy，& Fox，2018；Yukl & Lepsinger，2005）。下面的案例生动地展示了最高管理层未能有效处理复杂性时会出现的问题（Finkelstein，2003）：

> 20 世纪 80 年代，通用汽车面临两大难题：一是与工会的紧张关系，二是丰田等日本公司生产的低成本、高质量汽车引起的日益加剧的竞争。通用汽车首席执行官罗杰·史密斯（Roger Smith）认为，用机器人替代多数生产工人可以提高效率和质量。他想让通用汽车的工厂日夜高速运转，没有工人失误，没有罢工，劳动力成本更低。通用汽车高管们未能预见生产过程自动化的困难和高昂成本，他们也不知道更好的办法是借鉴丰田公司行之有效的精益生产实践（供应链管理、即时库存和质量管理实践等）。新设备的投资成本，以及雇用熟练技术人员操作和维护设备的高昂成本，远远超过了裁员所节约的成本。自动化工厂未能像预期那样提高产品质量，甚至在 1984 年至 1991 年间，通用汽车的生产率实际上有所下降。通用汽车在自动化方面投资了 450 多亿美元，这些钱足以买下丰田和日产公司了。

（二）　协调不同单位的各级领导

组织领导是涉及组织中不同级别和不同单位众多正式和非正式领导者的过程。不同领导者的命运错综复杂地紧密交织在一起，如果他们所做的决定不兼容，组织的整体绩效可能就会受到影响（Yukl，2008）。尽管最高管理层对战略决策负有主要责任，但如果没有组织中下层领导者的支持和承诺，相关的战略决策不可能得到成功实施（Beer，2011；Beer et al.，1990；Huy，2002；O'Reilly et al.，2010；Raes et al.，2011；Wai-Kwong，Priem，& Cycyota，2001）。

即使组织首席执行官能力强大，新战略或重大变革也可能因高层领导者的长期冲突或中下层领导者的抵制而被推迟。对于外部威胁和机遇的性质、过去成功或失败的原因、不同目标的优先顺序、替代战略的可行性以及重大变革的必要性，不同领导者都可能存在分歧。要想为组织制定促进充分合作和承诺的愿景或竞争战略，领导者需要充分了解潜在阻力（Beer，2011；Connor，1995；Edmondson，Roberto，& Watkins，2003；Kotter，2002；Leonardi，2015；Narayanan & Liam，2013；Robbins & Duncan，1988；Smith & Tushman，2005）。

理解各种复杂的相互依赖关系是非常重要的，这种关系决定了战略决策对其他高管和整个组织的影响（Hambrick，Humphrey，& Gupta，2015）。解决分歧和实现整合通常由首席执行官负责，也可以由整个高管团队负责（Kisfalvi，Sergi，& Langley，2016）。史密斯和塔什曼（Smith & Tushman，2005）介绍了以领导者为中心或以团队为中心的条件和基本过程。

如果管理者没有共同的理想和价值观指导决策制定，就很难协调组织中不同单位的各级领导者，并使之开展合作（Carter & Greer，2013）。拥有强大核心意识形态的公司更有可能长期生存并取得成功（Collins & Porras，1997）。最高管理层的重要职责是确保组织的核心意识形态，各级领导者必须支持并确保它得到理解。

高层领导者对相关信息或新想法没有垄断权，组织中的创新性变革通常来自较低级别的领导者（Marion & Uhl-Bien，2001；Uhl-Bien & Marion，2009；Yukl & Lepsinger，2004）。最高管理层可以采用多种方式加强中下层领导者对战略决策的参与（Barney，Foss，& Lyngsie，2018；Denis，Lamothe，& Langley，2001；Sundaramurthy & Lewis，2003）。其中包括邀请各级管理者参加战略决策碰头会或虚拟会议；组建由不同单位和不同级别代表组成的工作组，负责制订新计划或确定变革类型；利用相关计划和制度鼓励并支持下级领导者提出改善效率、适应能力和人际关系的建议。

三、战略领导的影响情境

在某些情境下，高层领导者对组织绩效施加强大影响的机会更大。这在一定程度上取决于组织战略对高水平财务绩效的促进程度、战略外部条件是否有效、首席执行官做出重大变革的权力以及限制其决策的内部和外部制约（de Kluyver & Pearce，2015；Finkelstein et al.，2009；Hiller & Beauchesne，2014；Lord & Maher，1991；Miller & Friesen，1984；Simsek et al.，2018；Tushman & Romanelli，1985；Tushman，Newman，& Romanelli，1986）。下面简要介绍各种情境因素的影响。

（一） 高层领导者的制约因素

高层领导者对组织绩效的影响程度部分取决于进行决策和行动时所受到的内部和外部制约（Bromiley & Rau，2015；Hambrick，2007；Hambrick & Finkelstein，1987）。组织中强大的内部力量或联盟就是一种内部制约。如果首席执行官是公司的股东，或者董事会很容易受其影响，那么首席执行官的权力和自由裁量权就会更大。如果组织有多余的财政储备为新企业提供资金，或者公司的发展使贷款创新融资更加容易，那么首席执行官的自由裁量权也会增强。如果首席执行官必须受公司创始人的影响，满足主要股东（例如，家族企业或企业子公司等）的需求或对做事僵化的董事会负责，其自由裁量权就会变小。如果内部派系和联盟（例如，工会或其他拥有强大权力基础的高管等）有足够的权力阻止领导者的变革，或者组织中存在抵制变革的强大文化，那么首席执行官的自由裁量权也会受到限制（Windsor，2010）。拥有强大官僚机构和标准化工作流程的大型组织有一种难以克服的惯性，人们会因为变革可能威胁其地位和权力、与他们的价值观或信仰矛盾或需要学习新的工作方式而抵制变革。

首席执行官自由裁量权的外部制约包括公司主要产品和服务的性质，以及公司所处的市场类型（de Kluyver & Pearce，2015）。如果组织处于需求快速增长而不是需求稳定或下降的行业，或者该组织的产品或服务与竞争对手的产品或服务有所不同（不是汽油或水泥等标准化商品），又或者该组织在市场中占据主导地位、几乎没有或根本没有直接竞争对手（例如，该组织是垄断企业或占据统治性的市场份额等情况），那么管理层的自由裁量权就会更大。自由裁量权会受到强大的外部利益相关方的制约，例如，少数重要客户占公司大部分销售额，或者公司依赖单一主要材料来源。高管的决定和行动受到环境法、劳动法、安全标准和法律义务的限制。即使组织处于垄断地位，在定价、技术和产品更新等关键领域的自由裁量权也可能受到政府监管的严格限制。

（二） 环境不确定性和危机

高管进行重大变革的自由裁量权部分取决于内部和外部利益相关方对组织当前绩效的看法。在危机情境下，领导者应采取更果断、更具创新性的行动（Clair & Dufresne，2007；de Kluyver & Pearce，2015）。如果环境的重大变化可能破坏现有战略的效能或创造实施新战略的绝佳机会，首席执行官对组织绩效的潜在影响会大得多。如果首席执行官能预见变革需求并采取大胆措施应对威胁和利用机遇，就可以对组织的长期发展和效能产生巨大影响（Abdelgawad，Zahra，Svejenova，& Sapienza，2013；Weber，2000）。

在相对稳定和繁荣的时期，组织中发生重大创新性变革的可能性较小。在没有明显危机和业绩下滑的情况下，进行重大变革是有风险的。在相对稳定的环境中，改变行之有效的传统战略可能不但不会改善财务绩效，反而会使之降低（McClelland, Liang, & Barker, 2009）。实施新战略的成本往往很高，随着成本的增加和人们对新工作方式的学习，财务绩效可能会暂时下降（Lord & Maher, 1991）。重大变革成功与否通常需要相当长的时间来验证（3～5年），组织成员可能会对进展缓慢感到不耐烦。

面对新竞争、新技术或客户偏好等外部环境的逐渐变化，很多高管坚持认为以往的成功战略仍然有效（Audia, Locke, & Smith, 2000; Lant, Milliken, & Batra, 1992; Miller & Chen, 1994; Narayanan & Liam, 2013）。如果高管们认同当前战略只是因为该战略是他们制定的或对该战略的隐含假设不正确，则可能只会做出渐进式改变，而不会进行重大变革（Methe, Wilson, & Perry, 2000）。利用削减成本和强化控制加强当前战略一般可以暂时改善业绩，使高层领导者看起来成功（Johnson, 1992）。顽固的首席执行官可能会继续在当前战略上投入更多资源，而不承认它正在走向失败（Staw & Ross, 1987），战略决策者这种加大投入的情况在各种文化中都很常见（Greer & Stephens, 2001）。

当业绩下降、生存受到挑战时，组织通常会从外部聘请新的首席执行官，负责进行重大变革。新任首席执行官会做出一些初步变革，以获得立竿见影的效果，为长远解决方案争取时间，并为未来的变革赢得更多自由裁量权（Ma & Seidl, 2018; Schepker, Kim, Patel, Thatcher, & Campion, 2017）。然而，若最初的变革实施成本高昂且对运营不利，变革就可能在使组织获益之前导致其业绩进一步下滑（Gabarro, 1987; Haveman, 1992; Schepker et al., 2017）。一项针对美国橄榄球大联盟球队教练的研究发现，如果新任领导者在之前的职位上取得过明显的成功，那么其倡导的重大变革就更可能成功。但该研究还发现，声誉良好的领导者通常在做出重大变革时更加谨慎（Ndofor, Priem, Rathburn, & Dhir, 2009）。

内部和外部制约的相互作用以及领导者的人格和技能共同影响着领导者的行为（Finkelstein et al., 2009; Hiller & Beauchesne, 2014）。随着时间的推移，组织会面临利用各种类型的人处理相应领导情境的压力。最具限制性的情境是，内部和外部制约非常严重，首席执行官仅仅是一个傀儡，无法实施任何重大战略变革或创新。这类职位不太可能吸引有野心、有创新精神的领导者，而组织在选拔过程中也会倾向于保守、规避风险、顺从的人选。

另一种极端情境是，领导者几乎不受内部和外部制约，拥有充分的自由裁量权。这种职位会吸引雄心勃勃、充满活力的领导者。充分的自由裁量权可以为创新型领导者提供机会，但并不能保证其取得成功。即使在几乎没有约束的情境下，某些领导者也缺乏感知创新机会的认知技能或追求创新的动力。

四、组织文化

组织文化包括成员共同的假设、信念和价值观（Alvesson，2010；Schein，1992，2016；Trice & Beyer，1991，1993）。潜在的信念和价值观可以帮助组织成员应对外部的生存问题和内部的融合问题。组织可能有一种主导文化，组织中各单位也可能有自己独具特色的文化。组织文化是一种影响领导者的情境因素，但随着时间的推移，领导者也会影响组织文化。本部分将介绍文化的功能、文化与组织绩效的关系、领导者对文化的影响以及文化变革的困境。

（一） 文化的功能

文化的主要功能是帮助人们了解环境并决定如何应对环境，从而减少焦虑、不确定性和困惑。外部问题包括组织的核心使命、基于该使命的具体目标、实现这些目标的战略、衡量目标实现与否的方法，以及影响组织中意外事件发生的原因。如果没有合作，目标和战略就无法得到有效实现，内部整合涉及的问题包括成为组织成员的标准、确定地位和权力的基础、奖惩的标准和程序、处理挑衅和亲密关系的规则或习俗、对词语和符号意义的共识等等。对这些问题的看法是角色期望的基础，可以引导人们的行为，让人们知道什么正确、什么不正确，并帮助人们彼此保持舒适的关系。内部和外部问题紧密相连，组织必须同时处理这些问题。解决方案是基于经验开发出来的，因此，它们会成为共同的假设，并被传递给新成员。随着时间的推移，成员会对这些假设非常熟悉，并将其嵌入自己的潜意识。共同信仰和既定传统是确保组织或社会的稳定性和连续性的重要文化机制，文化可以促进或限制组织进行重大变革（见第五章）。

（二） 文化和组织绩效

如果组织的文化价值观与完成任务和适应内外挑战所需的过程类型一致，组织的绩效就可以得到提高（Bezrukova，Thatcher，Jehn，& Spell，2012；Cameron & Quinn，2011；Gordon & DiTomaso，1992；Harrison & Bazzy，2017；Kotter & Heskett，1992）。例如，灵活性、创造力和创业精神等共同价值观可以促进组织的创新和学习

(Baer & Frese，2003)。可靠性、按时完成任务、无差错、控制成本、负责任地使用资源以及遵守经验和标准程序等共同价值观可以提高效率（Miron et al.，2004）。组织文化还可能包括国家文化中某些重要价值观（例如，绩效导向、对不确定性的容忍等），也可能对组织绩效产生影响（见第十三章）。如果共同的信念和价值观与组织发展和生存所需的战略不一致，强大的企业文化就可能变成弱点而不是优势。

（三）　领导者对文化的影响

组织的首席执行官通常比其他管理者具有更大的影响力，但企业文化反映的是不同领导者在相当长时间内的影响（Pfeffer，1992；Schein，1992；Trice & Beyer，1993；Tsui，Zhang，Wang，Xin，& Wu，2006）。如果首席执行官能成功领导公司多年或者能利用战略和运营方面的重大变革拯救垂死组织，其个人影响力将是巨大的。在呼唤重大变革的危机中，领导者对企业文化的潜在影响会增强，但首席执行官并不是这种影响的唯一来源。如果某单位对组织取得成功发挥了显著作用，那么该单位就会出现某些关键的文化元素，并成为企业文化的核心。

领导者可以运用多种方式影响组织文化，当各种方法协调一致时，影响效果会更好（Day，Griffin，& Louw，2014；Schein，1992，2016）。领导者影响组织文化的形式之一是利用意识形态诉求，反复传递组织或单位具有吸引力的愿景。领导者在陈述重要价值观和目标及其长期战略和计划时，会传达出自己的价值观（Hambrick & Lovelace，2018）。书面价值观、章程和哲理可能会发挥作用，但若没有领导者的行动和决策支持，这些内容就几乎没有可信度。领导者可以利用与其文化或价值观相关的象征行为传达价值观和期望，例如，提供忠诚、自我牺牲和职责之外的努力和帮助。即使领导者的象征行为或决定没有被组织多数成员直接看到，也可能作为故事谈资被广泛传播。领导者还可以利用询问、衡量、评论、赞扬和批评等行为传达日常活动中的关切。若领导者不关注某件事，传达的信息就是这件事不重要。下面的范例说明领导者保持决策和行动与自身所持价值观一致的重要性（Newstrom & Davis，1993）：

> 硅谷一家小型计算机公司的首席执行官和其他高管希望为公司创造一种合适的文化。他们拟定了一份两页的价值观声明，介绍了员工参与、开放式沟通、高质量产品和良好客户服务的重要性。价值观声明被张贴在显眼的位置，也分发给了公司员工。然而，价值观声明与高管行为之间存在着巨大差异，多数员工都知道保密和权宜之计才是价值观的精髓。会议不是用来进行开放式沟通的，而是用来宣布高层

领导者已做出的决定的。此外，领导者不会鼓励员工提出想法或表达担忧，因为无论产品是否存在缺陷，将其卖给客户才是首要任务。随着质量问题不断增加，很多顾客对该公司的电脑不满意。该公司销售额开始下降，并于两年后申请破产。

展现某些文化形式是领导者影响组织文化的另一种方式，如符号、口号、仪式和典礼等（Hogan & Coote，2014；Schein，1992，2016；Trice & Beyer，1993）。领导者可以利用相关仪式和典礼强调核心价值观并加强成员对组织的认同。很多组织都要求新成员公开宣誓效忠、展示对意识形态的了解，或经受能证明其忠诚的考验。当成员晋升、新任领导者就职或成员退休时，领导者通常都会举行仪式庆祝。领导者也可以利用仪式和典礼宣传个人重要事件和英雄事迹。但是，故事和事迹更多是文化的反映，而不是文化的决定因素。故事必须描述真实的事件，并传达关于价值观的明确信息，只有这样的故事才能发挥作用。

创建或修改某些正式的项目、制度和设施也是领导者影响文化的方式。领导者可以利用某些正式的预算、计划会议、报告、绩效审查程序和管理发展计划强调关于正确行为的价值观和信念；可以利用入职培训加强新员工社交，让他们了解组织文化；可以设计一些培训计划增强员工工作技能，同时向参与者传达组织的意识形态；还可以利用在招聘、选拔、奖励、晋升和解雇员工时强调的标准来传达组织的价值观。如果组织能够提供成功相关标准及要求的实际信息，且人事决策符合这些标准，就可以对组织文化产生更大的影响。

（四） 文化变革的困境

文化变革的难度在一定程度上取决于组织的发展阶段（Schein，1992，2016；Trice & Beyer，1993）。新组织的创始人对其文化有很大的影响。创始人通常会为企业提出愿景，并提出实现愿景的方法，如果能成功实现目标并减少焦虑，这些愿景和方法将逐渐融入企业文化。在新的成功组织中，如果组织文化对成功至关重要、相关假设被当前成员内化并传递给新成员，且创始人致力于体现和加强组织文化，这种文化就会变得更加强大。经验表明，随着时间的推移，有些假设需要改进，组织文化也会随之演化。最终，随着组织逐渐成熟，若创始人或其家族以外人员占据关键领导职位，组织文化将变得不那么统一，各单位也会发展自己的文化。

总体来说，领导者改变成熟组织的文化比创造新组织文化更困难。因为在成熟的组织中，人们有很多隐性的基本信念和假设。如果组织文化证明了过去的合理性，认为其值得骄傲，那么文化假设将很难改变。此外，文化价值观可以影响组织对领导者的选拔及对其角色的期望。在一个发展势头良好、相对成熟的组织中，文化对领导者的影响大于领导者对文化的影响。除非有重大危机威胁到组织的福利和生存，否则其文化价值观不太可能发生剧烈变化。即使面临危机，领导者也需要具备很强的洞察力和技能，以理解组织当前的文化并成功实施变革。

五、战略领导的影响研究

研究者对首席执行官对公司绩效的影响进行了各类研究，如首席执行官继任研究、首席执行官决策和行动相关研究以及首席执行官行为调查研究。

（一）首席执行官继任研究

更换组织首席执行官的结果研究关系到对战略领导重要性的理解。多数相关研究方法是对样本商业公司的首席执行官进行现地档案研究，但也有少数继任研究针对的是专业运动队的教练。所有数据均来自档案记录，研究者将继任者的特征（例如，内部特征与外部特征）与其继任前后的组织绩效客观衡量结果联系到一起（例如，Chiu, Johnson, Hoskisson, & Pathak, 2016；Grinyer, Mayes, & McKiernan, 1990）。研究者在了解继任的原因、继任者的选拔方式以及继任对组织的影响方面取得了一些进展（Chiu et al., 2016；Georgakakis & Ruigrok, 2017；Giambatista, Rowe, & Riaz, 2005；Hutzschenreuter, Kleindienst, & Greger, 2012；Ma, Seidl, & Guérard, 2015；Marcel, Cowen, & Ballinger, 2017；Schepker et al., 2017；Sobel, Harkins, & Conley, 2007）。

继任研究相关文献证明，首席执行官的变动对组织的长期绩效有着重要影响（Giambatista et al., 2005；Hutzschenreuter et al., 2012）。但是，研究的很多不足使研究者对结果的解释变得复杂，其中包括绩效标准差异、忽视内部和外部制约的影响，以及首席执行官的技能。很多继任研究没有衡量高管的行为，没有衡量能够解释首席执行官如何影响绩效的组织过程，也没有衡量能够决定领导者可以产生多大潜在影响的条件（Day & Lord, 1988；Giambatista et al., 2005；House & Singh, 1987）。尽管如此，多年来还是积累了足够的研究，使谢普克等人（Shepker et al., 2017）得以对首席执行官继任、战略变革和公司绩效之间的关系进行荟萃分析。他们从13 000多次首席执行官更换案例中选出60次作为样本进行研究，结果发现，虽然更换首席执行官在短期内会对公司绩效产生负面影响，但对长期绩效的影响取决于战略变革的发展程度，以及新任首席执行官来自公司内部还是外部。如果首席执行官继任者来自公司内部，则会带来业绩的长期增长和较少的战略变革，而从外部聘请首席执行官则会带来更多的战略变革和较低的长期绩效。这些发现表明，尽管外聘的首席执行官往往会设法对公司进行改造，并由此引发激进的变革，但如果对公司和行业的了解不够，这种改造最终可能会对公司绩效产生不利影响。

（二） 首席执行官决策和行动相关研究

研究者开展了多种类型的研究，以调查首席执行官对其组织的影响。研究者可以利用多种信息源，包括采访、问卷调查、公司记录、年度报告和财务数据库等。有些研究者还利用了某些次要信息来源，如传记、自传和组织及其领导者的杂志介绍文章。首席执行官相关研究通常关注其决定和行动会在几年内影响组织的成败。

某些研究者对几个组织进行了比较研究，探究成功的首席执行官是否有类似的战略性决策与行为模式（例如，Bennis & Nanus，1985；Nadler et al.，1995），以及首席执行官的行动和沟通是否可以解释某些公司的财务绩效比同行业其他公司要好（例如，Makri & Scandura，2010；McClelland et al.，2009）。某些研究者对个别组织进行了深入的案例研究，以考察某位新任首席执行官带领一家衰落的公司实现重大转变（例如，Ghosn & Ries，2007；Wyden，1987）。某些研究对最初成功但后来失败的首席执行官进行了研究，以确定出现不同结果的原因（例如，Finkelstein，2003；Probst & Raisch，2005）。高层领导者相关研究并不局限于公司，还针对军队领导人、政治领导人或非营利组织的领导者（例如，Bennis & Nanus，1985；Burns，1978；Van Fleet & Yukl，1986b）。

理论研究的局限是难以获得首席执行官行为及其对组织绩效影响的准确信息。现任或前任首席执行官为了展示良好形象，提供的信息可能具有偏向性。有声望的首席执行官可能不愿透露自己的弱点，会将不属于自己的成功归到自己名下。各类信息源也不一定可靠，因为组织中几乎没人有机会直接观察首席执行官的多数行为。首席执行官身边的人可能会因为忠诚、担心自己的声誉或出于保密协议而不愿讨论曾参与的有争议的决定或事件。即使够获得准确信息，我们也很难评估首席执行官个人的影响。首席执行官的很多战略决策和行动会间接影响大公司的财务绩效，但这种影响可能要到几年后才会明显显现。财务绩效也受很多事件和行动（例如，董事会、其他高管、竞争对手、战略合作伙伴或监管机构等）的影响。

尽管开展此类研究存在种种困难，但它可以提供某些论据，证明首席执行官可以对组织的绩效产生重大影响。相关理论研究还提供了某些首席执行官更具效能的原因。成功的首席执行官会发现公司面临的重大威胁和机遇，采取果断行动解决严重问题，制定良好的竞争战略，并及时实施该战略。这些首席执行官还会基于组织使命和战略培养强大的核心意识形态。

（三） 首席执行官领导行为调查研究

有调查研究探讨了首席执行官领导行为与公司财务绩效或效能之间的关系（例如，Agle et al.，2006；Boehm，Dwertmann，Bruch，& Shamir，2015；Eisenbeiss et al.，2015；Jung，Wu，& Chow，2008；Ling，Simsek，Lubatkin，& Veiga，2008a，2008b；Makri & Scandura，2010；Peterson，Galvin，& Lange，2012；Peterson，Walumbwa，Byron，& Myrowitz，2009；Tosi et al.，2004；Waldman，Javidan，& Varella，2004；Waldman et al.，2001；Wang，Tsui，& Xin，2011；Zhu，Chew，& Spangler，2005）。这些研究基于一名或多名下属填写的调查问卷评价了领导者的领导行为，并将其与公司财务绩效的测量结果联系起来。多数此类研究都狭隘地关注首席执行官的魅力型或变革型领导行为的影响，少数将研究重点放在了首席执行官的伦理型或服务型领导行为上。

不同研究得到的结果并不一致，部分原因是各类领导行为和组织效能的衡量结果存在巨大差异。伦理型、服务型、魅力型和变革型领导的衡量结果与组织效能的客观或主观衡量结果密切相关。研究结果取决于情境变量，如组织的规模和类型，以及环境的动态或不确定性。此类研究没有充分衡量首席执行官影响组织财务绩效的决定因素。被调查者对公司绩效的了解情况可能会使其打分出现偏差。人们会认为财务绩效强劲公司的首席执行官更具魅力和变革性，尽管他们的行为可能并没有实质变化。有研究试图纠正这种偏差，在对过往绩效进行衡量之后，并没有发现首席执行官的魅力型领导对其有显著影响（Agle et al.，2006）。

奥赖利、考德威尔、查特曼和多尔（O'Reilly，Caldwell，Chatman & Doerr，2014）的研究以 32 家高科技公司为样本，探讨了首席执行官人格和组织文化与公司绩效客观结果的关系。乐于从经验中学习的首席执行官更有可能让公司具有强调适应性的文化，认真负责的首席执行官更有可能让公司具有注重细节的文化，亲和力差（更具竞争力和怀疑精神）的首席执行官更有可能让公司具有注重结果的文化。此外，在文化上强调适应性的公司在收入增长、市场估值、股票收入、声誉排名和员工态度等方面占优势。文化上注重细节的公司业绩水平也比较高，这一点体现在营收的高增长和在《财富》杂志最受喜爱公司排行榜上的排名。最后，文化上以顾客为本的公司会获得更高的市场评价，强调诚信的公司会更受股票分析师的喜爱和推荐。虽然这项研究无法显示这些情况的因果联系，但结果表明，战略领导者的人格有助于塑造组织的文化和绩效。

（四） 战略领导相关研究评价

组织首席执行官领导相关研究表明，首席执行官可以影响组织的过程和结果，但这种影响会因情境、领导者的特质和技能而有很大差异。相关的继任研究、理论研究和调查研究都存在一定的局限性，研究者需要进行更全面的研究，以明确首席执行官对公司财务绩效的影响。此类研究应更广泛地考察首席执行官的行动和决策，包括他们如何影响战略、结构、计划、制度和文化。除了组织的文化价值观和成员的动力、承诺和合作外，这些研究还应衡量本章前面提到的其他中介过程和绩效决定因素。最后，研究者有必要收集组织高层和中下层领导者的影响力信息。

六、高管团队

组织高管团队包括首席执行官和其他高管，不同组织的管理团队在运作方式上有很大的不同。传统组织会划分明确的权威等级，分为首席执行官（通常是董事会主席或组织的总裁）、首席运营官（通常是组织的总裁）和分管组织各单位的高管（例如，副总裁等）。这种结构很常见，但越来越多的组织会让高管团队共享权力（Ancona & Nadler，1989；Carmeli，Schaubroeck，& Tishler，2011；Lin & Rababah，2014；Ling，Wei，Klimoski，& Wu，2015）。团队中高管集体承担首席运营官管理组织内部运营的职责，并协助首席执行官制定战略。这种领导方式的另一种版本是"主席办公室"制，在这种结构中，某名高管（主席）通常比其他高管（副主席等）拥有更多权力，但首席执行官的职责由团队成员共同承担。

无论组织是哪种结构，各高层领导者实际承担的战略领导职责都会有所不同。组织高管团队可能会有一位专制型首席执行官，使其他高管几乎无法影响战略决策，而具有传统等级结构组织的首席执行官也可能会授权其他高管战略决策职责。

高管团队在很多国家（如日本）得到了有效应用，越来越多的人意识到共享型领导对处于动荡环境的复杂组织有利，高管团队正变得越来越受欢迎。一家名为诺德斯特龙（Nordstrom）的连锁百货商场就利用高管团队实现了共享领导权（Yang，1992）：

20世纪80年代，该公司的高管团队由创始人的三个孙子布鲁斯、约翰和詹姆斯组成。三名高管轮流担任总裁。20世纪90年代后期，公司出现销售低迷和利润下降现象，便对管理团队进行了调整。三位联席总裁和另一位亲属被提升为联席主席。他们关注扩张计划和门店选址等战略问题。四名非家庭成员被提升为联席总裁，他们共同负责就日常事务做出经营决策。每位联席总裁负责不同类型的商品。尽管在自己职责范围内拥有相当大的自主权，他们仍作为一个统一团队开展工作。他们会每周举行会议并经常相互交流。尽管会激烈辩论，但他们还是合作寻找最适合顾客的方案，因为这是他们的共同目标。

（一）潜在优势

高管团队可以为组织提供很多潜在益处（Ancona & Nadler，1989；Bradford & Cohen，1984；Eisenstat & Cohen，1990；Hambrick，1987；Nadler，1998）。团队成员通常拥有首席执行官不具备的技能和知识，可以弥补其技能的不足。如果几个人共同分担领导责任，就不太可能忽视重要任务。不同单位的高管作为团队定期会面有助于改善沟通，促进合作。团队决策也更能代表组织成员的不同利益，从而增强团队成员有效实施决策的承诺。

柯斯嘉德、施魏格尔和萨皮恩扎（Korsgaard，Schweiger & Sapienze，1995）研究发现，如果首席执行官允许高管团队对战略决策施加影响，决策的质量会更好也会更公平。团队成员在执行决策过程中会更加信任领导者，也会更认同团队。针对116家以色列公司高管团队的研究发现，团队成员高度的理解与协作（称为"行为整合"）可以提高战略决策质量和组织绩效（Carmeli & Schaubroeck，2006）。

团队管理也有利于大型多元组织的领导继任情况。处理重大问题或制定决策的经验能帮助高管提高领导技能。此外，在多名高管共同负责组织战略领导的过程中，现任首席执行官和董事会更容易发现最适合的首席执行官继任人选。

（二）促进条件

高管团队发挥潜在优势部分取决于所处情境。当组织处于复杂且瞬息万变的环境时，高管团队的作用尤为重要（Ancona & Nadler，1989；Edmondson et al.，2003）。技术变革的快速发展和日益激烈的全球竞争使环境日益动荡，很多组织难以制定出成功的战略。若组织部门众多且高度依存，跨单位协调就会变得极为重要，高管团队的作用也会随之凸显。在拥有多个不同业务部门的组织中，任何领导者都不太可能具备指导和协调各部门活动所需的广泛专业知识。

如果团队成员拥有不同的背景和视角，而且所具备的知识能使其理解组织适应动态环境的方法，团队做出的战略决策质量就会更高（Bantel & Jackson，1989；Bjornali，Knockaert，& Erikson，2016；Bromiley & Rau，2015；Cannella，Park，& Lee，2008；Murray，1989）。然而，正如任务团队相关研究（见第十一章）结果显示的一样，高管团队相关研究（例如，Hutzschenreuter & Horstkotte，2013）发现，成员的教育背景和经验差异性有助于提高团队绩效，而他们在人口统计学方面的差异（例如，年龄、种族等）则会损害团队绩效。这些发现表明，高管团队应利用成员的知识和想法，以正确处理信息和做出决策，否则将无法实现多元化的潜在优势。鉴于高管之间存在不同的利益、目标偏向性和优先性差异，他们之间很难做到相互理解（Colbert，Kristof-Brown，Bradley，& Barrick，2008；Simsek，Veiga，Lubatkin，& Dino，2005）。如果团队成员代表各自部门的利益，或竞争成为现任首席执行官的继任者，就更难建立互信与合作。

如果高管对组织绩效的决定因素及其相对重要性的影响有一个准确的共享心智模型，那么联合制定战略决策就有利于提高决策的质量（Cannon-Bowers et al.，1993；Dao，Strobl，Bauer，& Tarba，2017；Klimoski & Mohammed，1994；Senge，1990）。就高管世界观差异、改进措施和信息系统（准确及时获得关键变量的相关信息）的讨论，以及不同类型变革和改进计划有助于为高管团队开发更准确的心智模型。在开发准确心智模型的过程中，明确某些重要结果出现的原因，有助于改善高管团队的战略决策（Marcy & Mumford，2010）。

（三） 对高管团队的领导

首席执行官的领导对实现高管团队的潜在优势至关重要（Bromiley & Rau，2015；Carmeli et al.，2011；Finkelstein et al.，2009；Eisenstat & Cohen，1990；Lin & Rababah，2014）。如果首席执行官拥有相关价值观、特质和技能，就更容易开展有效领导。例如，一项比较 17 位首席执行官的案例研究（例如，Peterson，Smith，Martorana，& Owens，2003）发现，首席执行官的个性关系到高管团队的特征（乐观、凝聚、灵活和适度承担风险等），而团队特征又关系到组织财务绩效的评价结果。

如果首席执行官选择拥有相关技能和经验的团队成员、明确提出基于共同价值观的目标、给予团队较大自由裁量权的同时明确限定高管团队的权威、帮助团队制定有利的管理规范、促进团队学习和有效合作相关的技能，并鼓励团队成员相互信任，那么该高管团队取得成功的可能性会更大。首席执行官应避免做出鼓励竞争或质疑的行为，例如，公开评价并比较团队成员的成绩，与个别高管会面处理应由整个团队解决的问题。

首席执行官还应帮助团队避免某些影响正确决策的问题。如果首席执行官主导决策，拥有相关知识的成员就无法发挥其潜在优势。在制定某类决策过程中，让专业知识丰富的成员发挥其影响力，会使战略决策的质量得到提高。及时做出决策也非常重要。首席执行官应促使受决策影响最大的高管达成共识，而不是为了让所有成员达成共识而延长讨论时间。下面的案例介绍了新任首席执行官如何有效地领导高管团队（George，2003，pp. 96 - 97）：

> 为了将高管们打造成精力充沛的团队，能够就主要目标达成一致，我们成立了执行委员会，成员是公司各主要业务部门和行政部门的领导者。每次开会之前，我们都会先开一次执行会议，讨论成员认为重要的问题。然后，我们会审查并批准公司各部门和整个公司的战略、投资和财务计划。我鼓励委员会成员公开自己的立场，即使在他们不负责的业务领域。这种公开的方式使我们更加紧密地团结在一起，建立起对共同议程的强烈承诺。实际上，执行委员会对公司所有重大决策都要进行投票，包括新产品上市前的发布，这既表明我们对决策的支持，又强调了产品质量的重要性。

（四）　高管团队研究案例

艾森哈特（Eisenhardt，1989b）对 8 家小型计算机公司进行了研究，以调查这些公司的决策过程如何影响战略决策的速度和质量。研究者采访了各家公司的高管团队成员，以了解重要决策的制定和实施过程，包括何时、如何被制定。通过调查问卷、公司文件和行业报告，研究者获取了决策过程和公司绩效的相关信息。

该研究发现，如果高管团队同时对多个备选方案进行评估，而不是按照常规程序（称为"满意"原则）对备选方案进行逐一审查并筛选满意方案，战略决策的速度会更快、效果也会更好。集约型决策过程有助于高管团队评估各备选方案的优缺点，避免过早投入某个特定方案，并制定所选方案遇到意外阻碍时的对策。如果高管团队能考虑其决策对其他战略决策的影响，或者能考虑如何通过相关战术方案（例如，行动步骤、预算和日程等）将战略决策的实施作为可行性评估过程，那么该团队的效率会更高。这种综合方法可以让高管团队更好地理解各方案及其影响，还可以减少对可能产生的不利后果的焦虑，从而提高团队的评估信心和推进该决策的意愿。

七、组织领导相关概念

近年来，部分研究者认为当前流行的理论太有限，并尝试用不同实践方法将"领导"一词概念化，其中包括共享型领导和分布式领导、关系型领导，以及复杂性领导理论的创发过程。目前，这些方法的结论性研究还很少。下面将对每种方法进行简要介绍。

（一）共享型领导和分布式领导

领导学相关理论与研究早已认识到，有效的领导者会授权他人参与解释事件、解决问题和做出决策的过程（Argyris，1964；Likert，1967）。这些方法大多将重点放在核心领导者鼓励并让他人分担领导职责的过程。传统方法的重点是通过授权使领导者个人更具效能。还有一种观点是，分布式领导、权力共享和政治活动在组织中是不可避免的，不能通过关注领导者个人的决策和行动来理解。

这一观点的支持者认为，领导者的个人行动不如组织成员（包括正式和非正式领导者）的集体领导重要（Day，Gronn，& Salas，2004；Friedrich，Griffith，& Mumford，2016）。多名领导者之间相互、循环的影响过程不同于单个领导者对下属的单向影响。分布式领导涉及多位承担相关职责的领导者。分布式领导和共享型领导是有区别的，分布式领导是指领导职责分散于多名个体之间，这些职责不一定是共享的（Bolden，2011），如果不同领导者无法就工作（即如何分配职责）达成一致，团队或组织的绩效就可能会受到影响（例如，Mehra，Smith，Dixon，& Robertson，2006；Ensley，M. D.，Hmieleski，K. M.，& Pearce，C. L.，2006）。

组织中有很多不同的分享和分配权力与权威的方式，有些方式会更成功（例如，Cox，Pearce，& Perry，2003；Ensley，Hmieleski，& Pearce，2006；Friedrich et al.，2016；Gronn，2002；Locke，2003；O'Toole，Galbraith，& Lawler，2003；Pearce & Conger，2003）。某些共享型领导理论的发展很有前景（例如，Ilgen，Hollenbeck，Johnson，& Jundt，2005；Houghton，Pearce，Manz，Courtright，& Stewart，2015；Pearce & Sims，2000；Mayo，Meindl，& Pastor，2003；Seers et al.，2003）。除领导学文献外，其他某些文献（例如，组织理论、公共管理、战略管理和社会网络理论等）也可以提供组织共享型领导和分布式领导的见解。

有研究者考虑了共享型领导、集体领导或分布式领导与团队或组织效能的关系（例如，Brown & Gioia，2002；Brown & Hosking，1986；Carson et al.，2007；Denis et al.，2001；Friedrich et al.，2016；Friedrich，Vessey，Schuelke，Ruark，& Mumford，2009；Hunt ＆ Ropo，1995；Lawler，1986；Pearce ＆ Sims，2002；Semler，1989）。最近的三项荟萃分析（D'Innocenzo，Mathieu，＆ Kukenberger，2016；Nico-laides et al.，2014；Wang，Waldman，＆ Zhang，2014）明确了共享型领导与团队绩效之间的积极关系。但是，研究者还应对共享型领导及其对组织层面的影响（例如，企业社会责任和竞争优势等）进行更多研究（Zhu，Liao，Yam，＆ Johnson，2018）。此外，不同类型的领导角色和决策能够在多大程度上进行有效共享或分配，哪些条件能促进共享型领导的出现和成功，以及共享型领导对组织设计的影响，都是需要研究者进一步关注的重要问题。密集、纵向的描述性研究有助于解释共享型领导和分布式领导涉及的复杂过程。

（二）关系型领导

多数领导学理论与研究都将关系型领导视为一种影响过程，并关注被指定的领导者的行为。关系在很多领导学文献中都很重要，但传统方法将重点放在领导者个人如何发展和维持合作关系。有研究者将领导描述为不断演进的社会秩序的一部分，而这种社会秩序是在组织成员的互动、交流和影响过程中形成的。

根据这一观点，对领导的理解离不开其所处社会系统的动态变化（Dachler，1984，1992；DeRue ＆ Ashford，2010；Drath，2001；Uhl-Bien，2006；Epitropaki et al.，2018；Uhl-Bien，Maslyn，＆ Ospina，2012）。学者们不再传统地关注单个领导者，而是研究某些利用集体活动实现共同目标的社会过程和模式化关系。组织和其他社会实体（例如，团队、联盟、共同利益集团等）更多是由人际关系网络定义，而不是由正式的章程、结构、政策和规则定义。随着参与集体活动人员的变化，以及不断变化的条件所引发的适应性反应，这些关系也在不断变动。

领导者是能够持续影响相关关系和集体活动，并被其他人期望具有这种影响力的人（Hogg，2001；Hosking，1988；Uhl-Bien，2006）。领导者的影响力是通过以有意义的方式解释事件和因果关系，以及影响他人改变态度、行为和目标来实现的。参与领导过程的人有很多，他们之间时而冲突的利益使领导过程变成一种政治过程，涉及社会权力以及理性和情感诉求的使用。人们可以开发和使用社交网络收集信息并建立联盟，以提高其对决策的影响力（例如，Balkundi ＆ Kilduff，2005）。

适用于关系型领导的研究方法很少用于研究领导力（Epitropaki et al.，2018；Uhl-Bien，2006；Uhl-Bien et al.，2012）。调查研究的多数信息都是在某一时间点基于固定问题的调查问卷获得的，这些数据分析不可能帮助我们了解各方不断演变的关系和相互影响过程。相反，研究者有必要通过深入的纵向研究和定性方法，来探索对逐渐展开的事件的不同解释。这类研究包括莱克尔等人（Reicher et al.，2005）对 BBC 监狱领导行为和过程的实验研究，坎利夫和埃里克森（Cunliffe & Eriksen，2011）对美国运输安全管理局（TSA）各联邦安全主任的人际关系研究等。

（三）复杂性领导理论

要准确描述组织中的有效领导，需要比多数早期理论更复杂的理论。在注重首席执行官或高层管理团队影响力的层级领导理论中，分布式领导、关系动态和创发过程没有得到充分描述。复杂性领导理论涉及动态（变化）和自适应的相互作用单位，而该理论中出现的行为与结构的复杂模式通常是独特的，很难从对相关单位的描述中预测（Marion & Uhl-Bien，2001）。研究者通过一些复杂的自适应系统来解释创发过程如何促进组织适应动荡环境。创发过程为组织学习、创新和适应提供了另一种解释。但是，与其用复杂性领导理论替代层级理论，不如将两种观点结合起来，从而更完整地解释大型组织中的有效领导（Hunt，Osborn，& Boal，2009；Lichtenstein & Plowman，2009；Osborn & Hunt，2007；Uhl-Bien & Arena，2018；Uhl-Bien & Marion，2009；Uhl-Bien，Marion，& McKelvey，2007）。

有一种版本的复杂性领导理论明确了三种类型的领导过程（Uhl-Bien & Marion，2009；Uhl-Bien et al.，2007）。行政领导（administrative leadership）是指负责规划和协调组织活动的正式领导者所做的行动和决定。适应型领导（adaptive leadership）是一种创发过程，发生于具有不同知识、信仰和偏好的人在尝试解决问题和冲突时进行的互动。这一过程会产生创造性想法和新概念，有助于解决冲突和对威胁或机遇做出适应性反应。赋能型领导（enabling leadership）可以促进相关参与人之间的互动、增强这些人之间的相互依赖性、支持不同的意见和辩论、增强对必要信息和资源的获取，并帮助在组织中实施创新性观点，从而催生创发性解决方案。赋能型领导还强调努力保持行政过程和适应过程的一致性和兼容性。例如，既要防止行政领导者过度主导，压制创造性解决方案所需的互动和探索，也要防止相关适应过程产生破坏性冲突，破坏组织的基本使命。

复杂性领导理论涉及某些无法预测的创发过程和自适应结果。研究者需要进行相关研究，以了解相关人员之间的互动和关系如何随时间而变化，历史和背景因素如何影响这些过程，以及三种领导形式如何通过相互作用为组织创造自适应结果（Uhl-Bien & Arena，2018）。研究者不能仅仅依赖在某个时间点进行的调查研究，而是要进一步研究相关过程和关系的定性描述（例如，Lichtenstein & Plowman，2009；Plowman et al.，

2007；Schneider & Somers，2006）。计算机模拟是测试基于描述性研究相关模型的有效方法（Hazy，2007）。某些出版物（例如，Hazy，2008；Schreiber & Carley，2008）也介绍了研究复杂性领导理论的相关方法。

八、外部监测和战略制定

企业高层领导者的两个关键职能是监测外部环境和制定竞争战略。外部监测是为了发现组织面临的威胁和机遇，而竞争战略则可以指导组织应对威胁和机遇。

（一）外部监测

高层领导者需要对可能影响其所在组织的各种事件和趋势保持敏感（de Kluyver & Pearce，2015；Ginter & Duncan，1990；Hiller & Beauchesne，2014）。表12-2列出了某些对商业组织非常重要的代表性问题。了解顾客和客户的关注点、供应商和中间商的可用性、竞争对手的行动、市场趋势、经济状况、政府政策和技术发展都是至关重要的。领导者可以通过多种方式收集这些信息（例如，阅读政府报告和行业出版物、参加专业会议和贸易会议、与客户和供应商交谈、审查竞争对手的产品和报告，以及进行市场研究等）。

表 12-2　外部监测问题

1. 顾客和客户需要什么？
2. 顾客和客户对组织当前产品和服务有何反应？
3. 主要竞争对手是谁？
4. 他们采取了什么策略（例如，定价、广告和促销、新产品和客户服务等）？
5. 竞争对手的产品和服务与领导者所在组织的产品和服务相比如何？
6. 哪些事件会影响组织获取用于运营的材料、能源、信息和其他投入？
7. 新立法（例如，劳动法、环境法规、安全标准、税收政策等）和监管组织活动的政府机构对组织有什么影响？
8. 新技术将如何影响组织的产品、服务和运营？
9. 经济的变化（就业水平、利率、增长率等）对组织有什么影响？
10. 人口结构的变化（例如，老龄化和多样性等）对组织有什么影响？
11. 国际事件（例如，贸易协定、进口限制、货币变化、战争和革命等）对组织有什么影响？

外部监测（也称为"环境扫描"）可以为战略规划和危机管理提供必要的信息。格林耶等人（Grinyer et al.，1990）研究了英国28家业绩大幅改善的公司和28家业绩只处于平均水平的公司。高绩效公司的最高管理层进行了更多的外部监测（例如，环境扫描、向关键客户咨询等），而且能更快地识别和利用机会。环境的变化和动荡程度决定了组织

需要进行多少外部监测。如果组织高度依赖外部人员（例如，顾客、客户、供应商、分包商和合资伙伴等），或者环境变化迅速，又或者组织面临来自外部对手的激烈竞争或严重威胁，就需要进行更多的外部监测（Ginter & Duncan，1990；Narayanan et al.，2011；Simsek et al.，2018）。

人们通常认为，外部监测对高层管理者比对低层管理者更重要（de Kluyver & Pearce，2015；Hiller & Beauchesne，2014；Jacobs & Jaques，1987；Jaques，1989；Kraut，Pedigo，McKenna，& Dunnette，1989；Pavett & Lau，1983；Simsek et al.，2018）。然而，获取和解释有关环境变化的信息会遇到很多困难，因此，这一职责应由组织中的领导者共同承担。外部监测指南见表 12-3。

表 12-3 外部监测指南

● 确定要收集的相关信息
● 使用多个相关信息源
● 了解顾客和客户想要什么
● 了解竞争对手的产品和活动
● 制订战略计划时考虑相关的环境信息

（二）制定竞争战略

对商业组织而言，组织战略旨在使组织在市场上有效竞争并保持盈利（Porter，1980，1998）。组织的竞争战略包括以最低价格销售产品或服务、提供具有卓越质量的服务或最具创新性的产品、在竞争对手忽视的细分市场上提供独特的产品或服务（"利基"战略），以及为满足不同客户的需求而灵活地提供定制产品或服务。有时，组织可以同时采取多种战略（例如，既提供便宜的标准化产品或服务，也提供优质的个性化产品或服务）。组织的竞争战略还可能涉及产品或服务的生产方式、交付方式、营销方式、融资方式和担保方式等。

回顾高层领导者战略制定和战略规划相关研究可以发现，战略规划可以提高组织绩效，在面对很多威胁和机遇的复杂动态环境中更为重要（Hiller & Beauchesne，2014；Miller & Cardinal，1994；Narayanan et al.，2011）。然而，很多战略规划效果相关研究都存在一个局限性，即缺乏对战略内容和战略实施的关注。领导者制定的战略应具有相关性和可行性，要传达给中下层管理者，并使其致力于实施相关战略，否则制定的战略就无法提高组织绩效。

制定相关战略要考虑外部环境的变化，要切实符合组织的优势和劣势。该战略要能反映组织的核心使命和高优先级目标。组织战略可能涉及组织结构或管理流程的变革，但此类变革应与战略目标密切相关。例如，仅建议缩小规模、取消管理层，或重组为独立产品部门是不够的，领导者还要指出这些变革的目的。不幸的是，很多困于提高短期业绩的高管最后都选择了某些常用的补救措施。

九、战略领导指南

高管最困难的职责之一是为组织制定竞争战略，而如何有效地制定竞争战略并没有简单的答案。以下指南（见表 12 - 4）基于相关的理论、研究和从业者见解（Bennis & Nanus，1985；de Kluyver & Pearce，2015；Hiller & Beauchesne，2014；Kotter，1996；Nanus，1992；Narayanan et al.，2011；Nohria，Joyce，& Roberson，2004；Wall，S.J.，& Wall，S.R.，1995；Worley，Hitchin，& Ross，1996）。这些指南并没有严格的顺序，而是以有意义的方式交织在一起的周期性活动。

表 12 - 4　制定战略的相关指南

• 确定长期目标和优先事项
• 了解顾客和客户想要什么
• 了解竞争对手的相关产品和活动
• 评估当前优势和劣势
• 确定核心竞争力
• 评估进行重大战略变革的必要性
• 制定有前景的战略
• 评估战略的可能结果
• 让其他高管参与战略选择

⠿ 确定长期目标和优先事项

领导者如果不了解目标及其相对优先性，就很难制订战略计划。长期目标和优先事项应基于组织的既定使命和愿景。商业组织的战略目标可能涉及保持一定利润率或投资回报率、提高市场份额、提供行业内最佳产品或服务等等。担负人道主义使命的组织的战略目标可能涉及找到治愈或预防疾病的方法、消除特定人群中的文盲、防止酒驾造成的死亡等等。教育机构的战略目标可能涉及加强学生对基本技能的学习、让学生做好从事特定职业的准备、提高学生毕业率等等。

⠿ 了解顾客和客户想要什么

领导者应尽可能多地了解顾客的需求和要求，以及他们对组织产品和服务的评价，这是至关重要的。了解他们的喜好才能确定如何改进产品或服务。市场调查是获取顾客和客户相关信息的常见来源，但获取这些信息还需要与顾客和客户保持更多个人联系。某些制造业组织会让各级生产、工程和销售团队访问主要客户，以了解他们的需求，并获得改进产品的灵感（Peters & Austin，1985）。有的组织还会邀请客户和供应商参观组织设施、会见生产和工程人员，并参加有关提高质量、改进产品设计或客户服务的会议。

⋙ 了解竞争对手的相关产品和活动

了解竞争对手的产品和服务可以为评估自家产品和流程（也称为基准测试的流程）提供基础，还可以为改进这些产品和流程提供好的思路。竞争对手产品和服务的详细信息有时很难获取，但为此付出努力是值得的。了解竞争对手产品的方法有很多，其中包括亲自试用，进行产品对比测试，阅读产品测试公司或政府机构给出的评估，让客户直接比较本组织与竞争对手的产品和服务，参观竞争对手的设施，阅读竞争对手的广告，以及到贸易展会参观竞争对手展示的产品，等等。

⋙ 评估当前优势和劣势

全面而客观地评估当前绩效与战略目标的关系，并将其与竞争对手进行对比，有助于提高组织的战略规划水平。评估所需信息多是通过内部和外部监测获得的。有几种类型的分析很有帮助，包括回顾过去几年组织绩效指标和战略目标进展，调查每种产品或服务的市场情况（例如，销售额、市场份额、成本和利润等），等等。领导者应明确哪些产品或服务取得了成功、哪些没有达到预期，并将组织产品或服务与竞争对手进行比较，以确定优势和劣势。此外，还应比较本组织和其他组织的效率，确定拥有哪些有优势的有形资源，如金融资产、设备设施，以及有利于工作的产品或技术专利等。领导者应明确哪些条件可以为本组织带来优势，例如低运营成本、技术熟练的员工、与供应商的特殊关系以及在质量或客户服务方面的良好声誉。在确定优势的同时，领导者也要明确组织的不足，估算当前优势和劣势可能持续的时间。

现有优势能为组织带来多少竞争优势取决于其持续时间，以及竞争对手追上或复制这些优势的难度。例如，如果某家制药公司获得了某款质量上乘且价格低廉的新药专利，就可以拥有持续数年的强大竞争优势。相比之下，如果某家服务公司设计了有吸引力的促销活动（特别折扣活动等），可能只能维持数周或数月的竞争优势（如果竞争对手模仿）。率先进入新市场的组织会有优势，但前提是竞争对手难以快速跟进。开发成本高且易被低成本复制的产品或服务几乎没有优势。领导者应综合评价组织的各种能力，如果弱点或外部因素阻碍组织对独特资源（例如，改进的产品或流程等）的有效利用，那么该资源可能就无法为组织带来竞争优势。如果某个弱点可以被迅速纠正或被其他优势抵消，那么该弱点对组织的影响就不会太大。

确定核心竞争力

核心能力是开展特定类型活动的知识和能力（Barney，1991）。与易被消耗的有形资源不同，核心竞争力会在被使用时得到加强（Prahalad & Hamel，1990）。核心竞争力通常是技术专长和应用技能的结合。例如，戈尔公司（W. L. Gore）的核心竞争力就是拥有某种特殊材料，以及开发该材料各类用途的能力。

如果核心竞争力被用来提供高质量的创新性产品和服务，且不容易被竞争对手复制或模仿，那么组织的核心竞争力将为其带来持续的竞争优势。核心竞争力既有助于在当前业务中保持竞争力，又可以帮助组织拓展多样化业务。作为高质量相机生产商，佳能在光学领域的核心竞争力既能帮助其在相机制造领域保持成功形象，成为开发数码相机的首家公司，又能帮助其成为复印机、传真机、半导体光刻设备和专业视频系统的成功生产商。卡西欧在显示系统方面的能力（微处理器设计、超薄精密外壳、材料科学和微型化等）使其能够在计算器、微型电视机、数字手表、笔记本电脑显示器和汽车仪表盘等多个业务领域取得成功（Prahalad & Hamel，1990）。

评估进行重大战略变革的必要性

高管最重要的职责之一是解读相关事件，并确定组织是需要新的战略，还是对现有战略进行逐步改进。如果组织出现绩效危机，且现有实践无法应对该危机，则可能需要新的战略。如果严重危机迫在眉睫，领导者在制定应对策略时，应做到务实且灵活，而不是守成或守旧。在这种情况下，试图捍卫过时旧战略而不提出必要变革的领导者很可能会被取代。但是，在当前战略很容易被修复的情况下，提出新战略对组织和领导者也是有风险的。如果在实施当前战略的过程中出现了某些影响绩效的临时问题或容易解决的问题，组织则不需要提出新战略。

制定有前景的战略

如果有必要进行重大战略变革，领导者最好先探索一系列可能的战略。将注意力过早地集中在某一种策略上，会妨碍领导者发现更好的战略。如果领导者基于组织使命、长期战略目标、核心竞争力和当前绩效制定新战略，会取得更大的成功。有时，领导者有必要重新定义组织的使命，使其涵盖与环境和组织核心竞争力相关的新活动，如下面的案例所示（Worley et al.，1996）：

> 威廉姆斯公司主要制造石油和天然气输送管道，但其业务不断被规模更大、价格更低的竞争对手挤占。公司的高管层认识到在管道业务领域不太可能赢得竞争，于是开始寻找其他可以发挥公司核心竞争力的机会。他们发现公司生产的管道非常适合光纤电缆这一新兴市场，而且可以低于其他供应商的价格为有线电视公司和电

信公司提供产品。

评估战略的可能结果

领导者应基于关键目标实现后可能产生的结果来评估战略。相关结果包括组织各利益相关方的收益和成本，如为支持该战略所进行的组织变革消耗的资源和生产力。战略变革的结果很难预测，尤其当竞争对手不断调整战略以应对变革时。评估客户对新产品或服务的反应的方法很多，如市场调查、焦点小组、在特定地区或市场开展产品试用等等。

"脚本"提供了可以改善对新战略可能结果的评估质量的有效方法（Van der Heij-den，1996）。"脚本"是对假如实施某项变革或战略会给未来造成什么影响的详细描述，以了解在最有利、最不利和最可能的条件下会发生什么。在开发"脚本"的过程中通常可以洞察某项战略的意外后果和不现实的隐含假设（Sosik，Jung，Berson，Dionne，& Jaussi，2005）。

让其他高管参与战略选择

高管的主要职责是做出有利于组织的战略决策。然而，很少有领导者能独自做出这样的决策，并且与专制型首席执行官单独制定的战略相比，高管团队共同制定的竞争战略更有可能取得成功（Finkelstein，2003；Finkelstein et al.，2009；Probst & Raisch，2005）。如果不确定如何制定最佳战略，最好选择某种足够灵活的战略，以便更好地了解该战略的效能以进行改进。适度的冒险通常是有益的，但为最终决策冒极端风险是不明智的。研究者和顾问开发了某些系统性程序，以辅助高管制定战略的过程。例如，在开发"脚本"的"探索"过程（Bennis & Nanus，1985）中，高管和相关外部人员参加为期两天的活动，共同讨论长期机遇和风险挑战以及组织相应的应对策略。

小　结

组织的发展与生存取决于其能否及时应对威胁、抓住机遇、保持高效率、增强可靠性、进行人力资源战略管理、创造基于竞争战略和共同价值观的组织文化。组织类型和外部环境等情境要素对绩效决定因素及其对组织的相对重要性会产生重要影响。要想使组织成功适应外部环境变化，领导者应能够识别威胁和机遇，并对组织的流程、产品、服务或竞争战略进行变革。适应型领导对成功平衡不同要素、不同竞争目标和不断变化的情境至关重要。此外，组织文化在促进或阻碍领导者进行重大变革时也会起到一定作用。

在应对危机或使竞争战略与环境相适应的过程中，首席执行官对组织绩效的潜在影响非常大。如果在危机加剧之前实施重大变革，并拥有变革所需的足够资源，组织就有可能在重大变革中取得成功。然而，如果组织没有进行重大变革的明显需求，领导者就很难将其发起。与在组织内部长期任职的首席执行官相比，外部继任的首席执行官更容易发起重大战略变革。本章提到的各类研究表明，尽管受到各种制约，但高管仍可以对组织效能产生相当大的影响。重大变革的结果取决于中层、下层和高层领导者的各种领导行为，因此组织各部门各级领导者必须在决策上保持协调一致。

首席执行官必须面对复杂多变的环境。在具有多个相互依存部门的多样化组织中，高管团队的作用尤为重要，因为任何领导者都不太可能具备指导和整合各部门活动所需的广泛业务知识。组织背景、外部环境和首席执行官的领导类型对组织效能都会产生一定影响。

外部监测可以为领导者提供战略规划和危机管理所需的信息。为及时发现威胁和机遇，最高领导者必须主动监测环境、信息源和当前绩效。基于环境制定组织战略是高层领导者的重要职责。如果战略切实可行，且基于组织核心能力与长期目标，就更有可能促进组织效能的提高。

📖 回顾与讨论

1. 组织绩效的主要决定因素有哪些？

2. 领导者如何影响各类绩效决定因素？

3. 什么是组织文化？领导者如何影响组织文化？

4. 哪些条件限制了首席执行官的自由裁量权？

5. 决定高管团队效能的因素有哪些？

6. 共享型领导、关系型领导和复杂性领导理论对理解组织领导有何帮助？

7. 为什么外部监测对战略领导很重要？

8. 制定战略的指南有哪些？

📝 关键术语

适应能力	adaptation
首席执行官	chief executive officer（CEO）
首席执行官继任	CEO succession
竞争战略	competitive strategy
复杂性领导理论	complexity theory

核心竞争力	core competencies
分布式领导	distributed leadership
内部和外部制约	internal and external constraints
外部监测	external monitoring
柔性领导理论	flexible leadership theory
组织文化	organizational culture
绩效决定因素	performance determinants
关系型领导	relational leadership
人力资源战略管理	strategic human resource management
战略领导	strategic leadership
战略规划	strategic planning
高层管理团队	top management team

♀ 个人反思

　　想想你目前所在或曾经工作过的组织。你会如何描述该组织的文化？其核心价值观是什么？该组织如何使用象征物、仪式或典礼传达其核心价值观？

⚑ 案例 12-1

好市多

　　好市多是美国最大的零售公司之一，在不少国家都有门店。尽管零售行业的利润率很低，但该公司的利润率比多数竞争对手都高，而且增长迅速。根据密歇根大学进行的美国零售商客户满意度年度调查，好市多的评分很高。

　　该公司的基本战略是以最低的价格提供优质产品，其产品包括服装、电子产品和食品。沃尔玛的山姆会员店是好市多的最大竞争对手，那里的商品种类更多，商品价格也更低，但好市多的产品通常质量更好。好市多的营销成本低，因为它不做任何广告，没有公共关系经理或耗资巨大的广告部门。相反，好市多完全依赖满意的顾客，他们会将好市多门店物美价廉的商品告诉亲朋好友。好市多约 20% 的商品是限时供应的大幅折扣奢侈品或特价商品。这种临时特价战略让顾客兴奋不已，会购买很多原本不打算购买的商品。好市多的商品采购员必须对奢侈品采购承担巨大风险，因为如果奢侈品销售不力，大量资金就会被积压在库存中。采购员必须依靠直觉和创造力寻找受欢迎且利润高的商品。设计和包装方面的创新可以让某些产品（例如食品等）对客户更具吸引力。

　　向客户收取在好市多购物的会员费为公司提供了稳定的收入来源，同时提高了客户的忠诚度。好市多有两类会员：企业会员和个人会员。尽管会员费略高于竞争对手，但好市多的会员卡续订率很高。为了增加会员价值并吸引更多客户，好市多还提供旅行计划、健康和家庭保险、银行、财务规划等服务。个人购物者平均每月去两次好市多，很多人长途赶来囤积用品。与多数折扣店不同，好市多拥有很多富裕顾客，他们是在"寻宝"特价奢侈品，而不仅仅是寻找低价的日常商品。

　　不搞华丽的门店装饰也是好市多压低成本的方法，该公司保持标准化门店布局以降低成本，并让购物者在每家门店都有一种熟悉的感觉。除了食品因地区口味差异而有所不同外，每家门店出售的产品都类似。为了降低商品成本，该公司出售的商品型号有限，而且会对很多商品进行捆绑销售，从而降低库存成本。商品被送货车直接送到销售楼层，标牌看起来也像是用便宜的激光打印机制作的，顾客甚至没有购物袋。好市多会利用计算机跟踪商品销售情况，确定陈列柜中何时需要更多新鲜食品，以减少浪费和生产过剩造成的成本。

　　好市多提供优厚的工资、良好的健康福利，在美国工作的小时工也享受良好的401（k）计划。公司的晋升政策是从内部提拔，各级员工都有很好的晋升机会。该公司拥有零售行业最忠诚、最具生产力的员工。员工的离职率很低，远低于行业的平均离职率，这反映了员工对组织较高的忠诚度。离职率低可以带来很多好处，比如使招聘和培训新员工的成本更低。较低的员工离职率、较低的员工盗窃率和较高的员工生产率所节约的成本，远远抵消了好市多较高的薪酬成本。在美国，好市多员工每小时的营业利润几乎是山姆会员店的两倍。

　　好市多的重要价值观包括努力工作、尊重客户和高伦理标准。公司鼓励员工提出改进门店和产品组合的建议，并重视员工的创造力。每天早上开店前，都会进行关于如何提高效率和提供更好客户服务的对话。所有员工都接受过培训，知道如何在顾客需要时保持友好并乐于助人的态度。在好市多，当购物者需要帮忙去找某种商品时，员工会带领顾客找到商品，而不是指向远处或给出模糊的指引。

　　好市多创始人兼首席执行官吉姆·辛内加尔（Jim Sinegal）非常关心自己的员

工，他很敬业、勤奋且关心他人。作为首席执行官，他没有任何特权，他的工资也低于多数首席执行官。他明白让人才为公司工作的重要性，做了很多事情来吸引和留住人才。辛内加尔十分关心绩效水平，但并没有强迫员工或过分挑剔。当采购员冒险引进新产品时，他都会表示支持。他授权并鼓励员工"跳出框框思考"。在年度经理会议上，他会见了 1 000 多名好市多经理和产品采购员，与他们一起回顾过去、讨论现在、规划未来。他每月与约 70 名门店经理举行预算会议，讨论严格控制成本、正确处理细节以及遵守好市多信条的重要性。辛内加尔尽量每年都去好市多各家门店巡视，他把几乎一半的时间用于探访自己和某些竞争对手的门店。

（作者：加里·尤克尔）

问题

1. 从柔性领导理论的三个绩效决定因素（适应、效率和人力资本）解释好市多的成功。

2. 哪些领导行为和理论可以解释该首席执行官对公司持续成功的强大影响？

案例 12-2

日产公司的振兴

1999 年，日产公司（Nissan）正处于严重下滑的状态，在过去八年中，它有七年亏损。只有雷诺公司愿意承担日产的部分债务，使这家日本公司免于破产。作为这项交易的一部分，这家法国汽车制造商任命卡洛斯·戈恩（Carlos Ghosn）为日产首席运营官。然而，人们怀疑雷诺和日产的联盟能否成功，非日本人能否为日产提供有效的领导。

在担任日产首席运营官之前的三个月，戈恩会见了数百人，包括员工、工会领导、供应商和客户等，以了解该公司及其优缺点。根据这些会面和早期的周转任务经验，戈恩明白，日产在他和雷诺专家的指挥下不会成功，除非进行重大变革。1999 年 6 月，戈恩来到日产履新，不久后成立了九个跨职能团队，负责制定振兴公司的举措。日产以前从未出现过这样的团队，让众多跨部门领导者参与重大变革决策在日本公司也不常见。

各跨职能团队分析了公司运营情况，明确了相关问题，并向戈恩和执行委员会提出了解决方案。他们发现了几个相互关联的问题，与戈恩的初步印象基本一致。

日产公司糟糕的财务绩效是销售额下降和成本过高共同造成的，而管理不善是未能解决这些问题的主要原因。管理层缺乏连贯的战略、强大的利润导向和明确的顾客关注点。各职能部门之间几乎没有合作，也没有进行重大变革的紧迫感。

日产公司成本过高的原因还有生产能力过剩，各工厂的产能只有一半得到了利用，其年生产量足以超过销售量 100 万辆。为了降低成本，戈恩决定关闭日本的五家工厂，裁减 21 000 多个工作岗位，裁员量占日产全球员工总数的 14%。为了简化工厂的生产操作并提高效率，戈恩计划将汽车平台数量减少一半，将动力系统数量减少三分之一。关闭工厂可能会影响公司与员工的关系，戈恩采取了相应措施，使员工了解关闭工厂的原因以及哪些人会受到影响。总体来说，他明白多数员工希望了解情况并做好准备，而不是处于不确定和焦虑的状态中。戈恩设法出售子公司，并通过自然减员、安排提前退休和提供兼职机会等手段，尽量减少变革对员工的不利影响。

采购成本通常占汽车制造商运营成本的 60%，而日产公司采购零部件和相关用品的费用远远超出了必要费用。在比较日产和雷诺的费用支出后，戈恩发现日产的采购成本要高出 25%。原因之一是日产公司多与供应商签订小订单，而很少与全球供应商签订大订单。戈恩认为有必要减少供应商数量，尽管这一行动在日本这样一个重视供应商的国家中是前所未有的。日产工程师对供应商要求过高过细，也造成了采购成本过高。与跨职能团队合作采购的工程师最初仍维护其采购规范，但最终意识到原做法不妥，跨职能团队也比预期节约了更多成本。采购成本过高难以在短期内得到解决，但经过三年的不懈努力，戈恩有可能实现成本降低 20% 的目标。

日产销量多年下滑是因为公司制造的多数汽车对客户缺乏吸引力。在详细分析销售数据时，戈恩发现在日产的 43 款车型中，只有 4 款的销售额实现盈利。新车型开发是由工程部负责的，工程师们完全专注于性能，几乎没有考虑顾客真正想要什么样的汽车，而设计师则完全依据工程师的要求进行设计。为了增强日产汽车对顾客的吸引力，戈恩聘请了创新设计师中村史郎（Shiro Nakamura），让他成为日产振兴的关键领导者。目前，设计师对设计决策拥有了更多权威，戈恩鼓励他们进行创新，而不仅是模仿竞争对手。十多年来，日产屡次推出了令国内外客户兴奋不已的车型。戈恩计划在三年内推出 12 款新车型，但将其投产需要一定时间，这意味着日产公司在 2002 年之前几乎没有新车型投放市场。

拯救日产公司还需要在人力资源方面做出重大变革，如终身就业保障和基于资历的薪酬与晋升等。在不影响士气的情况下，改变公司某些根深蒂固的文化是艰巨的挑战。日产公司的非工会员工及某些经理受变革影响较大，在实施绩效工资计划过程中，员工将基于有效绩效获得晋升和加薪，而不是基于资历。公司对职责进行了明确界定，以便根据具体目标衡量绩效。新的奖金制度实行后，员工有机会基于有效绩效获得高达1/3年薪的奖金，数百名高层领导者可以获得股权。人力资源相关变革使戈恩可以逐步用更有能力的继任者取代软弱的中高层领导者。

1999年10月，戈恩宣布了振兴日产的计划。在此之前，他做了很好的保密工作，以免泄露变革计划，使外界因不理解而对变革提出批评。该计划包含一项承诺，即如果日产在2000年底前未能实现盈利，戈恩和执行委员会将辞职。这个举措深刻地表明了他的诚意和承诺，使要求更易被接受。幸运的是，变革主要目标都如期实现了。到2001年，公司的收益创下历史新高。同年，戈恩被任命为日产的首席执行官，2005年，他也将成为雷诺的首席执行官。

（作者：加里·尤克尔）

资料来源：Ghosn and Ries（2005）and Taylor（2002）.

问题

1. 为了改善效率、适应能力和人际关系，并尽量减少变革的不良副作用，戈恩做了哪些工作？

2. 戈恩采用了哪些有效做法，以确定和实施必要的战略变革和组织变革？

第十三章　　跨文化领导与多元化

>> **学习目标**

通过学习本章内容，读者能够：

● 了解关于领导学的跨文化研究的重要性。

● 了解跨文化领导的研究难点。

● 了解文化价值观与领导者行为的关系。

● 了解有效的全球化领导相关要素。

● 了解性别问题相关研究及其局限性。

● 了解组织领导力性别差异相关研究结果。

● 了解如何管理多元化并提供平等机会。

导　言

随着全球化的发展和人口结构不断变化，领导者应关注影响和管理拥有不同价值观、信仰和期待的成员。跨文化领导研究旨在考察文化对领导实践、领导过程和领导效果的直接或间接影响。作为一种比较方法，该研究的焦点是使某种文化背景下的领导价值观和领导实践适用于其他文化。近年来，研究者对跨文化领导和全球化领导进行了区分，因为他们清楚地认识到，国际商务战略已无法适应当今世界贸易的发展，全球化组织和全球化领导战略应与时俱进（Avolio，Walumbwa，& Weber，2009；Bird & Mendenhall，2016；Brodbeck & Eisenbeiss，2014）。全球化领导研究关注跨国组织领导者面临的实际挑战（Lundby，Moriarity，& Lee，2014）。这些挑战包括挑选和培养有能力的领导者，使其在全球舞台上领导不同文化背景的相关人员，以及制订符合本组织全球战略目标的人力资源管理计划。跨文化领导相关研究很多，但对全球化领导所面临挑战的研究主要集中在实践者的文献中（Brodbeck & Eisenbeiss，2014）。本章首先介绍跨文化领导的主要研究发现及其在改善全球化领导实践中的潜在应用。

担任领导职位的人变得日益多元化，而对于实施有效领导的能力是否与一个人的性别、年龄、种族、民族背景、民族血统、宗教、性取向、身体残障或外表（身高、体重、容貌）相关的问题，人们的研究兴趣也在日益增长。在多元化特征研究中，针对性别差异的领导学研究数量最多（Ospina & Foldy，2009）。本章后面将探讨领导的性别差异，以及对多元化和包容性的管理。

一、跨文化领导和全球化领导

领导学的早期研究多出现在美国、加拿大和西欧。然而，随着时间的推移，跨文化领导和跨国公司领导相关研究迅速增加（Bass，2008；Dickson，Den Hartog，& Michelson，2003；Dorfman，2004；Smith，Peterson，& Thomas，2008；Brodbeck & Eisenbeiss，2014；Den Hartog & Dickson，2018）。这些研究探讨的主要问题是，在某种文化中得到发展和检验的领导理论可以在多大程度上推广到不同的文化中。此外，各国在影响领导者行为的文化价值观、对有效领导的看法和民众普遍接受的管理实践方面有何不同（Den Hartog & Dickson，2018）。本部分内容旨在解释领导学跨文化研究的重要性，介绍几种不同类型的跨文化领导研究，并提供某些研究实例，包括跨国性的"GLOBE"项目。

（一）跨文化研究的重要性

跨文化研究至关重要，其原因是多方面的（Ayman & Korabik，2010；Brodbeck & Eisenbeiss，2014；Connerley & Pedersen，2005；Den Hartog & Dickson，2018；Dorfman，2004；House，Wright，& Aditya，1997）。随着组织全球化程度的不断提高，了解不同文化中的有效领导变得更加重要。领导者越来越需要影响具有不同文化背景的人，而成功施加影响需要对这些文化有很好的理解。领导者还必须能够理解拥有不同文化背景的人如何看待并解读他们的领导行为。要理解这些问题，必须确定某种领导理论在其产生和发展的文化之外是否适用。领导理论的某些方面可能适用于所有文化，但某些方面可能仅适用于特定的文化。

跨文化研究还要求研究者考虑更广泛的变量和过程，以提供新的见解并对相关领导理论进行完善。对处于不同文化的领导行为进行发展研究或分类验证可以揭示与有效领导相关的新行为特征。对跨文化差异的研究可能会使研究者更加关注多数领导理论都没有考虑的某些情境变量（例如，宗教、语言、历史、法律、政治制度、种族亚文化等）可能产生的影响。最后，跨文化研究提出了一些独特的挑战，这些挑战有助于改进数据的收集与分析程序。

（二）　跨文化研究的类型

与在单一文化中进行的领导学研究一样，很多跨文化研究也涉及领导者的行为、技能和特质。随着跨文化研究数量的不断增加，其过程逐步涉及不同类型的研究目标、研究设计和研究方法（Brodbeck & Eisenbeiss，2014）。最常见的方法是基于文化价值观的差异解释领导学的跨文化差异。对领导学的跨文化研究受霍夫斯泰德（Hofstede，1980，1993）早期文化价值观研究的强烈影响，自他以后，人们提出了多套不同的文化价值观（例如，House et al.，1997；House et al.，2004；Javidan，House，Dorfman，Hanges，& Sully de Luque，2006；Schwartz，1992；Trompenaars，1993）。有些跨文化研究考察了不同国家对有效领导者行为、技能和特质看法的异同点。还有研究考察了不同文化对领导行为实际模式或领导结果（例如，下属的满意度、动力和绩效等）的影响差异。少数研究探讨了文化价值观和领导实践如何随时间的推移而变化。

（三）　文化对领导行为的影响

文化价值观和传统可以多种不同的方式影响领导者的态度和行为（Adler，1997；Adler & Gunderson，2008；Fu & Yukl，2000；Fu，Kennedy，Tata，Yukl，& associates，2004；Fu，Peng，Kennedy，& Yukl，2003；House et al.，1997，2004）。在某种特定文化中成长起来的领导者会将相关价值观内化，其态度和行为会不自觉地受其影响。此外，文化价值观还反映在与人们相互联系的方式相关的社会规范中。文化规范规定了领导行为的可接受形式，在某些情况下可能会作为限制权力使用的社会法律固定下来，从而影响其他人的决策和行为。不管这些规范是否会内化为影响行为的文化价值观，多数管理者都将遵守有关这一行为的社会规范。原因之一是，偏离社会规范可能会让组织其他成员对领导者的尊重降低，增加领导者的社会压力。领导者遵守社会规范的另一个原因是，运用不可接受的领导行为形式可能会削弱领导者的效能。

除了民族文化之外，领导者的行为还受其他某些情境变量的影响（Bass，1990，2008；House et al.，1997，2004）。这些情境变量包括组织类型（例如，营利与非营利组织、国有企业与私人企业等）、行业类型（例如，零售业、金融服务业、制造业、电信业等）和领导职位特征（例如，领导者的级别和职能、职位权力和权威等）。组织文化中的强势价值观与主流文化价值观并不总是一致的，尤其是当某组织是某家外国公司的子公司时。领导者行为的不同决定因素并不总是一致的。有些情境变量在不同的民族文化中可能具有平行效应，而其他情境变量可能会与民族文化发生复杂的相互作用。

即使某些类型的领导行为没有得到国家主流文化价值观和传统的明确支持，也不一定意味着这些行为无效。对某种特定领导行为缺乏经验的领导者可能无法理解其有效性（House et al.，1997）。当人们知道某些新的做法非常有效时，这些做法很可能会被广泛模仿。

民族文化中的价值观和传统会随着时间的推移而变化，就像组织文化中的价值观和传统一样。文化价值观受多种变化的影响（例如，经济变化、政治变化、社会变化和技术变化等）。在强调创业精神的国家，人们很可能向更强调个人主义和绩效导向的价值观转变。在性别平等逐步取代性别歧视的国家，人们会更接受反映传统女性特征的领导实践（例如，培养、发展、建立合作关系等）。与实现有效领导相关的文化价值观和信念可能会发生相应的变化。

（四） 行为差异的跨文化研究

很多跨文化研究考察了不同国家在领导行为典型模式上的差异。研究者对行为问卷的得分进行了分析，以确定某种类型的行为在某种文化或国家中是否使用更多。例如，多尔夫曼等人（Dorfman et al.，1997）发现，与墨西哥或韩国的领导者相比，美国领导者会更多地使用参与型领导。然而，对行为描述问卷的得分进行定量比较可能会因某些方法问题（例如，混淆和缺乏等效性等）而变得复杂（Brodbeck & Eisenbeiss，2014；De Beuckelaer，Lievens，& Swinnen，2007）。例如，某些行为在某个国家得分较低可能是因为这些行为在该国有不同的含义，也可能是因为在该国文化中，受访者一般不会在问卷调查中给出很高的分数。

少数跨文化研究试图确定特定类型行为在各国表现方式上的定性差异。例如，一项研究发现，在不同的文化中，积极的奖励行为对领导效能很重要，但奖励的行为类型和使用奖励的方式在不同文化中各有差异（Podsakoff，Dorfman，Howell，& Todor，1986）。还有研究发现，领导者向下属传达指示和反馈的方式存在差异（Smith，Misumi，Tayeb，Peterson，& Bond，1989）。美国的领导者更喜欢通过面对面会谈向下属提供指示和负面反馈（批评等），而日本的领导者更倾向于通过书面备忘录发出指示，通过同事传递负面反馈。领导者必须认识到成员文化差异引起的问题，这些问题需要得到迅速解决，如下例所示（Boot，2011，December 17）：

某家日本公司收购了一家欧美公司，然后成立了一支高管团队。几周后，公司开始初步显现出紧张和不信任的迹象。团队中的西方成员紧紧团结在一起，抱团对抗日本成员，而日本成员虽表现得很友好，却不分享他们的计划，也不解释想要做出的改变。领导者与每名成员单独会面，以找到出现紧张和不信任的原因，从而揭示了新关系中的文化差异。日本成员认为应该首先建立友好关系，再逐渐展现更多的开放性和共享性。西方成员则认为开放和共享是建立信任关系的先决条件。讨论这些文化差异加深了领导者与团队的相互理解。成员们意识到这种情况并非恶意造成的，于是一起讨论如何使团队更有效的方法。

（五） 领导行为影响的跨文化研究

跨文化研究还考察了领导行为与下属满意度和绩效等结果之间的关系差异。例如，一项研究发现，在美国，支持行为可以显著提高下属的满意度和领导者效能，但在约旦或沙特阿拉伯并非如此（Scandura，Von Glinow，& Lowe，1999）。还有一项研究发现，在墨西哥，命令型领导能提高员工对组织的承诺，但在美国、韩国或日本却不是这样（Dorfman et al.，1997）。在美国、墨西哥和日本，领导者可以利用权变奖励提高下属对组织的承诺，而在韩国则不会。在美国，参与型领导可以提高下属绩效，而在墨西哥或韩国却并非如此。

肖布洛克、拉姆和乍（Schaubroeck，Lam，& Cha，2007）的一项研究考察了美国一些银行及其国外分行经理的领导力。他们发现，分行经理的变革型领导（由下属评定）与分行绩效（由上级管理层评定）密切相关。但是，权力距离和集体主义价值观可以增强变革型领导对分行绩效的影响。

罗克斯图尔等人（Rockstuhl et al.，2012）进行了一项荟萃分析，研究了在23个国家中领导者-成员交换关系与关键工作变量的关系。结果显示，高质量的领导者-成员交换关系与工作满意度、组织公民行为、领导者的信任呈正相关关系，与离职意图呈负相关关系，而且这种相关性在西方文化中比在亚洲文化中更强。但是，民族文化对领导者-成员交换关系与成员对组织的承诺或与任务绩效之间的正相关性没有影响。

福和尤克尔（Fu & Yukl，2000）对美国和中国某些拥有类似制造设施的跨国公司领导者进行了跨文化研究。该研究利用某些"脚本"来评估领导者影响组织成员策略的有效性。结果表明，美国跨国公司的领导者比中国跨国公司的领导者更喜欢理性说服和交换等直接策略，尽管理性说服在两国都被认为是最有效的策略之一。与美国跨国公司的领导者相比，中国跨国公司的领导者更倾向于采取间接策略，如提供帮助或从第三方获得帮助。跨文化差异还表现在某些策略的常用方式上。例如，在尝试影响同级人员时，美国跨国公司的领导者很少寻求他人的帮助，除非提出直接要求后遭到抵制。中国跨国公司的领导者更倾向于在提出直接要求之前，先找双方共同的朋友了解对方可能做出的反应。

（六）GLOBE 项目

GLOBE 项目是一个在 60 个有代表性的国家和地区开展的跨文化领导研究项目（Chokkar，Brodbeck，& House，2007；Dorfman，Javidan，Hanges，Dastmalchian，& House，2012；House，Dorfman，Javidan，Hanges，& Sully de Luque，2014；House et al.，2004；Javidan et al.，2006；Waldman et al.，2006）。GLOBE 是"全球化领导和组织行为效能"的缩写。该项目涉及来自不同国家或地区的 150 多名研究者协调一致的长期努力。

研究者希望发展一种基于经验的理论，来描述民族文化、组织过程和组织领导之间的关系。GLOBE 项目还研究了其他情境变量对组织领导和文化价值观的影响，这些情境变量包括行业类型、经济发展状况、政府类型、主要宗教和对象国的气候类型等。该研究采用了多种数据收集方法，包括调查问卷、访谈、媒体分析、档案记录和无干扰测量。该研究采用的抽样和分析策略旨在控制行业、管理水平和组织文化的影响。该研究对每种文化进行了深入的定性描述，对各种变量进行了定量分析。

GLOBE 项目的一个重要研究问题是，有效领导在不同文化中的相似或不同程度，以及出现这些差异的原因。为了比较领导者对各种特质和技能对有效领导重要性的看法，研究者对不同国家的管理人员进行了调查，明确了不同国家之间的相似性和差异性（Dorfman，Hanges，& Brodbeck，2004；Dorfman et al.，2012）。被广泛认为有效的领导者属性包括有远见、果断、精力充沛、可靠、积极且鼓舞人心、追求卓越、诚实守信、能力出众和善于整合团队。在不同国家文化中评价差异较大的领导者属性包括有雄心、谨慎、有同情心、盛气凌人、拘谨、谦逊、有主见、自我牺牲和敢于冒险。

GLOBE 项目的另一个重要研究目标是解释文化价值观对领导者信念和行为的影响。研究者明确了九个价值观维度，包括霍夫斯泰德之前研究过但未确定的一些文化价值观。GLOBE 研究的一个独特之处是，该研究不仅要衡量当前的文化价值观，还要衡量理想的文化价值观。这种区别使该研究能够确定人们是否对当前价值观不满，是否希望在未来看到一些变化。各国理想价值观的差异远小于实际价值观的差异，目前尚不清楚该如何解释这一结果。本章接下来将介绍几个价值观维度，以及它们与领导信念、领导行为和领导力发展的关系。

二、文化价值观维度与组织领导

本部分总结了文化价值观与领导信念、领导行为及领导力发展实践之间关系的主要研究发现，将讨论六个价值观维度：（1）权力距离；（2）不确定性规避；（3）个人主义与集体主义；（4）性别平等；（5）绩效导向；（6）人本导向。

（一）权力距离

权力距离（power distance）是指成员对组织和制度中权力和地位不平等的接受度。在权力距离指数较高的文化中，人们期望领导者拥有更大的权威，更有可能遵守规则和指令，而不去质疑或挑战领导者（Carl，Gupta，& Javidan，2004；Dickson et al.，2003）。下属质疑上司或向上司表达不一致意见的意愿更低（Adsit，London，Crom，& Jones，1997）。领导者会制定更多正式的政策和规则，在决策时较少向下属咨询（Smith et al.，2002）。

相比于俄罗斯、墨西哥和委内瑞拉等权力距离指数较高的国家，西欧、新西兰和美国等权力距离指数较低的国家和地区认为参与型领导更有利（Dorfman et al.，2004）。在权力距离指数较低的国家中，变革型（支持型和激励型）领导更有可能与参与型决策风格相结合（Den Hartog et al.，1999），而在权力距离指数较高的国家中，变革型（支持型和激励型）领导则更有可能与命令型、专制型决策风格相结合。在权力距离指数较高的发展中国家，人们通常更喜欢结合了专制型决策和支持型行为的"家长式"风格（Dickson et al.，2003；Dorfman et al.，1997）。萨德里、韦伯和金特里（Sadri，Weber，& Gentry，2011）发现，在权力距离指数较低的文化中，互动往往不那么正式，参与型领导更为常见，而在权力距离指数较高的文化中，领导者如果表现出较强的同理心会获得上司更高的绩效评分。

（二）不确定性规避

在不确定性规避指数较高的文化中，人们对未知的恐惧更多，渴望更多的安全、稳定和秩序。社会规范、传统、详细协议和经过认证的专长更受重视，因为它们提供了规避不确定性和混乱的方法（Den Hartog et al.，1999；Dickson et al.，2003；Sully de

Luque & Javidan，2004）。不确定性规避指数较高的国家包括法国、西班牙、德国、瑞士、俄罗斯和印度等。对规避不确定性担忧程度较低国家包括美国、英国、加拿大、丹麦和瑞典等。

当不确定性规避指数较高时，领导者的宝贵品质是可靠、有序和谨慎，而不是灵活、创新和冒险。领导者会更多地使用详细规划、正式规则和标准程序，频繁对活动进行监测，较少进行委派（Offermann & Hellmann，1997）。领导者会对涉及变革或创新的决策进行更集中的控制。例如，一项研究发现，英国的领导者期望下属更具创新性和主动性，而德国的领导者则期望下属更可靠、更守时（Stewart，Barsoux，Kieser，Ganter，& Walgenbach，1994）。该研究还发现，德国管理层的发展强调获得某个职能领域的专业知识和经验，而英国则更强调从各种工作经验中获得通用技能。另一项针对奥地利、巴西、德国、印度、新加坡和美国的 608 家公司的研究发现，变革型领导与吸收能力（即企业探索和利用外部知识的能力）之间的正相关性在不确定性规避指数较低的文化中更强（Flatten，Adams，& Brettel，2015）。这些发现表明，变革型领导者促进知识获取和创新的努力在不确定性规避指数较低的文化中更为有效。

（三）个人主义与集体主义

个人主义（individualism）是指个人的需求与自主性相对于团体、组织或社会的集体需求的重要程度。在个人主义文化中，个人权利比社会责任更重要，人们都寄希望于更好地照顾自己（Den Hartog & Dickson，2018；Dickson et al.，2003；Gelfand，Bhawuk，Nishi，& Bechtold，2004；Gelfand，Erez，& Aycan，2007；Hofstede，1980）。个人主义价值观较强的国家包括美国、澳大利亚、英国和荷兰等。

集体主义价值观的影响部分取决于这些价值观对组织乃至社会的重要性，但多数跨文化研究都强调群体内部的集体主义（collectivism）。群体内部可能基于家庭纽带、宗教或种族背景、政党身份或稳定的合作商业关系。在集体主义文化中，归属某个凝聚力强的群体是个人自我身份认同的重要方面，对群体忠诚是一种重要的价值观。人们不太可能换工作，成员更有可能自愿加班做额外的工作和从事组织公民行为（Jackson，Colquitt，Wesson，& Zapata-Phelan，2006）。反过来，群体则应该照顾其成员。集体主义价值观强烈的国家包括中国、阿根廷、墨西哥和瑞典等。

在个人主义文化中，人们更有动力去满足自身利益和个人目标，因此，领导者更难激发下属对团队或组织目标的强烈承诺（Jung & Avolio，1999；Triandis et al.，1993）。人们倾向基于个人成就和绩效的奖励，这也使得领导者更难使用基于团队的奖励和认可

(Kirkman & Shapiro，2000)。对个人权利和自主性的强调，使领导者更难围绕对社会责任、合作和伦理行为的共同价值观建立强大的文化。由于职业生涯的短暂性，在确保成员拥有充足技能方面，选拔可能比培训更重要。

（四） 性别平等

性别平等（gender egalitarianism）是指男女获得平等待遇的程度，男性和女性两种身份属性都被认为是重要且值得拥有的。在性别平等程度较高的文化中，角色性别差异较小，多数工作不分性别。女性有更多平等机会被选聘到重要领导职位，尽管获得公共部门领导职位比获得商业公司领导职位要容易一些。在性别角色期望没有明显差异的情况下，男性和女性领导者受到的行为限制更少，下属和上司在评价他们的行为时也没有太大的偏见。性别平等价值观强烈的国家包括挪威、瑞典、丹麦和荷兰等。性别平等程度较低的国家包括日本、意大利、墨西哥和瑞士等。

性别平等的文化价值观会影响人们对领导者的选拔和评价，还会影响人们对哪些类型领导行为可取和可接受的看法（Dickson et al.，2003；Emrich，Denmark，& Den Hartog，2004）。在强调坚强和果敢的"男性"价值观的文化中，同情、同理心和直觉等"女性"属性被认为对有效领导不重要（Den Hartog，2004；Den Hartog & Dickson，2018；Den Hartog et al.，1999）。在性别平等程度较低的文化中，参与型领导、支持型领导以及变革型领导中以关系为导向的内容不太受欢迎。领导者更有可能使用直接的人际关系影响形式，而不是间接微妙的影响形式（例如，Fu & Yukl，2000；Holtgraves，1997）。在"男性"文化中，领导者如果表现得谦逊、同情或调和主义，则容易被认为软弱和无效。

（五） 绩效导向

对高绩效水平和个人成就的重视程度被称为绩效导向（performance orientation）（Javidan，2004）。相关的价值观和属性包括努力工作、责任感、竞争力、毅力、主动性、实用主义和新技能获取。在绩效导向价值观较强的社会中，结果比人更重要。你做什么比你是谁（性别、家庭或种族背景等）更重要，个人成就是地位和自尊的重要来源。有效地完成任务可以优先于个人需求或对家庭的忠诚。

在绩效导向较强的文化中，人们更强调与提高绩效和效率相关的领导行为。例如，设定具有挑战性的目标或标准、制订有进度安排和截止日期的行动计划、表达对下属可以提高绩效的信心、培养下属与工作相关的技能、鼓励主动性、对成就给予表扬和奖励等。在绩效导向较强的文化中，领导者选择执行重要任务的团队成员可能会基于才能，而不是基于友情或家庭关系。

在任何国家，人们都普遍认为，对任务绩效的强烈关注是有效领导的必然要求。较强的绩效导向有助于经济发展，但与发达国家相比，发展中国家对改善绩效的关注可能更强烈（Javidan，2004）。文化价值观对任务导向型行为的影响可能小于核心组织价值观和领导者个人需求与人格特质（例如，成就动机或内在控制倾向等）对任务导向型行为的影响。综上所述，这些因素可以部分解释为什么绩效导向价值观影响的跨文化研究没有取得一致结果。

（六）　人本导向

人本导向（humane orientation）是指对他人福祉的强烈关注和牺牲自身利益帮助他人的意愿。人本导向的关键价值观包括利他、仁善、友好、慈悲、仁爱和慷慨等。拥有这些价值观的人往往对依附感和归属感的需求强于对快乐、成就或权力的需求。利他和善良不限于对家庭、种族或宗教群体，而是对每个人的人道主义关怀。在人本导向较强的社会，人们会因为友好、体贴、慷慨和善良而受到鼓励和奖励（Kabasakal & Bodur，2004；Schlösser et al.，2013）。这种社会会在教育、就业培训、医疗和社会服务方面投入更多资源。个人的人本价值观受家庭经历、培养方式以及文化规范的影响。

人本导向价值观鼓励支持型领导行为，如体谅下属的需求和感受、当下属情绪低落时给予同情、适当提供启发和指导、在必要时主动帮助他人处理个人问题，以及做事友好且容易让人接受等。具有强烈人本导向价值观的领导者对犯错误或难以学会新任务的下属可能会更加宽容、耐心，并乐于提供帮助。人本导向价值观还与参与型领导、服务型领导和一些团建行为（鼓励合作和相互信任等）密切相关。人本导向的主要价值观符合讲策略、重调和的冲突管理风格，旨在恢复和谐关系，满足各方的重要需求。建立友好、合作关系的益处可以惠及领导者所在团队或单位以外的人，如利用人际交往和恩惠建立外部联系网络。在某些国家，人本导向还有其他形式，如与下属进行非正式交往、像家长一样关心下属及其家人的职业发展和社会福利等。

（七）　文化圈

各种文化价值观维度之间存在一定程度的相互关联，在不控制其他价值观维度的情况下对单个价值观维度进行差异分析，很难确定其对领导信念和领导行为的单独影响。例如，在权力距离指数较高、不确定性规避指数较低的国家，就很难明确每种价值观会对公司的集中决策产生多少影响。因此，研究者根据各地区在语言、种族背景和宗教方面的接近性和相似性将不同国家和地区分成了不同的文化圈（Dorfman et al.，2012；Gupta & Hanges，2004；Gupta，Hanges，& Dorfman，2002）。GLOBE 项目研究者将几十个国家和地区分为十个文化圈，基于判别分析证实，将国家或地区分为不同小组，可以准确反映各国家或地区在九种文化价值观上的差异，分组情况如表 13 - 1 所示。

表 13 - 1　GLOBE 项目的文化圈分类

东欧文化圈	英美文化圈	撒哈拉沙漠以南的非洲文化圈
阿尔巴尼亚	澳大利亚	纳米比亚
格鲁吉亚	加拿大	尼日利亚
希腊	爱尔兰	南非（黑人）
匈牙利	新西兰	赞比亚
哈萨克斯坦	南非（白人）	津巴布韦
波兰	英国	
俄罗斯	美国	
斯洛文尼亚		
拉美文化圈	**北欧文化圈**	**亚洲儒家文化圈**
阿根廷	丹麦	中国
玻利维亚	芬兰	日本
巴西	瑞典	新加坡
哥伦比亚		韩国
哥斯达黎加	**欧洲日耳曼文化圈**	
厄瓜多尔	奥地利	
奥地利	德国	
危地马拉	荷兰	
墨西哥	瑞士	
委内瑞拉		
欧洲拉丁文化圈	**中东文化圈**	**南亚文化圈**
法国	埃及	印度
以色列	科威特	印度尼西亚
意大利	摩洛哥	伊朗
葡萄牙	卡塔尔	马来西亚
西班牙	土耳其	菲律宾
瑞士（法语）		泰国

资料来源：Gupta，Hanges and Dorfman（2002）.

研究者对这些文化圈领导问题的看法，揭示出不同文化圈对有效领导的看法存在差异。例如，相比东欧、南亚、中东和亚洲儒家文化圈，英美、北欧和欧洲日耳曼文化圈认为参与型领导更重要。相比欧洲日耳曼文化圈或拉丁文化圈，南亚和撒哈拉沙漠以南的非洲文化圈认为对他人深切的人本关怀对有效领导更重要。未来的研究应该更密切地关注各文化圈中实际领导行为的差异，这种差异类似于有效领导内隐理论的差异。

（八） 对跨文化研究的评价

文化价值观相关研究发现，人们对有效领导和领导者实际行为的看法有较大差异。然而，这些研究在概念和方法上都存在一些缺陷，有学者指出了相关研究的局限性（例如，Brodbeck & Eisenbeiss, 2014；Jepson, 2009；Kirkman, Lowe, & Gibson, 2006；Smith, 2006）。本章旨在总结这些局限性，并提出有价值的研究问题。

研究者进行领导学跨文化研究时使用的概念框架会影响他们对结果的解读。不同学者提出的文化价值观维度存在差异，对文化价值观理想特征的认识也存在分歧。目前的分类方法都存在一定的局限性，研究者也在不断寻求更全面、更有效的方法来描述文化维度。很多研究都依赖广义领导行为，使人们更难清楚地了解领导者行为上的跨文化差异。为了解文化价值观和组织价值观对领导行为的影响，研究者除了提出参与型领导、支持型领导、变革型领导等广义分类外，还应该评价各种具体行为。对变量的选择和对结果的解读可能会因为研究者在人性和组织过程方面的潜在价值观和假定差异而有所偏差（Boyacigiller & Adler, 1991；Brodbeck & Eisenbeiss, 2014）。为了将这类问题的影响降到最低，最好成立一个由不同文化代表组成的研究团队。

很多早期研究都是从少数国家抽取便利样本，而不是基于组织类型和受访者类型从多个国家抽取代表性样本。有一种假设是，国家的文化价值观适用于该国所有类型的组织，这种假设忽视了组织文化、区域差异和个人差异的重要性。基于个人在价值观方面的总体文化来解释个人的行为和表现，会导致各层面的分析问题。当跨文化研究的样本范围很大时，很容易出现一些显著的差异，研究者对这些差异是否具有较大的实际意义存在不同看法。

跨文化研究的另一个局限是过于依赖调查问卷。前面章节已经解释过，研究者在研究领导问题时存在较严重的个人偏见，在跨文化研究中使用固定问卷普遍会带来一些问题。当问卷被翻译成另一种语言时，很难实现意义上的对等，即使是语言相同的量表，也会因受访者的文化差异而导致回答上的偏见（Atwater, Wang, Smither, & Fleenor, 2009；De Beuckelaer et al., 2007；Harzing, 2006）。多数跨文化领导研究都存在一种固有偏见，即假定领导是受文化的影响，而实际上领导也是文化的决定因素和解释因素。

我们提倡将民族志和详细的历史视角作为研究领导与文化间关系的有效方法（Guthey &
Jackson，2011）。

很多跨文化研究都因未能认识到上述问题而使其效用受到限制。即使是设计完善的
研究，对其结果的解读往往也很困难。很多研究未能解释组织领导存在跨文化差异的原
因。了解哪些特定类型的领导行为在特定文化中使用频率更高或效果更好是很有帮助
的，如果能了解其中的原因会更好。研究者未来需要对很多研究问题进行更深入的研
究。表13-2列举了未来跨文化领导研究的一些相关问题。

表 13-2　跨文化领导研究相关问题

1. 不同文化价值观群体及不同国家领导者的实际行为有何不同？
2. 领导者的价值观和行为如何受到个性（或发展经验）、公司文化和民族文化的共同影响？
3. 哪些类型的领导特质、技能和发展经历最能帮助其适应不同文化下的组织领导？
4. 实际文化价值观和理想文化价值观的区别对理解隐性领导理论和领导行为模式有什么帮助？
5. 当某全球性组织的价值观与该组织所处国家的社会价值观不一致时，领导者会受到什么影响？
6. 在一支成员文化价值观不同的跨国团队中，进行有效领导需要哪些条件？
7. 发展中国家的文化价值观变化得有多快？文化转化与组织领导之间存在什么相关性？
8. 就伦理型领导的基本要求而言，不同文化之间有哪些一致性？有哪些分歧？

三、全球化领导的相关指南

跨文化领导相关研究让人们了解不同文化中领导价值观和领导实践的差异，以及文
化对不同类型领导效能的影响（Brodbeck & Eisenbeiss，2014）。全球化领导的重点是运
用这些见解应对身处全球舞台的领导者所面临的实际挑战。在联系日益紧密的全球化世
界中，寻找和培养能够有效跨越文化和地理界限的领导者至关重要。这些领导者既要具
备多数领导者的必备基本技能和知识（例如，团队建设、特定的行业和角色知识等），又
要具备领导全球分布式团队和进行跨文化、跨地理、跨时区工作的能力（Lundby et al.，
2014）。罗宾·莫里亚蒂（Robin Moriarity）博士在谈论自己担任金佰利-克拉克分部总
经理的经历时发表了以下言论，这段话很好地抓住了全球化领导者面临的挑战，同时提
出了应对这些挑战的方法：

当今世界，全球化领导者要能在中国、印度、土耳其、巴西、德国、日本、南
非和美国等多种文化中发挥有效作用。如何精通这些文化？你无法做到。你只能发
展自己的相关品质和能力，使自己能够观察行为、发现细微差别、建立信任并调整
方法，最终在特定的文化背景下取得成功（Lundby et al.，2014，p. 659）。

凯尔·伦德比、罗宾·莫里亚蒂和韦恩·C. 李（Kyle Lundby, Robin Moriarity, &

Wayne C. Lee，2014）基于相关新兴研究和管理全球化企业的集体经验，提出了在日益全球化的世界中实现有效管理所需的三个全球化领导要素。下面的全球化领导相关指南就体现了这些要素。

了解你的全球化员工

要想提高领导效能，领导者必须多方面了解员工。全球化领导者应掌握三个方面的情况，因为它们因国家或地区而不同，分别是国家文化、员工工作偏好（例如，对工作安全、成长机会、尊重的渴望等），以及吸引和激励员工的因素。考虑到不同民族文化之间的差异以及各种文化价值观和基本假设，文化会对个人和群体的工作行为产生微妙而强烈的影响。了解拥有不同文化背景的员工在工作、福利和贡献上的预期和偏好是很重要的，这将有助于提高领导效能。

了解组织的复杂性层次

全球性组织就像洋葱一样，包含多层次的复杂性。有些复杂性来自组织本身，如公司参与竞争的行业及其信奉的价值观和规范。还有一些复杂性来自组织所处的地区，涉及不同的民族、文化、政治、经济、语言和历史等。全球化领导者只有了解这些情境要素对个人和团队工作的影响，才能有效提高领导效能。

了解自己

了解有助于领导者在全球舞台上取得成功的个人特征和实践经验，以及领导者对这些品质和经验的自我意识，可以提高全球化领导者的效能。在这些必备的人格特质和特征中，最关键的是文化机敏（cultural agility）（Caligiuri，2013）和全球思维（global mindset），因为它们可以为领导者理解自身领导并使之适应不同文化提供必要的视角与灵活性（Lundby et al.，2014）。

尽管人们对全球化领导的研究有限，但卡利朱里和塔里克（Caligiuri & Tarique，2012）的一项研究为我们了解哪些个人特质与发展经历有助于提高全球化领导者的效能提供了一些初步见解。该研究以 420 名全球化领导者为样本，最后发现，开放、外向和情绪稳定等人格特征，以及各种跨文化的工作与非工作经历，可以反映个人动态的跨文化能力，如文化灵活性、对模糊性的容忍度和较低的种族中心主义等。这些跨文化能力与上级的全球化领导效能评价呈正相关关系。总体来说，研究结果表明，具备必要特质或跨文化经验有助于提高全球化领导者的效能。

四、性别与组织领导

男性和女性在领导行为和领导效能方面可能存在的差异是实践者和学者都非常感兴趣的一个话题。在选任领导时，对女性持续歧视的原因是一个极为重要的相关问题。本部分将对这两个话题进行简要讨论，并回顾性别和组织领导的相关知识。

（一） 性别歧视

在多数类型的组织中，担任重要高层领导职位的女性人数很少，这显然是普遍存在的歧视。在填补高层领导职位时，男性优先于女性的强烈倾向被称为"玻璃天花板"（glass ceiling）现象。只有少数国家有女性国家元首（例如，总理或总统等）。在较大的商业组织中，尽管女性担任高管的数量在不断增加，但是其数量目前仍是非常少的（Adler，1996；Carli & Eagly，2018；Catalyst，2018；Chin，2014；Powell，2019；Ragins，Townsend，& Mattis，1998）。如果完全没有性别歧视，企业和政府中担任首脑的女性人数应该接近 50%。

在过去的十年里，围绕性别歧视的另一个备受关注的现象被称为"玻璃悬崖"（glass cliff），它是指"女性更有可能被任命到有风险和不稳定的领导职位"（Ryan et al.，2016，p.446）。"玻璃悬崖"比喻的是"她们摇摇欲坠角色的不稳定性"（p.447）。《泰晤士报》（英国）上发表的一篇文章推动了该研究的发展，该文章断言"女性成功进入董事会会议室……对公司的业绩造成了严重破坏"（Judge，2003，p.21）。人们随后进行了一系列研究以探索更符合实际的解释（Bruckmüller，Ryan，Rink，& Haslam，2014；Haslam & Ryan，2008；Ryan & Haslam，2007；Ryan，Haslam，Hersby，& Bongiorno，2011；Ryan，Haslam，& Kulich，2010）。研究者特别关注，若女性成功突破"玻璃天花板"，是否易被任命到失败风险很高的职位。他们采用档案研究和实验研究相结合的方法，记录了"玻璃悬崖"的存在，证明这种现象在商业和政治组织中普遍存在。

（二） 男性优势论

在整个 20 世纪，性别歧视都受到一些古老信念的支持，如男性比女性更有资格担任领导角色（Ayman & Korabik，2010）。这些信念涉及对有效领导组织所需特质与技能的假设（内隐理论），对男女之间固有差异的假设（性别思维定式），以及对男女合适行为的假设（角色期望）。如前所述，内隐理论和性别思维定式也受到性别平等文化价值观的影响。

对于男人更适合做领导者的观念，并没有实证予以支持，且美国现行法律禁止性别歧视。这种反歧视法律建立的前提是男女有同等资格担任领导职务。性别思维定式一直在缓慢改变，但部分人仍认为男子更有资格担任领导者。在某些文化价值观支持这种观念的国家中，这种信念仍然很强烈。

（三） 女性优势论

最近出现了一种有争议的说法，即女性可能比男性拥有更多现代组织中进行有效领导所需的价值观和技能（Book，2000；Carr-Ruffino，1993；Grant，1988；Hegelsen，1990；Post，2015；Rosener，1990）。这种差异是童年经历、亲子互动和社会化实践的结果，反映了传统的性别角色成见以及与性别差异和男女适合职业相关的观念（Cock-burn，1991）。这些经验激发了"女性"价值观，如善良、同情、培养和分享。女性优势论的支持者认为，女性更关心建立共识、包容和人际关系，更愿意发展和培养下属，并与下属分享权力。他们认为女性更有同情心，更依赖直觉，对感情和关系质量更敏感。女性优势论支持者还声称，组织领导性质的变化使女性占优势的相关技能和价值观变得更加重要。

正如以前男性更有资格成为领导者的说法一样，女性更有资格成为领导者的说法似乎也是基于无力的假设和夸大了的性别思维定式。对领导性别优越论断的评价应基于相关实证研究的结果。一项女性领导团队优势研究在这一方向上做出初步尝试（Post，2015）。学者认为，女性领导团队的优势可能取决于团队对协调的需求。也就是说，随着团队规模、功能多样化和地域分散性的发展，组织对协调的需求也会增加，女性领导者的团队可能会有更好的凝聚力、更规范的合作和更多的参与型互动。一项针对29个组织中82个团队的调查研究发现，在功能更多样化且规模更大的团队中，女性领导与凝聚力的正相关性更强；在规模更大、地理位置分散的团队中，女性领导与参与型沟通和合作学习的正相关性更强。

（四） 对 "玻璃天花板" 和 "玻璃悬崖" 现象的解释

人们对有效领导所需技能和行为的偏见是性别歧视的重要原因。长期以来，人们一直认为有效领导者必须自信、以任务为导向、有竞争力、客观和果断，所有这些特点在传统上都被视为男性特质（Powell & Butterfield，2015；Schein，1975；Stogdill，1974）。如前面章节所述，进行有效领导还需要强大的人际交往技能，以及某些传统的女性化领导行为（例如，支持、发展、授权等）。这些技能和行为一直与有效领导密切相关，现在，组织条件不断变化，它们的重要性也愈加凸显。随着有效领导的相关概念变得愈加准确和全面，人们对领导者基于性别偏见的角色期望将会减弱。

领导选任中的性别歧视也会反映惯有的成见影响和男女角色期望的影响（Brescoll，2016；Carli & Eagly，2018；Chin，2014；Heilman，2001；Hoyt & Murphy，2016）。

长期以来，人们认为女性不能或不愿使用有效领导所需的男性化领导行为。某些实验室研究表明，即使女性领导者使用男性化行为，人们对她们的评价也不如使用这些行为的男性（例如，Eagly，Makhijani，& Klonsky，1992；Rojahn & Willemsen，1994）。但是，在由学者开展的实验室研究中，性别成见对女性管理者的评价产生的影响可能会被高估。男性和女性领导者在一段时间内获取的工作经验会降低性别成见对领导者评价的影响（Powell，1990）。性别思维定式会随着时间发展而在人们心中逐渐改变，当事人可能会逐渐消除对领导者基于性别的角色期望偏见。遗憾的是，性别思维定式和内隐理论的变化很缓慢，尤其是在男性领导者中（Brenner，Tomkiewicz，& Schein，1989；Epitropaki & Martin，2004；Powell，2019；Powell & Butterfield，2015；Powell，Butterfield，& Parent，2002）。

相关人员还提出了"玻璃天花板"现象出现的某些其他原因（Barreto，Ryan，& Schmitt，2009；Ragins et al.，1998；Schein，2001；Tharenou，Latimer，& Conroy，1994）。他们给出的解释包括：（1）女性缺乏获得经验及利于晋升的职位的机会；（2）女性的绩效标准高于男性；（3）女性被排斥在有助于晋升的非正式关系网之外；（4）上级不鼓励女性参加发展性活动或提供的机会少；（5）女性缺乏获得有效指导的机会；（6）女性缺乏为获得领导职位而付出的不懈努力；（7）女性兼顾家庭需求造成的困难；（8）最高管理层没有采取确保平等机会的有力行动；（9）做决策的（男性）领导者倾向于选择和提拔与自己相似的人；（10）有些男性有意保持对最高权力职位的控制。这些解释并不是相互排斥的，它们可能会相互交织，使女性领导者处于一种冷漠的企业氛围。

人们对女性晋升障碍的研究兴趣越来越高。贝尔和恩科莫（Bell & Nkomo，2001）的一项研究发现，女性晋升的主要障碍之一（尤其对黑人女性而言）是她们在组织中接触社交网络和非正式关系网的机会有限。巴布科克和拉斯谢弗（Babcock & Laschever，2003）的一项研究发现，相比于男性，女性要求晋升的可能性较小，发起晋升谈判的可能性也较小。利内斯和海尔曼（Lyness & Heilman，2006）的一项研究发现，女性比男性需要更多的必要技能才能晋升到高管职位，而对于传统上由男性担任的各种职位，这种差异更大。这些研究以及其他相关研究让我们对女性晋升障碍有了更多了解，但我们还需要进行更多研究来确定不同原因的相对重要性，以及不同原因是如何相互作用来限制女性担任最高领导职位的。

根据当前观点，还有一些其他因素共同将女性推向了"玻璃悬崖"（Ryan et al.，2016）。第一，如果组织面临危机和随之而来的不确定性，则更有可能采取冒险行动应对危机，这会使人们愿意尝试新事物并打破现状。这种情况可能会为女性担任高层领导职位打通被封锁的渠道。第二，人们可能会认为女性具有某些特质和技能，非常适合处理危机局势（例如，人际交往技能等）。第三，考虑到高层管理人员所承担任务的固有风险，女性领导者一旦进入高层管理职位，获得成功和发展的可能性会降低。第四，关于"浪漫领导"的研究（Meindl，1990）表明，外界倾向于将糟糕的绩效归咎于领导者，而非情境因素，这也部分解释了为什么组织面临危机时高层人员的离职率较高。第五，在危机时期，领导团队及其所在组织会承受来自关键利益相关方和媒体的巨大压力和高强度审查。这种审查对"玻璃悬崖"职位尤其强烈，因为这种职位是危机和女性领导者两种罕见事件的结合。第六，因组织绩效不佳而被罢免的领导者未来不太可能再被任命到领导职位，因此，"跌入玻璃悬崖"的女性的职业轨迹可能会受到严重影响，这可能也是"玻璃天花板"持续存在的部分原因（Ryan et al.，2016）。

（五）　性别差异的研究结果

许多研究比较了男性和女性领导者的领导行为。这些关于性别与组织领导的研究结果并不一致（例如，Bass，1990；Dobbins & Platz，1986；Eagly，Darau，& Makhijani，1995；Eagly & Johnson，1990；Powell，2019）。某些评论者认为，没有证据表明男性和女性在领导行为或技能方面存在重要的性别差异。还有评论者认为，某些行为或技能在特定情境下存在性别差异。《领导力季刊》（*The Leadership Quarterly*）刊登的一场辩论显示了该问题的复杂性和学者们的分歧程度（Eagly & Carli，2003a，2003b；Vecchio，2002，2003）。

领导行为性别差异的很多早期研究都涉及任务行为和关系行为。伊格利和约翰逊（Eagly & Johnson，1990）对围绕实际领导者进行的性别研究进行了荟萃分析，发现男性与女性在任务导向型行为或支持型行为的使用上没有性别差异。但是，该研究确实发现，女性会比男性略多地进行参与型领导。一项荟萃分析（Eagly, Johannesen-Schmidt, & Van Engen，2003）显示，女性对变革型领导行为的使用略多于男性，主要区别在于对下属的个性化关怀，包括支持型行为和努力培养下属的技能与信心。关于交易型领导的研究结果不一致，研究者难以做出解释。

关于领导效能性别差异的研究结果也不一致。伊格利等人（Eagly et al.，1995）发现，男性和女性领导者总体上没有效能差异。但是，如果具体到不同类型管理职位的角色要求，男性领导者在需要强大任务技能的职位上比女性领导者效能更高，而女性领导者则在需要强大人际交往技能的职位上效能更高。由于多数领导职位都需要这两种技能，因此，性别不太可能被作为预测这些职位领导效能的指标。

近年来，人们将越来越多的研究注意力放在企业董事会的性别构成与组织关键成果之间的关系上。基尔希（Kirsch，2018）在广泛回顾文献的基础上得出结论，董事会性别构成对公司绩效的影响是多种多样的，有些研究发现了积极影响，而有些研究则显示没有影响或有消极影响。但是，基尔希指出，波斯特和拜伦（Post & Byron，2015）的一项荟萃分析可能有助于澄清这些混乱的研究结果。该荟萃分析研究了董事会性别构成与基于股票和财务状况衡量的公司绩效之间的关系。股票价格受投资者看法的影响，包括关于女性是否适合担任领导职位的思维定式。结果显示，公司董事会有女性代表与基于股票衡量的公司绩效之间几乎没有关系，但在性别平等程度较高的国家，两者正相关，在性别平等程度较低的国家，两者负相关。对这种差异的一种可能解释是，在性别平等程度较高的国家，董事会中女性的存在可以使公司更具合法性。该研究还发现，董事会中有女性代表与公司财务绩效呈正相关关系，尤其是在对股东保护力度较大的国家。这种保护鼓励董事会利用女性董事不同的价值观、知识和经验改善董事会决策和绩效。

关于公司行为的伦理性和社会性，基尔希（Kirsch，2018）基于文献回顾得出一个结论，即现有证据表明：女性在公司董事会占比的增大可以加强公司行为的伦理性和社会性。可以解释这一发现的原因包括性别差异，如女性的集体倾向、道德导向和同理与关怀倾向等。但是，基尔希提醒说，也有可能是因为社会责任越大的公司越有可能招聘和任命女性为董事会成员，研究者需要进行更多研究来了解这些关系的本质。

（六） 性别差异研究的局限性

有关性别差异的很多研究存在严重的局限性，使研究者对结果的解释变得复杂。这些研究的一个主要问题是缺乏对性别的明确定义（Ely & Padavic，2007）。在某些情况下，性别指的是解剖学上的性别（男性与女性），在其他情况下，它指的是关于人的一套特征，这些特征通常与某种性别的联系更紧密。不同研究对性别特征的相关概念并不统一。

比较研究的一个主要问题是易受外在变量的干扰（参见 Adams，2016；Ely & Padavic，2007；Lefkowitz，1994）。性别通常与影响领导者行为的其他已知变量（例如，级别、职能、任职时间、组织类型等）相互作用，而领导力性别差异的多数研究并未控制组织中相关变量对男性和女性领导者的不同影响。人们可能会被某一职业吸引（例如，女性从事护理工作，男性从事警察工作），因为这些职业会用到一些"自然"技能和行为，或因为他们机会有限而所做选择又受到强烈性别角色思维定式的影响。如果研究中发现女性担任更多需要大量支持型和授权型行为的领导职位，（除非职位类型得到控制）

就容易得出女性领导者通常更具支持性和参与性的结论。如果研究中发现男性更多担任需要自信和果断行为的领导职位，则容易得出男性通常更自信和果断的结论。遗憾的是，多数男女差异的比较研究并未控制这些噪声变量。

某些比较研究未能考虑组织因素对同一类型领导职位男性和女性领导者技能的差异性影响，这也会导致研究结果具有偏向性。例如，如果强大的人际关系技能和政治技能有助于领导者晋升到高管职位，但选拔标准对女性不利，那么获得晋升的女性人数就会变少，但她们拥有的这些技能却比获得晋升的男性多。除非考虑到这种偏见，否则将男性高管与女性高管进行比较的结果可能会被错误地解读为女性通常具有更强的人际交往技能和政治技能。

不同的角色期望也会影响人们对同一类型领导职位男性和女性领导者行为、技能或绩效的衡量（Carli & Eagly, 2018；Chin, 2014；Eagly & Chin, 2010）。例如，如果多数评价人员都有相同的性别思维定式，那么他们的评价将反映领导者的真实行为和评价人员对领导者的偏见。因此，关于性别（或种族、民族背景、年龄、教育）的思维定式可能会夸大某些性别差异，而实际上这些差异可能很小或根本没有。

另外，对于职位相近的男性和女性领导者，人们对领导者的角色期望会影响领导者的行为，使性别差异更难被发现。例如，如果某个组织中女性受强烈的角色期望影响而表现出"男性"属性，如坚韧和自信等，就很难发现男性和女性在这些属性上的显著差异。在没有强烈角色期望的组织中，性别的实际差异更容易显现并受到注意。即使担任某种领导职位的女性比担任该职位的男性拥有更多相关技能，但如果评价者对女性的角色期望不同，或者在评价领导效能时受偏见影响而认为女性做这种工作效能低，那么对领导者总体领导效能的评价就无法反映男性与女性在这些技能上的差异。

领导力性别差异相关研究分析的数据类型和报告结果各不相同，这是评价相关研究结果存在困难的另一个原因。很多研究都报告了对统计差异的测试，却没有报告这种差异所产生影响的情况。在大样本研究中，研究者可能会发现统计上的巨大差异，但这种差异可能并没有实际意义。如果每个性别群体都存在较大差异，那么了解领导者的性别对于预测其行为或效能就没有什么实际帮助。如果相关研究无法提供有实际意义的证据，就无法改变在男女问题上言过其实的思维定式。

如果已发表文献的结果不具有代表性，相关荟萃分析就无法有效解释针对性别差异的相关研究结果。研究样本不具有代表性或某些研究本身有混淆因素，都可能引起一些很重要的细小差异。评估性别差异通常不是进行领导学现地调查研究的主要目的，但多数研究都将性别纳入样本的人口统计学信息。考察性别差异简单易行，且性别话题非常流行，这意味着涉及性别问题的一些重要关系更容易被报道。

（七）　查明原因减少歧视

多数关于性别与组织领导的研究都侧重于确定男性和女性之间是否存在差异，而不是确定存在差异的原因。如果相关研究能够发现具有统计意义和实际意义的差异，就有必要找出存在差距的原因。前面介绍的各类混淆和偏见可能是造成差异的原因。如果在消除这些偏见后仍然存在显著的性别差异，那么对男女差异的一种可能解释就是，自原始社会起，在数千年进化过程所产生的生物差异（Browne，2006；Buss，2016；Geary，1998；van Vugt，2018）。另一种可能的解释是，童年时期的差异性待遇导致男性和女性产生不同的价值观、特质、技能和处事方式。尽管这些解释并不相互排斥，却会对领导者的选拔和培训以及不公平歧视的消除产生不同的影响。遗憾的是，多数关于领导力性别差异的研究几乎都没有提及出现相关差异的原因。在缺乏此类证据的情况下，人们更有可能将性别差异归因于固有的生物学因素，而不是一些可以改变的事情。

与理解性别差异原因同样重要的是，要找到消除不公平歧视的方法。在不同情境下，有效领导所需的技能与行为不同，男性或女性都可能在某些类型的领导职位上略有优势。但是，任何性别优势都可能很小，这意味着性别不应成为获取职位的重要条件。

人们可能会认为女性候选人在很多类型的领导职位上都不如男性候选人有资格，除非她们能够在做出选择的过程中收集并准确利用每个人的技能和经验（Heilman，2001；Heilman & Haynes，2005）。为了避免性别思维定式和偏见的影响，人们应努力确保在挑选领导者时能够对其相关技能做出准确评估。如果可能的话，应该由不因思维定式和隐含假设而产生偏见的人做出选拔和晋升的决策。平权行动的相关准则可以指导人们避免在选拔领导者时出现不公平歧视。如果某个职位所需技能更容易被男性（或女性）候选人所拥有，应该为全体候选人提供相关培训和发展机会，从而提供平等的晋升机会。

（八）　领导者性别研究总结

研究者应进行更加系统而全面的研究，以确定领导力性别差异的程度及原因。认识和行为可以塑造人们的性别认同，组织因素和文化因素对相关认识和行为的影响也应成为研究重点。考虑到领导力性别差异研究结果的不一致和研究方法的局限性，鲍威尔（Powell，1990，p.74）得出的结论似乎仍然正确：

> 几乎没有证据证明女性或男性是更优秀的领导者或是不同类型的领导者。不管

男性还是女性，都可能产生优秀、一般和较差的领导绩效。要想在当今竞争激烈的市场中取得成功，企业应充分利用现有人才。要做到这一点，企业需要识别、培养、鼓励和提升最有效的领导者，无论其性别。

（九） 管理多元化与包容性

多元化涉及种族、民族、年龄、性别、教育、外貌、社会经济水平、性取向，以及年龄代差（例如，千禧一代）等的相关差异。美国和欧洲劳动力的多样性在不断增加（Chrobot-Mason, Ruderman, & Nishii, 2014；Lacey, Toossi, Dubina, & Gensler, 2017；Scott, 2018；Milliken & Martins, 1996）。越来越多的女性开始从事传统意义上的男性工作，大龄工人的数量也在不断增加，在民族、宗教、种族等方面存在更多的多样性。越来越多的合资企业、企业兼并和战略联盟将来自不同组织、民族和文化的人聚集到一起。如前面章节所述，多元化和包容性为群体或组织带来了一些潜在的利益和成本（Bell et al., 2011；Cox, 2001；Cox & Blake, 1991；Kochan et al., 2003；Ferdman, 2017；Horwitz, S. K., & Horwitz, I. B., 2007；Milliken & Martins, 1996；van Knippenberg & Schippers, 2007）。更加多元化的视角可以提高组织的创造力，充分利用多元化劳动力可以为组织提供更多可用人才，以填补重要职位。

谷歌前首席执行官、现任执行董事长埃里克·施密特（Eric Schmidt）和前产品高级副总裁乔纳森·罗森伯格（Jonathan Rosenberg）撰写了一本名为《谷歌如何工作》（*How Google Works*）的书，下面节选的这段话（Rosenberg, 2014, P. 107）突出了多元化劳动力对创新的促进作用：

> 从政治正确的角度出发，我们应该雇用一支在种族、性取向、身体等方面具有多样性的劳动力。从企业的角度来看，雇用多元化劳动力更是正确之举。女性与男性、白人与黑人、犹太人与穆斯林、天主教教徒与新教教徒、退伍军人与平民、同性恋者与异性恋者、拉美人与欧洲人……不同背景的人对世界的看法各不相同。这些不同的视角可以让我们获取某些无法通过教育获得的观点。当你把这些人聚集到一起工作时，他们会共同创造出一种更广阔的无价视角。

然而，多元化也会导致出现更多的不信任和冲突、较低的满意度和较高的离职率。如果组织多元化成员较多，且这些成员只认同自己的亚群体，那么该组织就不太可能拥有共同的价值观并获得成员的强烈支持。因此，管理多元化是21世纪领导者一项重要且艰巨的职责。领导者努力管理和重视多元化的理想结果是让员工融入组织，让全体员工

（包括历史上被边缘化的群体）都觉得可以公开表达自己与他人的不同之处（包括在人格、价值观、优势等方面的深层次差异等）（Buengeler，Leroy，& De Stobbeleir，2018；Ferdman，2017；Nischii，2013）。

（十）培养欣赏和宽容

为了培养对多元化的欣赏和宽容，领导者可以采取许多措施。表 13-3 为领导者提供了一些建议。这些行为可分为两类，类似于之前对伦理型领导行为的分类。有些行为力图鼓励宽容和欣赏，而有些则向歧视和偏狭提出了挑战。

表 13-3　管理多元化行为指南

鼓励宽容和欣赏：
• 以身作则，为欣赏多元化树立榜样
• 鼓励尊重个体差异
• 促进人们对不同价值观、信仰和传统的理解
• 解释多元化对团队或组织的益处
• 鼓励和支持他人对多元化的宽容
阻止偏狭和歧视：
• 不要用带有成见的眼光看待别人
• 识别对女性或少数族裔带有偏见的看法和角色期望
• 与发表偏见言论的人做斗争
• 公然反对带有偏见的不公平待遇
• 采取严厉措施阻止对女性或少数族裔的伤害

多元化培训计划是一种鼓励宽容、理解和欣赏的正式方法（Cox，2001；Cox & Blake，1991）。多元化培训旨在让人们更好地了解多元化问题，同时认识到有必要对思维定式和偏狭看法有自我意识。很多人没有意识到对多元化群体的思维定式和隐含假设，也不明白即使真的存在差异，这些差异通常也很小，并不适用于群体中的多数人。多元化培训的另一个目标是让员工了解真实的文化或人口差异，知道如何在工作中应对这些差异。多元化的具体内容会根据培训计划的不同而变化（例如，种族、宗教、民族文化、年龄差异、员工性别、性取向、身体残疾等）。人们应该了解如何将差异变成优势而不是麻烦，这一点非常重要。美国电话电报公司、埃森哲（Accenture）、雅芳（Avon）、礼来公司（Eli Lilly and Co.）、惠普、强生、万豪（Marriott）、美孚石油（Mobil Oil）、宝洁、普华永道（PwC）、塔吉特（Target）和施乐等都开展了此类计划。有些多元化培训计划存在一个问题，即将重点放在指责歧视上，而不是放在提高自我意识和相互理解上（Nemetz & Christensen，1996）。实施多元化培训的领导者应让培训内容与有吸引力的

愿景（即欣赏多元化对组织所有成员的重要意义）保持一致。

某些结构性机制也有助于提升多元化。例如：（1）在制定评估标准时涵盖多元化问题；（2）利用工作组或咨询委员会识别歧视或偏狭行为并制定补救措施；（3）利用相关措施对进程进行系统监测；（4）利用热线等特殊机制方便员工检举歧视和偏狭行为。对尚未形成强烈偏见的人进行培训，或使组织文化支持成员欣赏多元化，将有助于成功地改变组织成员的态度（Nemetz & Christensen，1996）。

（十一）提供平等机会

为充分利用多元化成员的聪明才智，组织必须消除某些阻碍合格人员参选重要职位的制约因素。领导者可以通过很多方法促进机会平等和员工融入（Buengeler et al.，2018；Cox，2001）。例如，可以通过员工态度调查确定问题并评估进展，或者通过媒体介绍组织为促进机会平等所做的工作并报告相关成绩。

组织在进行选择和提拔时，应对评估人员进行培训或帮助他们减少因民族、种族或性别思维定式而造成的偏见，以使评估结果更加准确。思维定式既有积极特征，也有消极特征，如果思维定式潜藏在自觉意识之下，人们会更加难以解读和评价它们对人际行为互动的影响（Brescoll，2016；Carli & Eagly，2018；Eagly & Chin，2010；Goldberg & McKay，2016；Hoyt & Murphy，2016）。采取"结构化自由回忆"干预有助于减少这种偏见（Baltes，Bauer，& Frensch，2007；Bauer & Baltes，2002）。在评估某人的任职资格之前，评估人员应先回忆此人的某些积极和消极行为。

某些辅导计划可以为相关人员提供充足的建议、鼓励和帮助，有助于女性和少数族裔员工的晋升（Benschop，Holgersson，van den Brink，& Wahl，2015）。领导发展计划应为希望学习相关技能和获得宝贵经验的人提供平等机会。如果设计和执行得当，机会均等行动计划也将是有益的（Harrison，Kravitz，Mayer，Leslie，& Lev-Arey，2006）。如果组织成员清楚地理解相关计划的必要性，并且能找到鼓励平权行动却不施加反向歧视的方法，这些计划的争议性就会减小，成功率就会加大。

人力资源管理部门通常对影响多元化和机会平等的过程负主要责任，其中包括招聘、选拔、员工入职培训、绩效评估、培训和辅导等。但是，提供平等机会的责任不应仅归属于人力资源专家，要想成功地提高多元化和促进机会平等，组织必须得到最高管理层和各级领导者的大力支持（Buengeler et al.，2018；Ng & Wyrick，2011）。

在国家层面也可以采取某些实现机会平等的方法。在美国和欧洲，公司董事会的女性成员仅占20%左右，相关国家正在努力帮助女性突破"玻璃天花板"（Kirsch，2018）。

首席执行官是由公司董事会决定的，平衡董事会的男女比例有助于产生更多女性首席执行官。某些欧洲国家对女性董事的人数配额有相应规定（Klettner，Clarke，& Boersma，2016；Sojo，Wood，R.E.，Wood，S.A.，& Wheeler，2016）。例如，挪威在2002年规定了董事会的女性配额，要求女性董事占比达到40%。法国和西班牙最近也规定了类似的配额。在选拔领导者问题上消除歧视不限于法律手段。个人也可以发起运动来增加平等机会，下面的范例介绍了英国某位首席执行官的做法（Baker，2011）：

> 牛顿投资管理公司（Newton Investment Management）首席执行官海伦娜·莫里西（Helena Morrissey）努力提高英国公司董事会的女性占比。2010年11月，莫里西成立了30%俱乐部，向各公司施压，要求女性董事占比达到30%。她说服了20多家英国大公司的首席执行官接受这一挑战。一些很有说服力的数据支持了她的这次运动。麦肯锡公司在2007年至2009年间对欧洲、巴西、俄罗斯、中国和印度的279家公司进行的一项调查发现，执行委员会中女性占比最高的公司比占比为零的公司股本回报率高41%。美国的一项研究发现，董事会有三名或更多女性董事的公司比没有女性董事的公司股票回报率和销售额高出45%。莫里西发起倡议的时机很有利。由于缺少对公司高层管理人员的充分监督，近期的金融危机给各公司董事会带来了更多挑战。提高女性董事的占比可以让董事会更加独立。其他欧洲国家也采取了配额制，如果莫里西的运动在英国没有取得成功，英国也将面临配额制带来的压力。

小 结

随着全球化的蔓延和经济的快速发展，跨文化领导已经成为一个重要的研究课题。在多数被研究过的文化中，某些领导者属性被认为是影响领导效能的重要因素，但其他属性的重要性则因文化而异。文化价值观和信仰可能会影响领导者的实际行为，尤其是当它们与组织的核心价值观一致时。

跨文化研究的数量正在增加，但此类研究在方法上有很大局限性。在很多研究中，含义的等效性没有得到保证，取样程序不充分，对干扰因素缺乏控制，未涵盖解释变量，对结果的解释也存在疑问。要想推动跨文化领导研究的更快发展，研究者需要更多地开展诸如"GLOBE"等大型研究项目。

全球化领导需要领导者运用与某些文化价值观相关的知识和实践，以应对与不同文化和不同地区人员一起工作时面临的实际挑战。除了本国领导者所需的基本知识、技能和能力之外，全球化领导者还必须有能力领导跨文化、跨地域和跨时区的全球化分布式团队。要做到这一点，领导者需要具备三种全球化领导要素：了解所管理的全球化人才、了解所在组织的复杂性层次、了解自己。

在领导者的选拔和晋升过程中，性别歧视仍然是大型组织面临的一个严重问题。这种歧视产生的原因各不相同，但为了更好地理解这个问题并找到解决方案，研究者需要开展更多的研究。虽然许多研究已经考察了领导行为和效能中的性别差异，但是这些研究缺乏说服力且不一致。在未来的研究中，研究者应控制干扰变量可能产生的影响，报告所发现的重要差异的影响力度，并衡量相关过程，以深入了解产生差异的原因。

在新世纪，领导者的一项重要职责是管理多元化，其可采取的方式多种多样。在组织成员的选拔和提升过程中，领导者可以在实现机会平等和消除歧视方面发挥至关重要的作用。领导者可以采取多种措施，鼓励宽容，促进员工对多元化的欣赏，加强员工对组织的融入。组织所有领导者应共同承担改善多样性、确保机会平等和促进员工融入的责任。在国家层面上，领导者也应在消除性别歧视和加强少数族裔融入方面发挥重要作用。

📖 回顾与讨论

1. 跨文化领导研究有哪些主要的研究问题？
2. 为什么跨文化领导研究至关重要且值得探索？
3. 开展组织领导跨文化研究存在哪些困难？
4. 研究者提出了哪些文化价值观维度，它们与组织领导有什么关系？
5. 有效的全球化领导有哪些基本要素？
6. 为什么女性会面临"玻璃天花板"现象，解决该问题的举措有哪些？
7. 为什么女性会面临"玻璃悬崖"，其促成因素有哪些？
8. 领导者可以采取哪些措施管理多元化并提高员工对组织的融入？

✍ 关键术语

集体主义	collectivism
跨文化差异	cross-cultural differences
文化价值观维度	cultural value dimensions
人事决策歧视	discrimination in personnel decisions
多元化培训	diversity training
性别平等	gender egalitarianism

性别思维定式	gender stereotypes
玻璃天花板	glass ceiling
玻璃悬崖	glass cliff
全球化领导和组织行为效能	GLOBE
全球化领导	global leadership
人本导向	humane orientation
融入	inclusion
个人主义	individualism
绩效导向	performance orientation
权力距离	power distance
不确定性规避	uncertainty avoidance

♀ 个人反思

想想你有没有一段时间对性别、年龄、种族、民族、年龄段、宗教等属性存在思维定式？为什么会有这种思维定式？思维定式对你有什么影响？你应该如何避免这种思维定式及其影响？

🖊 案例 13-1

麦琼康公司

劳拉·克拉维茨（Laura Kravitz）从一所著名商学院毕业后，进入了麦琼康公司（Madison，Jones，and Conklin）。这是一家为企业客户提供会计和咨询项目的中型公司。作为项目团队成员，劳拉成功地完成一系列任务后被提升为团队经理，开始承担更大的职责。劳拉对自己的能力很有信心。其他团队经理表面上都很尊重她，客户对她管理的项目也感到满意。凭借一系列成功，劳拉希望最终成为公司合伙人。然而，作为这家以男性为主导的公司中唯一的女性经理，她知道自己需要克服一些障碍。

劳拉觉得有些高级管理人员非常保守，不愿意接受她成为平等的一员。在季度规划会议上，这些经理在她发言时往往心不在焉，似乎不愿接受她的改进建议。有好几次，她提的想法被置之不理，而后来提出相同想法的人却得到了奖励。劳拉在公司里缺乏一个良师益友替她向别人宣传她的能力，并帮助她在职业生涯中不断晋升。此外，她觉得自己没有被公司的非正式关系网接受，这让她没有机会与高级管理人员互动。她不喜欢打高尔夫球，也不是公司专属高尔夫俱乐部的成员，而很多男性经理都属于该俱乐部。公司高层领导者为朋友和公司某些成员举办的大多数社交活动也都没有邀请她。

劳拉感到项目的分配也存在偏见。公司总是将备受关注的项目交给男性经理。当劳拉向上司申请承担更具挑战性的项目时，上司告诉她年纪较大的客户通常更喜欢与男性打交道。由于没有得到利润较高的项目，她的业绩看起来不如一些男性经理。与她差不多同时期进入公司的两名男性经理已经被提拔为她的上司了。

劳拉对公司明显的"玻璃天花板"现象感到失望，她要求与总裁见面讨论她的职业生涯。听到劳拉对自己在公司的晋升感到不满，总裁感到很惊讶。他安慰劳拉，说她是一名有价值的员工，应该对升职保持耐心。然而，又过了一年，劳拉的待遇几乎没有得到改善，于是她从公司辞职。她与另外两名同样感到不受赏识的研究生朋友成立了一家新公司，并担任首席执行官。这家公司迅速取得了巨大成功。

（作者：加里·尤克尔）

问题

1. 劳拉经历了哪些形式的性别歧视？
2. 劳拉可以采取哪些措施克服她遇到的障碍？
3. 总裁可以采取哪些措施为公司创造平等的机会？

案例 13-2

全球化领导者的一天

纳萨莉（Nathalie）在哥伦比亚某家公司就职，在这家公司被总部位于柏林的跨国汽车零部件制造商收购后，她并不担心。她在公司稳步上升，并即将担任管理职位。她原本认为这是一次简单的过渡，因为她对这个行业非常了解。她现在管理着公司在几个国家的制造业务，监管着由工厂经理组成的"团队"。用"团队"一词可能并不准确，因为这些经理分散在不同地区，这意味着多数团队沟通只能通过电子邮件进行，团队只是偶尔召开视频会议。此外，由于时区差异，纳萨莉实际上只与部分工厂经理交流，与其他经理的私人联系很少，因为他们的工作时间是她的休息时间。因此，纳萨莉和全球工厂各位经理之间没有太多"团队感"，更多的是一种独立关系。

纳萨莉当前面临的挑战是如何从团队获得信息，与团队成员就如何发展达成共识。她给团队成员发了预算计划草案，要求他们提供反馈。有三封新邮件让她十分沮丧。第一封邮件来自东京郊外的工厂，发件人是凌飞（Lingfei），他建议团队进一步讨论纳萨莉分享的预算规划。纳萨莉感觉凌飞不同意她的规划，但他并未在邮件里明确表示。第二封邮件来自印度尼西亚的哈桑（Hasan），该邮件含糊不清，没有表明他对预算编制过程的看法，也没有明确表示接受规划。第三封邮件来自英国的克里斯托弗（Christopher），她明确地表达了自己的失望，认为预算编制过程比原计划耗时长，而且似乎不符合公司的标准化预算编制。克里斯托弗在电子邮件中写道："你知道，时间就是金钱。"第四名成员是法国的西里尔（Cyrille），他再一次未能在截止日期前进行回复。

纳萨莉看着这些电子邮件，叹了口气。她在柏林的上司昨天告诉她要掌控自己的团队，并为他们指明方向。虽然她在努力，但这种方法对她来说太陌生了。她习惯于在具有强烈个人关系和忠诚感的团队中建立共识，那种关系似乎是自然而然形成的，显然与当前的团队无关。纳萨莉不知道该从何做起，她感觉问题与某些团队成员所处的文化有关，不知道应该尝试改变风格来迎合他们的偏好，还是改变他们的风格来顺应自己的习惯。

资料来源：Den Hartog & Dickson in Antonakis & Day（2018）.

问题

1. 在不考虑文化思维定式的情况下，纳萨莉如何应对可能影响团队的文化差异？

2. 缺乏面对面交流是导致纳萨莉所面临问题的原因吗？如果是，她应该怎么做？

3. 面对文化价值观差异对团队的影响，纳萨莉应该怎么做？

第十四章　发展领导技能

》 学习目标

通过学习本章内容，读者能够：

- 了解组织中领导力培训和发展的重要性。
- 了解不同领导力发展方法的优势和不足。
- 了解促进领导力培训和发展的个人因素和组织因素。
- 了解领导者如何鼓励和促进领导力发展。
- 了解领导者发展自身技能的方法。
- 了解为什么领导者的发展应该与战略规划保持一致。

导　言

随着组织外部环境变化加剧，领导者面临很多新的挑战。若想在 21 世纪取得成功，领导者需要具备更高水平的技能和创新能力。为满足这一需求，研究者致力于开发新技能，并对已有技能进行改进。领导力开发是一项价值数十亿美元的事业。近年来，美国各组织在这方面的投资以两位数的速度增长，尤其是对小型企业（Meinert，2014）。最近对 94 个国家 2 500 多名人力资源和商业领导者进行的调查显示，各组织将加速、深化和扩大各级领导力发展视为头等大事，86％的受访者表示这一需求非常重要且紧迫（Schwartz，Bersin，& Pelster，2014）。

尽管组织对领导力发展有着浓厚的兴趣，但并没有全面评价这方面投资的潜在成本和回报。为了帮助组织进行此类评价，阿沃利奥、埃维和奎森伯里（Avolio，Avey，& Quisenberry，2010）提出了估算领导力的投资回报率（RODI）的方法。他们表示，根据所依据的假设、干预的类型和时长，以及参与者的类型，领导力的预期投资回报从略负到超过 200% 不等。理查德、霍尔顿和卡齐奥劳德斯（Richard，Holton，& Katsi-oloudes，2014）随后的一项研究展示了组织利用计算机模拟计算领导力发展计划预期投资回报的方法。该研究发现，领导力发展计划的投资回报要高于多数高管的判断，但如果计划执行不力，相关组织可能会蒙受巨大损失。这些研究突出了有效领导力的发展对于实现和维持高水平组织绩效的重要性。

领导力可以通过多种方式获得发展，包括正式培训、发展性任务和自我发展活动。多数正式培训都是在规定时间段内进行的，通常由专业培训者在领导者的直接工作地点之外提供（例如，培训中心进行的短期讲习班、大学的管理课程等）。发展性任务通常融入运营任务中，或与这些任务同步进行。发展性任务的形式多种多样，包括由领导者的上司或外部顾问进行指导，由组织内更高级别的人员进行辅导，以及执行某些可以为学习相关技能提供新挑战和新机遇的特殊任务（Day，2000；Day & Thorton，2018）。领导者的发展经验也可能从工作场所扩展到其他领域（Hammond，Clapp-Smith，& Palanski，2017）。个人主动开展的自我发展活动包括阅读书籍、观看视频、听录音材料，以及通过交互式计算机程序发展相关技能。

培训计划、发展性任务和自我发展活动的效能部分取决于个人属性和组织条件能否促进领导技能的习得和应用（Avolio & Hannah，2008；Day & Dragoni，2015；Day，Fleenor，Atwater，Sturm，& McKee，2014；Day & Thorton，2018；DeRue & Myers，2014；Hannah & Avolio，2010）。相关的促进因素包括领导者的发展准备以及某些组织属性，如上司和同事对技能发展的支持，鼓励技能发展的奖励制度，支持继续学习的文化价值观等。本章将探讨领导力发展的各种方法及其关键促进条件。

一、领导力培训计划

开展各类培训计划是提高组织领导力的有效方法。多数大型组织都会制订领导力培训计划，很多组织还会派出管理人员参加外部研讨会和讲习班（Saari，Johnson，McLaughlin，& Zimmerle，1988）。领导力培训计划旨在提高与管理效能和管理进步相关的通用技能和行为。针对中下层管理人员的培训通常比针对高层管理人员的培训多，培训的重点通常放在管理人员当前职位的所需技能，而不是晋升所需技能（Rothwell & Kazanas，1994）。传统的培训模式是挑选有潜力的管理人员进行领导力培训，而且通常个人职业生涯中仅有一两次培训机会。当前，这种模式正在被取代，组织中的管理人员在其职业生涯的适当节点都有机会接受系列培训（Vicere & Fulmer，1997）。

（一）领导力培训计划的类型

领导力培训的形式多种多样，有针对各类特殊技能的短期讲习班，也有持续一年以上涉及广泛技能的培训计划。很多咨询公司会举办面向不同组织管理人员的短期领导力培训班。也有咨询公司会根据特定组织的需求设计领导力培训计划。多数大学都会提供可在业余时间参加的管理发展课程（例如，针对高管的 MBA 课程）。组织通常也会对员工参加外部讲习班和课程的费用进行补偿。有些大型组织（苹果、迪士尼、通用电气、宜家、麦当劳、摩托罗拉、丰田、联合利华等）还为员工开设了管理培训中心或企业大学（Allen，2014；Rio，2018）。

多数培训计划基于特定领导理论，例如，基于规范决策模型（Vroom & Jago，1988）和变革型领导（Bass，1996；Bass & Avolio，1990b；Brown & May，2012）的培训计划。相关研究证明，这些培训计划有时可以提高管理效能（Avolio，Reichard，Hannah，Walumbwa，& Chan，2009；Bass，2008；Lacerenza，Reyes，Marlow，Joseph，& Salas，2017；Latham，1988；Tetrault，Schriesheim，& Neider，1988）。但是，值得注意的是，很少有研究能够确定领导者行为或效能评分的提高是因为其学习和应用了培训计划所依据的理论，还是因为提高了该理论之外的相关技能。

（二）领导力培训的设计

培训计划的效能在很大程度上取决于培训设计。培训设计应考虑相关学习理论、具体学习目标、受训者特点以及相对于收益的制约和成本等现实因素。如果领导者的培训在设计和实施方式上与学习过程和培训技巧的研究结果相一致，则更容易取得成功（Baldwin & Padgett，1993；Lacerenza et al.，2017；Lord & Hall，2005；Noe & Ford，1992；Salas & Cannon-Bowers，2001；Tannenbaum & Yukl，1992）。领导力培训计划的特征见表 14-1。

表 14-1　领导力培训计划的特征

• 具体的学习目标
• 基于需求的培训内容
• 清晰而有意义的内容
• 对内容的适当排序
• 适当整合培训方法
• 积极实践的机会
• 相关且及时的反馈

续表

• 培养受训者的自信
• 采用多种传授方法
• 开展常规课程培训

在培训计划开始时，培训者应确定具体的学习目标、明确培训的目的及其对受训者的重要性。在多数情况下，培训者不仅要介绍学习目标，还要解释参加该培训的意义。培训内容应基于受训者原有知识，清晰明了、重点突出且富有意义。培训活动的组织和顺序应服务于学习效果。在培训过程中，培训者应从简单、基本的观点入手，再逐步介绍复杂的观点，可将复杂材料分解为不同模块，供受训者单独学习。

领导力培训计划涉及多种多样的培训方法，包括授课与讨论、角色扮演、行为角色建模、案例分析和实践模拟。培训方法应与传授的知识、技能、态度或行为相匹配。培训方法的选择应基于受训者现有技能、学习动机和复杂信息处理能力。在培训期间和培训后，受训者应充分练习所学技能（例如，使用新行为、回忆记忆中的信息、应用相关准则完成任务等）。准确及时的建设性反馈可以帮助受训者监测和评价学习情况。培训者应表达对成功的信心，耐心支持受训者，使其在掌握相关资料和技能的基础上体验进步和成功。

（三）领导力培训的效果

评价培训计划效能的标准包括：（1）参与者的反应态度（即对培训效果和培训者满意度的评分）；（2）对知识和技能的学习情况；（3）学习的迁移，即受训者利用所学技能提高绩效；（4）给组织带来积极的影响，如成本降低、利润增加、人员缺勤和离职减少（Lacerenza et al.，2017）。领导力培训对结果的影响程度取决于受训者的个性和能力、培训的设计和执行，以及组织的支持条件。不同决定因素的相对重要性部分取决于培训的类型和对结果的衡量标准（参见 Alliger，Tannenbaum，Bennett，Traver，& Shotland，1997；Blume，Ford，Baldwin，Huang，2010；Taylor，Russ-Eft，& Taylor，2009）。拉切伦扎等人（Lacerenza et al，2017）进行的一项荟萃分析证明了培训对反应、学习、迁移和结果四项标准的影响。学习需求分析、多元化培训、面对面传授、正面反馈、常规课程和现场培训等方法可以显著提高培训效能。

二、从经验中学习

有效领导所需的大部分技能都是基于经验学习，而不是某些正式培训计划（Lindsey，Homes，& McCall，1987；McCall，2010a，2010b；McCall et al.，1988）。某些

特殊任务可以让领导者有机会在履行常规工作职责时发展和完善相关领导技能。例如，借助相关指导解读自身经历并学习新技能，模仿称职上司的有效行为（Manz & Sims，1981；McCall et al.，1988；McCall & McHenry，2014）。领导者也可以观察效能低（Lindsey et al.，1987；McCall et al.，1988）或行为不符合伦理（Brown & Treviño，2014）的上司，从而了解错误领导行为。

在执行任务期间，个人领导技能和价值观的发展取决于这些任务提供的经验类型。创新领导力中心的研究者研究了不同类型经验与领导技能发展的相关性（Lindsey et al.，1987；McCall et al.，1988；McCauley，1986；DeRue & Wellman，2009；Dragoni et al.，2014a；Dragoni, Oh, Vankatwyk, & Tesluk，2011；Dragoni, Tesluk, Russell, & Oh，2009；Mumford et al.，2000）。结果表明，挑战的大小、任务的多样性以及反馈质量都会影响从经验中学习的效果。

（一）挑战的大小

解决异常问题、克服困难障碍或做出风险决策都是具有挑战性的情境。创新领导力中心的研究发现，挑战性最大的岗位要求领导者能够应对变化、解决重大问题、对他人产生非权威影响、承受外部压力，独立开展工作。具有挑战性的情境还包括处理组织的合并或重组、领导跨职能团队或工作组、实施重大变革、应对不利的商业条件、改善组织中薄弱的单位、过渡到不同类型的管理职位（例如，从职能岗位过渡到总经理或参谋岗位）、在文化多元的国家进行管理等等。这些情境要求领导者寻找新信息、以新的方式看待问题、建立新的关系、尝试新的行为、学习新的技能，以及更好地了解自己。创新领导力中心的研究者开发了一种被称为"发展挑战画像"（Developmental Challenge Profile）的工具，用于衡量各种管理职位或任务所面临挑战的数量和类型（McCauley, Ruderman, Ohlott, & Morrow，1994）。

成功应对困难挑战对领导力发展至关重要。在此过程中，领导者可以学会新技能并获得自信。但是，从经验中学习既可能成功，也可能失败。创新领导力中心的研究还发现，与早期只经历过成功的领导者相比，在职业生涯早期经历过逆境和失败的领导者更有可能获得发展或晋升的机会。对职业发展有重要意义的困难经历包括商业决策失误、在重要人物面前出错、职业挫折和个人创伤（例如，离婚、严重受伤或疾病等）。然而，经历失败可能不会带来有益的学习和改变，除非当事人能为此承担责任、承认不足，并找到改进方法（Kaplan, Kofodimos, & Drath，1987；Kovach，1989；McCall & Lombardo，1983a，1983b）。此外，如果压力和挑战过大，当事人需要必要的支持和指导，以避免在获得发展之前放弃和退出。

（二） 任务的多样性

工作经历多样且富有挑战性有助于领导者更好地适应新情境、处理新问题，积累处理同类问题的经验。因此，对领导者来说，在职业生涯早期处理过各种领导行为和技能相关问题将大有裨益。例如，执行特殊发展性任务（developmental assignments）、在组织不同职能部门轮岗、执行直线职能和参谋职能任务，执行国外和国内任务等。参加实践模拟挑战可以让领导者以新的方式看待问题并在行为上更加灵活，从而提高发展性任务和模拟活动的有效性，提高领导者的适应能力（Nelson，Zaccaro，& Herman，2010）。

（三） 准确而相关的反馈

如果人们在执行任务过程中能够获得行为及后果的准确反馈，利用该反馈分析经验并从中学习，就可以提高自身技能。遗憾的是，领导者在工作中很少获得关于自身行为的有效反馈，即使获得了反馈，可能也无法促进其学习，因为忙碌的工作和无尽的要求使领导者很难进行反省和自我分析。个人愿意接受反馈的程度取决于其与管理效能相关的某些特质（Bunker & Webb，1992；Kaplan，1990）。防御性和不安全感强的人往往会回避或忽视有关自身弱点的信息。如果某人认为多数事件都是由不可控的外部力量预先决定的（即内在控制倾向不强的人），就不太可能为失败承担责任，也不太可能利用反馈来提高自身技能和未来绩效。

高层管理人员很难从经验中学习（Kaplan et al.，1987）。他们往往只与组织中少数人定期互动，而这些人大多是与员工联系较少的高管。鉴于拥有较高的权力和声望，高管们往往对自己的管理风格充满自信，甚至拥有某种优越感，从而不重视他人的批评。此外，随着高管影响力逐渐变大，人们会越发不愿冒险对他们提出批评。

三、发展性活动

领导者可以利用多种活动从工作经验中学习相关技能（见表 14-2）。这些发展性活动可以作为上司或同事非正式辅导的补充，可以与正式培训计划相结合。本部分将介绍几种领导力发展活动，分别是多源反馈计划、发展评价中心、发展性任务、辅导、对高管的指导、模拟和个人成长计划。

表 14-2　促进领导力发展的活动

• 多源反馈计划
• 发展评价中心
• 发展性任务
• 辅导
• 对高管的指导
• 模拟
• 个人成长计划

（一）多源反馈计划

通过多个来源提供行为反馈是大型组织发展管理能力的常用方法（Atwater & Wald-man，1998；Day et al.，2014；Nowack & Mashihi，2012）。这种方法也称为"360度反馈"和"多评价者反馈"。多源反馈计划可用于多种目的，但主要目的是评价领导者的优势和发展需求。反馈计划的一个基本假设是，多数领导者对自身技能和行为缺乏准确了解，可以通过反馈弥补这一不足。许多相关书籍介绍了360度反馈计划的设计和使用方法（例如，Fleenor，Taylor，& Chappelow，2008；Lepsinger & Lucia，2009；Tornow & London，1998）。

在反馈计划中，领导者从标准化问卷中获得有关自身技能或行为的信息，填写问卷的人员包括下属、同级、上级，有时也包括客户等外部人员。用于提供反馈的问卷可以针对特定组织定制，但多数反馈小组仍然使用标准化问卷。范韦尔索、莱斯利和弗利纳（Van Velsor，Leslie，& Fleenor，1997）介绍了反馈小组经常使用的16种调查工具，并回顾了每种工具的优势与不足的实证证据。

如果评价问卷跟踪的是有意义且易于观察的行为，反馈可能会更准确。反馈的准确与否还取决于能否获得一批具有代表性的受访者的合作，这些受访者需要在一段时间内与领导者频繁互动，而且有足够的机会观察问卷中所包含的行为。如果受访者了解调查的目的、调查结果的用途以及评价人员相关保密程度，就更有可能提供准确的评价。如果反馈仅用于发展目的，而不是作为正式绩效评价的一部分，那么评分可能会更准确（London，Wohlers，& Gallagher，1990）。

反馈可以多种方式呈现，反馈报告的格式可以在一定程度上决定该反馈对被反馈者的清晰程度和实用程度（Nowack & Mashihi，2012）。在多数反馈干预中，每位参与的领导者都会收到一份报告，将领导者的自我评分与他人的评分以及领导者相关规范进行比较。他人的评分通常由直接下属（对上反馈）和上级提供，也可以由多名同级人员和（在适当的情况下）多名上司提供。为领导者提供各个方向（例如，下属、同级、上级等）的反馈可以让领导者获得更多信息，但只有当每个方向都有足够的观察者时，这种方法才可行。有时，反馈报告中可以包含相关内置辅助工具来解释相关结果。突出他人对领导者行为的评价与领导者自我评价之间的巨大差异是一种常见做法。如果领导者的自我评价比他人评价高得多，则表明该领导者可能存在发展需求。基于相似领导者大样本的评分规范（例如，百分制等）便于对结果进行解释。如果领导者的行为得分低于正常水平，则表明该领导者可能存在发展需求。

人们经常讨论不同类型和不同形式反馈的优点，但相关研究却很少。某些研究者质疑，根据量化评分，为具有抽象特质、难以观察和记忆，且定义模糊的行为提供反馈是否有价值。摩西、霍伦贝克和索尔彻（Moses, Hollenback, & Sorcher, 1993）建议提供评价人员希望领导者在定义明确的典型情境中行为的反馈。卡普兰（Kaplan, 1993）建议用领导者有效和无效行为的具体事例对数字性反馈进行补充。研究者可以利用受访者或调查问卷中的开放性问题来获取相关事例，如让受访者指出领导者应该开始、停止或继续做什么（Bracken, 1994）。受访者可以就领导者如何实现理想行为转变提出相关建议，补充其对领导者当前行为的定量反馈。

多源反馈计划的效能不仅取决于反馈的类型和形式，还取决于向领导者提供反馈的方式（Kaplan, 1993; Nowack & Mashihi, 2012; Yukl & Lepsinger, 1995）。三种常见的反馈方式是：（1）领导者只收到反馈报告，自己对报告进行解读；（2）领导者收到反馈报告后与协调员进行一对一会谈；（3）领导者与协调员一起参加小组会议，对反馈报告进行解读。塞弗特、尤克尔和麦克唐纳（Seifert, Yukl, & McDonald, 2003）进行的一项实地实验发现，与仅仅给银行经理一份反馈报告供其阅读相比，有协调员参加的反馈小组更能有效地改变银行经理的行为。协调员可以解释评分类别及其与领导效能的相关性、让参与者做好接受行为反馈的准备、鼓励参与者根据自己的领导情境解读反馈结果、强调反馈的积极与消极方面、帮助参与者克服对负面反馈的感受，鼓励参与者就如何利用反馈提高领导效能做好规划等。

根据对文献的回顾，诺瓦克和马什希希（Nowack & Mashihi, 2012, p.160）得出一个结论："研究者和指导人员几乎一致认为，在适当的条件下，基于证据的'最佳实践'型多源反馈可以提高领导者的自我意识，提高其个人效能和团队效能。"史密瑟、伦敦和莱利（Smither, London, & Reilly, 2005）对 26 项研究进行的荟萃分析也支持这一结论，因为多源反馈与领导者自我感受到的绩效收益和行为变化呈正相关关系。如果领导者收到反馈后能够表达改变自身行为的需求、有积极的反馈导向、对反馈做出积极反应、相信自己可以做出改变、为规范自身行为设定适当的目标，并采取相关行动提高相关技能，就最有可能得到发展。研究还发现，多源反馈可以改善人力资本、财务绩效，保持公正公平的工作环境（Karkoulian，Assaker，& Hallak，2016；Kim，Atwater，Patel，& Smither，2016）。然而，也有研究表明，如果对多源反馈的评价和干预设计不当或被用于政治目的，则会让被反馈者退缩，并导致个人和团队绩效不佳（Nowack & Mashihi，2012；Waldman，Atwater，& Antonioni，1998）。对各种类型反馈研究进行的荟萃分析发现，反馈对总体绩效的积极影响较弱（Kluger & DeNisi，1996）；有 1/3 的研究发现，导致绩效下降的原因很多，包括反馈的传递方式、接受者的个性以及反馈的类型。

总之，研究表明，如果遵循最佳实践，反馈就会有效，而如果不遵循最佳实践，反馈则会适得其反（Nowack & Mashihi，2012；Waldman et al.，1998）。他人的反馈可以帮助领导者发现自己的优势和劣势，但领导者可能不愿意或无法应用这些反馈。如果多源反馈仅用于发展目的，领导者通常不需要与上司分享反馈或与评价人员讨论反馈。有些参与者可能会忽视负面反馈或歪曲其含义（Conger，1992；Taylor & Bright，2011）。即使参与者承认其技能不足并希望改进，也可能并不清楚该如何改进。

针对领导者进行的反馈研究提出了几种提高反馈效果的方法，包括技能培训、个人辅导、后续活动，以及将领导者的发展行动方案与后续的评价和奖励决策联系起来（Bracken & Rose，2011；Hooijberg & Lane，2009；Luthans & Peterson，2003；Nowack，2009；Nowack & Mashihi，2012；Seifert & Yukl，2010；Seifert et al.，2003）。多个反馈周期可以提高改进程度（Seifert & Yukl，2010）。提高反馈效果的另一种方法是在反馈小组研讨结束后为领导者提供为期数周的个人指导（Kochanowski，Seifert，& Yukl，2010）。还有研究发现，如果领导者能与评价人员（下属）会面讨论收到的反馈，会更容易得到提高（Walker & Smither，1999）。这种会面可以让领导者有机会了解自我评价和他人评价不一致的原因，提高其充分利用反馈的责任感。

（二）发展评价中心

发展评价中心（developmental assessment centers）利用访谈、能力倾向测试、个性测试、情境测试、自传短文、口语和写作练习等方法测量领导者的管理特质和技能，然后对这些不同来源的信息进行整合，并对每名参与者的管理潜力进行全面评价。评价中心的相关流程通常耗时 2～3 天，并且可能会需要提前进行一些数据采集。评价中心最初仅用于辅助选拔和晋升决策，但人们后来发现，它们对于培养领导者也有帮助（Boehm，1985；Munchus & McArthur，1991）。

与反馈小组相比，发展评价中心利用更密集的程序和更全面的措施来提高领导者对自己的了解、确定领导者的优势和劣势，并评价其发展需求。研究者可以通过定期与领导者互动的人获得有关领导者行为的信息，也可以通过模拟和练习对领导者进行观察。协调员可以收集有关领导者先前经验、动机、个性特征、技能、兴趣和愿望的信息。可以将领导者行为和技能的信息与其动机、背景、经验和职业抱负的信息相结合，从而更全面地了解领导者的优势、劣势和潜力。其理论基础在于，行为反馈无法单独改变强烈动机、价值观和自我概念所支持的无效行为。帮助个人面对缺点以及帮助他们培养更好的自我认识，更可能促进个人行为变化。参与者还会接受有关发展需求和职业选择的咨询服务。为了避免这种强化反馈中的一些固有危险，卡普兰和帕卢斯（Kaplan & Palus，1994）强调谨慎选择参与者，以筛选出无法从中受益（或可能无法承受压力）的人。

相关人员研究了参与者如何看待发展评价中心等"反馈密集型计划"的益处，结果表明，这些计划可以增强参与者的自我意识，帮助他们确定培训需求，促进其领导技能的后续发展（例如，Fletcher，1990；Guthrie & Kelly-Radford，1998；Young & Dixon，1996）。有两项研究证明，发展评价中心可以提高领导者的后续绩效（Engelbracht & Fischer，1995；Papa & Graham，1991），但由于涉及其他发展性任务（如技能培训、特殊任务、额外指导等），因此其结果很难解释。与反馈小组讨论一样，如果能在发展评价研讨结束后衔接相关的培训或发展性任务，研讨可能会更成功。此外，发展评价中心带来的好处可能不限于参与者，在这些中心里服务全体员工的管理者也会获得管理技能的提升（Boehm，1985）。

虽然我们对发生在发展评价中心的潜在心理过程仍知之甚少，但迪莫塔基斯、米切尔和莫勒（Dimotakis，Mitchell，& Maurer，2017）的一项研究为我们提供了一些见解。研究者发现，不论是积极的还是消极的，管理评价中心提供的发展性反馈都可以提高参与者在改进被评价技能方面的自我效能感。反过来，自我效能感的提高与寻求反馈的行为（feedback-seeking behavior）呈正相关关系，而寻求反馈的行为又与之后的晋升呈正相关关系。研究结果还表明，如果参与者能接受社会对其发展的支持并相信自己的能力能够获得提升，就可以缓解负面反馈对自我效能感的潜在不利影响。

（三）发展性任务

有些发展性任务可以与常规工作职责同时执行，隆巴尔多和艾兴格（Lombardo &

Eichinger，1989）提出了某些有助于提高当前岗位领导技能的特殊任务。例如，管理新项目或负责项目的启动运行、在跨职能团队中担任部门代表、主持特别工作组规划重大变革或处理严重运营问题、为组织某单位制订和实施培训计划以及承担之前由上司负责的一些行政活动（例如，编制预算、制订战略计划、召开会议等）等。

某些发展性任务可能需要领导者暂时离岗。例如，在评价中心工作、担任组织中另一部门杰出领导者的替补或参谋人员、在另一个组织（例如，客户或供应商）担任临时联络员，做客另一组织执行任务（例如，将某位领导者借调给政府机构帮助其实施重大变革）等。

花旗银行（Citibank）在 20 世纪 90 年代出现了系统使用发展性任务的案例（Clark & Lyness，1991）。花旗银行认为，人际交往技能和战略技能的发展有助于管理人员晋升到高级管理职位。它为潜力较高的管理人员分配了两种特殊任务，每种任务持续 3～4 年。其中一种涉及重大的战略挑战，另一种涉及棘手的人员管理挑战。

发展性任务效能相关研究仍比较有限。关于特质和技能的纵向研究（见第 7 章）表明，在领导者职业生涯早期，承担多元化且富有挑战性的任务有助于其职业发展，领导者可以从不同类型的挑战和艰苦经历中学习不同的技能（DeRue & Wellman，2009；Lindsey et al.，1987；McCall et al.，1988；McCauley et al.，1994；McCauley，Eastman，& Ohlott，1995；Valerio，1990）。具有强烈学习导向的领导者更有可能利用相关发展机会，也更有可能从中获益（Dragoni et al.，2009）。德拉戈尼等人（Dragoni et al.，2014a）的一项研究发现，工作时长与战略思维能力呈正相关关系，尤其是对身处异国文化的领导者而言。

发展性任务效果的多数研究是基于领导者发展经历和技能习得的回顾性报告，但德吕和韦尔曼（DeRue & Wellman，2009）的研究使用了多种方法。基于对发展性挑战的评价、与领导者就其发展经历的访谈，以及领导者上司对其技能提升的评价，研究者发现，发展性挑战对领导者学习的提升有一个上限，过了最高点之后继续增加挑战就会产生某些问题，从而影响领导者的学习情况，除非这些问题得到解决（例如，利用更多的支持性反馈和指导来解决问题），否则学习将难以持续。到目前为止，还没有人比较过在分配发展性任务前后不同的发展性任务对当事人能力的影响。关于各类任务、各类技能和各类领导者之间的影响，我们还应进行更多的研究。

在发展性任务中实现学习效果最大化需要多少时间是一个重要的课题。简短的任务可能无法让人看到行动和决定的后果，或无法让人反思自己的经历或理解学到的东西（Ohlott，1998）。另外，时间过长的任务可能会让当事人厌倦，放弃获得更有意义体验的机会。

发展性任务的最佳顺序安排是每项任务挑战性大小的重要决定因素。在接受艰巨的大型任务之前，领导者最好先通过难度较小的小型任务学习基本知识和相关技能，以免花太多时间学习基础性内容，而没有足够的时间学习领导者所必需的更复杂的知识。因此，发展性任务的规划需要仔细的分析和长远的考虑，让领导者过快完成不同的发展性任务可能会适得其反（McCall，2004）。

麦考利等人（McCauley et al.，1995）提出了一些改进发展性任务规划和实践的方法。每种任务所带来的挑战和学习机会应与领导者的发展需求、职业抱负和学习方向相匹配。领导者应清楚发展性任务的重要性，分担规划任务职责，追踪特定任务带来的挑战和益处，将相关信息与职业咨询和继任规划相结合。在完成某项发展性任务后，领导者应反思这段经历并吸取教训，这一点很重要。这种回顾性分析过程可以让人从经验中学到更多东西，上司、导师或专业培训与发展人员都可以促进这种过程（Ohlott，1998）。

德尚（Dechant，1994）认为，制订具体的学习计划有助于参与者从特殊任务中学习。领受任务的人应为任务涉及的每个人分析任务目标、背景和工作要求。将参与者的所需技能与可用技能进行比较，确定欠缺的必要技能或知识，制订计划帮助参与者获取成功完成任务所需的技能或知识，都会帮助参与者在特殊任务中识别学习机会，确定他人的学习需求，并将其纳入任务行动规划。

当组织中弥漫偏见和歧视时，发展性任务的效能就会降低。各种研究表明，女性比男性获得富有挑战性且关注度高的任务的可能性要低（例如，Ruderman & Ohlott，1994；Van Velsor & Hughes，1990）。尽管被法律明令禁止，基于性别、种族或年龄的歧视在任务分配和晋升方面仍时有发生（见第 13 章）。

（四）　辅导

很多组织都利用某些正式辅导计划促进管理发展（Maxwell，2008；Noe，1991；Scandura & Pellegrini，2007）。辅导是指经验更丰富的导师帮助经验较少的徒弟。在艰难的工作过渡期间（例如，初次晋升到管理职位，平调或晋升到组织其他职能部门，在国外执行任务，或在合并、重组或精简的组织中执行任务等），导师可以帮助徒弟更好地适应、学习、减压（Kram & Hall，1989；Zey，1988）。导师通常来自更高的管理层，而不是徒弟的直接上司（McCauley & Douglas，1998）。

对导师的研究（Kram，1985；Noe，1988）发现，导师具有社会心理功能（接受、鼓励、指导、咨询等）和职业促进功能（扶持、保护、挑战性任务、曝光度和可见性等）。拉皮埃尔、奈杜和博纳乔（Lapierre，Naidoo，& Bonaccio，2012）的一项研究表明，导师为徒弟的职业发展提供的支持取决于徒弟的任务表现，以及导师对与重要人物关系的自我概念（即关系自我概念）。具有较强关系自我概念的导师会提供更多的职业支持，尤其是对表现优异的徒弟。但是，导师的关系自我概念和学员的任务表现对社会心理支持没有影响。

几项研究表明，辅导可以促进徒弟的职业发展和成功（Chao，Walz，& Gardner，1992；Dreher & Ash，1990；Fagenson，1989；Scandura，1992；Turban & Dougherty，1994；Whitely & Coetsier，1993）。一项针对全美大学体育协会（NCAA）女篮教练和助理教练的研究发现，当导师比较成功并且师徒关系持续时间较长时，辅导对徒弟表现的有益影响更大（Tonidandel，Avery，& Phillips，2007）。导师也可以从辅导经历中受益，因为这可以提高他们的工作满意度，帮助他们发展自己的领导技能。威尔伯（Wilbur，1987）的一项研究发现，在服务公司，个人提供的辅导和接受的辅导可以预测其职业发展。其他相关研究表明，如果辅导有助于导师及其徒弟的职业发展，高管会更有动力提供辅导。然而，如果以经济手段激励辅导则会适得其反（Walker & Yip，2018）。这些发现表明，对于受社会动机和关系动机驱动的潜在导师而言，给予他们辅导补偿可能会产生意想不到的有害影响。

尽管辅导有潜在好处，但也并不总是成功的。研究者对可能提高辅导效能的条件进行了研究，结果表明，非正式辅导通常比正式辅导计划更成功（Noe，Greenberger，& Wang，2002）。出现这种差异的主要原因可能在于正式辅导计划的实施方式，包括导师的选择和培训。自愿参与、导师选择徒弟、解释辅导的利弊、澄清导师和徒弟的预期角色与过程等手段可能会提高正式辅导计划的成功率（Chao et al.，1992；Hunt & Michael，1983）。

徒弟可以主动发起辅导关系，而不是等待导师来选择，尤其在支持相关发展性任务的组织中。图尔班和多尔蒂（Turban & Dougherty，1994）发现，如果徒弟具有较强的情绪稳定性、自我监测和内在控制倾向，就更有可能发起辅导关系并获得更多辅导。布利克勒、维茨基和施耐德（Blickle，Witzki，& Schneider，2009）发现，无论年龄、性别或智力如何，积极主动发起辅导过程的徒弟可以获得更高水平的辅导、收入和晋升。

辅导还受某些人口统计学因素的影响，如年龄、性别和种族等。女性和少数族裔更难找到成功的辅导关系（Blake-Beard，Murrell，& Thomas，2007；Giscombe，2007；Ilgen & Youtz，1986；McDonald & Westphal，2013；Noe，1988；Ohlott，Ruderman，&

McCauley，1994；Ragins & Cotton，1991，1993；Ragins & McFarlin，1990；Thomas，1990）。女性常见的困难包括对行为适当性的思维定式、对男女亲密关系的顾虑、讨论某些主题时的尴尬、缺乏适当的角色榜样、同级人员的憎恨以及被排斥在男性社交网络之外等。即使是女性辅导女性，一些困难仍然存在。尽管困难重重，但相关实证研究发现，没有证据表明性别会影响辅导的成败（例如，Dreher & Ash，1990；Turban & Dougherty，1994）。

总体来说，相关研究表明，辅导是一种有益的技巧，有助于促进徒弟的职业发展、增强徒弟适应变化的能力，提高其工作满意度和幸福感。辅导还可以提供一些其他优势，如对组织更强的承诺和更低的离职率等（Chun，Sosik，& Yun，2012；Payne & Huffman，2005）。然而，指导的效果会随辅导类型和检验结果类型的变化而变化（Allen，Eby，& Lentz，2006）。迄今为止，很少有研究评估各类辅导计划的特点与其结果之间的关系。对于辅导关系中最有可能获得或提高的技能、价值观和行为，促进徒弟发展的条件，或导师促进徒弟领导力发展的方式，我们知之甚少。

（五） 对高管的指导

近年来，个人指导已经成为商业组织中干预领导者发展的常见方式（Athanasopoulou & Dopson，2018；Beattie et al.，2014；Ely，Boyce，Nelson，Zaccaro，Hernandez-Broome，& Whyman，2010；Feldman & Lankau，2005；Hall，Otazo，& Hollenbeck，1999；McCarthy & Milner，2013；Sperry，2013）。接受指导的领导者通常是高层管理人员，指导者通常由成功的前任高管或行为科学家担任，他们都拥有丰富的管理顾问经验。

高管的教练并不是其永久的导师，教练被雇用的时间通常从几个月到几年不等，也可以每周或每两周提供指导。在极端情况下，教练可以随时待命，在需要时提供建议。有时候，高管可以自己决定是否需要获得指导，有时候，更高的管理层会向其提供指导，以帮助这些高管做好晋升准备或防止其"脱轨"。外部教练具有一定优势，如拥有更丰富的经验、更好的客观性和更强的保密性。内部教练也有其特有优势，如易于获取、对本组织的文化和政治有更好的了解、对战略挑战和核心竞争力有更好的把握。

向高管提供指导旨在促进其学习当前或未来领导职责的相关技能。教练还可以提供应对具体挑战的建议，包括实施重大变革、与难相处的上司打交道、与不同文化的人合作等等。教练可以帮助高管获得某些非同寻常的机会，与其讨论问题并帮助其实践某些想法。教练可以在严格保密的基础上为他们提供有益且客观的反馈与建议。指导高管应配合相关措施，以提高效能。这些措施虽然不能直接提高高管技能，却可以提供其发展需求相关信息（例如，多源反馈、发展评价中心）。

与正式培训计划相比，为高管提供指导具有诸多优势，包括方便、保密、灵活和对个人的更多关注。一对一指导的明显缺点是费用很高。高昂的成本是个人指导针对多名高管的原因之一。缺少有能力的教练也是一个制约因素。找到既能与高管建立良好工作关系又能保持客观性和专业性的教练是非常重要的。教练不应该有个人目的，如希望提供更多咨询（对外部顾问而言）或希望获得更多权力（对内部顾问而言）。在为高管选择教练方面，组织要有明确的指导方针，以避免各种潜在问题（Hall et al.，1999）。

接受指导的高管通常看重关于自身优劣势的真诚且准确的反馈，以及如何提高效能的明确建议。教练可以帮助高管提高的行为和技能包括倾听、沟通、影响他人、建立关系、处理冲突、团队建设、发起改变、召开会议和培养下属等。教练还可以建议高管采取行动，以获取相关的知识和技能。相关书籍介绍了为高管提供有效指导的指南（例如，Boysen-Rotelli，2018；Frisch，Lee，Metzger，Robinson，& Rosemarin，2012）。领导技能的指导不仅限于个人，对高层管理团队的集体指导有助于改善共同领导过程（Kets de Vries，2005）。

有关高管所受指导对其个人发展和领导效能的影响的研究比较有限，但当前研究结果表明，这种影响总体上是有利的（Bowles，Cunningham，De La Rosa，& Picano，2007；Dahling，Taylor，Chau，& Dwight，2016；de Haan，Grant，Burger，& Eriksson，2016；Grant，2014；Kim，S.，Egan，Kim，W.，& Kim，J.，2013；Ladegard & Gjerde，2014；MacKie，2014；Perkins，2009）。高管所受指导对其领导技能有多方面的影响（态度、价值观、技能、行为、绩效等），基于其他干预和自主活动，对不同接受者和教练的影响各不相同。这一情况使影响结果相关研究变得更加复杂。研究者梳理了领导力培训的相关研究文献，以期为未来的研究提供借鉴（Athanasopoulou & Dopson，2018；Beattie et al.，2014；Ely et al.，2010；McCarthy & Milner，2013）。

（六）模拟

多年来，商业模拟一直被应用于管理培训。与真实案例一样，模拟要求参与者分析复杂问题并做出决策。多数商业模拟都强调量化的财务信息，帮助参与者练习正式培训计划介绍的分析和决策技能。模拟都是基于一定的系统模型，体现特定类型公司和行业重要变量之间复杂的因果关系。参与者以单独或小组合作的形式，就产品定价、广告、生产、开发和资本投资做出管理决策。下面是某位参与者在初创航空公司计算机模拟中的经历（Kreutzer，1993，p. 536）：

> 萨莉茫然地盯着天空。开始很顺利，结果却变成了一场噩梦。她接手了一家拥有3架飞机、年总收入3 200万美元的航空公司。在短短4年内，她将该公司发展成一家拥有100架飞机、价值5亿美元的公司。她历尽艰辛，在人力资源、飞机购置、营销、定价和服务范围等领域做出了一系列改革决策，使航空公司一次次获利。但后来，她遭遇了转折点。市场崩溃导致服务质量下降，公司无力承担越积越多的亏损。她相信一切都会好转，只要再等一个季度……但在下一个季度，她收到的不是财务报告，而是债权人逼她破产的通知。"公司时日无多了……我做错了什么？"她想。她的决定似乎都有道理，但她必须分析自己的决定，找到问题的根源。现在，她想尝试另一个策略，于是按下了重启按钮开始模拟，又一次回到了拥有3架飞机、年总收入为3 200万美元的状态。

大型模拟项目既重视参与者的认知技能和决策能力，也重视其人际交往技能。大型模拟通常设定一个多部门组织（例如，银行和公司等）。例如，创新领导力中心开发的大型模拟项目（名为"镜子"）模拟一家玻璃制造公司（Kaplan，Lombardo，& Mazique，1985；Van Velsor，Ruderman，& Phillips，1989）。人们还开发了其他大型模拟项目来介绍特定类型的组织，如银行、保险公司、化学塑料公司和公立学校等。参与者被分配到组织中的不同职位，履行为期1~2天的管理职责。

在模拟开始之前，每位参与者会得到大量背景信息，如组织的产品和服务介绍、财务报告、行业和市场状况、组织结构图以及该职位的职责和任务，以及该职位与组织其他成员和外部人员的近期通信副本（例如，备忘录和报告等）。参与者有单独的工作空间，可以通过多媒体（例如，备忘录和电子邮件等）进行交流和召开会议。与真实组织制定战略和运营决策过程一样，参与者会回应彼此的决策，但他们通常不会在模拟过程中了解其决策所引起的财务结果。

模拟完成后，参与者会收到团队流程及个人技能与行为的相关反馈。反馈来自跟踪参与者行为和决策的观察人员、参与者的对话和会议录像等。协调员的职责是帮助参与的高管了解自己在收集和处理信息、分析和解决问题、与他人沟通、影响他人以及规划战略和运营方面的表现。

参与者在大型模拟中的学习在一定程度上取决于其特定身份。如果参与者是同一组织的领导者，他们在模拟中的行为将反映该组织的主流文化和关系。向这种参与者提供的反馈有助于他们理解和改进决策过程和冲突解决过程。例如，同一家公司的多数管理人员参与了"镜子"模拟，他们仓促做出了决定，努力证明其合理性，却没有仔细收集信息以确定问题的本质或发现可利用的机会。在接受询问的过程中，参与者意识到了自己的无效行为是基于他们公司的文化。

关于商业游戏和模拟的研究仍然有限，但越来越多的证据表明，它们对领导力发展非常有益（Keys & Wolfe，1990；Leonard，2017；Thornton & Cleveland，1990；Watts，Ness，Steele，& Mumford，2018）。然而，研究者仍需对学习类型及学习促进因素进行更多的研究。有人认为，参与者会在模拟中自动学习相关人际交往技能和问题解决技能。目前看来，如果没有充分的准备，没有在模拟过程中利用反馈和指导进行有计划的干预，或没有在模拟后进行深入总结并讨论经验教训，模拟的潜在优势就不可能得到发挥。

多数大型模拟都有其局限性。由于模拟的时间很短，参与者很难有效地利用某些会随时间推移而变化的行为，如激励型领导、发展人际网络、团队建设、发展下属和委派等。将模拟过程分为几周进行可减轻其局限性，这可以让协调员在每个模拟环节结束后提供更多反馈和指导。通信技术的进步使分散在不同地点的团队成员可以很容易地通过虚拟会议进行沟通，这也为某些需要长时间且重复召开会议的团队成员解决了一些后勤问题。研究者正致力于设计更灵活、更真实的模拟，使其包含更具挑战的发展性任务，为参与者提供更多关于其行为及其对组织影响的反馈。

（七）个人成长计划

个人成长计划旨在提高个人自我意识，使其克服心理成长和领导力发展的内在障碍。该计划是从20世纪60年代的人本主义心理学运动演变而来的。很多创始型领导者都参加过强调人类潜力开发的计划，如缅因州贝瑟尔国家训练实验室（Conger，1993）等。

个人发展研讨会是基于一系列人与领导力的相关假设，其中之一是，很多人感到价值观被歪曲，出现无意识的恐惧和冲突，从而限制其创造力和冒险精神。在成为成功领导者之前，人们有必要重新审视自己的感受，直面隐藏的恐惧并解决潜在的冲突。另一个关键假设是，成功的领导需要具备高度的情感和道德水平。情绪高度成熟且正直的人更有可能将有价值的事业置于个人利益之上，成为支持型、激励型和授权型领导者。要想确定能否成为这种类型的领导以及自己的理想，人们就有必要了解自己的价值观、需求和感受。

个人成长计划通常在会议中心进行，为期两天到一周，参与者通常不在一起工作，但有时组织也会为完整的管理团队提供个人成长计划。这些计划通常包括一系列心理练习，在练习过程中，参与者努力明确并分享自己的生活和工作目标。有时候，计划会纳入一些户外挑战活动，以增加参与者共同冒险的体验。经验丰富的协调员会介绍概念模型并组织实践练习，概念模型旨在介绍人类发展、组织演变，以及领导在组织变革中的作用。

当参与者被要求介绍参加个人成长计划的原因时，自我认知的过程就开始了。在强度更大的练习中，参与者被要求想象公司已被收购，新的组织将只保留三位最佳领导者。在五分钟准备时间之后，每人都要在两分钟的时间内介绍自己积极的领导品质和被留下的理由（该练习的变体是想象在一艘正在下沉的船上，船上有一个小救生筏，只能救三个人）。参与者讨论每个人的吁请并进行投票，确定最具说服力的三个人。

在接近尾声时，多数计划都会安排一项重要的练习，让每位参与者为未来设立愿景，并将其展示给小组其他成员。为了激发愿景，参与者可以想象自己已经到了生命的尽头，充满感激之情地回顾自己的人生。展示之后，其他成员会提供相应反馈，并判断该愿景是否真诚且正确。

个人成长计划通常涉及强烈的情感体验，更有可能对参与者产生持久的影响，提高领导者的人际交往技能。然而，某些领导者的领导效能也可能会降低（Conger，1993）。成功的领导需要领导者热情地追求愿景或事业，在个人或家庭生活方面做出牺牲。有些计划鼓励人们平衡工作与个人生活，其带来的净影响可能会使成员对组织的承诺降低。此外，提高对无意识需求和冲突的认识并不一定有助于问题的解决，有时对人有害而无益。

到目前为止，个人成长计划对领导者、追随者或组织影响的相关研究还很少。有两项定性研究（Andersson，2010，2012）表明，这种计划对参与者个人身份和领导身份的影响程度取决于他们的期望、管理经验和组织背景。埃洛、埃尔瓦斯蒂、库奥斯马和马蒂拉-霍拉帕（Elo，Ervasti，Kuosma，& Mattila - Holappa，2014）进行的一项实地实验发现，领导者参与为期七天半的个人成长计划后，并没有影响到下属对其领导力的认识，也没有影响到其自身的幸福感。鉴于研究有限且结果参差不齐，研究者需要进行更多的研究，以评价个人成长计划对领导力发展的影响。

四、促进领导力发展

领导力发展活动的有效性取决于领导者和组织的特征。促进领导者发展的一系列个人属性被称为发展性准备（developmental readiness）（Avolio & Hannah，2008；Hannah & Avolio，2010）。关于组织属性对不同领导力发展方法的影响的研究很少，但荟萃分析为这一问题提供了线索（例如，Becker，Höft，Holzenkamp，& Spinath，2011；Collins &

Holton，2004；Lacerenza et al.，2017；Smither et al.，2005）。方法效能取决于学习类型、被培训者以及组织内的便利条件，如上司的支持、有利的学习氛围和制定发展性任务的系统化流程等。

（一） 发展性准备

发展性准备是关于个人发展能力和发展动力的函数（Avolio & Hannah，2008；Avolio & Hannah，2009；Hannah & Avolio，2010）。发展能力取决于个人的自我意识水平、认知复杂性（即区分和整合各种类型、各种来源信息的能力）和元认知能力（即"对思维进行思考"的能力）。如果人们能做到以下几点，会促进其领导力发展：（1）反思并了解自己的强项、弱项、价值观、动机、情感和个性；（2）处理他人对其当前和潜在能力的正面与负面反馈；（3）思考如何利用自己的思维模式和自我见解从新经验中进行学习。发展动力由个人兴趣、学习目标以及发展效能驱动。致力于学习需要一定的内在动力，这种动力包含领导者的个人兴趣和目标。以学习目标为导向的人会不断寻求新的经历，努力学习新的技能，即使这样做有失败的可能。这类人喜欢迎接领导力挑战，因为他们将其视为学习机会。相比之下，对获得有效领导所需能力缺乏兴趣的人往往不会通过完成某些必要工作来发展相关能力。以绩效目标而不是学历目标为导向的人会认为自己做出改变的能力较低。因此，他们更专注于执行当前任务，而不是学习新技能，从而避免失败风险。最后，发展效能是指个人对发展有效领导所需知识、技能、能力属性的信心。具备发展能力和发展动力的人能够充分利用组织提供的领导力发展机会。理解发展性准备有助于组织确定哪些成员最有可能从领导力发展活动中受益。

（二） 上司的支持

直接上司可以促进下属领导技能的发展（Dragoni，Park，Soltis，& Forte-Trammell，2014b；Hillman，Schwandt，& Bartz，1990；London & Mone，1987；McCall & McHenry，2014；Valerio，1990）。然而，如果领导者不理解指导和辅导的重要性，就不太可能向下属提供。如果领导者专注于眼前危机或自身职业发展，也不太可能花太多时间培养下属。缺乏安全感的领导者也不可能培养下属使其成为潜在的竞争对手。如果领导者将下属的错误视为个人失败，而不是学习经验，也会阻碍下属的发展。即使想培养下属的领导者，也很难在提供必要指导和鼓励独立解决问题之间找到平衡。领导者如果过分保护下属，不向下属提供足够的挑战和真实反馈，就不可能成功地培训下属的领导技能。

上司对培训和发展活动的鼓励与支持程度是决定个人学习和应用领导技能的因素

（Day ＆ Dragoni，2015；Facteau，Dobbins，Russell，Ladd，＆ Kudisch，1995；Rouiller ＆ Goldstein，1993；Tracey，Tannenbaum，＆ Kavanagh，1995）。表14-3列出了领导者加强下属学习及后续实践的相关举措。

表14-3　支持下属参与领导力培训的举措

培训前：
● 告知下属培训机会
● 解释培训的重要性和益处
● 请既往受训者介绍经验
● 更改工作日程为下属参训创造条件
● 必要时给下属放假以准备参训
● 支持问卷分发等相关准备活动
● 要求下属对所学内容进行报告
培训后：
● 与受训者会面讨论学以致用的问题
● 共同制定下属实践所学知识的具体目标和行动计划
● 安排实践新技能的任务
● 定期举行评审会以监测所学知识的应用情况
● 对技能应用优秀者给予表扬
● 在下属遇到困难时提供鼓励和指导
● 在绩效评价中加入新技能应用
● 应用相关技能为受训者树立榜样

（三）学习氛围

　　组织领导力培训与发展部分取决于成员对发展的态度和价值观，有时也称为"学习氛围"（Ford ＆ Weissbein，1997；Hetland，H.，Skogstad，Hetland，J.，＆ Mikkelsen，2011）。当组织认为个人学习对提高组织效能非常重要时，成员的领导力可能会有更大的发展。组织会将更多资源用于培训，会更关注评价和奖励学习。在相关活动得到强调、评价和奖励的情况下，领导者会提供更多的指导和辅导，组织中也会有更多成员受到鼓励去寻求个人成长和技能习得的机会。例如，如果组织根据技能发展和任务成功情况对个人表现进行评价，成员就更有可能愿意接受困难且高风险的任务。支持型组织氛围和文化也会鼓励领导者应用在培训或发展经历中学到的相关技能。

　　组织可以采取多种举措，创造支持继续学习和发展的氛围。例如：（1）为成员分配能够展现兴趣、学习新技能的工作；（2）在制定工作日程时，留出足够的自由时间来实践新方法；（3）为员工的继续教育提供资金支持；（4）为员工安排专门的演讲和技能讲习班；（5）制订休假计划，允许员工进行自我更新；（6）制订职业咨询计划，帮助员工提高自我意识并发挥全部潜能；（7）建立自愿技能评价和反馈计划；（8）使工资增长与技能发展部分挂钩；（9）为创新和进步提供奖励；（10）使用某些象征和口号体现价值观，如试验、灵活、适应、自我发展、继续学习和创新等。

（四）发展性任务的标准

目前，多数组织在工作分配中都没有提供足够的发展机会和合理的学习进度（Baldwin & Padgett，1993；McCall，2010b）。利用工作分配促进领导力发展与传统的组织选拔和安置方法不一样，后者寻求领导者技能与工作要求的良好匹配（Ruderman，Ohlott，& McCauley，1990）。一般来说，人们会被标记为某种活动或问题的专家，并反复参与同类型的活动或任务。组织也会将个人的提升局限在特定职能领域，而不会将其转移到其他职能领域的管理职位。

让不具备必要技能的领导者承担富有挑战性的工作可以促进其发展，也有可能导致严重的错误或失败。即使成功，他们也需要更长的学习时间。因此，多数组织都会选择具备较强技能的人担任领导。如果高管了解并珍惜运营任务中的发展机会，愿意冒险将一些重要工作交给从未成功完成此类工作的人，就可能使相关人员的领导力获得更大发展（Hall & Foulkes，1991）。一项研究表明，在制定继任规划决策时考虑发展需求可以为组织带来更高的绩效（Friedman，1986）。全球高管猎头公司亿康先达（Egon Zehnder）就是这样帮助客户的，在培养高管时关注高管继任问题，就像下面的案例（Fernandez-Araoz，Roscoe，& Aramaki，2017，p.93）：

> 四年前，保诚集团决定基于全球战略重新设计领导力发展实践。管理层承认，当时的人才审查流程"重评价轻洞察"，过于注重当前能力。高层领导者开始对其进行改进，强调在所有部门和地区制订严格的继任规划。虽然这项变革是由执行委员会和董事会发起的，但其发展是向上而不是向下。首先，人力资源负责人与直接领导者进行对话，由于接受过相关培训，他们知道如何识别未来之星。各团队领导者从潜力的角度公开讨论业务需求、关键角色和继任者，并将相关情况上报给集团首席人力资源官（CHRO）蒂姆·罗尔夫（Tim Rolfe）和首席执行官迈克·韦尔斯（Mike Wells），详细报告他们认为相关人员拥有很大潜力的原因，以及随着时间的推移这些人会成长为组织的重要力量。结果如何？2016年，保诚集团全球100个高级职位中有19个空缺，其中5个处于执行委员会级别，除1个职位外，其余都是通过内部晋升填补的。这一方法帮助该公司发现了某些优秀领导者，可以领导资产评

估等最具量化和分析能力的业务，还可以在公司担任十分重要的角色。

五、领导力发展的系统视角

如果高管具有系统视角，能够考虑相关责任和战略决策（例如，选择与评价标准、继任规划、管理制度和竞争战略等），那么相关人员的领导力更有可能获得发展。如果发展性任务只关注个体领导者，而不是关注许多组织团队成员提供的集体领导，那么领导的改进过程就不会太有效。如果只狭隘地关注当前的工作要求，而不是从长远的角度关注职业理想和组织的未来需求，那么发展性活动带来的好处就会变少。如果发展活动与组织的战略、文化、奖励制度以及团队的流程和价值观不一致，就不太可能获得成功。本部分将对这些问题展开讨论。

（一） 各种方法之间的关系

虽然培训计划、发展性任务和自主活动的差异在一定程度上是有益的，但是这也暗示着这种分类法是相互排斥的。实际上，不同的类别相互重合，并且以复杂的方式相互关联。通过一种方法学到的内容可以促进或强化通过其他方法学到的内容。例如，交互式计算机程序等自主活动可能有助于相关人员对发展性任务做好准备。短期课程或讲习班可以帮助相关人员为特殊任务做好准备，或者强化发展评价中心或反馈干预认定存在缺陷的技能。

有时候，人们可以将不同的方法组合使用。行动学习计划通常将正式培训与经验学习相结合，鼓励参与者通过自主活动和同伴指导来获得项目所需的其他知识。仿真模拟可以作为独立的发展体验，也可以作为正式培训课程的一部分。有些正式的领导力发展课程包括参与者的同事给出的行为反馈。有些领导力课程还包含一些个人成长活动。组织可以为有发展性任务的人指派特别导师，也可以在互联网上指定人员，在必要时提供建议和指导。

领导力培训、领导力发展和自我发展活动对不同类型的领导技能具有某种相对优势，但目前有关此方面的研究很少。同样，对于如何将领导力培训、领导力发展和自我发展活动相结合，以最大限度发挥其相互作用，人们也知之甚少。显然，研究者还需要一种更系统的方法来研究领导力发展活动。

（二） 整合发展性任务

在多数组织中，领导力培训、发展性任务或相关人力资源实践（绩效评价、职业咨询、继任规划等）之间的整合很少。培训与发展的决策往往受当前趋势和供应商炒作的影响，而不是基于对所需基本能力的系统分析。相比于对个人有效履职新岗位所需能力的严格评价，此人的先前表现对其晋升的影响往往更大。由于选择和发展不佳，很多高管最终会因为一些本可事先预测到的弱点而"脱轨"（Heslin & Keating，2017；Hogan，J.，Hogan，R.，& Kaiser，2011；McCall，1998）。

如果领导者个人发展经历规划是由其现任上司独立决定的，那么该规划会比较随意且不系统。很少有组织设置专门的职位，负责规划和协调组织领导力发展的总体过程。麦考尔（McCall，1992）建议通过发展协调员或发展委员会确定组织所需基本能力、设计跟踪系统评价领导者当前技能和发展需求、明确具有较高发展潜力的任务、在必要时制订特殊培训计划、设法加强对培养下属领导者的奖励，以及促进导师指导、特殊任务、反馈小组等发展性任务。此外，还可以鼓励个人承担更多责任，以积极寻求发展经验。领导者可以利用社交网络了解有前途的发展性任务，并在他人的帮助下参加相关任务（Bartol & Zhang，2007；Cullen-Lester，Maupin，& Carter，2017）。

关于领导力发展最佳实践的文献表明，促进领导力发展需要一套综合方法，包括系统的需求分析、协调发展活动与继任规划、支持高层管理人员、强调个人发展的文化价值观、制订一致的发展性任务计划、认可并奖励领导力提升，以及系统评价发展性任务的效能（Leskiw & Singh，2007）。

（三）组织的领导力发展

多数领导力发展相关文献都关注如何提高个人技能和行为。其重点是领导者发展，而不是领导力发展（Day，2000；Day & Dragoni，2015；Day et al.，2014；Day & Thorton，2018）。然而，随着领导概念的演变，领导力发展的理念也必须随之改变（Day & Harrison，2007；Van Velsor & McCauley，2004）。如果领导是一个需要多人共同努力的过程，那么发展领导力还必须考虑让人们参与这个集体过程。个人的发展固然重要，但也需要在团队和组织中发展有效的领导过程。人们对于必须做什么以及如何做的理解程度部分取决于群体和组织层面领导过程理论与研究的进展情况。对如何加强这些领导过程，研究者还需要进行更深入的纵向研究。

为了达到最佳效果，领导力发展必须与组织的竞争战略以及其他人力资源活动保持一致（Clarke & Higgs，2016；Day，2000；Fulmer & Vicere，1996；McCall，1998；McCauley，2001；Reichard & Johnson，2011）。遗憾的是，多数组织的发展性任务都不是基于战略性业务目标，也很少有人费心确定这些活动是否与战略目标相关。发展性任务与战略目标的脱节可能反映出人们对两者的相互依赖性缺乏了解。我们才刚刚开始了解发展性任务对人们获取领导能力的影响，以及这些能力对组织效能的影响。在一个瞬息万变的时代，预测特定能力在未来的相关程度并不容易。因此，即使最高管理层意识到领导力发展应以战略目标为指导，也很难设计出满足组织在动荡环境中需求的发展系统（Hall & Rowland，2016；Holmberg，Larsson，& Bäckström，2016；Megheirkouni，2016）。有学者就如何改进组织中的领导力发展和继任规划提出了相关建议（例如，Fulmer & Vicere，1996；Karaevli & Hall，2003；London，2002；McCall，1998；Moxley & O'Connor-Wilson，1998）。

（四）自我发展指南

本章的重点是组织如何发展其成员的领导技能，而不是个人如何发展自己的领导技能。然而，正如本章导言所述，自主活动也是一种提高领导技能的方法。自我发展包括判断学习需求和明确可采取的自主手段（Orvis & Ratwani，2010；Reichard & Johnson，2011；Reichard，Walker，Putter，Middleton，& Johnson，2017）。组织成员可以通过多种自主手段提高领导力，包括从业人员写的书籍、DVD、线上教学课程以及交互式计算机程序等。有些手段是正式培训计划的替代方案，有些可以作为培训的补充，有些则旨在促进相关人员从经验中学习。博伊斯、扎卡罗和怀斯卡沃（Boyce，Zaccaro，& Wisecarver，2010）的一项研究考察了领导技能自我发展倾向的相关人格特质，但是，对自我学习手段的效能及其发挥有效性的条件，以及它们可以在多大程度上替代正式教学，研究者还需要进行更多研究（Baldwin & Padgett，1993）。表14-4列出了一些领导技能自我发展的相关建议。

表 14-4　领导技能自我发展行为指南

• 发展个人职业目标愿景
• 寻找合适的导师
• 寻求具有挑战性的发展性任务
• 利用社交网络了解发展机会
• 完善自我监督
• 寻求相关反馈
• 从错误中学习
• 学习从多个角度看问题
• 对简单的答案持怀疑态度

小 结

领导技能的发展方式多种多样，包括正式培训计划、发展性任务和自我发展活动等。尽管人们进行了大量领导力培训和发展活动，但目前仍没有权威研究可以评价这些活动的有效性。

从工作经验中学习的重要性已经被广泛认可，研究者正在研究特定经验与特定领导能力之间的关系。总体来说，有些挑战需要参与者适应新情境，使其有机会学习处理各种问题和困难，经历过这些挑战的领导者会获得更大的发展。如果人们能够获得其行为及后果的准确反馈，利用这些反馈分析自己的经历并从中学习，也可以获得更好的发展。

某些发展手段可以促进人们从经验中学习，包括多源反馈小组、发展评价中心、特殊任务、辅导、个人成长计划和对高管的指导等。这些发展手段多数已被广泛应用，但我们刚刚开始了解到这些手段对不同领导能力的促进作用有所不同，每种手段都有其最佳应用条件，也最能使某种人从中受益。

领导能力的获取和使用程度取决于领导者的发展性准备、发展性任务的类型（例如，培训、经验学习、自我学习等）和组织的促进条件（例如，上司的支持和学习环境等）。如果培训和发展能保持一致，有强大的学习型文化支持，并能与其他人力资源活动（例如，职业咨询、人力决策、绩效评价和继任规划等）相结合，那么效果会更好。组织的领导力发展应包含组织的共同领导过程，应符合组织的战略目标（Pearce，Manz，& Akanno，2013）。组织领导力发展的系统方法对组织的长期效能具有重要的战略意义（DeRue & Myers，2014；Drath et al.，2008；Hall & Seibert，1992；McCall，1992；Kegan & Lahey，2016；Reichard & Johnson，2011）。

📖 回顾与讨论

1. 哪些特征最有可能使某项培训计划富有成效？
2. 哪些条件可以促进领导者从经验中学习？
3. 特殊任务与领导技能发展有什么关系？
4. 辅导对培养领导者有哪些帮助？
5. 如何最大限度地发挥多源反馈小组的作用？
6. 发展能力和发展动机对领导者的发展性准备有什么影响？
7. 组织中的哪些条件可以促进领导力发展？

8. 如何整合领导力培训、发展性任务和自我发展活动？

9. 为什么领导力发展计划同人力资源管理实践和组织竞争战略保持一致是重要的？

关键术语

发展性任务	developmental assignments
发展评价中心	developmental assessment centers
发展性准备	developmental readiness
对高管的指导	executive coaching
领导力发展	leadership development
学习氛围	learning climate
辅导	mentoring
多源反馈	multisource feedback
个人成长计划	personal growth programs
投资回报率	return on development investment（RODI）
自我发展模拟	self-development simulations

个人反思

　　基于对领导力的了解和对自己的反思，你认为自己在发展领导技能的能力和动机方面做好准备了吗？哪些发展性任务（例如，培训、辅导、自主活动等）有助于你发展自己的领导技能？

案例 14-1

联合工业集团

　　帕特里夏·帕特森（Patricia Paterson）是联合工业集团（Federated Industries）的新任人力资源副总裁，该集团拥有多家子公司。她的主要职责是为每家子公司提供支持和建议，并监督各公司的人力资源管理实践，以确保其符合公司政策和战略。她直接向集团首席执行官报告。首席执行官担心有能力的领导者无法被提拔上来，因为各子公司对各自内部管理发展全权负责，首席执行官希望采取统一的管理方法，于是要求帕特里夏了解各子公司发展领导技能的情况，向其汇报并提出改善集团领导力发展的建议。帕特里夏与三大子公司的人事主管预约会面，并要求每位主管准备一份简短的报告。

第一位发言人是某工程公司的人事主管彼得·普罗斯金（Peter Proskin）。他说，由于缺乏提供管理培训的人员，他的公司只提供技术培训，管理培训均在公司外进行。领导者（或希望成为领导者的员工）可以查看培训计划表，申请参加相关研讨会或讲习班。如果得到上司的批准，申请人将会被公费派去参加培训。有些员工参加了当地大学的 MBA 夜校课程，公司为他们报销了一半的学费。彼得说，他们不支付学位课程的全部学费，因为费用太高。有些员工完成 MBA 课程后，会作为管理和技术综合性人才，跳槽到其他公司从事更高薪的工作。

第二位发言人是某家消费品公司的人事主管爱丽斯·奥尔斯通（Alice Alston）。她说，公司为高潜力领导者提供了领导技能发展计划。公司鼓励各级领导发现有前途的下属，并为其提供大量个人指导和特殊发展性任务。例如，每个执行委员会都安排两名初级领导者，其任务包括学习战略问题、观察高级领导者的工作方式，以及在跨职能项目团队工作或参加某些改进项目，如研究工作流程、推荐提高效率的方法等。爱丽丝说，多数导师和徒弟都喜欢这个计划。但是，未能参与该计划的人（约 2/3 员工）有时会抱怨在公司缺乏发展机会。

最后一位发言人是某家电子公司的人事主管哈尔·哈威克（Hal Harwick）。哈尔说，他们的培训重点关注执行能力强的领导者。公司挑选了六名最有前途的中层领导者，每月举行一次系列研讨会。研讨会由一位高管主持，讨论本专业领域的公司活动。哈尔每年会安排三到四次外部咨询会，就项目管理、预算编制或委派等特定议题举办培训研讨会。参与的领导者都知道自己是晋升到最高管理层的优先人选。他们喜欢这个计划，认为它很有价值。当其中有人升职时，最高管理团队会再挑选一名有前途的领导者加入该计划。唯一不利的是，高管们有时会为了让自己的徒弟入选该计划而发生内讧。

（作者：加里·尤克尔）

问题

1. 联合工业集团的领导力发展存在哪些优势和劣势？

2. 哪些变革最有可能改善组织的领导力发展？

3. 为了向首席执行官提交一份优质报告，帕特里夏还需要哪些信息？

案例 14 - 2

里弗银行

里弗银行（River Bank）是美国东北部的一家地区性银行，其人力资源经理邀请顾问进行干预，以提高中层领导者的影响力。干预措施包括完成领导者对下使用影响策略的反馈报告，以及举办旨在提高领导者影响策略使用技能的培训研讨会。为评价培训研讨会的效益，顾问将参训人员与未参训或后来参训的领导者进行了对比。他们被随机分配到培训组或对照组。由同一地区另一家银行的同类领导者反馈比对结果。

顾问们要求至少三名下属填写调查问卷，以衡量各领导者在过去几个月中对影响策略的使用情况。参与反馈的人员全部匿名，领导者只能看到下属对其各类影响策略反馈的平均分。领导者被要求基于影响策略使用情况填写自我评价报告。在提供反馈或培训之前，顾问先进行了"预评价"调查。调查结果与三组领导者（培训研讨会、仅提供反馈、控制组）的影响行为相似。培训研讨会结束三个月后，顾问将再次对各领导者的影响行为进行调查，以确定他们对下使用的影响策略是否发生了变化。

反馈报告解释了每种影响策略，并将领导者使用策略的自我感知与下属的感知进行了比较。顾问鼓励收到反馈的人关注自我评分和下属评分之间是否存在较大差异，或下属评分与标准得分（基于公司提供数据的全体下属的评分结果）之间是否存在较大差异。反馈报告还指出了如何使每种策略在影响下属、同级和上级的过程中发挥最大效能。

培训研讨会由里弗银行总部的协调员主持，用时三小时。第一部分旨在确保领导者理解其影响策略及反馈报告。协调员认真解释了报告的每一部分内容，并回答了相关问题。第二部分旨在帮助领导者了解如何在具体情境下利用各种策略对下属、同级或上级施加影响。领导者被分成不同小组，为某些现实情况制定影响策略，然后提出各自的建议，并举例说明领导者在各种情境下应该如何应对。

各领导者只向一名上司报告，而有些上司要指导多名领导者。在项目启动之前，直接上司对每名向其汇报的领导者的管理效能进行了评分。在预评价中，三组管理人员（培训研讨会、仅提供反馈、控制组）的效能评分没有显著差异。培训研讨会结束三个月后，这些上司再次接受了调查，并被要求对每名领导者的近期表现进行评分。结果显示，参与培训研讨会的领导者的效能有了显著提升，对最具相关性的影响策略的使用频率也有了显著提升（由下属报告），而对照组领导者的效能评分或影响行为没有明显变化。结果表明，与只获得反馈报告相比，领导者基于反馈报告参加培训研讨可以得到更好的效能发展。

（作者：加里·尤克尔）

问题

1. 虽然只向领导者提供反馈报告更容易且成本更低，但案例结论中仍建议领导者基于反馈报告参加培训研讨会有什么重要意义？

2. 组织可以采取哪些举措提高领导者基于反馈报告参加培训研讨会获得的效能？

第十五章　概览与整合

》》 学习目标

通过学习本章内容，读者能够：

- 总结与领导特质、技能、行为、影响过程和情境变量相关的主要成果。
- 了解不同领导学研究方法的成果中趋同的关键要点。
- 了解二元层面、团体层面和组织层面的领导学理论中相似的解释性过程。
- 了解有效领导的研究进展。
- 了解领导学研究方法对研究结果的影响。

导　言

几十年来，领导学领域一直处于动荡和混乱的状态。研究者进行了数千项领导效能相关实证研究，但多数研究结果难以取得一致结论。该领域的混乱状态在很大程度上归因于出版物数量庞大、研究方法迥异、术语繁多混杂、研究视野狭窄、结论过于简化、研究焦点琐碎，以及依赖薄弱的方法等。本书前面内容表明，尽管问题重重，有效领导相关研究仍取得了巨大进步。

作为最后一章，本部分内容旨在总结各章介绍的主要成果和发现，考察领导学不同研究方法之间的趋同性。在总结二元理论、团体理论和组织层级理论相似解释过程的基础上，指出某些跨层面影响。本章将评价领导学研究在一体化概念框架方面取得的进展，提出某些基本领导素质，简要介绍领导学研究存在的不足，并对未来的研究提出有益建议。首先介绍研究者在近一个世纪的研究中得出的对有效领导的研究结果。

一、领导学研究的主要成果

如第一章所述，多数有效领导相关研究考察了领导者的行为、特质、技能、权力与影响过程，有些还会考察领导情境对领导者行为选择以及行为效果的影响。下面简要总结领导学各研究方向的主要发现。

（一） 领导情境

领导情境各要素对领导者的活动和行为有强烈影响。多数担任领导职务的人都面临着无穷无尽且相互冲突的需求。与领导者互动的人会不断提出各种要求、问题、询问和报告。领导者与组织内外人员的互动模式取决于各情境要素，如工作的性质（例如，反复性、多变性、不确定性或可预见性等）以及各方的相互依赖性。成员在与领导者互动过程中会传达出对合适行为的角色期望，而不同人员（内部人员、外部人员、下属或上司等）的不同要求则会导致角色冲突。角色期望和活动模式还受职位性质（例如，级别、职能、单位或团队类型等）、组织类型、组织文化和民族文化的影响。领导者的决策和行动受到很多内部和外部约束的限制，如政策、规则、标准程序、预算要求和劳动法等。

情境要素也决定了领导的重要性以及所需领导类型。尽管领导者面临着各种情境要求和限制，但仍然可以选择工作重点、分配时间的方式以及与谁互动。有效领导者会设法了解所处情境，相应地调整自己的行为。他们能够调和角色冲突，并将角色模糊性作为发挥自由裁量权的机会。他们会设法利用机会，扩大自己的选择范围，塑造他人对自己能力和专长的印象。

（二） 领导行为

领导者活动和行为的相关研究数量较多。描述性研究发现，有效领导者会制定短期和长期的目标与战略议程。该议程可以指导他们的行动，管理他们的时间，帮助他们变得更加积极主动。有效领导者能够识别那些重要且能够解决的问题，并负责系统而及时地处理这些问题。通过关联相关问题并将其与非正式目标相联系，他们可以找到机会同时解决多个问题。

有效领导者会使用与情境相适应的任务导向型行为、关系导向型行为、变革导向型行为和外部行为。任务导向型行为可以提高或维持团队或组织的内部效能和内部协调。有效领导者在计划和安排活动时会更好地利用人力、物力、信息和设备。他们会分配任务、确定资源需求、协调相关活动，还会帮助组织明确目标、优先事项和评估标准。他们会监测相关群体或组织的内部运营，以评估绩效并发现需要解决的问题，还会确定可能影响任务绩效的相关问题的可能原因，并采取必要措施解决这些问题。

关系导向型行为可以让人们建立对工作目标的承诺，培养互信与合作，加强对团队或组织的认同。有效领导者会使用各种不同的关系导向型行为。他们具有支持性（表示信任和尊重），会对成就和贡献给予认可。他们会为下属提供必要的指导和辅导，以培养下属的技能和自我效能感。他们会向受决策影响较大的人进行咨询，以发现他们的顾虑并获得相关建议。他们会授权有能力的下属解决工作中的运营问题，为顾客和客户提供更好的服务。他们会利用团队建设行为增强成员对群体的认同感，建立成员之间的信任与合作。

领导者的外部行为可以确保部门的活动与组织其他部门的相关活动协调一致，还可以从上司和外部人员那里获得必要的信息、资源、协助与支持。有效领导者会与能够提供有价值信息、援助和政治支持的外部人员建立合作关系网络。他们会监测外部环境，了解可能对部门或组织造成影响的趋势和事件。他们会提高并维护部门或组织的声誉，还会与同级人员和外部人员（例如，客户和供应商等）达成相关协议。

有效领导者会运用变革导向型行为调整组织或部门的目标、战略和工作流程，推动组织或部门适应外部环境。高层领导者的主要职责是制定与外部环境相关且与组织核心能力及意识形态相一致的竞争战略。领导者应解读外部事件，关注威胁和机遇，并将拟议的变革与明确而具有吸引力的愿景结合在一起，该愿景应与追随者的价值观、理想和核心能力相关。领导者会鼓励和促进创新思维，鼓励新知识的创造、获取、传播和应用，以改进产品、服务和工作流程。为获得对重大变革的批准和支持，领导者通常需要建立一个由内外部支持者组成的联盟。有效领导者还会授权有能力的变革推动者促进组织战略决策的有效实施。领导者可以通过象征性行动和角色建模展示个人对新战略或重大变革的持续承诺。让追随者体验进步并反复取得"小胜利"，可以让他们对自己、愿景和领导者更有信心。

（三）　领导者的权力与影响力

领导的本质是影响力，正式领导者的很多行为都是尝试影响他人（下属、同级、上级和外部人员等）的态度和行为。领导者行使权力或发挥影响力的程度取决于情境。当遇到强烈的变革阻力时，领导者需要更多的影响力来进行重大战略变革。当有必要控制试图破坏组织活动的反叛分子或窃取组织资源的罪犯时，来自领导者职位权力的影响力尤为重要。对上影响和横向影响对领导者提供令人满意的福利、获得足够的资源、促进团队的工作、缓冲下属的不合理要求以及有效代表下属的利益具有非常重要的作用。

职位权力源自情境各要素，如正式权力的大小、对奖惩分配的控制、对信息的控制以及与重要人物的接触等。掌握内部和外部事件的独家信息可以让人有机会为他人解读现实并影响他们的决定。领导者如果拥有适度的权力进行必要的变革，分配看得见的奖励和福利，就可以增强对下属的影响力。然而，过多的职位权力也会带来一定风险，可能会让领导者过于依赖职位权力，而忽视其他影响形式。有效领导者会发展参照权力和专家权力来补充自己的职位权力，激励下属对需要高度努力、主动性和毅力的任务做出更有力的承诺。要发展参照权力，领导者需要做到支持、关心、公平和接受。成功处理内部问题和外部威胁可以获得专家权力。

领导者行使权力的方式在很大程度上决定了该权力会导致热情投入、被动服从还是顽固抵抗。有效领导者会以微妙且简单的方式运用职位权力和个人权力，最大限度地减少地位差异，避免伤及他人的自尊。有效领导者会尝试以适合情境的方式对追随者进行授权。他们会以合乎伦理的方式使用权力，并设法整合各利益相关方的利益。

领导者可以利用各种社会影响技巧，培养下属对任务目标的承诺和对要求的服从。高效的领导者会使用一些与目标、背景和关系相适应的主动影响策略。他们还会通过某些间接方式影响他人，如管理制度、奖励制度、改进计划、结构形式和相关设施等。领导者可以利用政治策略影响战略决策，尤其是在人们对组织目标和优先事项存在强烈分歧的情况下。

决策权力的分配和共享对群体和组织中的领导效能具有重要影响。如果人们能够共享相关信息和想法，愿意合作寻找良好的解决方法，并且有充裕的时间用于参与过程，那么广泛的参与就能产生更好的决策。如果决策过程允许人们有足够的机会提出想法并影响结果，那么参与者更有可能理解和接受决策。群体决策的质量在很大程度上取决于基本的领导职能是否得到履行，以及该群体能否避免一些常见的过程问题，如仓促决策、两极分化和群体思维等。如果人们对目标和优先事项看法一致，愿意承担决策责任且高度互信，那么对个人或群体进行授权就会更成功。

（四）领导者的特质和技能

多数领导角色和领导职能都需要领导者具备某些概念技能、人际交往技能和技术技能。分析问题、制订创造性方案、识别模式和趋势、识别相关信息、理解复杂关系以及开发有效的心智模型都需要领导者具备概念技能。影响他人、发展合作关系、建立和维护社交网络、了解相关个人、促进团队合作以及建设性地解决冲突都需要领导者具备人际交往技能。了解相关活动、运营流程、产品、服务、技术、法律或合同要求都需要领导者具备技术技能。不同技能的相对重要性因情境不同而有很大差异，但有些特定技能对各种领导职位通用。

人格特质和核心价值观也与有效领导相关。特质决定人们是否愿意承担领导责任，或承受工作的无情压力。特质会影响领导者积累权力、影响他人、发展相关技能和从反馈中学习的愿望。权力需求高、自信心强和具有内在控制倾向的领导者会尝试施加更多影响，而具备相关专业知识和影响技能会使这些尝试更加成功。以个人化权力为导向的领导者会设法积累更多权力，并以操纵、冲动、专横的方式行使权力，从而为自己谋利或使下属忠诚。相反，以社会化权力为导向、具有利他主义价值观和高度认知道德发展水平的领导者会利用权力建立下属对理想化目标的承诺，他们会与下属分享信息，更多地向下属进行咨询、授权，培养下属的技能和信心，从而赋予下属能力。

某些特质和技能与有效任务导向型领导联系紧密。高度自信、责任心强、具有内在控制倾向和以成就为导向的人更有可能主动发现并解决任务相关问题。规划项目、协调复杂关系、指挥单位活动和分析运营问题需要领导者具备相关认知技能和技术技能，而召开会议解决问题需要领导者具备相关认知技能和人际交往技能。

某些特质和技能与有效的关系导向型领导联系紧密。利他主义和人道主义价值观鼓励支持型领导和对下属个人的关心。情绪成熟度、情商和沟通技能有助于领导者发展合作关系，使其施加的影响更有效。讲究诚信对于保持互信和信誉至关重要。以社会化权力为导向的领导者倾向于让下属参与任务目标决策。对个人和文化差异的接受和欣赏有助于领导者促进不同追随者之间的合作。

某些特质和技能与有效的变革导向型领导联系紧密。强烈的成就导向是追求卓越和提高创新性的动力源泉。强大的认知技能和丰富的技术知识可以帮助领导者确定外部环境中的威胁和机遇，并根据组织的核心能力制定适当的战略。社交能力和情商有助于领导者明确影响对象和影响方法，以支持变革顺利进行。政治技能和沟通技能有助于领导者提出吸引人的愿景，使人们确定变革的必要性。

在当今动荡的世界中，学习和适应的意愿与能力是有效领导的重要条件。有效领导者应具有足够的灵活性，能够随着条件的变化调整自己的行为，找到适当的方法来平衡不同价值观和解决角色冲突。相关的技能和知识可以通过正式培训、发展性任务和自我发展活动相结合的方式获得。然而，个人的动机和个性也会影响其学习新技能的欲望、冒险尝试新方法的意愿以及接受缺陷反馈的意愿。

（五） 有效领导的不同视角整合

多数领导学理论与研究的关注点都很狭窄，不同方法的研究结果也缺乏整合（Meuser et al.，2016）。关于领导者特质和价值观的早期研究很少包含对领导者行为的衡量，尽管很明显，特质和价值观反映在领导者的行为中，而领导者的行为可以解释领导者如何影响追随者的动机和绩效。早期的多数行为研究都未涉及领导者的特质和技能，尽管它们对领导者的行为有所影响。相关研究也未涉及能够解释领导者行为对下属绩效和团队绩效等结果影响的中介变量。权力-影响法涉及某些影响策略研究，但很少涉及其他类型的领导者行为。此前，研究者很少研究领导者和追随者的特质与影响行为（influence behavior）之间的关系。此外，多数情境理论研究都关注情境如何强化领导者特定行为或特质的影响，而不是从更广阔的角度研究特质、权力、行为和情境如何共同决定领导效能。

在过去的半个世纪里，领导学研究普遍存在细分模式，但研究方法日益丰富，不同的研究领域也在逐渐融合。不同研究领域的多数研究成果是一致且相互支持的。当不同方法得出的结果组成一个更大的网络，供各种变量相互作用时，它们会以一种有意义的方式相互关联。各种研究正在相互融合，因为人们认识到组织领导是一个复杂的过程，涉及不同权威等级的多名相互依存的领导者和多层面的解释性过程。下面将介绍这些相似的解释性过程在二元层面、团体层面和组织层面的有效领导理论中的应用。

二、多层面的解释性过程

我们需要从多层面的视角来全面描述组织领导受到的影响（Eberly，Johnson，Hernandez，& Avolio，2013；Hernandez，Eberly，Avolio，& Johnson，2011），二元层面、团体层面和组织层面的理论中类似的解释性因素可以帮助我们开发多层次模型（Mathieu & Chen，2010；Morgeson & Hofmann，1999；Shepherd & Suddaby，2017）。某个概念层面的解释性因素可以作为另一层面领导效果的中介变量，而较高层面的解释性因素可以作为较低层面领导效果的调节变量。某个层面的中介过程可能对其他层面产生有利或不利的影响。多数领导理论都只描述了领导对某一个层面的影响，没有考虑其对不同层面造成不同影响的可能性。表 15-1 列出了几组可以解释二元、团体和组织层面有效领导的因素。下面将简要介绍每一组因素，并指出其对各个层面可能产生的影响。

表 15 - 1　三个概念层面类似的解释性因素

二元层面	团体层面	组织层面
下属对任务的承诺	成员对群体目标的承诺	所有成员和单位对使命的承诺
下属的内化价值观和信念	群体规范和价值观，共同的心智模型	组织的文化和核心价值观
下属对领导者的信任与合作	成员之间的信任与合作	组织内各单位的融合，最高管理层对各单位的信任
对领导者的个人认同	对团队或单位的集体认同	对组织的集体认同
下属的知识与技能	团队成员的技能水平和技能多样性	人力资本和员工才能
下属的角色分化	团队或部门的角色分化	组织各单位的角色分化
下属的自我效能感和自信	团队的自我效能感和能力	组织成员共同的乐观与希望
下属的自主性和赋权	团队或单位的自主性和赋权	组织中权力的分散和共享
下属个人的创造力和学习	团队创造性解决问题和集体学习	组织的学习和创新

（一）　动力和承诺

对任务的承诺是个人绩效的重要决定因素。领导者如何影响下属的任务承诺是多数二元层面领导理论的主要焦点，在很多情况下，这些理论只是动力理论的延伸。内化和指导合规等影响过程有助于解释领导者如何影响下属的任务承诺。领导者可以利用有吸引力的愿景将任务与个人价值观和理想联系起来，也可以设定具体而富有挑战性的任务目标，或向下属解释良好绩效将带来的回报和好处。

领导者影响团队的任务承诺的方式是团体层面领导理论的关键特征。相关中介过程包括领导者对共同目标的影响，以及群体对可接受绩效的标准。在影响团队的动力和承诺时，二元行为仍具有相关性，但影响团队的过程更为复杂，而且需要一些其他行为。领导者必须影响成员对团队共同目标的承诺，可能还需要解决成员之间关于不同目标优先性的分歧。例如，在临时委员会和项目团队中，成员对原单位的忠诚可能与团队目标相冲突。有时，领导者有必要利用相关影响使成员为实现任务目标而做出个人牺牲，比如减少个人利益等。团队和工作单位领导者通常有责任向成员分配奖励，薪酬政策可能会决定奖励能否公平反映成员对单位成功所做的贡献。

成员对组织的承诺和各单位对使命目标的承诺是组织绩效的重要决定因素。高管可以采用二元领导理论介绍的行为，但对近距离和远距离领导的相关研究表明，某些行为只有在与员工互动中使用才能有效影响员工的承诺。高管可以通过诱人愿景并采取与愿景一致的象征性行动来影响组织的各级成员。关于薪酬政策、激励计划以及留任和晋升标准的决策也是高管影响成员动力和承诺的手段。

意想不到的后果和不同的目标会使领导者对成员动力的影响变得复杂。鼓励个人或单位之间相互竞争的政策和计划可能会产生不良的后果，如合作减少、无法共享信息等。当各单位的目标和优先事项不兼容时，就可能产生冲突。例如，营销经理设定了一个增加销售额的目标，并鼓励销售代表为新产品寻找更多顾客，但生产单位却无法提供足够数量的新产品。当组织某个强大单位的目标与组织目标不兼容时，也会产生冲突。例如，组织中某个单位试图保留一些已经过时且浪费组织稀缺资源的活动。若组织各单位被鼓励做出将短期绩效最大化的战略决策，组织的长期绩效可能会受到影响。

（二）社会认同

下属对领导者的个人认同可以提高领导者影响下属的潜力（参照权力）。然而，如果下属对领导者的忠诚远大于对使命的忠诚，而且领导者的目标与团队或组织的使命或目标不一致，就会出现问题。

成员对团队或群体的集体认同可以带来很多潜在益处，如更强的凝聚力、更好的合作、更低的离职率等。领导者可以帮助团队建立独特的身份和良好的声誉，从而提高集体认同感。领导者可以根据与追随者过往经历相关的社会认同和追随者的共同价值观来解释相关事件。可以利用相关的象征物、仪式和典礼提高群体的知名度，鼓励成员表达忠诚和奉献精神。相关故事、事迹和对当前及过往成就的庆祝也可以增强成员的集体认同感。

尽管集体认同有很多潜在益处，但对团队或单位的强烈认同也有一些潜在风险。例如，成员可能不愿意表达可以改善集团决策的顾虑或异议。若某单位与组织其他单位或最高管理层产生分歧，强大的集体认同更有可能使分歧升级为严重冲突。在极端情况下，该单位可能会设法退出组织，或利用政治策略削弱组织中的对手。

成员对组织的集体认同可以增强他们对组织的承诺、降低人员离职率并提高绩效。对于难以招募和留住合格成员的组织来说，成员的忠诚度尤为重要。高管可以利用团队领导理论介绍的行为加强成员对组织的忠诚和承诺。提出成员认为值得的愿景，并让成员看到组织在实现共同愿景方面的进步，可以增强成员的社会认同感。令人信服的组织愿景是其各单位愿景的基础，可以让成员的工作更有意义（即使成员提供的只是日常的支持性服务）。

（三）　信任与合作

有效领导的二元理论认为互信与合作是领导者与追随者相互影响的关键决定因素。领导者可以利用支持、体贴等行为改善与下属的关系。获得下属信任的一个重要决定因素是领导者的诚信，如诚实、公平以及行为与价值观一致等。

团队绩效通常取决于成员之间的互信与合作，当团队成员具有共同的价值观，而且对团队有强烈的认同感时，互信与合作的可能性更大。为了加强和维持合作，领导者可以强调共同目标的重要性和团队合作的必要性，根据成员对团队绩效的贡献实施奖励，也可以让成员参与能对团队产生影响的决策，推动建设性地解决分歧，开展团队建设活动。

组织各单位之间的合作和协调水平有时被称为融合（Lawrence & Lorsch，1969），是组织绩效的决定因素。组织各单位在运营方面高度互赖时更需要这种融合。如果公司各单位自主性较强（例如，各产品部门之间没有关联），则融合的重要性就会较低。如果组织各单位在目标和职能专业化方面存在很大差异或冲突（例如，跨国公司的跨文化差异），实现融合就会变得更加困难。

高管可以提供一些结构形式，如跨职能团队、矩阵结构和融合性职位（例如，产品经理），以促进不同单位的协调与合作。领导者可以制订相关管理计划来鼓励合作，如高管团队建设活动、跨职能工作组、不同单位高管轮换，以及基于绩效的奖励等。不论各单位的职能和目标如何，强调组织成员共同价值观的诱人愿景可以促进多方合作。

（四）　知识与技能

与工作相关的知识和技能是个人绩效的主要决定因素。如有必要，领导者可以利用指导和辅导等某些二元行为提高下属的相关技能。下属的技能水平会影响领导者与下属之间的交换关系，决定了领导者能否将更多责任委派给下属。

二元行为可以提高领导者所在团队或工作单位的绩效，但其他行为也是必不可少的。除了确保成员具备履行各自工作所需的知识和技能外，领导者还有责任确保成员具备团队集体行动所需的技能。如果成员的专业角色需要密切协作，或者一旦发生错误会产生严重后果，又或者团队必须快速应对危机，领导者的这种责任就更加重大。领导者可以招募具有相关技能的优秀成员，发展成员的短板技能，简化流程以减少错误，就多项任务对成员进行交叉培训，鼓励同级人员相互指导，开展团队培训活动，以及开展活动后回顾以改进团队流程。

人才素质（"人力资本"）是组织绩效的重要决定因素。在完成需要独特技能的高度复杂任务时，有才能的员工尤为重要。多数大型组织都会利用人力资源计划和制度来提高员工的技能和能力。例如，招聘和选拔计划、薪酬和福利计划、培训和发展计划、测评和评价计划、人才管理计划和继任规划计划等。这些管理计划很少被包含在二元或团体层面的领导理论中，除非是被作为增强或限制领导者影响的情境变量，或被作为替代领导者直接行为的情境变量。例如，公司选拔和培训员工的良好计划可以减少管理者需要向下属提供的培训量。组织中的高管对实施或修改人力资源计划与制度的决策负有主要责任，但组织各级领导者都应参与实施这些计划和制度。

获取和保留有才能的员工可能需要较高的成本，领导者必须在人力资源质量和成本之间找到适当的平衡。领导者必须明确不同团队的职责、团队成员的技能要求以及成员的工作分配。在某个层面能实现绩效最大化的决策在其他层面可能无法发挥作用。在决定如何给组织不同单位分配稀缺资源时会出现类似的权衡。处理这些权衡和相关冲突是高管面临的另一大挑战。

（五）专业化

多数二元领导理论认为，领导者的主要职责是将任务分配给具有相关技能的下属。但是，二元领导理论没有明确描述领导者如何规划和组织单位的活动，因此，当每名下属独立执行相似的任务时，或者领导者不需要协调下属的活动时，二元领导理论是可以有效解释领导行为的。

多数团体层面的理论都认为，领导者的任务导向型行为包括以提高效率和充分发挥成员技能的方式组织活动和设计工作。通常来说，一定程度的角色分化可以提高团队和单位的绩效，但太多角色分化则会产生一些难以克服的问题。随着角色分化和角色互赖性的提高，领导者会更难匹配成员的技能与工作要求，也更难协调不同成员的活动。

专业化是组织效率的重要决定因素，它不仅涉及个人工作设计，还涉及各单位及负责规划和协调各单位活动的管理职位的设计（Lawrence & Lorsch，1969；Mintzberg，1979）。就组织运营的规划和安排做出决策是战略领导的重要内容（Fredrickson，1986）。专业化（分化）的类型和数量部分取决于公司的战略和环境性质。过度的专业化或不适当的专业化形式会对组织绩效产生不利影响。结构形式相关决策会涉及一些权衡和取舍，高管有责任为不同目标找到适当的平衡。

关于结构形式和活动分工的决策将影响组织的领导过程和领导要求。如果组织设立职能单位而不设立产品部门，就会影响组织不同级别领导者的职责和技能要求。如果组织决定采用跨职能项目团队等结构形式，团队领导者就要能够促进观点和兴趣不同的人之间的合作。

（六）　效能感和乐观态度

对实现困难任务目标的自信和乐观属于动力性概念，有助于解释个人、团体或组织的绩效。当成功希望渺茫时，人们就不会有很高的动力去完成困难的任务。自信和乐观取决于技能、任务难度、资源以及竞争对手及其相对能力。

在二元层面，领导者可以利用多种方式影响下属的自我效能感。例如，在分配任务时进行清晰的解释（以减少角色模糊性），提供必要的说明和指导，分享必要的信息和资源，在出现问题时给予鼓励，表达对下属有能力完成困难任务的信心，对下属的成就表示认可，等等。

在团体层面，集体效能感（或效力）是指成员对团体能够成功完成任务的信心。上述领导行为都可用于影响团队的集体效能感，其他相关行为还包括在分配任务时考虑成员的技能，在规划和安排活动时避免延误、保证按期完成，解决眼前的问题（例如，事故、设备故障、供应短缺、客户或其他单位对进度的影响等）。为了激励成员的乐观态度，领导者可以在开始困难任务前发表鼓舞士气的讲话，也可以让团队在实践环节体验成功。

在组织层面，集体效能感是指组织成员对变革或新战略将取得成功的乐观态度，以及对高管能够领导组织渡过难关的信心。要想提高成员的自信和乐观态度，领导者可以发表鼓舞人心的演讲、展现自信和乐观、解释如何克服障碍或管理危机、采取引人注目的行动来处理问题、让成员了解进展情况，以及庆祝在实现目标过程中取得的重大进展。

强烈的乐观态度通常可以增强人们实现任务目标的决心，但也可能产生一些负面后果。如果乐观态度是基于主观意愿，而不是对实际情况的现实评估，那么这种乐观可能会导致相关人员做出某些危险决策，或无法识别需要团队或组织立即采取行动的严重威胁。当某些人认为自己比团队或组织其他成员更有能力，却没有获得更高地位或更多奖励时，也可能会出现负面后果。在这种情况下，对卓越能力的自我意识可能会引起怨恨或激励当事人另谋高就或寻找更好的机会。

（七）　授权

授权涉及自主性、共同责任和对重要决策的影响力。三个概念层面都使用了类似的授权概念来解释有效领导（Maynard et al., 2012; Seibert, Silver, & Randolph,

2004；Spreitzer，1995；Spreitzer，2008）。

在二元领导理论中，授权主要是领导者对下属进行委派或向下属进行咨询的结果。授权的潜在益处是可以提高决策质量、增强员工的任务承诺、激励员工解决问题的主动性，以促进其技能的发展。领导者对下属进行授权的程度，在很大程度上取决于领导者自身的权威，当有详细的规则和标准的工作程序时，领导者很难对下属进行授权。某些情境变量可以使授权变得有益且可行，包括下属对任务目标的承诺、下属对更多影响力的渴望，以及下属拥有提高决策质量的相关知识。

团体中的授权比二元关系中的授权更复杂，团体中的授权通常意味着允许团队成员集体做出重要的任务决策。授权可能包括成员对内部领导者的选拔、对新成员的选择、工作程序的决策、成员的任务分配以及成员绩效评估的影响。在极端情况下，授权的内容还可能涉及确定团队使命和任务目标。组织的章程、规章制度或正式政策通常规定了团队或工作单位可被授权的程度，以及可以允许哪些决策过程。成员的共同目标和相关专业知识也是决定团队可获授权度的情境变量。

组织领导的重要授权形式是将重要决策的权威下放给下级单位及领导者。权力下放有助于提高决策质量，减少领导对眼前问题的反应延迟，促进有能力的领导者向更高级别发展。某些类型的结构形式和授权计划（例如，子公司、产品部门、自我管理型团队、质量圈、创新计划等）可以鼓励和促进组织中的授权行为。很多政治性、志愿性和专业性组织或协会都有相关章程，可以授权正式成员参与选拔和评估领导者，使他们可以对重大决策施加影响（例如，通过直接投票或在董事会中安排自己的代表等）。

授权对组织既有益处，也有风险。向组织中相互依存的单位大量下放权力意味着很多领导者要制定出相互关联的决策，这些决策必须相互一致，才能避免出现有害的影响。向组织中相互依存但优先事项不同的单位授权，需要各单位领导者进行更多的合作与协调（Davison et al.，2012；Gebert et al.，2003；Locke，2003；O'Toole et al.，2003）。如果各单位目标与组织的目标不一致，且各单位被允许执行最终可能危及组织的高风险战略，那么权力下放可能存在风险。权力下放还意味着放弃标准化工作流程和管理实践可能带来的一些潜在优势。因此，领导者必须把握好集中决策和分散决策的度。

（八）集体学习与创新

提高组织成员对有效过程和战略的集体学习是领导的重要影响过程。学习对提高组织对外部变化的适应能力至关重要，也是组织逐步提高效率和加强人力资本的源泉。个人、团体和组织层面都可以进行学习，各层面的学习会相互影响（Berson et al.，2006；

Crossan et al.，1999）。

二元领导理论没有明确将集体学习当成一种中介过程，但某些理论提出了领导者鼓励和促进下属个人创造力的方法。例如，鼓励创新性思维（智力刺激），允许下属有足够的自主权和时间去追求创造性想法，设定创新性目标，或主动接受下级关于如何改进产品、服务或流程的建议。

团体层面领导理论提出了领导者影响集体学习和创造性解决问题的几种方法（Day et al.，2004；Mumford et al.，2002）。可以影响个人创造力的领导行为也适用于影响团队创造力，但还需要其他领导行为来解释团队集体学习和创造性解决问题之间的协同和互动。领导者可以影响某个群体，使其利用系统化程序分析问题，利用有效程序制订创造性方案（例如，头脑风暴）。领导者应鼓励员工讨论大量方案，防止他们在没有仔细考虑潜在成本和收益的情况下匆忙做出决策（例如，设置最佳和最坏"脚本"）。领导者可以鼓励团队成员发展彼此的想法，而不是对他人的想法过于批判。为了促进集体学习，领导者可以鼓励团队尝试不同的解决方案并评估其后果，进行活动后回顾以提高团队执行重复性任务的绩效。某些领导行为可以促进组织成员的创造力、集体学习和对问题的系统性解决，可以在团队成员中分享。

高管可以影响组织的集体学习和创新（Barney et al.，2018；Damanpour，1991；Hannah & Lester，2009；Jung，Chow，& Wu，2003；Popper & Lipshitz，1998）。变革导向型行为包括鼓励应用他人的最佳实践，鼓励组织内部开发新知识，对开创性活动进行适当的认可和奖励，鼓励新知识在组织中的传播，规划创新性事务的实施，以及将灵活性和创新性作为企业文化的核心价值观等。除了直接行为，最高管理层还可以实施相关计划来评估、资助和奖励学习与创新。要想让组织的学习与创新努力取得成功，组织下层管理人员也应该进行适当的领导。很多创新想法来自中下层，应该得到拥护者和赞助者的支持，他们能够认识到这些想法的重要性和相关性，有足够的权力确保它们得到批准和有效实施。

三、改进领导学研究的方法

很多领导学研究在方法选择和研究设计方面限制了研究者对有效领导的研究速度。人们对领导学概念的认识会影响他们对有效研究方法和领导过程的认识。多数领导学研究都以二元影响过程理论为指导，而二元过程强调领导者对追随者的影响。多数领导学研究使用的方法是基于假设，研究者很少对研究方法进行改进（Hunter，Bedell-Avers，& Mumford，2007）。本部分将简要介绍过去半个世纪领导学研究用到的方法及其局限性。

（一） 定性方法与定量方法

多数领导学研究是通过定量方法对领导者的行为、下属或团队的态度与绩效等关键变量进行研究。多数领导者行为研究是通过问卷调查，让下属评估领导者使用特定类型行为的频率或程度。下属的回答受到归因、思维定式和内隐领导理论的影响，使研究结果的意义和准确性受到了质疑（Martinko et al.，2018）。这种调查研究的批评者认为，它有一种固有倾向，即夸大了领导者个人的重要性，领导是一种嵌入复杂社会系统的动态共享过程，用这种方法来研究它稍显薄弱。

有些研究者主张更多地使用定性方法（Bryman，2004；Bryman，Bresnen，Beardworth，& Keil，1988；Parry，Mumford，Bower，& Watts，2014；Parry，1998；Parry & Meindl，2002；Schilling，2017；Strong，1984）。例如，对利用两种以上方法（例如，访谈、观察、日志、重大事件、公司记录和开放式调查问题等）收集到的数据进行深入的纵向案例研究。定性方法在领导学研究方面有一定优势，但也存在局限性（House，1988；Martinko & Gardner，1985；Parry et al.，2014）。定性方法的应用和评估标准不像传统定量方法那样明确，基于定性方法的解释有时非常主观。人们对过去事件的描述可能会因受访者的选择性记忆而产生偏差，受访者的选择性记忆受其思维定式和内隐领导理论的影响。人们的直接观察也容易受到选择性关注和对事件的偏见性解释的影响。如果观察者或采访者了解单位绩效的相关信息，则可能出现归因错误。如果观察者为了了解所见内容的背景和意义而长期置身于某个组织，就可能陷入被监视的过程中，事情的客观性就会受到影响。

由于定量和定性方法都存在某些不足和优势，因此，在可能的情况下，最好将两种方法结合使用，使其优势互补（Bryman，2004；Cresswell，J. W. & Cresswell，J. D.，2018）。例如，在调查问卷研究中，研究者可以采访一些受访者，以验证问卷答案是否能准确衡量各因素，并发现某些定量结果的潜在原因。在利用访谈或观察进行纵向案例研究时，研究者也可以定期向部分参与者发放定量调查问卷。

（二） 调查研究与实验

调查研究比实验更容易进行，也可以更快完成，但它们不能对因果关系做出强有力的推断。实验室和现地环境下的对照实验适用于领导学各类研究（Rfietzschel，Wisse，& Rus，2017）。纵观历史，在数千项领导学研究中，实验只占了一小部分（不到5%）（Brown & Lord，1999；Dipboye，1990；Wofford，1999），但最近对领导学研究的综述显示，在 2000 年以来采用定量方法的研究中，实验室实验（18%）和实地实验（4%）的增长速度非常快（Dinh et al.，2014）。实验最重要的优势是可以确定因果关系。在实验室实验中，研究者可以操纵领导者行为或情境变量，并评估它们的单独和共同影响。衡量中介过程、控制外部变量以及检查实际组织中很少出现的条件所造成的影响都会相对容易一些。但是，如果实验设计和执行不当，其潜在优势可能就无法实现。实验室实验的常见局限性包括操纵性较弱，任务无法准确模拟现实条件，以缺乏工作经验的学生为样本，只能基于陌生人的简短互动研究组织相关人员之间的互动过程。

实地实验比实验室实验更加困难，但有其独特的优势。多数实地实验都涉及现实工作条件和有共同工作经历的人。实地实验可用于评估不同领导行为模式的影响，可以非常好地评估用于改善领导力的干预措施（例如，培训、反馈、对高管的指导等）的效用。领导学实地实验的常见局限性包括操作性弱、在实验中无法对参与者进行随机分配、对结果变量的评估较弱、无法衡量中介过程以及样本不具有代表性等，这些局限性限制了实验结果在其他场景的适用性。如果领导学实地实验是基于相关且明确的模型，包含对相关变量的多重衡量，并且实验的时间长度适当，那么该实验的作用可能会更大。在评估发展性干预措施（例如，反馈或指导等）的实验中，如果研究者能够让对照组的成员有机会参与干预，就更容易获准使用对照组。

（三）分析层面

多数领导行为相关调查研究都从个人、二元或团体层面进行了分析。个人层面的分析通常涉及个人各种变量之间的相关性。例如，下属对领导者行为的评分与该下属对样本中所有下属任务投入度的评分相关。二元分析通常要用到从领导者和下属双方获得的数据，例如，将样本中所有二元关系中下属对领导者行为的评分与领导者对下属绩效的评分相关联。团体层面的分析通常涉及将个人数据整合到团体层面。例如，取多名下属对领导者行为评分的平均值，然后，将各团体的综合得分与其他方面的综合得分（例如，凝聚力、集体效能感等）或团体层面的衡量结果（例如，团体绩效、离职率等）关联起来。

在分析调查研究所获定量数据时选用何种分析方式取决于该过程所用的领导过程理论和变量所处层面。数据分析应与衡量结果和所分析关系在同一层面（Klein et al.，1994；Rousseau，1985）。除非分析层面准确，否则对研究结果的解读可能出现偏差。对包含多层面影响的多层理论，其分析更为复杂。《领导力季刊》的两期特刊（参见 Bliese, Halverson, & Schriesheim, 2002；Yammarino & Dansereau, 2008）和迪翁等人（Dionne et al.，2014）的一篇评论都对多层面分析的不同方法进行了描述和比较。

很多早期领导学理论对每种变量的概念分层都很模糊，很多实证研究用到的数据分析方法与概念层面不一致（Dionne et al.，2014；Yammarino，Dionne，& Chun，2002；Yammarino et al.，2005）。如果要分析的关系涉及不同概念层面的变量或多个层面的影响（例如，领导者的愿景可以影响下属个人的自我效能感，也可以影响团体的集体效能感），研究者就需要进行多个层面的分析。

（四） 行为研究的不足

在过去半个世纪，领导学的很多实证研究分析了领导者行为的决定因素或影响，但是没有得出有力且一致的结果，因为研究既有差异又存在不足（Yukl，2012；Yukl & Michel，2015）。

（1）多数研究只考察了广义的行为，各研究考察的具体行为并不相同，所报告的研究结果往往只针对广义行为（例如，任务导向型行为和关系导向型行为）。除非对相同行为进行各类衡量和分析，否则研究者不可能明确相关行为的单独影响和共同影响。

（2）多数研究没有衡量可能影响领导者行为的情境变量，也没有研究领导者行为造成的影响，二者在很大程度上取决于情境。例如，如果工作性质多变和不确定，那么工作的详细计划就不会发挥作用，问题解决则变得更加重要。领导情境不同，领导者行为影响的研究结果就会不一致。

（3）多数研究没有考察各种曲线关系，也没有考虑到适当的行为量。例如，领导者有必要对工作程序进行解释，但过多的详细规章制度可能会对下属的工作满意度和绩效产生负面影响。再举一个例子，适度表扬下属的重要成就和贡献可以提高他们的满意度和任务动力，但对微不足道的成就过度表扬则可能会降低表扬的作用。

（4）多数研究没有考察各行为对多重结果的积极和消极影响。尽管在广义上，各种行为可能有共同的目标，但会对其他目标造成积极或消极的影响。指导既可以提高任务绩效，也可以改善人际关系，这是造成积极影响的范例。设定过高绩效目标会让员工做出某些不良或不合乎伦理的行为，如伪造出厂记录或使用不当程序降低公司产品或服务的质量等，这是造成消极影响的范例。

（5）多数研究没有考察两种以上具体行为的共同影响，而共同影响可能比具体行为的单独影响更重要。以监测和解决问题两种行为的共同影响为例，如果领导者发现了问题，却未能采取必要措施解决问题，那么监测工作活动的潜在好处就无法实现。

（五） 研究方法的其他问题

很多领导学研究中使用的样本远不够理想。研究者会使用易于获取的方便样本，而不会规划符合研究目标和研究设计的样本类型。例如，在调查研究中，以同行业资深管理人员为样本往往比以缺少实践经验的学生为方便样本效果更好。在比较研究中，方便样本很难反映出未测量变量对自变量或因变量的影响。

很多领导学研究考察事件的时间太短，自变量无法对因变量产生太大影响。研究者应进行纵向研究，以考察领导过程随时间的发展变化，评估领导者对团队或组织的延时影响。发展二元关系、建立有效团队和领导变革等过程通常需要数月或数年的时间进行研究。遗憾的是，很少有研究者愿意在一项研究中投入那么多时间。领导学纵向研究的通常做法是，在调查研究过程中每隔几周进行一次测量，而不是对不断发展的关系、新出现的问题、耗时长的决策、一系列的变化和相互影响的过程进行集中而连续的研究。

领导学研究似乎偏向于简单的方法和时髦的话题。很多研究仅对某个热门话题的早期研究进行复刻。若某位研究者发表了一项有趣且易于实施的研究，其他研究者就会纷纷效仿，但其实只是做了细微改动。很多研究缺乏足够的理论基础来预测和解释研究发现，研究结果通常没有定论。与其仅仅对薄弱的理论进行另一次测试，不如重新设计研究来更好地推动理论和实践发展。研究者应进行更多研究去检验解释、考察混淆、明确限制，并评估结果的实际意义。

表 15-2 总结了本部分讨论的研究方法问题，将领导学研究方法的常见特征与不常见特征进行了对比。更好地利用研究方法的不常见特征可以使领导学研究更有成效。勒韦和加德纳（Lowe & Gardner，2000），加德纳、勒韦、莫斯、马奥尼和卡格雷泽尔（Gardner，Lowe，Moss，Mahoney，& Cogliser，2010），以及丁恩等人（Dinh et al.，2014）基于领导学文献的回顾得出了类似的结论。

表 15-2 领导学研究方法的常见和不常见特征

特征	常见特征	不常见特征
研究方法	调查研究	实验或多种方法
研究目标	重复	探索新问题
过程层面	个人或二元层面	团体或组织层面
时间跨度	短期	长期
因果关系	单向关系	相互关系
标准变量	一个或两个	多个

续表

特征	常见特征	不常见特征
中介变量	很少或没有	多个
数据来源	单个	多个
样本	方便样本	系统地挑选样本
领导者层次	主管	高管

（六） 研究不足总结

尽管研究者可以通过不同方法收集和分析信息，但在过去半个世纪里，领导学研究大多依赖一些薄弱的方法，如由领导者或其下属在某个时间点填写问卷的调查研究法。选择适合所研究知识类型的方法是很重要的，不能仅仅使用最方便的方法。研究者应基于研究问题决定研究方法和样本选择。每种研究方法都有其局限性，在领导学研究中，如果条件允许，研究者最好使用多种方法（Jick，1979；Yukl & Van Fleet，1982）。如果不同的研究方法都得出了类似的结果，尤其当其中包含实验法时，这种结果的可信度就更高。为各种理论结构和措施找到合适的分析层面也很重要。多层面分析可以让研究者了解领导过程相关新见解，有助于确定并行过程是否发生在不同层面。

四、有效领导的通用指南

本书从广阔的视角考察了领导学的方方面面。领导学的不同定义、研究考察的不同变量，以及薄弱方法的频繁使用，使我们很难了解有效领导的本质。本部分将介绍领导者加强团队和组织集体工作的十项重要领导职能。在大型组织中，各层面和各单位的领导者都需要这些领导行为。这些职能可以由组织不同成员履行，对被选举、被任命或被非正式承认为集体活动领导者的人来说尤其重要。

（1）帮助解释事件的意义。帮助人们在复杂的事件中发现意义是很重要的，尤其是当变化的步伐加快并触及我们生活的方方面面时。有效领导者会帮助人们解读事件及其相关性，并确定新出现的威胁和机遇。

（2）使目标和战略保持一致。有效执行集体任务需要相关人员就做什么和如何做达成一致意见。对新成立的团体和迷失方向的组织来说，建立关于这些选择的共识尤为重要。有效领导者会帮助下属就目标、优先事项和战略达成一致。

（3）保持下属的承诺和乐观态度。完成一项困难却有压力的任务需要人们在遇到障碍和挫折时保持决心和毅力。有效领导者可以提高下属对工作的热情、对任务目标的承诺以及对工作成功的信心。

（4）建立互信与合作。有效执行集体任务需要合作和互信，当人们能够相互理解、欣赏多元化、以建设性方式面对和解决分歧时，合作和互信的可能性就会更大。有效领导者会促进下属相互尊重、信任和合作。

（5）加强集体认同。团体或组织的效能离不开适度的集体认同。在这个满是流动性团队、虚拟组织和合资企业的时代，各种边界往往不明确，忠诚也被割裂。有效领导者会为团队或组织创立独特的身份，按照这种认同帮助成员明确身份。

（6）组织和协调相关活动。成功完成一项复杂的任务需要以高效利用人力和资源的方式协调不同但相互关联的许多活动。有效领导者会组织人们有效地开展集体活动，并帮助协调这些活动。

（7）鼓励和促进集体学习。在高度竞争且动荡的环境中，持续学习和创新对组织的生存和繁荣至关重要。组织成员必须共同学习更好的方法，一起努力实现共同的目标。有效领导者会鼓励和促进组织的集体学习与创新。

（8）获得必要的资源和支持。为了有效实现团体或单位目标，领导者必须从上级组织及外部获得必要的资源、审批、协助和政治支持。同样，组织的生存和繁荣取决于组织与顾客、客户和融资机构等外部各方的良好交流。有效领导者会提升和维护其工作单位的利益和声誉，并帮助所在单位获得必要的资源和支持。

（9）对下属进行培养和授权。如果有能力的成员能积极参与解决问题和决策，那么该团体或组织的绩效可能会更好。领导者必须培养下属的相关技能，使其为领导角色、新职责和重大变革做好准备。有效领导者会帮助所在单位的下属发展技能和信心，使他们成为变革的代理人和领导者。

（10）促进社会公正和道德。强调公平、同情和社会责任的组织氛围可以提高成员的满意度和承诺。要维持这样的氛围，领导者需要积极保护个人权利，鼓励社会责任，反对非伦理的做法。有效领导者会树立道德行为的榜样，采取必要的行动促进社会公正。

五、领导学研究现状

人们对领导学的兴趣经久不衰。自20世纪早期，研究者将领导学作为一门学科进行研究。然而，研究的大量文献却让人充满了困惑。本书对相关理论与研究进行了选择性回顾，结果表明领导学相关研究取得了巨大的进展。然而，需要学习和研究的东西还有很多。在社会各阶层以及所有组织中，有效领导能帮助人们应对日益严重的社会、经济和环境问题，而这些问题亟待解决。

从领导学研究投入及大量出版物来看，人们对领导一词的理解仍不清晰。幸运的是，近年来，研究问题逐渐丰富，研究方法逐渐多样，该领域的发展速度正在加快。面对如此重要的课题，研究者必须不断提升领导学理论与研究的质量，重视发现有益知识，愿意投入必要的时间和精力，以取得更大的进步。

📖 回顾与讨论

1. 有效领导的四大研究领域（特质和技能、行为、影响过程、情境变量）有哪些共同点？

2. 关于组织的有效领导有哪些重要发现？

3. 在二元、团体和组织层面的理论中，哪些解释性因素和过程是相似的？

4. 对领导的定义和研究方法存在哪些偏见和不足？

5. 领导学的研究方法可以进行哪些改进？

6. 对组织进行有效领导的十条通用指南是什么？

✍ 关键术语

实地实验	field experiments
分析层面	levels of analysis
多层面解释性过程	multilevel explanatory processes
多方法研究	multi-method research
定性方法	qualitative methods
定量方法	quantitative methods
调查研究	survey studies

参考文献

请从中国人民大学出版社官网（www.crup.com.cn）下载，或者用微信扫描下方二维码获取。

图书在版编目（CIP）数据

组织领导学：第九版 /（美）加里·A. 尤克尔，
（美）威廉·L. 加德纳三世著；祝莉丽译. --北京 ：中
国人民大学出版社，2024.2
（公共行政与公共管理经典译丛）
书名原文：Leadership in Organizations，Ninth
Edition
ISBN 978-7-300-31668-0

Ⅰ. ①组… Ⅱ. ①加… ②威… ③祝… Ⅲ. ①领导学
Ⅳ. ①C933

中国国家版本馆 CIP 数据核字（2023）第 090958 号

公共行政与公共管理经典译丛

组织领导学（第九版）

［美］ 加里·A. 尤克尔（Gary A. Yukl）
威廉·L. 加德纳三世（William L. Gardner，Ⅲ）　　　著

祝莉丽　译

Zuzhi Lingdaoxue

出版发行	中国人民大学出版社	
社　　址	北京中关村大街 31 号	**邮政编码**　100080
电　　话	010－62511242(总编室)	010－62511770(质管部)
	010－82501766(邮购部)	010－62514148(门市部)
	010－62515195(发行公司)	010－62515275(盗版举报)
网　　址	http://www.crup.com.cn	
经　　销	新华书店	
印　　刷	涿州市星河印刷有限公司	
开　　本	787 mm×1092 mm　1/16	**版　　次**　2024 年 2 月第 1 版
印　　张	29 插页 2	**印　　次**　2024 年 2 月第 1 次印刷
字　　数	544 000	**定　　价**　118.00 元

Pearson

尊敬的老师：

您好！

为了确保您及时有效地获得培生整体教学资源，请您务必完整填写如下表格，加盖学院的公章后以电子扫描件等形式发给我们，我们将会在 2~3 个工作日内为您处理。

请填写所需教辅的信息：

采用教材			□ 中文版　□ 英文版　□ 双语版	
作　者		出版社		
版　次		ISBN		
课程时间	始于　年　月　日	学生人数		
	止于　年　月　日	学生年级	□ 专科　　□ 本科 1/2 年级 □ 研究生　□ 本科 3/4 年级	

请填写您的个人信息：

学　校			
院系/专业			
姓　名		职　称	□ 助教 □ 讲师 □ 副教授 □ 教授
通信地址/邮编			
手　机		电　话	
传　真			
official email（必填） (eg：×××@ruc.edu.cn)		email (eg：×××@163.com)	
是否愿意接受我们定期的新书讯息通知：　□ 是　□ 否			

系/院主任：＿＿＿＿＿＿＿＿（签字）

（系 / 院办公室章）

＿＿＿年＿＿＿月＿＿＿日

资源介绍：

——教材、常规教辅资源（PPT、教师手册、题库等）：请访问 www.pearson.com/us/higher-education。　（免费）

——MyLabs/Mastering 系列在线平台：适合老师和学生共同使用；访问需要 Access Code。　（付费）

地址：北京市东城区北三环东路 36 号环球贸易中心 D 座 1208 室（100013）

Please send this form to：copub.hed@pearson.com

Website：www.pearson.com

中国人民大学出版社　管理分社

教师教学服务说明

　　中国人民大学出版社管理分社以出版工商管理和公共管理类精品图书为宗旨。为更好地服务一线教师，我们着力建设了一批数字化、立体化的网络教学资源。教师可以通过以下方式获得免费下载教学资源的权限：

★　在中国人民大学出版社网站 www.crup.com.cn 进行注册，注册后进入"会员中心"，在左侧点击"我的教师认证"，填写相关信息，提交后等待审核。我们将在一个工作日内为您开通相关资源的下载权限。

★　如您急需教学资源或需要其他帮助，请加入教师 QQ 群或在工作时间与我们联络。

中国人民大学出版社　管理分社

📱　**教师 QQ 群：** 648333426（工商管理）　114970332（财会）　648117133（公共管理）
　　　教师群仅限教师加入，入群请备注（学校＋姓名）

☎　**联系电话：** 010-62515735，62515987，62515782，82501048，62514760

✉　**电子邮箱：** glcbfs@crup.com.cn

📍　**通讯地址：** 北京市海淀区中关村大街甲 59 号文化大厦 1501 室（100872）

管理书社

人大社财会

公共管理与政治学悦读坊